*Joseph Roth*

ORTE

*Ausgewählte Texte*

*1990*

*Reclam-Verlag Leipzig*

Herausgegeben von Heinz Czechowski

ISBN 3-379-00575-4

© Reclam-Verlag Leipzig 1990 (Auswahl, Nachwort)

Reclam-Bibliothek Band 1335
1. Auflage
Reihengestaltung: Lothar keher
Lizenz Nr. 363. 340/67/90 · LSV 7312 · Vbg. 17,6
Printed in the German Democratic Republic
Grafischer Großbetrieb Völkerfreundschaft Dresden
Gesetzt aus Garamond-Antiqua
Bestellnummer: 661 4980
DDR 4,– M

# Reise

Die fremden Länder blühen erst hinter den Grenzen auf, von Zollrevisoren bewacht, umrandet von Paßgesetzen, und die Ferne, nach der die Sehnsucht zielte, ist auch nur ein Staat mit Oberhaupt und Schutzpolizei, Bevölkerungszuwachs und Steuerdeklaration. Hielt man einen exotischen Laut für den Schrei der Sehnsucht, so war's bestimmt nur ein Pfiff der Lokomotive. Alle Bahnhöfe der Welt riechen gleichmäßig nach Steinkohle und nicht nach Versprechungen. Der Expreßzug ist stickig, von schnarchenden Menschen erfüllt, die nicht aussehen wie Reisende, nicht den Duft fremder Geheimnisse tragen, sondern Butterbrot in fleckigen Taschen, und Seßhafte sind, alle Schwächen ihrer erbärmlichen Menschlichkeit in dem Quadratmeter Coupé auspacken und so nebeneinander häufen, daß der Betrachter erschrocken in den Korridor zurückprallt. Ich sah eine wunderschöne Frau in mein Abteil steigen, und meine Seele erbebte. Am nächsten Morgen schlug sie die Augen gegen das Gepäcknetz auf, und ich blickte nüchtern auf ein Wesen in weiblichen Kleidern, dessen Gesicht alle Folterqualen einer durchrüttelten Nacht in seinen Zügen trug. Der Wind, der durch das offene Fenster kam, mischte Ruß und Puder durcheinander, und der Schlaf lag wie Kleister in ihren Augenwinkeln. Wie mußte ich erst aussehen!

Ich kam in ein fremdes Land und drückte einem unbekannten Portier mein Billett in die ausgestreckte Hand, statt einer Visitenkarte, wie es sich eigentlich gehört hätte. In der fremden Stadt sah ich grünpatinierte Kirchenkuppeln sich wölben und Kirchtürme, die gotisch in den Himmel turnten. Bettler lauerten vor den Kirchentüren und Bettlerinnen mit Bartstoppeln, sozusagen schlecht rasierte Bettlerinnen. Sie lauerten den Gläubigen auf und überfielen weiche Seelen mit einer frommen Litanei. Kinder, Greise und Frauen warfen den Bettlern Geld in den Schoß und dachten sich dabei: Gott sieht es.

Ich schaute in fremde Bureauräume, und die Leute, die dort arbeiteten, trugen Schutzärmel, schwarze, genau wie bei uns daheim. Blonde und anders gefärbte Mädchen saßen über Schreibmaschinen und dachten an die sechste Stunde, welche die Stunde der Erlösung für die Frauen dieses Jahrhunderts zu sein pflegt. Aber es war erst nach zwei. Von einem nahen Glockenturm fiel ein Viertelstundenschlag in den Bureauraum, und die Mädchen horchten auf, denn es konnte, wer weiß, ein Wunder sich ereignen und sechs schlagen. Aber, als wäre es bei uns, blieb es hartnäckig ein Viertel nach zwei, und die Mädchen klapperten rüstig weiter. Auch in den fremden Ländern sind die Uhren seelenlose Maschinen. Und die Mädchen werden es auch ...

Ich kam in ein Spital, und es roch nach Kampfer und Jodoform, wie alle Spitäler der Welt. Die Krankenschwestern flatterten mit breiten, weißen Hauben, wie mit gesteiften Flügeln, von Bett zu Bett, und die Kranken stöhnten so bekannte Laute, daß es mir heimatlich wurde. Offenbar, dachte ich, sprechen die Menschen nur dann fremde Sprachen, wenn sie gesund sind. Aber der Schmerz ist die größte und siegreichste Internationale und sein Ausdruck überall verständlich, wie Musik.

Auch in den Gärten der fremden Stadt war ich, wo die Liebe blühte. Frauen und Männer gingen hier und saßen zusammen auf den Bänken und versicherten einander, daß sie sich liebten, was höchst überflüssig war, denn man merkte es ohne weiteres. Der Abend ging in den Alleen hin und her und wartete auf die Nacht wahrscheinlich. Ein Schutzmann stampfte einher und bemerkte ihn gar nicht, obgleich es doch seine Pflicht ist, alles Verdächtige sofort aufzuschreiben.

Die Menschen sprachen anders. Die Häuser sahen anders aus. Es war kurzum ein fremdes Land. Aber, was maßgebend ist und die Nation der Welt eigentlich repräsentiert, nämlich die Grenzgendarmen und die Zollwächter – sie sind hier und dort einander gleich. Sie haben alle Beutehände und tastende Blicke, die körperlich sind.

Ich weiß nicht, was jemand zu erzählen hat, wenn er eine Reise tut. Ich könnte jahrelang zu Hause sitzen und zufrieden sein. Wenn nur nicht die Bahnhöfe wären. Man glaubt, ein schriller Laut, der die Nacht durchschauert, sei nur ein Pfiff der Lokomotive. Und es ist ein Schrei der Sehnsucht. Und wunderschöne Frauen steigen gelegentlich zu einem ins Abteil ...

## Panoptikum am Sonntag

Für Benno Reifenberg

Eines Tages – es war ein Sonntag – wich die Scheu, mit der ich oft an dem Musée Grevin vorbeigegangen war. Es regnete in Abständen. Die Wolken, die aus Schwefel zu sein schienen, strömten ein gelbes Licht aus. Am Nachmittag bekamen die sonntäglich gekleideten Menschen den Ausdruck abgekämpfter, feierlicher und vergeblich auferstandener Schatten. Es war, als ob der Sonntag, zu dem sie ausgezogen waren, ausgefallen sei. An seiner Stelle befand sich eine Art verregneter und trüber Lücke, die den verflossenen Samstag vom künftigen Montag trennte und in der die verlorenen Spaziergänger umherschwankten, geisterhaft und körperlich zugleich und alle wie aus Wachs. Mit ihnen verglichen waren die wächsernen Puppen im Musée Grevin aufrichtigere Imitationen. Das gelbe Licht der Lampen in den fensterlosen Räumen, die niemals den Tag gekannt hatten, vermischte sich so innig mit dem Dämmer, der aus den Winkeln kam, daß beide aus dem gleichen Stoff zu sein schienen und Hell und Dunkel Geschwister. Die Gestalten der Geschichte und die bescheinigte Authentizität ihrer Gesichter, Bratenröcke, Kostüme, Zylinder; die Schatten, die sie wie zum Beweis ihrer Lebendigkeit auf den Fußboden warfen; die wächserne Starrheit ihrer Stellungen; und schließlich die unheimliche Stummheit, die lebende Zeitgenossen und längst Verstorbene gleichmäßig ausströmten: das alles kam mir wie eine angenehmere Fortsetzung und Bestätigung jenes gelben Sonntags vor, den ich eben verlassen hatte. Manche Persönlichkeiten hielten den einen Fuß vorgestreckt, die Hose warf unter dem Knie ebenso lebenswahr unbeabsichtigte Falten wie über dem Hals das Kinn ein Doppelkinn, und hundert kleine Nachlässigkeiten des Schneiders und der Natur waren bemüht, selbst dem verstockten Zweifler die wahre Existenz der Figuren zu beweisen. Ja, der Zuschauer kam oft dazu, mit dem eigenen Wunsch die Absicht des Panoptikums zu unterstützen.

Auf den Gesichtern der lebendigen Besucher wieder lagerte ebenfalls eine Stummheit, die aus Ehrfurcht, Schrecken und Staunen bestand, wie ein matter Widerschein jener Figuren. Niemand wagte laut zu sprechen. Alle flüsterten oder murmelten, als befänden sie sich wirklich in der Nähe der bedeutenden oder furchtbaren Persönlichkeiten und als könnten sie durch einen stärkeren Laut die Puppen zu einem unwilligen Fluch veranlassen. Ein Geruch von lange ungelüfteten Kleidern schwebte um alle Denkmäler und machte sie noch realer. Gleichzeitig aber mit der Furcht, die sie einflößten, fühlte man eine Art Mitleid mit ihnen, den ewig eingeschlossenen, und empfand es fast als ein Unrecht, daß ihre Vorbilder, die noch lebten, in der schönen freien Luft und an den grünen Tischen der Weltgeschichte atmen und handeln durften. Es war, als stünde hier, im Panoptikum, der wahre Poincaré zum Beispiel und draußen führe irgendwo in einem Auto zu einem offiziellen Ereignis der nachgemachte. Denn alles Wesentliche und Kennzeichnende schien die wächserne Puppe dem lebendigen Vorbild abgelauscht und weggenommen zu haben, so daß dieses ohne seine stabilen Züge in der Welt herumlief. Und ebenso wie die Zeitgenossen der Erde, so schienen die toten Heroen dem Jenseits entwendet worden zu sein; und für die Dauer meines Aufenthalts im Panoptikum war es mir klar, daß sich in der Unterwelt nur die billigen Durchschnittsschatten aufhalten konnten, die für die Geschichte wie für das Musée Grevin überhaupt nicht von Bedeutung waren.

Im Sterbezimmer Napoleons auf St. Helena roch man das schwelende Licht, obwohl es von einer elektrischen Birne kam, und man erstarrte in Ehrfurcht vor dem doppelten Schweigen des Todes: dem metaphysischen und dem imitierten. Für die Ewigkeit festgehalten war die Ewigkeit selbst und das Flügelrauschen des Todesengels hatte seine Flüchtigkeit verloren und war beständig geworden, eingefangen im Sterbezimmer. Die authentischen Gegenstände aus Napoleons Besitz, seine Taschenuhr zum Beispiel, die auf dem Nachttisch lag, strömten eine überzeugende Echtheit aus, wie Gewürze Düfte verbreiten. Jede kleinste Lücke zwischen den nachgemachten Tatsachen, in die etwa die Phantasie des Betrachters hätte schlüpfen können, war ausgefüllt mit einer nachgemachten Wahrscheinlichkeit zumindest. Also war die Wirklichkeit nicht nur imitiert, sondern sogar übertroffen. Es war eine Welt, in der jede körperliche Erscheinung der menschlichen Phantasie vorgriff, um sie überflüssig zu machen, und in der alles plastisch vorhanden zu sein schien, was man sich sonst mit geschlossenen Augen kaum in verschwimmenden Umrissen ausmalen darf. Die Schatten waren eben Körper geworden und warfen eigene Schatten.

Über allem lag eine makabre Stimmung. Aber sie entströmte nicht sosehr den dargestellten Katastrophen (wie etwa der Christenverfolgung in Rom und der unterirdischen Welt der Katakomben), sondern viel eher der unerbittlichen Körperlichkeit, in die alle Ausgeburten der Phantasie hineingesprungen waren, dieser wächsernen Härte, umgeben von historisch unanfechtbaren Requisiten und diesem legitimen Geschichtsunterricht, an dem nicht mehr gezweifelt werden konnte, einfach, weil er aus Wachs war und gar nicht vom Fleck zu rühren. Es war wie eine Begegnung mit okkulten Erscheinungen, obwohl alles Okkulte und der Vernunft schwer Zugängliche rationalistisch präpariert allen irdischen Sinnen aufgedrängt wurde. Man konnte Wunder mit körperlichen Augen sehen und war infolgedessen ein bißchen niedergedrückt und in Sorge, die liebe Erde zu verlieren, auf der man so gerne glaubend und zweifelnd herumwandert.

Nur in einer einzigen Abteilung – Palais de Mirages, im Märchenpalast also – war die Begegnung mit dem Wunderbaren nicht schrecklich, sondern heiter. In diesem Palast sind alle Wände und die Decke aus Spiegeln. In der Mitte stehen ein paar Säulen, deren Aufgabe es ist, nicht die Decke zu stützen, sondern sich selbst zu vervielfältigen. Es ist ein besonderes System drehbarer Spiegel, die ein unwahrscheinliches Getöse verursachen, sobald man sie in Bewegung bringt. Um das Getöse zu übertönen, veranstaltet ein Orgelmechanismus eine Opernmusik, die aus Porzellanhimmeln, Messingsphären und Stanniolplaneten zu kommen scheint. Eine Zeitlang ist es stockfinster. Eine Pause, die dazu dient, die erregten Sinne auf ein neues Märchen vorzubereiten, und allen Besuchern Gelegenheit gibt, die Körper ihrer vertrauten Begleiterinnen wie fremde Wunder im Finstern zu fühlen. Dann leuchtet es langsam auf, von hunderttausend Lampen und Ampeln, violett, gelb, grün, blau, rot und man befindet sich im orientalischen Palast, der von durchsichtigen Säulen getragen wird. Vor einigen Mi-

nuten waren es noch dicht belaubte Eichen und Ahorn-
bäume und man befand sich in einem deutsch-französi-
schen Märchenwald mit Orgelgezwitscher. Bald dröhnt es
wieder und flugs stehn wir unter einem blauen Sternen-
und Kometenzelt.

Erst in diesem Palast gelangten die Besucher aus der flü-
sternden Furcht in ihre natürliche Spektakelfreude. Denn
sosehr auch hier das Unwahrscheinlichste wirklich geworden war, so blieb doch diese von vornherein zugestandene
Märchenhaftigkeit ein Kinderspiel, verglichen mit den
Wahrscheinlichkeiten und Wirklichkeiten der menschlichen Geschichte. Es war keineswegs merkwürdig, aus dem
Wald in die Alhambra mit einem Schlag versetzt zu werden.
Aber unmöglich schien die Kreuzigung Christi, der Tod
Napoleons, die Ermordung Marats, das Zirkusspiel der Römer. Ja, selbst die zeitgenössischen Politiker, deren Leistun-
gen erst in hundert Jahren die panoptikale Reife erlangt haben werden, wirkten schon so, wie sie dastanden, im
Bratenrock und Zylinder, unmöglich und gespenstisch. Wie
wenige von all den Besuchern wußten, daß sie vor sich
selbst erschrocken waren und eigentlich noch in den Straßen hätten erschrecken müssen – – vor ihrem eigenen Spie-
gelbild in einem Schaufenster! Da gingen sie wieder herum,
aus Wachs und aus Gips, mit allen Schrecknissen des Panoptikums in der eigenen Brust, und eines jeden Seele war
eine Folterkammer. Es regnete immer noch, schief und
strichweise, die gelben Wolken galoppierten über den Dächern und tausend Regenschirme schwankten unheimlich
über den Köpfen der Unheimlichen ...


## Ankunft im Hotel

Das Hotel, das ich wie ein Vaterland liebe, liegt in einer der
großen europäischen Hafenstädte, und die schweren goldenen Antiqua-Lettern, in denen sein banaler Name über den
Dächern der langsam emporsteigenden Häuser aufleuchtet,
sind für meine Augen lauter metallene Fahnen, stehende
Fähnchen, die zur Begrüßung glänzen, statt zu flattern. Wie
andere Männer zu Heim und Herd, zu Weib und Kind
heimkehren, so komme ich zurück zu Licht und Halle, Zim-

mermädchen und Portier – – und es gelingt mir immer, die Zeremonie der Heimkehr so vollendet abrollen zu lassen, daß die einer förmlichen Einkehr ins Hotel gar nicht beginnen kann. Der Blick, mit dem mich der Portier begrüßt, ist mehr als eine väterliche Umarmung. Und als wäre er wirklich mein Vater, bezahlt er aus eigener Westentasche den Chauffeur, um den ich mich nicht mehr kümmere. Der Empfangschef im Cutaway tritt aus seinem gläsernen Verschlag und lächelt mehr, als er sich verbeugt. So selig scheint ihn meine Ankunft zu machen, daß sein Rücken seinem Mund Freundlichkeit abgibt und das Berufliche sich mit dem Menschlichen in der Begrüßung teilt. Er würde sich schämen, mir einen Meldezettel vorzulegen; so genau weiß er, daß ich das Gesetz als eine persönliche Beleidigung empfinde. Meinen Meldezettel schreibt er später, wenn ich schon im Zimmer bin, mit eigener Hand, obwohl er keine Ahnung hat, woher ich komme. Nach Lust und Laune schreibt er irgendeinen Namen hin, einen der Städte, die er für würdig hält, von mir besucht zu werden. Meine Daten sind ihm geläufiger als mir selbst. Wahrscheinlich kehren im Laufe der Jahre noch andere Männer bei ihm ein, die so heißen wie ich. Aber ihre Daten kennt er nicht, und stets erscheinen sie ihm ein wenig verdächtig, als wären sie illegale Usurpatoren meines Namens. Der Liftboy nimmt meine Koffer unter seine Arme. So dürfte ein Engel seine Flügel ausbreiten. Niemand fragt, wie lange ich zu bleiben gedenke, ob eine Stunde oder ein Jahr: dem Vaterland ist beides lieb. Der Portier flüstert mir zu: „627! ist Ihnen recht?" – – als wüßte ich so genau wie er, was es für ein Zimmer ist …

Nun – ich weiß es ja auch! Ich liebe das „Unpersönliche" dieses Zimmers, wie ein Mönch seine Zelle lieben mag. Und wie andere erfreut ihre Bilder wiedersehen mögen, ihre Teller, ihre Löffel, ihre Kinder und ihre Bibliotheken, begrüße ich die billige Tapete, das schimmernde, unschuldige Porzellan der Schüssel, die weißen, metallenen, blinkenden Hähne der Wasserleitung und das weiseste aller Bücher: das Telephonbuch. Mein Fenster geht natürlich nie in den Hof. Es ist das Fenster eines Stammgastes, es hat kein „vis-à-vis" und führt dennoch in eine Straße. Gegenüber sind: ein Schornstein, der Himmel und eine Wolke … Aber es ist immerhin nicht so entlegen, daß nicht die summarische Melodie des großen benachbarten Platzes als ein Echo der lieben Welt an meine Wände heranschlüge; dermaßen, daß ich einsam bin und nicht vereinsamt, allein und nicht verlassen, abgesondert und nicht getrennt. Wenn ich das Fenster öffne, ist die Welt bei mir zu Gast. Von weither dröhnen die heiseren Sirenen der Schiffe. Ganz nahe klingeln die törichten Schellen der Straßenbahnen. Die Autohupen scheinen mich beim Namen zu rufen – wie zu einem Landesvater grüßen sie zu mir herauf. Der Schutzmann in der Mitte regelt die Manifestation. Die Zeitungsjungen werfen Blätternamen empor wie Bälle. Und kleine Straßenszenen arrangieren sich wie Theaterstücke. Ein Druck auf den Knopf aus falschem Elfenbein: und rückwärts im Korridor leuchtet ein grünes Lämpchen auf, Signal für den Kellner. Da ist er schon! Seine berufliche Beflissenheit ist nur noch in seinem Frack vorhanden – in seiner Brust unter dem steifen Hemd wohnt die menschliche Wärme; eigens für mich aufbewahrt, gehütet während der ganzen Zeit meiner Abwesenheit. Wenn er der Küche tief unten telephonisch meine Bestellung weitergibt, vergißt er nicht hinzuzufügen, für wen er bestellt; und wie mein Druck auf den Knopf das grüne Lämpchen im Korridor entzündet hat, so ruft der Klang meines Namens im Gedächtnis des Kochs eine bestimmte Erinnerung an die Wünsche meines Geschmacks hervor. Der Kellner lächelt. Hier ist es ihm erspart zu reden. Er braucht nichts mehr zu fragen. Er hat keinen Irrtum zu befürchten. Er ist bereits so mit mir vertraut, daß er mir gerne das Trinkgeld stunden würde – – gegen Zinsen. Sein Glaube an die Unerschöpflichkeit meiner Einnahmequellen ist selbst unerschöpflich. Und käme ich in Lumpen und als Bettler daher, er hielte es für eine witzige Verkleidung. Er weiß, daß ich nur ein Schriftsteller bin. Und dennoch gibt er mir Kredit …

Ich hebe das Telephon ab. Nicht, um zu telephonieren – – nur, um dem Telephonisten in der Zentrale des Hotels Guten Tag! zu sagen. Er verbindet mich oft und fleißig. Er verleugnet mich. Er warnt mich. Er teilt mir des Morgens wichtige Begebenheiten aus der Zeitung mit. Und wenn der Geldbriefträger zu mir kommt, verkündet er es mir mit einem diskreten Jubel. Er ist ein Italiener. Der Kellner ist ein

Österreicher. Der Portier ein Franzose aus der Provence. Der Empfangschef ein Mann aus der Normandie. Der Oberkellner ein Bayer. Das Zimmermädchen eine Schweizerin. Der Lohndiener ein Holländer. Der Direktor ein Levantiner; und seit Jahren hege ich den Verdacht, daß der Koch ein Tscheche ist. Aus den übrigen Teilen der Welt kommen die Gäste. Die Kontinente und die Meere, die Inseln, die Halbinseln, die Schiffe, die Christen, die Juden, die Buddhisten, die Mohammedaner und selbst die Dissidenten sind in diesem Hotel vertreten. Der Kassier addiert, subtrahiert, zählt, schwindelt in allen Sprachen, wechselt alle Geldsorten. Von der Enge ihrer Heimatliebe befreit, von der Dumpfheit ihrer patriotischen Gefühle gelöst, von ihrem nationalen Hochmut ein wenig beurlaubt, kommen hier die Menschen zusammen und scheinen wenigstens, was sie immer sein sollten: Kinder der Welt.

Bald werde ich hinuntergehen – – und das erst wird meine echte Ankunft sein. Der Empfangschef wird herankommen, um mir Neuigkeiten zu erzählen und von mir Neuigkeiten zu hören. Sein Interesse gilt mir ganz, wie das des Astronomen dem Kometen in der ersten Stunde des Wiedererscheinens am Horizont. Habe ich mich verändert? Bin ich überhaupt noch derselbe? Das Auge, delikat und genau wie ein Fernrohr, mustert den Stoff meines Anzugs, die Form meiner Stiefel – – und die Versicherung: „Sie sehen erfreulich gut aus!" – bezieht sich weniger auf den Zustand meiner Gesundheit als auf den scheinbaren meiner Zahlungsfähigkeit. Ja, noch sind Sie der Alte! – sagt eigentlich dieses Kompliment. – Noch sind Sie Gott sei Dank nicht so tief gesunken, um in ein anderes Hotel gehen zu müssen. Sie sind unser Gast und unser Kind! Sie bleiben es!

Mein Interesse hinwiederum gilt allem, was das Hotel betrifft, als hätte ich wirklich einmal Anteile zu erben. Wie die Geschäfte in diesem Monat gehen? Welche Schiffe in diesem Monat ankommen? Lebt der alte Kellner noch? Der Direktor war krank? Kein internationaler Hoteldieb dagewesen? – In dieser schönen Stunde kümmert mich alles! Ich möchte die Bücher nachsehen, die Einnahmen kontrollieren. Unterscheide ich mich etwa von einem Mann, der aus Patriotismus das Budget seines Staates kontrolliert, die politische Richtung seiner Minister, die Gesundheit des Staatsoberhauptes, die Organisation der Polizei, die Ausrüstung des Heeres, die Panzerkreuzer der Marine? Ich bin ein Hotelbürger, ein Hotelpatriot.

Bald, bald kommt der Augenblick, wo der Portier in ein entlegenes Fach greift und ein Bündel Briefe, Telegramme, Zeitschriften für mich hervorlangt. Ein schneller Blick fliegt aus der Loge zu mir herüber, der Vorbote der Botschaften. Veraltet und dennoch neu sind die Briefe. Sie haben lange auf mich gewartet. Ihren Inhalt kenne ich schon zum Teil, habe ihn auf anderen Wegen bereits erfahren. Aber wer weiß?! Unter den Briefen, die ich vermute, sind vielleicht andere, die mich überraschen, vielleicht gar aus dem Gleichgewicht bringen, in eine neue Bahn stoßen? Wie kann der Portier so ruhig lächeln, während er mir die Post übergibt? Seine Ruhe ist die Folge einer langen Erfahrung, einer väterlichen, bittersüßen Weisheit. Er weiß schon, daß nichts Überraschendes kommt, er weiß von der Monotonie des bewegten Lebens, und niemand kennt so gut wie er die Lächerlichkeit meiner vagen romantischen Vorstellungen. An den Koffern erkennt er die Passagiere und an den Umschlägen die Briefe. „Hier ist die Post!" sagt er gleichgültig. Und dennoch vollführt seine Hand, die mir das Paket reicht, noch eine höfliche Wendung im Gelenk, sie verbeugt sich gleichsam selbständig, nach einem uralten Brauch, einem Ritus der Portierhände …

Hier, in der Halle, bleibe ich sitzen. Sie ist die Heimat und die Welt, die Fremde und die Nähe, meine ahnenlose Galerie! Hier beginne ich über das Hotelpersonal, meine Freunde, zu schreiben. Es sind lauter Persönlichkeiten! Weltbürger! Menschenkenner! Sprachenkenner, Seelenkenner! Keine Internationale neben der ihrigen! Sie sind die wahrhaft Internationalen! (Der Patriotismus beginnt erst bei den Aktionären des Hotels.)

Ich fange an, meinen Freund … den Portier zu beschreiben.

## Abschied vom Hotel

Ich hätte noch gern den und jenen meiner Freunde in diesem Hotel wiedergesehen, aber ich muß es morgen schon verlassen. Lange genug bin ich diesmal hier gewesen. Ich wäre unwürdig des großen Glücks, ein Fremder zu sein, wenn ich noch länger bliebe. Ich könnte dieses Hotel zum Heim degradieren, wenn ich es nicht ohne Not verließe. Ich will hier heimisch sein, aber nicht zu Hause. Ich möchte kommen und gehen, kommen und gehen. Es ist schöner zu wissen, daß hier ein Hotel auf mich wartet. Ich weiß schon, daß auch dies eine Sentimentalität ist und daß ich aus Angst vor der überlieferten einer Original-Sentimentalität erliege. Aber so beschaffen ist das menschliche Herz.

Ich werde heute schon meine Abreise dem Portier ankündigen. Oh, nicht etwa, weil es hier eine Vorschrift erforderte! In diesem Hotel gibt es keine „Avisos" in den Zimmern, keinen „Auszug aus den Polizeiverordnungen, betreffend das Gastgewerbe aus dem Jahre 1891, A IV, §§ 18 und 22 ff.", keine „Hausordnung", und nirgends „werden die p.t. Gäste gebeten, die Abreise rechtzeitig bekanntzugeben, da andernfalls noch eine Nacht berechnet werden müßte, Hochachtungsvoll, die Direktion." Nein, in diesem Hotel gibt es keine Sprüche an den Wänden! Auch daß ein „Restaurant im Hause" ist, bedarf hier keiner besonderen Betonung, denn das Restaurant ist gut, und also speist man dort gerne. Wenn ich heute schon dem Portier meine Abreise ankündige, so geschieht es, weil ich so maßlos viel Güte brauche und weil ich heute schon hören will, wie er sagt: „Ach, schon wieder?!" – Welch unbeschreiblicher Ton! Das wird ganz leise gesprochen, als wäre es ein Geheimnis; als könnte der Entschluß abzureisen, solange nur wir zwei davon wissen, immer noch aufgeschoben werden ... Das ist so langsam, so gedehnt wie eine Klage, die für eine lange Zeit jetzt ausgedrückt sein soll. Das scheint aus jener unwahrscheinlichen Ferne zu kommen, in die ich eben zu gehen gedenke. Guter Mann! – Was wird er ohne mich machen? Wen wird er grüßen, wenn er am Abend in seinem noblen Zivil das Hotel verläßt? Wie gut haben wir uns verstanden! Mit Hilfe von Blicken pflegten wir uns auseinanderzusetzen: die wirklich internationale Sprache der Stenoskopie!

Das ist nun zu Ende ...

Aber Männer müssen hart sein, und also erkundigt sich der Portier nach dem Zug oder dem Schiff, die ich zu nehmen entschlossen bin. Ich sage nur das Ziel und ungefähr die Zeit, etwa „am Abend". Und er präzisiert: Da ist Zug Nummer 743 mit Schlafwagen 18 Uhr 32, zweimal Aufenthalt, Speisewagen bis zweiundzwanzig, das heißt zehn Uhr abends. Und es folgt eine Reihe anderer Vorschläge. Ich überlasse ihm die Auswahl. Es gehört zu den Tugenden eines guten Portiers, daß er die besten Züge von den weniger guten unterscheiden kann, obwohl er so selten fährt und die Gäste immer. Ich verlasse mich darauf. Und wenn der Zug, den er mir empfohlen hat, gelegentlich um drei Stunden verspätet ankommt, so bin ich überzeugt, daß alle anderen Züge entgleist sind. So grausam wird man, wenn man sich selbst trösten will ...

Morgen wird der längste aller Tage sein. Man fährt schon und bewegt sich noch nicht von der Stelle. Es hat sich übrigens inzwischen schon herumgesprochen. Der Zimmerkellner, der am Nachmittag abgelöst wird, wünschte mir schon am Vormittag eine gute Reise. Das ist zwar mit der Aussicht auf ein Trinkgeld gesagt, aber deshalb nicht weniger aufrichtig. Was mich betrifft, so habe ich die Erfahrung gemacht, daß die guten Wünsche derjenigen am ehrlichsten sind, die dafür ein Trinkgeld bekommen. Wer nichts von mir erwartet, der wünscht mich zum Teufel. Wohl dem, der Trinkgelder geben kann! Alle braven Leute segnen ihn, denn sie hoffen, daß er bald wiederkommen wird. Es ist lehrreich zu sehen, wie der Kellner mir die Ehre erweist, meine Menschlichkeit ebenso zu schätzen wie meine geringe Gabe. Ich bin ihm ebenso sympathisch wie Geld. (Allen meinen Freunden ist Geld sympathischer.) Und in seinem Auge unterscheide ich genau neben dem jubelnden Fünkchen ein wehmütiges Licht. In die Freude über den Gewinn mischt sich der Kummer des Abschieds. Leb wohl!

Das wird der längste aller Tage sein. In diesem Zimmer gibt es ja glücklicherweise gar nichts, nicht ein einziges Stück, auf das sich das Auge mit Schmerz heften könnte! Keine alte Zuckerdose, keinen Schreibtisch des Onkels, kein Porträt des Großvaters mütterlicherseits, kein Waschbecken mit zinnoberroten Blümchen und einem Sprung dazwischen, kein Dielenbrett, das heimatlich knarrt und das man plötzlich zu lieben beginnt, nur weil man verreist, keinen Rostbratenduft aus der Küche und keinen Parademörser aus Messing auf dem Kleiderschrank des Vorzimmers! – Nichts! Wenn meine Koffer weg sind, werden andere hier stehen. Wenn meine Seife eingepackt ist, wird eine andere neben dem Waschbecken liegen. Wenn ich nicht mehr an diesem Fenster stehen werde, wird ein anderer hier stehen. Dieses Zimmer macht sich und dir und mir und keinem Menschen Illusionen. Wenn ich es verlasse und noch einen Blick darauf werfe, ist es nicht mehr mein Zimmer. Der Tag ist lang, denn es gibt keine Wehmut, ihn auszufüllen.

In dieser Stadt brauche ich auch nicht etwa Abschiedsbesuche zu machen. Mit Freuden denke ich daran, daß hier nicht jener ältliche Mann wohnt, der mich haßt, den ich hasse und dem ich immer wieder: Guten Tag! sage. Auch nicht ein jüngerer, der zerspringt, wenn er mich am Leben sieht, und beleidigt wäre, wenn er mich nicht sähe. Auch nicht ein guter Freund, der mich zur Bahn begleitet und noch beim letzten Gruß überzeugt ist, er machte an unserer Freundschaft ein weniger gutes Geschäft als ich. Nicht einmal eine Dame, in die man (aus Galanterie) verliebt ist und die, während ihr Auge die Träne zurückhält, sich schon freut, daß sie auf einen andern Passagier Eindruck gemacht hat. Ich bin fremd in dieser Stadt. Deshalb war ich hier so heimisch.

Es wird nur einen einzigen kurzen sentimentalen Augenblick geben: wenn der Hausdiener meine Koffer untergebracht hat und nun auf dem Perron steht, die Mütze in der Hand und die andere Hand unter der Schürze verborgen, aus Angst, sie könnte sich selbsttätig ausstrecken. Dann ist es ziemlich kompliziert mit dem Trinkgeld. Er nimmt es schnell, aber ungeschickt. Es wird fast ein Händedruck, flüchtig, wie verfehlt. Dann geht er zwei Schritte zurück, der Alte, das Gesicht mir zugewendet. Er setzt die Mütze auf. Noch einmal leuchten auf ihr die Buchstaben, die den teuren Namen des Hotels ausmachen.

Dann hisse ich die Segel und steige in den Zug ...

## Die Dame im Coupé

Eine schöne Dame betrat das Coupé, in dem ich saß und in Zeitungen blätterte. Sie sah die Zeitungen an, mich nicht, befahl dem Gepäckträger, einen großen ledernen, silberbeschlagenen Koffer ins Gepäcknetz zu stellen, setzte sich und fand kein Kleingeld für den Träger. Es war ein langer Augenblick, ausgefüllt vom Schweigen des Gepäckträgers, der keine Zeit hatte. Man fühlte deutlich, wie leidenschaftlich der Mann nach einem Ausdruck der Ungeduld, der Eile und vielleicht auch der Erbitterung suchte. Da es ihm aber nicht anstand, ungeduldig und erbittert zu sein, strömte er ein Schweigen aus, das schärfer war als ein Fluch. In diesem Augenblick erfaßte mich ein Zorn gegen die schöne Dame. Sie zwang mich aus meiner durch die Lektüre aufregender Zeitungen noch vertieften Ruhe zu einer qualvollen Überlegung, wie dieser Situation ein schnelles und gefälliges Ende zu bereiten wäre. Andere Männer werden in solchen Situationen witzig, ihre Schlagfertigkeit gewinnt ihnen die Sympathie der Damen und der Gepäckträger. Ich aber war in Gefahr, wenn ich nicht bald handelte, von der einen verachtet, vom andern ausgelacht zu werden. Deshalb fragte ich: „Wieviel bekommen Sie?", erhielt Auskunft, bezahlte den Träger, gab ihm ein Trinkgeld, das ihn zwang, lauter zu danken als ich gewünscht hätte, und beschloß, zu warten. Die Dame suchte immer noch Kleingeld, fand einen großen Schein und fragte mich, ohne mich anzusehen, ob ich wechseln könne. „Nein!" sagte ich – und die Dame suchte weiter. Ihre Verlegenheit mußte sehr groß sein; ich entschloß mich, Mitleid mit ihr zu haben, aber es kam nicht dazu, weil ich alles Mitgefühl für mich selbst verwenden mußte. Sollte ich sagen: „Ich bin entzückt, eine so reizende Schuldnerin zu haben?" Welch ein Kompliment! War es nicht zudringlich, sie im Suchen zu stören, und war es nicht allzu billig, auf einem so gewöhnlichen Wege eine Bekanntschaft zu schließen? Ich konnte der Dame nicht zusehen, ihre hastigen Bewegungen waren privater, ja intimer Natur, und ich durfte dem Inhalt und dem Unterfutter der Handtasche keinen Blick schenken.

Ich konnte aber auch nicht die Gleichgültigkeit aufbringen, die zu einer Fortsetzung meiner Lektüre nötig gewesen wäre. Ich sah also zum Fenster hinaus, sah große Reklametafeln, Wächterhäuschen, Rampen und Telegraphenstangen, obwohl mich die Natur wenig interessierte. Nach einer Viertelstunde fand die Dame Kleingeld, reichte es mir, sagte: Danke! und sah, wie ich, zum Fenster hinaus. Ich ergriff die Zeitung und las. Die schöne Dame erhob sich, reckte sich, streckte die Arme zum Gepäcknetz empor, konnte den Koffer nicht erreichen, und sah aus wie eine Flehende. Ich war gezwungen, aufzustehen, den übermäßig schweren Koffer herunterzuholen und mich so zu benehmen, als machte mir das Gewicht des Koffers gar nichts aus, als wären meine Muskeln Stahl und Eisen und der lederne Koffer eine Flaumfeder. Ich mußte das Blut zurückhalten, das mir den Kopf rötete, den Schweiß, der mir auf die Stirne trat, unauffällig abwischen und mit einer eleganten Verbeugung: „Bitte sehr!" sagen. Es gelang mir, die Dame schloß den Koffer auf, ließ ihm ein wenig Duft von Parfüm, Seife und Puder entströmen, nahm drei Bücher heraus und suchte offenbar nach einem vierten. Indessen saß ich bekümmert da, tat, als ob ich Zeitung läse, und dachte nach, wie ich den schweren Koffer wieder ins Gepäcknetz bringen würde. Denn es war kein Zweifel, daß ich verurteilt war, ihn wieder hinzulegen. Ich war verurteilt, einen Gegenstand, der zweifellos mehr wog als ich, mit eleganter Leichtigkeit wieder hochzuheben, ohne rot zu werden. Ich spannte im stillen meine Muskeln an, lud mich mit Energie und beruhigte mein erregtes Herz. Die Dame fand das vierte Buch, schloß den Koffer und versuchte, ihn aufzuheben.

Ihr Bemühen empörte mich. Warum tat sie so, als wüßte sie nicht, daß ich ihr die Arbeit abnehmen müßte? Warum bat sie nicht aufrichtig um die Hilfe, die mir die Sitte und beinahe das Gesetz zu leisten vorschrieben? Warum reiste sie überhaupt mit so einem schweren Koffer? Und wenn sie ihn schon führen mußte, warum packte sie die Bücher nicht in eine kleine Tasche? Warum mußte sie überhaupt lesen, da es doch feststand, daß es ihr gewiß angenehmer gewesen wäre, sofort mit mir zu sprechen, statt erst eine Stunde der Anstandslektüre verstreichen zu lassen? Warum war sie so schön, daß ihre Hilflosigkeit zehnmal größer erschien, als sie wirklich war? Und warum war die Dame überhaupt eine

Dame und nicht lieber ein Herr, ein Boxer, ein Sportsmann, der seine Koffer mit großartiger Leichtigkeit hätte heben können? Meine Empörung half nicht, ich mußte aufstehen, „Erlauben Sie!" sagen und mit übermenschlicher Anstrengung den Koffer heben. Ich stand auf dem Sitz, der Koffer schwankte in meinen Händen, er konnte hinunterfallen und die schöne Dame zerschmettern. Ich hätte zwar Unannehmlichkeiten, aber keine Gewissensbisse gehabt. Der Koffer läg wieder oben, und ich fiel ermattet in meinen Sitz.

Die Dame dankte und begann zu lesen. Von diesem Augenblick an überlegte ich, wie ich das Coupé und die Dame am besten verlassen könnte. Ich hätte jeden Mann beneidet, der das Glück gehabt hätte, der Reisegenosse einer so schönen Frau zu sein. Da ich es aber selbst war, beneidete ich mich nicht. Mit aufrichtiger Sorge dachte ich an die vielen brauchbaren Gegenstände, die noch im Koffer liegen mußten. Die Zeitung interessierte mich nicht mehr. Die Landschaft hatte meine ganz tiefe Abneigung. Zum Glück betrat ein Herr das Coupé, ein junger, sehr kühner, sicherlich Sport treibender Herr, der ohne Zweifel viel dümmer war als ich. Die Dame las nicht mehr. Nach einer Viertelstunde machte der Herr einen dummen Witz, und die schöne Frau lachte. Er war geistesgegenwärtig, schlagfertig, er konnte amüsant sein und wahrscheinlich auch einen Koffer heben. Er machte sich keine Sorgen, gewann das Herz der schönen Dame und triumphierte über mich. Ich dagegen gewann nur meine Ruhe wieder, sah mit Gleichmut den Koffer auf- und niederschweben, mein Herz klopfte nicht mehr, und ich verfolgte mit inniger Zuneigung die Bewegungen der schönen Frau und die Entwicklung des Abenteuers. Ich war glücklich, mit angenehmen Menschen zusammenzusitzen, die mich verwünschten und denen ich lästig war. Für solche Naturen wie ich ist das die beste Gesellschaft.


## Schillerpark

Der Schillerpark eröffnet sich unvermutet im Norden der Stadt, eine überraschende Kostbarkeit hinter dem Alltag nördlicher Schultheiße und Patzenhofer: ein Park im Exil. Er sieht aus, als wäre er einmal im Westen gewesen, und als hätte man ihm, anläßlich seiner Verbannung, seinen Schmuckteich genommen und die Edelschwäne und das Wetterhäuschen mit Barometer und Sonnenuhr.

Geblieben sind ihm die Trauerweiden und sein Gefolge, die Parkwächter. Das sind schweigsame und wahrscheinlich wertvolle Menschen, weil sie keinen seelenverderbenden Beruf haben. Sie sind die einzige harmlose Polizei in dieser Welt, von Gott und dem Magistrat eingesetzte Warnungstafeln, die vor Langerweile plötzlich ihren Standort verließen und in den Alleen auf und ab zu wandern anfingen. Auf ihren Gesichtern steht die verwitterte Inschrift: Bürger, schützet eure Anlagen – – und die Weidenruten, die sie in Händen halten, sind gewissermaßen wedelnde und sanfte Rufzeichen. Die Parkwächter sind übrigens die einzigen Lebewesen, die befugt sind, den Rasen zu zertreten.

Ich wüßte gerne, was die Parkwächter im Winter tun. Undenkbar fast, daß sie jemals den Park verlassen und in einer Küchenwohnung hausen mit Weib und Kindern. Sie hüllen sich vielleicht in Stroh und Lappen, und die Vorübergehenden halten sie für Rosenstöcke, Faune aus Marmor, oder erzene Brunnenengel. Oder sie graben sich für den Winter ein, und erspießen dann im Lenz mit den Primeln und den ersten Veilchen. Daß sie sich von Hagebutten nähren, wie Waldwesen, habe ich selbst gesehen. Wenn man sie fragt, besinnen sie sich lange, ehe sie eine Antwort geben. Es ist immer ein Stück Einsamkeit um sie, wie um Totengräber und Leuchtturmwärter ...

Die Menschen, die in der Gegend des Schillerparks leben, müssen an jedem Vormittag arbeiten. Deshalb ist der Schillerpark genauso menschenleer, wie wenn es verboten wäre, ihn zu betreten. Nur selten tropft ein Arbeitsloser durchs Gehege. Und zwei Mädchen, siebzehnjährig und naturbeflissen, wandeln durch seine Allee. Das sieht aus, als vermöchten Birken plötzlich zu wandern. Die wirklichen Birken aber sind festgewurzelt und dürfen sich nur in den Hüften wiegen.

Die Kinder kommen um drei Uhr nachmittags mit Schaufeln, Spaten und Müttern. Sie legen die Mütter auf den breiten weißen Bänken ab und trippeln zum Sandplatz.

Den Sand hat der liebe Gott eigens für die Kinder erfunden, auf daß sie in weiser Ahnungslosigkeit des Spiels

Zweck und Ziel irdischer Tätigkeit versinnbildlichen. Sie schaufeln den Sand einer Stelle in einen Blecheimer, schleppen ihn an eine andere Stelle und schütten ihn hier aus. Dann kommen andere Kinder und schaufeln den aufgehäuften Sand wieder dorthin, woher er stammte.

Und das ist das Leben.

Die Trauerweiden dagegen erinnern an den Tod.

Sie sind ein bißchen willkürlich und übertrieben, immer noch grün inmitten herbstlichen Farbentohuwabohus und sie haben ein menschliches Pathos. Die Trauerweiden hat Gott nicht von Anbeginn erschaffen, wie Haselsträucher etwa und Apfelbäume, sondern nachdem er sich entschlossen hatte, die Menschen sterben zu lassen. Sie sind gewissermaßen sekundäre Baumerscheinungen, Flora mit Intellekt und Bewußtsein für Zeremonielles.

Auch im Schillerpark fällt das Laub herbstgemäß von den Bäumen, aber es bleibt nicht liegen. Im Tiergarten zum Beispiel darf ein wehmütiger Wanderer im Laub geradezu waten. Das verursacht ein poetisches Rascheln und macht die Seele schwer. Im Schillerpark aber sammeln die Weddingmenschen jeden Abend das Laub und trocknen es und heizen damit im Winter. Das Rascheln ist ein Luxus; als wäre Poesie ohne Zentralheizung naturwidrig.

Die Hagebutten sehen aus wie kleine rote Likörfläschchen zu Reklamezwecken. Sie fallen ganz umsonst von den Bäumen und werden von den Kindern gesammelt. Die Parkwächter sehen solchem Gehaben ruhig zu. Man hat Vertrauen zu dem Herrn, der die Wächter auf dem Felde speist und mit Magistratskappen kleidet.

## Menschen am Sonntag

Am Sonntag ist die Welt mit Leere angefüllt, wie ein großer glasheller Luftballon. Mädchen in weißen Kleidern wandeln, heruntergefallenen Sonntagsglockenklängen gleich, durch die Straßen und duften sehr nach Stärke, Jasmin und Liebe.

Der Himmel ist gewöhnlich frisch getüncht. Die Häuser schwimmen in Sonne, und die Türme klettern licht und behende aufwärts. Am Rande der Stadt fängt die Natur an, durch Verbotstafeln gekennzeichnet. Sie ist grün in der Hauptsache und besteht aus lauter Ansichtskarten.

Die Natur ist am Sonntag sehr wichtig. Ihretwegen ist der Sonntag da. Alle während der Wochentage abgebrochenen Beziehungen zwischen ihr und den Menschen stellt der Sonntag wieder her. Er ist überhaupt die Brücke zu den vergessenen und verschütteten Heiligtümern der Erde: zu Wald, Wannsee, Lunapark und zum Herrgott.

Die Menschen weihen den Sonntagsmorgen ein durch Kirchenglocken, Teppichklopfen und Frühstückskaffee im Bett. Sie öffnen die Fenster und schnuppern Freiheitsluft. Sie sperren die Schränke und Kästen auf und legen seltene Kostbarkeiten an zur Feier der Arbeitslosigkeit, an der ihre Seele hängt.

Am Sonntag stehe ich am Fenster. Die gegenüberliegende Wand meines Nachbarhauses hat alle ihre Fensterflügel ausgebreitet, gläserne Schmetterlingsflügel, als wollte sie – husch! hast du nicht gesehn! – auf und davon fliegen. Sie kann's nicht; immer bleibt sie beschwert mit Möbeln, Menschen und Schicksalen.

Die ebenfalls sich gewandelt haben: mein Nachbar, gestern noch ein doppelter Buchhalter (seit fünfundzwanzig Jahren bei der Firma „ohne einen Anstand gehabt zu haben") – und heute: nicht einmal ein einfacher mehr. Gott im Herzen und Morgenkaffeegeschmack noch im Mund, eilt er, hemdbeärmelt, ans Fenster, einen Zug Freiheitsluft trinken.

Wie ich ihn so sehe, alltäglich, im dünnen Rock, mit seinen Händen, die, wie Fransen, zum Ärmel gehörig, aus diesen herausbaumeln, wächst er sich mir zum Helden einer Geschichte aus, mehrerer Geschichten. Er könnte, denke ich, zum Beispiel eines Tages eine viel besser bezahlte Stellung bekommen, aber er kann nicht kündigen. Vielleicht stand er schon ein paarmal vor der doppelt gepolsterten Tür seines Chefs, und sein Mut ward gedämpft, wie die Bewegungen der gepolsterten Tür und sein Herz glich einem nachgiebigen Sitzkissen, einem jener Lederkissen, auf denen der erste Prokurist zu sitzen pflegte.

Einmal nach einem Sonntag, hatte er sich mit Mut vollgepumpt, einen ganzen Sonntag lang, aber am Montag früh kam der Chef und schenkte ihm irgendeine Kleinigkeit:

eine Füllfeder vielleicht, oder ein Tintenfaß, und die Angestellten legten Blumen auf sein Pult, weil just jenen Montag sein Jubiläum einer fünfundzwanzigjährigen Tätigkeit bei der Firma war. Und er hatte es vergessen. Und er kann nicht kündigen.

Und „Gabriel" ist bestimmt sein Vorname.

Heute aber, am Sonntag, wird Gabriel sein Grammophon vor sich auf den Tisch stellen. Und eine Carusoplatte („Ach, wie so …") aus Kautschuk und Melodie strömt Sang und Glanz einer ungekannten, zahlen- und stahlfederlosen Welt über Gabriel.

Auch Kanarienvögeln ist der Sonntag zugänglich. Im Fenster des ersten Stocks steht der Käfig, und der Kanarienvogel deklamiert ein Gedicht von Eichendorff. Es kann auch eins von Baumbach sein.

Auf dem roten Tischtuch aus Peluche ruht ein weißer Läufer, ein gesticktes Deckchen. Und die Kinder stützen immer ihre Ellbogen auf das Tuch und verursachen Falten.

Nie sah ich die Mutter anders, als im blauen Schlafrock. Sie ist sehr leise, sie trägt schon von Natur aus Pantoffeln und sie hat gewiß eine verbitterte, schlurfende Seele.

Sie züchtigt die Kinder, weil sie das Tischdeckchen verschieben. Wozu braucht sie Tischdeckchen? dachte ich und schickte ihr einmal zwei Reißnägel in einer Zündholzschachtel mit Gebrauchsanweisung. Aber sie prügelte die Kinder immer noch.

Heute, am Sonntag, brachte sie den Kindern Kuchen. Und die Kinder verursachten Falten auf der Tischdecke, aber die Mutter stand am Fenster und ergötzte sich an des Kanarienvogels Deklamationen. Und sie trug eine weiße Bluse. Und gewiß keine Pantoffeln.

Aber der Abend ist traurig. Am Abend sehe ich die graugesprenkelte Katze am Fensterbrett im dritten Stock sitzen. Die Lehrerin ist ausgegangen.

Immer, wenn von der Turmuhr ein Schlag auf die kupfernen Dächer der Stadt fällt, streckt sich die Katze. Ich glaube, sie zählt die Schläge, denn sie wartet auf die Lehrerin.

Manchmal sieht sie auch hinunter und wedelt, wenn die Lehrerin kommt, mit dem Schwanz, da sie ja kein Taschentuch hat.

24

Am Sonntag ist die Lehrerin ihren Bruder besuchen gegangen, der ein Hauptmann in Pension ist und schwerhörig. Es dauert sehr lange, bis man ihm erzählt hat, daß nichts zu erzählen ist. Deshalb verspätet sich die Lehrerin.

„Ich werde sie also entlassen!" sagt die Katze und ist sehr aufgeregt.

Die Sonntagabende sind schal und bitter, als wären sie bereits Montage. Gabriel ist ein Doppelter, die Mädchen bügeln die zerknitterten weißen Kleider und riechen nach Brotstullen. Die Welt ist voll.


## Die fremde Stadt

Seit ungefähr einer Woche wohne ich in einer neuen Straße, und es ist, als ob ich in eine fremde Stadt gereist wäre. Noch weiß ich wenig von den Sitten, Menschen und Dimensionen dieser Stadt, aber die Haupteigentümlichkeit ihres Charakters glaube ich gefunden zu haben: sie ist eine Balkonstadt.

Der sie gebaut hat, war ein Architekt mit Sehnsucht nach Süden, und er machte kein Hehl daraus. Zwanzig Jahre lang ging seine Seele schwanger mit Giebeln, Erkern, Türmchen, Wetterfahnen, seine Seele war gewissermaßen ein komprimiertes Nürnberg, und im einundzwanzigsten geschah es, daß man sie auf einen freien Platz losließ. Und nun schüttete der Architekt seinen südlichen Segen aus. Weil aber die Stadt offenbar möglichst viele Menschen zu beherbergen hat, mußte er große Häuser bauen, das heißt eigentlich, ein Haus aufs andere setzen, so lange, bis vier oder fünf Häuser aufeinanderhockten. Dann stülpte er über diese Ungetüme ein spitzes Nürnberger Dach und schnitzte aus den Bäuchen der einzelnen Stockwerke Balkönchen und blies runde und viereckige Nischen aus den Volumen der Zimmer. So also, daß seine Sehnsucht gestillt war, aber erst oben. Unten tragen die Häuser die üblichen Fassaden, die breiten Torbögen, die gläsernen Türen, die stumpfen Klinken und die zoologischen Glockenzüge, wie zum Beispiel Löwenköpfe mit lechzenden Zungen, die man kitzeln muß, wenn's drinnen läuten soll. An den Flurwänden blinken rahmenlose Spiegel. So, daß die Menschen, die hier von unten hinaufzugelangen pflegen, mit Lift, wenn sie Herrschaften, und ohne Lift, wenn sie's noch nicht sind, sich selbst sehen dürfen, ohne sich allerdings kennenzulernen.

Mich machen diese Häuser, in denen die sehnsüchtige Architektenseele noch liegt, so unsagbar traurig, weil sie halb sind. Es war ihre Berufung, zweckmäßig zu sein, wohnlich und dauerhaft, mit Licht und Luft. Aber ihre Sehnsucht war es, schön zu sein und zwecklos wie die Schönheit. Sie mußten sich dem lächerlichen Zwang ihrer irdischen Wesenheit fügen und durften sich erst ganz hoch oben erlauben, Luxus anzulegen, aber auch ihn noch für praktische Bedürfnisse herrichten. Hier symbolisiert sich das Leben Tausender Architekten und der Abstand zwischen dem, was sie gewollt, und dem, was sie geleistet.

Manche Menschen sagen: Balkong. Das klingt so, als ob er schon hinuntergefallen wäre, mit einem Blumentopf aus Ton womöglich und einer halben Fensterscheibe dazu. Denn es liebt hierzulande jeder seinen Balkon und schmückt ihn mit Geranien, Begonien und Pelargonien und anderen Pflanzen, die wie fremde Weltteile heißen. Das kommt von der Sehnsucht der Menschen, die, um von unten hinaufzugelangen, ein halbes Leben brauchen, und die andere Hälfte zur Umsetzung in Ordnung, dem Sprichwort getreu. Nie vielleicht kommen sie in eine Gegend, die so ähnlich heißt wie eine ihrer Blumen. Sie pflanzen das Exotische vor ihr Haus und an ihr Herz und machen das Symbol des schwer Erreichbaren heimisch. So lebt sich ihr Drang ins Freie in vorgebauten Ziegelsteinen aus und auf und zwischen ihnen entlädt sich ein Teil ihres Daseins, zum Beispiel: die Spritzkanne; aber auch die Liebe, der Appetit und das Lampenlicht.

Dieses Licht ist rötlich gedämpft und sieht aus wie ein kleines Waldbrändchen am Horizont oder auch wie eine kleine Ampel in einer Kapelle am Wegrand irgendwo. Nun gab mir ein Gott Schönheitsdurst genug, den Waldbrände einerseits zu vermehren und zu stillen andererseits vermögen, und auch frommen Sinn, der offen ist für die Heiligkeit verlorener Waldkapellen. Aber eine ganze Zeile verlorener Waldkapellen, hingetupft an eine Waldreihe, und erfüllt von irdischem Tellerklappern und Silbergabelklang, ist wohl imstande, meiner Andacht eine empfindliche Lücke

zu versetzen. So sehe ich manchmal mit pietätslosem Aug'
auf das Innenleben meiner Nachbarn, das sie nach außen
gestülpt haben, um es auf den Balkongs zu lüften. Und
manchmal schäme ich mich meines überheblichen Sinnes
und meiner heimlichen Schandtaten, denen ich es verdanke, daß ich nicht tun kann wie meine Nachbarn. Ich
sehe nur einzelne Lichter und denke der Kapellen am Wegrand. Vielleicht, denke ich, wären die Menschen verschwie-
gen, mehr nach innen gekehrt, wenn nicht das Wesen der
Balkongs darin bestände, ihren Eigentümern eine ampel-
lauschige Abgeschiedenheit vorzutäuschen. Und auch das
rote Licht (habe ich gefunden) ist solch eine Täuschung.
Wem es scheint, der glaubt, nicht gesehen zu werden. Und
wird doch nur rot gesehn … Und vielleicht auch *wollen* die
Menschen gesehen werden.
Das ist gewiß: daß ich ein Einsamer bin in dieser fremden
Stadt und daß mich des Morgens, wenn ich durch die Straße
gehe, ein Schauder der Heimatlosigkeit überfällt inmitten
so vieler Heimatlichkeit. Der Klang eines morgenfleißigen
Klaviers; die weißen Gardinen hinter den Fensterscheiben:
ein Mann in Hemdärmeln; eine Frau in der Nachthaube;
ein Hund an einem Laternenpfahl; eine Litfaßsäule mit
frischtriefendem Klebstoff; ein Portier mit Messingpaste für
die Türklinke; ein frischgewichster Schusterjunge; eine
knusprige Bäckerin; ein Friseur, der wie ein weißer Flacon
vor seiner Tür steht – alle sind mir fremd, weil sie nichts
von mir wissen, obwohl sie mir alles erzählen. Sie grüßen
einander mit vertrauten Blicken und in jedes Auge spiegeln
sich des Nächsten Erlebnisse.
Und die Menschen hier sind sehr sauber. Sie riechen nach
Seife, harter, brauner Würfelseife, mit der mich meine
Tante zu waschen pflegte. Die Frauen haben ihr Haar straff
zurückgekämmt und die Ohren frei. Es ist so eine Atmosphäre seelischer Kasteiung um sie. Ihre Stunden fließen
über von Tätigkeit und ihre Dokumente sind in Ordnung.
Sie dürfen ihre Seelen auf offener Handfläche tragen. Ihre
Vergangenheit ist fleckenrein wie das Messingbecken über
dem Friseurladen. Ihre Gegenwart ist Einkaufen. Ihre Zu-
kunft Rechnen. Sie sammeln ihre Tage in ein Album, wie
Briefmarken. Sie sind Tage- und Jahressammler.
Nie war ein Unbekanntes in ihrem Leben, aber auch nie ein

Häßliches. Im Schatten ihrer Tugenden wuchsen sie und gediehen.

Ich beneide sie.

Täglich begegnet mir ein Herr auf der Treppe, der von Beruf Repräsentant ist.

Ich weiß zwar nicht, was er repräsentiert; aber er ist ein Repräsentant. Auch wenn er keine Handschuhe trägt, sind seine Hände feierlich, als trügen sie Leichenkerzen. Er hat einen Strohhut auf dem Haupt, aber es ist ein Zylinder. Sein Schritt ist direktorial. Sein Auge ruht strafend auf etwas. Er ist stumm, aber um ihn höre ich seine Stimme schwingen, eine tiefe Stimme mit Donnerankündigungen. Ich grüße ihn nicht, aber es ist so, als würde ich ihn grüßen. Er ist vielleicht ein Konduktansager und täglich geht er, jemanden begraben.

Er war ein braver Sohn und er lernte fleißig. Er war gewiß irgend jemandes Stolz. Ich wollte, ich könnte neben ihm sitzen und von ihm abschreiben.

Ich sehe seine Stirn nicht, aber sie ist hoch und gewölbt. Sie muß Raum haben für die vielen feierlichen Ehrenpforten in seinem Schädel.

Manchmal aber führt er ein blauäugiges Mädchen an der Hand, das Lili heißt. Er hört sichtlich auf, zu repräsentieren. Einmal beugte er sich zu dem Kind herab, weil es einen kleinen Handschuh verloren hatte und es war, wie wenn ein historischer Kaiser plötzlich zu lachen anfinge, oder wie wenn ihm sonst was Menschliches passierte.

Immer heimischer werde ich in der fremden Stadt.

## Spaziergang

Was ich sehe, ist der lächerlich unscheinbare Zug im Antlitz der Straße und des Tages. Ein Pferd, das mit gesenktem Kopf in den gefüllten Hafersack sieht, vor eine Droschke gespannt ist und nicht weiß, daß Pferde ursprünglich ohne Droschken zur Welt gekommen sind; ein Kind am Straßenrande, das mit Murmeln spielt und dem zweckmäßigen Wirrwarr der Erwachsenen zusieht und, vom Trieb zur Nutzlosigkeit erfüllt, nicht ahnt, daß es die Vollkommenheit der Schöpfung bereits darstellt, sondern sich im Gegenteil nach Erwachsensein sehnt; einen Schutzmann, der sich einbildet, absoluter Ruhepunkt im Wirrsal des Geschehens zu sein und die Säule irgendeiner ordnenden Macht. Feind der Straße und hierhergestellt, um sie zu bewachen und den schuldigen Tribut an Ordnungssinn von ihr einzukassieren. Ein Mädchen sehe ich im Rahmen eines offenen Fensters, Bestandteil der Mauer und voll Sehnsucht nach Befreiung aus der Umklammerung der Wand, die ihre Welt ist. Einen Mann, der tief in die Schatten eines winkelreichen Platzes gedrückt, Papierschnitzel sammelt und Zigarettenstummel. Eine Litfaßsäule an der Spitze der Straße, Motto dieser Straße, mit einem kleinen Wind-Gesinnungsfähnchen an der Spitze. Einen dicken Herrn mit Zigarre und im hellen Sakko, der aussieht, wie der verkörperte Fettfleck eines Sommertags. Eine Caféterrasse mit bunten Damen bepflanzt, die warten, bis sie gepflückt werden. Kellner in weißen Gewändern, Portiers in blauen, Zeitungsverkäufer, ein Hotel, einen Liftboy, einen Neger.

Was ich sehe, ist der alte Mann mit der dünnen Fisteltrompete aus Blech am Kurfürstendamm. Ein Bettler, dessen Tragik auf ihren Besitzer deshalb so aufmerksam macht, weil sie unhörbar ist. Manchmal ist die Fisteltrompete, die kleine Trompete aus weißem Blech, stärker, wirkungsvoller, als der ganze Kurfürstendamm. Und die Handbewegung eines Kellners auf der Caféterrasse, der eine Fliege totschlagen will, ist inhaltsreicher, als die Schicksale aller Caféterrassengäste. Es gelang der Fliege zu entkommen, und der Kellner ist enttäuscht. Warum bist du der Fliege feind, o Kellner? Ein Invalide, der eine Nagelfeile gefunden hat. Jemand, eine Dame, hat die Nagelfeile verloren, an der Stelle, wo der Invalide sitzt. Nun beginnt der Bettler, seine Nägel zu feilen. Mit diesem Zufall, der ihm eine Nagelfeile in die Hand gespielt hat und durch diese geringfügige Handlung des Nagelfeilens hat er symbolisch tausend soziale Stufen übersprungen. Ein Hund, der einem fliegenden Kinderball nachhetzt und vor dem leblos liegenden Gegenstand haltmacht und nicht begreifen kann, wie so ein dummes hirnloses Gummiding lebendig und witzig hüpfen kann, ist ein Held eines Augenblicksdramas. Nur die Kleinigkeiten des Lebens sind wichtig.

Was kümmert mich, den Spaziergänger, der die Diagonale eines späten Frühlingstages durchmarschiert, die große Tragödie der Weltgeschichte? Die in den Leitartikeln der Blätter niedergelegt ist? Und nicht einmal das Schicksal eines Menschen, der ein Held sein könnte einer Tragödie, der sein Weib verloren hat oder eine Erbschaft angetreten oder seine Frau betrügt oder überhaupt mit irgend etwas Pathetischem im Zusammenhang steht. Jedes Pathos ist im Angesicht der mikroskopischen Ereignisse verfehlt, zwecklos verpufft. Das Diminutiv der Teile ist eindrucksvoller, als die Monumentalität des Ganzen. Ich habe keinen Sinn mehr für die Weite, allumfassende Armbewegung des Weltbühnenhelden. Ich bin ein Spaziergänger.

Vor einer Litfaßsäule, auf der Tatsachen, wie zum Beispiel Manoli-Zigaretten so groß angekündigt sind, als wären sie ein Ultimatum oder ein Momento mori, verliere ich den Respekt. Irgendwie, glaube ich, offenbart sich da die Zwecklosigkeit eines Ultimatums und einer Zigarette in der Art, in der beide zum Ausdruck kommen. Was sich groß ankündigt, ist gering an Gehalt und Gewicht. Und ich denke, daß nichts in dieser Zeit ist, was sich nicht groß ankündigte. Darin besteht ihre Größe. Ich sehe die Typographie zur Weltanschauung entwickelt. Das Wichtigste und das minder Wichtige und das Unwichtige sind nur wichtig, minder wichtig, unwichtig *erscheinende* Angelegenheiten. Nur aus ihrem Bild lesen wir den Wert ab, nicht aus ihrem Wesen. Das Ereignis der Woche ist dasjenige, das durch Druck, Geste, ausholende Armbewegung zum Ereignis der Woche ernannt wurde. Nichts *ist*, alles heißt. Vor dem Sonnenglanz aber, der rücksichtslos über Wand, Straße, Schiene sich ausbreitet, in Fenster hineinstrahlt, aus Scheibenglas tausendfach geballt, zurückstrahlt, verschwindet das aufgeplusterte Unwesentliche. Unwesentlich, glaube ich (durch den Druck, durch die Typographie als herrschende Weltanschauung irregeführt), ist alles, was wir wichtig und voll nehmen: Die Manoli-Zigarette und das Ultimatum.

Am Ende der Stadt aber, wo, wie ich gehört habe, die Natur beginnen soll, ist nicht *sie* da, sondern die Lesebuch-Natur. Ich glaube, auch über die Natur ist zu viel schon gedruckt worden, als daß sie hätte bleiben können, was sie gewesen ist. An ihrer Stelle steht, breitet sich in der Umgebung der Städte die Begriff-Natur, der Naturbegriff, aus. Eine Frau, die am Waldrand einen zur Vorsicht für alle Fälle mitge-

nommenen Regenschirm vor die Augen hält, weitebetrach-
tend auf einen Fleck stößt, der ihr aus einem Wandgemälde
bekannt vorkommt, ruft aus: Wie gemalt! Das ist die Unterstellung eines feststehenden eng umgrenzten, wohl be-
schriebenen Begriffs von der Natur als Malermodell. Die
Unterstellung ist nicht so selten. Denn auch unser Verhältnis zur Natur ist ein unwahres geworden. Sie hat nämlich
einen Zweck bekommen. Ihre Lebensaufgabe ist unser
Amüsement. Sie besteht nicht mehr ihretwegen. Sie besteht
eines Zweckes wegen. Sie hat im Sommer Wälder, in denen
man schlummern kann, Seen zum Rudern, Wiesen zum Ab-
gebranntwerden, Sonnenuntergänge zum Entzücken, Berge
für die Touristik und Schönheiten für den Fremdenverkehr.
Sie kam in den Baedeker.
Aber, was ich sehe, kam nicht in den Baedeker. Was ich
sehe, ist das unerwartete plötzliche, ganz grundlose Auf-
und Abschwingen einer Mückenschar um einen Baum-
stamm. Der Schattenriß eines holzbeladenen Menschen auf
dem Wiesenpfad. Die dünne Physiognomie eines Jasmin-
zweiges, über den Gartenmauerrand gelehnt. Das Verzit-
tern einer fremden Kinderstimme in der Luft. Die unhör-
bare schlafende Melodie eines fernen, vielleicht sogar
unwirklichen Lebens.
Menschen, die ich zum Naturgenuß wandern sehe, begreife
ich nicht. Der Wald ist keine Diele. „Erholung" ist keine
Notwendigkeit, wenn sie das bewußte Ziel des Wanderers
ist. Die „Natur" ist keine Einrichtung.
Der Westeuropäer wandert in die „Natur" hinaus, wie er zu
einem Kostümfest geht. Er hat ein Lodenjoppenverhältnis
zur Natur. Ich sah Männer wandern, die Buchhalter sind.
Sie brauchten keine Stöcke. Der Boden ist so eben und
sanft, daß ein mäßiger Federhalter genügen würde. Er sieht
aber nicht, der Mensch, den sanften, ebenen Boden. Er
sieht „Natur". Wenn er segeln wollte, so würde er vermut-
lich einen weißen Anzug aus Rohseide tragen, Erbstück seines Großvaters, der auch segelte. Er hört nicht den Plät-
scherklang der Welle und weiß nicht, daß wichtig das
Zerplatzen einer Wasserblase ist. An dem Tage, an dem die
Natur ein Kurort wurde, war's aus.
Infolge aller dieser Tatsachen ist mein Spaziergang der eines Griesgrams und vollständig verfehlt.

## Der Kurfürstendamm

Am Abend gehe ich über den Berliner Kurfürstendamm.
Ich drücke mich an die Mauern wie ein Hund. Ich bin einsam, aber ich habe das sichere Gefühl, von der Vorsehung
geführt zu werden. Manchmal muß ich ein Gitter sachte
umschreiten, hinter dem sich ein Garten befindet. Man darf
ihn nicht betreten. Ich beneide die Straßenbahnen, die flott
und frisch über grüne Rasen in der Mitte der Fahrbahn da-
hingleiten dürfen. Eigens für sie hat man die Rasen angelegt, als wären sie Tiere, aus der saftigen grünen Natur nach
Berlin gebracht, und als müßte man ihnen, ähnlich wie den
Tieren im Zoologischen Garten, ein kümmerliches bißchen
von ihrem Milieu vortäuschen. Manchmal befindet sich hinter dem Gitter allerdings kein Rasenbeet, sondern ein Kies-
beet. Von Ziegeln eingefaßt, in flacher Erhabenheit, trägt es
lauter kleine Steinchen, bei deren Anblick es zwischen den
Zähnen knistert. Ich wüßte gerne, wer diese steinerne Flora
erfunden hat und ob man die Kieselsteine täglich begießt,
damit sie nicht verdorren. Über den Asphalt, parallel mit
den Straßenbahnschienen im Rasen, rattern die Autobusse
und die Automobile, um Verkehrsstockungen zu verursachen. Oft gelingt es ihnen erst mit Hilfe der Verkehrsampeln, die automatisch rot, gelb und grün aufleuchten, ohne
ersichtliche Ursache. Sie hängen an Drähten in der Luft,
überall, wo durch Querstraßen eine Kreuzung entstanden
ist, Augen, die leuchten, aber blind sind. Wenn sie böse
sind, werden sie rot, und wenn ihr Zorn verraucht, werden
sie grün. Wenn sie rot sind, müssen die Gefährte stehenbleiben. Manchmal gelingt es den Verkehrsampeln, zur
richtigen Zeit rot zu werden, das heißt: wenn aus den Querstraßen ein paar Lastautomobile kommen. Meist aber werden sie schon zornig, wenn auch nur ein Radfahrer aus einer Querstraße kommt oder ein Mann mit einem Karren.
Selbst die Schutzleute, die doch ohne Zweifel das Gesetz
vertreten, sind ohnmächtig gegenüber den Ampeln in der
Höhe, den wirklichen Augen des Gesetzes, mit denen verglichen die Augen der Polizisten nur eine Metapher sind.
Manchmal unterbrechen die Reihe der Wohnhäuser Kaffeehäuser, Kinos und Theater. Sie sind es eigentlich, denen
der Kurfürstendamm seine Bedeutung als Verkehrsader zu

verdanken hat. Gott weiß, was er ohne sie wäre! Deshalb sind sie unaufhörlich bemüht, seine Größe zu heben. Da sie seine Ansprüche auf internationale Bedeutung kennen, streben sie nach Internationalität. Ein Gasthaus wird amerikanisch, ein Kaffeehaus französisch. Zwar sieht es niemals aus wie in Neuyork oder in Paris. Aber es weckt Reminiszenzen an dieses oder jenes. In ihrer Bescheidenheit halten sie sich nur für gelungene Imitationen, aber sie sind in Wirklichkeit mißlungene Originale. Im amerikanischen Restaurant sind die Speisekarten englisch. Wahrscheinlich ist die Muttersprache der Gäste sozusagen Deutsch, aber ihre Umgangssprache wechselt nach Laune und Vergnügungsort.

Es kommt ihnen nicht darauf an, sie verstehen auch Englisch. Im französischen Kaffeehaus sitzen sie draußen, auf der „Terrasse", frieren und fühlen sich pariserisch. Ja, sie sind noch mehr als pariserisch, weil sie es in Berlin sind. Offenbar infolge einer baupolizeilichen Verfügung müssen die Terrassen eingezäunt sein und deutlich von der Straße abgegrenzt. Nun unterscheidet sie gerade diese Abgeschlossenheit von den Pariser Terrassen. Aber es kommt auf die Ähnlichkeiten an und nicht auf die Unterschiede. Auf manchen Terrassen leuchtet ein violettes Licht, das an Totenkammern erinnert. Trotzdem lacht man bei dieser Beleuchtung. Aus dem Zusammenstoß der Leute, die von den Terrassen kommen, mit den andern, die zu den Terrassen gehen, ergibt sich dann das Leben und Treiben der Fußgänger. Wenn sie die Straße überqueren wollen, begeben sie sich zu einer Kreuzung. Haben sie Glück, sind die Ampeln gerade grün, und sie gelangen ungehindert auf die andere Seite, wo ebenfalls Terrassen lagern.

An den Rändern der Bürgersteige stehen Bäume und vor den Gittern Zeitungshändler. Die Nachrichten sind schauderhaft. Die Zeitungen sind schneller als die Zeit, nicht einmal das Tempo, das sie selbst erfunden haben, kann ihnen nachkommen. Atemlos rennt der Nachmittag dem Spätabendblatt nach und der Abend dem Morgenblatt vom Morgen. Die Mitternacht sieht sich bereits mit Schrecken vom morgigen Nachmittag überholt und hofft inbrünstig auf einen Streik der Setzer, um sich einmal in Ruhe wie eine Mitternacht betragen zu dürfen.

Auf diese Weise erstreckt sich der Kurfürstendamm rastlos Tag und Nacht. Auch wird er renoviert. Man muß diese zwei konkreten Eigenschaften deutlich hervorheben, weil er von Stunde zu Stunde sozusagen Moleküle seiner Körperlichkeit an seinen kulturhistorischen Charakter abgibt. Obwohl er nicht aufhört, eine „wichtige Verkehrsader" zu sein, ist es doch, als wäre es nicht sein Ziel, zu einem Ziel zu führen, sondern so lang er sich auch erstrecken mag, ein Ziel zu sein. Befände sich dort, wo er aufhört, nicht eine andere Straße, er wäre imstande, sich noch weiterhin zu erstrecken. Ohnedies sind seine Dimensionen schrecklich genug. Seine furchtbare Fähigkeit, sich unaufhörlich zu erneuern, zu „renovieren" also, widerspricht allen natürlichen Gesetzen von Jung-Sein und Alt-Werden. Seit langem bemühe ich mich, das Geheimnis zu erraten, das ihn befähigt, trotz jedem jähen Wechsel seiner Physiognomie doch noch erkennbar zu bleiben, ja sogar immer mehr Kurfürstendamm zu werden. Unwandelbar ist seine Wandelbarkeit. Langmütig ist seine Ungeduld. Beharrlich seine Unbeständigkeit. Eine launenhafte Laune der Schöpfung, könnte man sagen, wäre die Annahme gestattet, daß sie ihn gewollt hat …

Dies scheint aber leider nicht der Fall zu sein. – –


## Bericht aus dem Pariser Paradies

Das Paradies liegt im Keller, in der Tiefe. Aber es ist so günstig placiert, daß es beinahe meiner Vorstellung vom siebenten Himmel entspricht. Es ist ein unterirdisches Paradies. Aber die Richtung, die man einschlagen muß, um zu ihm zu gelangen, spielt gar keine Rolle. So glaube ich manchmal, wenn ich einen geschmeidigen Sturz unternehme, im kühnen Flug emporzufallen …
Den Eingang zum Paradies beleuchten blaue Buchstaben, aus kleinen Lämpchen zusammengesetzt. Ihr Blau nähert sich ein wenig dem Violett. Es ist das Blau des blauen Stiefmütterchens und der ersten Morgenschleier, die über einem Acker liegen. Es ist ein Blau starker eindrücklicher Träume und rauchender Zigaretten. Es ist nicht das Blau

des Himmels und nicht die Farbe des südlichen Meers. Sie sehen, wie schwer es ist, eine Farbe deutlich zu beschreiben.

Zu beiden Seiten der Treppe, die zum Paradies hinunterführt, mit glatten Sünden gepflastert, aber auch mit einem Geländer versehen, befinden sich Spiegelwände, die das Blau kleiner Glühlampen etwas heller widerstrahlen. Es entsteht eine Atmosphäre aus Rauch, Morgen und Traum. Es entsteht eine ganz fremde Farbe, sehr verschieden von allen bekannten. Infolgedessen erlischt das Bewußtsein von der Zeit. Man erinnert sich nur, daß es Mitternacht war, als das Tor des Paradieses aufging und ehe man seiner Verdammnis anheimfiel. Auch die Erinnerung an die geographische Lage erlischt: an den ganzen Montmartre-Himmel mit seinen bunten Reklamesonnen; an die irdischen Hupensignale irdischer Automobile in der Rue Pigall. Blau und umdämmert ist das Gehirn. Die Zeit rinnt nicht, sondern wallt, in Schleier aufgelöst ...

Der Treppe gegenüber sitzt die Musikkapelle. Sie hat: Klavier, Geige, Saxophon, Flöte, Ziehharmonika, Trommel. Der Geiger hat fast gar nichts zu tun. Deshalb ist er Kapellmeister. Er steht vor der Musik, aber mit dem Rücken zu ihr, zugewandt den Ankommenden, der Treppe, dem Publikum. Er dirigiert nicht die Musik, sondern den Raum, die Farbe, den Tanz. Er dirigiert das Paradies. Manchmal singt er. Seine Stimme hat er mit der des Saxophons vertauscht. Er hat ein breites weißes Gesicht aus Schlemmkreide. Er pumpt mit Armen und Beinen Räusche aus seiner Nüchternheit. Denn er ist sehr nüchtern. Er allein weiß hier Bescheid um die Stunde und um die geographische Lage. Er ist ein irdischer rationalistischer Kapellmeister. Seine Tage verbringt er mit der Zeitung im Bett. Er gehört nicht zum Paradies, wie zum Beispiel ich. Er hat nur einen Kontrakt mit dem Paradies.

Ich aber trinke Calvados.

Das ist ein Schnaps, gebraut aus Apfelsaft, je nach seinem Alter goldbraun, wie herbstliche Blätter, oder zartgelb, wie Bernstein. Manchmal schmeckt er wie Kognak und manchmal wie Blüten unbekannter Früchte. Im Paradies kostet er auf jeden Fall fünf Franken ...

Tische und Stühle stehen eng beieinander, in zwei langen

Reihen, in deren Mitte man tanzt. Ich sitze gern am Rand. Manchmal kommt ein Engel vorbei und streicht mir die Haare. Denn es leben Engel im Paradies, selbstverständlich …

Sie entstammen allen Rassen der Erde, sie sind weiß, gelb, schwarz, braun, schattiert, gemischt, nuanciert, mit schwarzen Augen und hellen, mit dicken Lippen und schmalen, mit schweren und zarten Brüsten, mit breiten und schlanken Hüften, mit Knien aus kühler Seide, sie sind braun geschminkt und weiß gepudert; kurz: sie sind Engel …

Ins Paradies kommen sie – weiß man woher? –, um zu tanzen. Sie lassen sich von Männern umarmen, die von Engeln keine Ahnung haben. Sie lassen sich eine Limonade bezahlen und müßten Champagner trinken. Sie verdienen sehr wenig Geld und dennoch geben sie ihre Nächte her.

Ich gönne sie nicht allen Tänzern.

Ich gönne sie nicht den Handlungsreisenden mit den breiten Schultern aus Watteline, den Reisenden, die ohne Musterkoffer einen Abstecher ins Paradies machen und trotzdem erkenntlich sind. Ich gönne sie nicht den schmiegsamen Krawattenverkäufern, den Knochenweichen, Rückgratlosen, aus denen man einen modernen Knoten flechten könnte. Ich gönne sie nicht den bürgerlichen Ehrenmännern aus Boston, Liverpool und Amsterdam, die, befreit von ehelicher Aufsicht, eine Mädchenbrust an eine wollüstige Brieftasche drücken.

Ich gönne sie den Matrosen, den ewigen Knaben mit dem schwankenden Gang, mit den blauen Augen und den kindlichen Kragen, die auch im Paradies ein ewiger Seewind bauscht; den Negern, den Halbnegern, den javanischen Schiffsköchen, den mongolischen Boys, den abessinischen Prinzen und den schweren Fuhrwerkern aus den Markthallen. Sie kommen alle ins Paradies. Sie kommen aus den Kolonien, sie kommen aus den Kriegen, sie kommen aus Tunis, Algier, Marokko, aus den Häfen von Marseille, Bordeaux und Le Havre …

Manchmal ist das Paradies wie der tiefe Bauch eines Schiffes. Der ganze Raum schwankt gelind und unaufhörlich, und ohne Pause spielt die Kapelle das Konzert der Maschinen. Das Gefühl des Geborgenseins und gleichzeitig der Verlorenheit hält mich für ewig hier. Niemals wird es Tag

36

werden, niemals irdische, von Sonne, Arbeit, Mittagspause, Turmglocken bestätigte Wirklichkeit. Dieses Gemach segelt mit mir durch den Ozean der Welten. Wenn die unaufhörliche Musik eine halbe Minute aufhört, ist es wie der unendlich stumme Augenblick, der während eines Gewitters zwischen Blitz und Donner geklemmt ist, furchtsam, atemlos, ohne Herzschlag.

Auf einmal wechselt die Beleuchtung. Sie fällt in das tiefe Grünblau nächtlicher Wiesen, dann in ein dunkles Rot von Rubinen. Die Lippen der Menschen werden blau und die Zigarette in meiner Hand ein kleiner Stab mit einem silbernen Brandköpfchen, auf dem ein Netz zarter Filigranasche geflochten ist. Dann wird es orangegelb im Paradies. Die Ziehharmonika allein spielt mit menschlichen Seufzern beim Atemholen ein Lied, das zwischen Europa und Afrika gelegen ist, wie eine Insel, eine orangegelbe Melodie. Sie erinnert an die Volkslieder aller Nationen und besonders an slawische Sommernächte. Es ist, als erhielte die Ziehharmonika allein die goldgelbe Beleuchtung. Es ist ein abendliches Instrument. Es gebärt und nährt diesen übertriebenen Sonnenuntergang ohne Sonne: den Weltuntergang.

Alle Menschen wissen schon, daß sie verloren sind. Die Mädchen werden noch verlorener. Selbst die Handlungsreisenden möchten weinen.

Aber dazu kommt es nicht. Es darf nicht sein. Der letzte Seufzer der Ziehharmonika bläst das orangene Licht aus, und die Flöte entzündet wieder das Silber an der Decke.

Neue Ankommende, zum Paradies Verdammte, schüttet die Straße hinunter. Ein neuer Engel kommt: blaßgelb, dritte Generation Mischung; im zarten Gesicht ein breiter, immer offener Mund. Er enthüllt ein starkes weißes Gebiß, eine zärtliche Drohung.

Es ist eines der unerforschlichen Rätsel der Natur, daß diese Frau mit den starken großen Zähnen so demütige, so gebrechliche Fußknöchel hat; und einen Fuß, der die Stufen der Treppe nicht tritt, sondern küßt. –

# Reisende mit Traglasten

Die Reisenden mit Traglasten sitzen in den letzten Wagen der endlosen Zugschlangen, hart neben den „Reisenden mit Hunden" und den „Schwerkriegsbeschädigten". Der *letzte Wagen* schlenkert am heftigsten, seine Türen schließen schlecht, seine Fenster lassen Fugen frei, sind manchmal zerbrochen und mit braunem Papier beklebt.

Man wird nicht durch Zufall ein Reisender mit Traglasten, sondern durch Schicksal. Schwerkriegsbeschädigt wurde man durch eine Granate, deren verwüstende Wirkung nicht Tücke war, sondern eine Sinnlosigkeit, so unermeßlich, daß sie grausam sein mußte. Einen Hund mitzuführen, liegt im Bereiche unseres Willens. Aber ein Reisender mit Traglasten hat sein Gepäck seiner Bestimmung zu verdanken. Er wäre auch ohne Gepäck ein Reisender mit Traglasten. Er gehört einer besonderen Menschengattung an – und jene Inschrift am Abteilfenster des letzten Wagens ist keine bahnamtliche Bestimmung, sondern eine philosophische Definition.

Die Kupees für Traglasten sind von einer dicken Luft erfüllt, einem physikalischen Kuriosum einer Art Atmosphäre in festem Aggregatzustand. Sie riecht nach totem Pfeifentabak, nach feuchtem Holz, Blätterleichen und herbstlichem Waldboden. Das kommt von den Holzbündeln der Insassen, die geradewegs aus den Wäldern fahren, den Flinten fleißiger Jäger entronnen, die feuchte Kälte der Erde in Knochen und Stiefelsohlen. Grüne Moosreste liegen auf den Kleidern wie auf altem Gemäuer. Rissig sind ihre Hände, der Alten Finger gichtisch und absonderlich gekrümmt und eigenwilligen Wurzelformen ähnlich. In dem spärlichen grauen Haar der alten Frau haben sich dürre Blätter verfangen – so kränzt ein armer Tod seine Opfer. In den wuchernden Bärten der alten Männer können Schwalben nisten ...

Die Reisenden mit Traglasten legen ihre Wälder nicht ab, auch wenn sie sitzen. Der Entschluß, eine Last wieder aufzunehmen, nachdem das Rückgrat eine halbe Stunde lang sich frei für alle Ewigkeit gefühlt hat, mag schwerer wiegen als ein ganzer Tannenforst. Ich weiß, daß wir Soldaten, wenn nach stundenlangem Marsch eine minutenflüchtige

Rast winkte, unsere Tornister nicht lockerten, sondern weiter schleppten wie ein qualvoll treues Unglück einen ewig verbündeten Feind. So sitzen diese alten Bündelträger, nicht Reisende mit Traglasten, sondern Traglasten mit Reisenden. Und auch darin offenbart sich das Schicksalsmäßige des Lasten-Tragens, das keine Tätigkeit ist, sondern ein Leid.

Wovon sprechen die Waldmenschen? Sie sprechen halbe Sätze und verkrüppelte Laute, sie sind schweigsam, nicht aus Klugheit, sondern aus Armut, sie antworten zögernd, weil ihr Gehirn langsam arbeitet, Gedanken zaghaft gebiert und die kaum geborenen schon begräbt in heimlicher Tiefe. In den Wäldern, in denen sie arbeiten, herrscht ein großes Schweigen, das man nicht unterbrechen kann mit sinnloser Rede und Widerrede; wenn ein Specht in einen Ast hackt, so ist das der einzige Laut. Man lernt in den Wäldern, daß die Worte nutzlos sind und den Nichtstuern nur zum Zeitvertreib mitgegeben.

Aber in dem halben Satz, den die Menschen sagen, liegt das große Leid einer ganzen Welt. Sie sagen nur: Die Butter – und schon weiß man, daß Butter etwas sehr Fernes, Unerreichbares ist – kein Nahrungsmittel, mit Messer auf Brot zu streichen, sondern ein Geschenk des Himmels, in dem die Delikatessen der Welt wachsen, wie in einem Schaufenster. Sie sagen: Es wird ein früher Sommer sein – und das bedeutet, daß man dann in die Wälder fährt, um Schneeglöckchen zu sammeln, daß die Kinder aus den Betten in die Straße kommen dürfen, daß die Öfen kalt stehen dürfen bis zum nächsten Herbst.

Die Schauspieler, die auf den Bühnen viele geistreiche Sätze sprechen, ehe sie ihr Leid dargelegt haben, und viele prachtvolle Bewegungen vollführen, Pfauenräder mit Armen und Augen schlagen, müßten in den Abteilen für Reisende mit Traglasten fahren, um zu lernen, daß eine leise gekrümmte Hand das ganze Elend aller Zeiten fassen kann und das Zucken einer Augenwimper stärker erschüttern als ein Abend mit Tränenbächen. Vielleicht müßten die Schauspieler nicht in Schulen studieren, sondern in Wäldern arbeiten, um zu sehen, daß ihre Aufgabe nicht das Reden, sondern das Schweigen ist, nicht das Geständnis, sondern das verschwiegene Geständnis.

Es wird Abend, die Lampe entzündet sich an der Decke,

ölig und fett ist ihr Licht, sie brennt in einem Dunstkreis, wie ein Stern in einem Nebelmeer. Man fährt an leuchtenden Reklamen vorbei, an einer Welt ohne Traglasten, kommerzielle Hymnen auf Waschseife, Zigarren, Schuhpasta und Schnürsenkel brennen plötzlich hell am dunklen Firmament. Das ist die Zeit, da die Welt in die Theater fährt, um die Schicksale auf den teuren Bühnen zu erleben, und im selben Zug fahren die herrlichsten Tragödien und die tragischen Lächerlichkeiten, fahren die Reisenden mit Traglasten.

Von all den sachlichen Formeln und Inschriften, epigrammatischen Gesetzen, die das Getriebe der großen Stadt regulieren, Auskunft und Befehl erteilen, Rat spenden und Recht zur Wirkung bringen – von allen unpersönlichen Bestimmungen in Bahnhöfen, Wartehallen und in den Zentren des Lebens – berührt diese einzige menschlich, künstlerisch, in knapper Form Gewaltiges bergend und enthüllend.

Der redliche Mann, der die „Reisenden mit Traglasten" zu praktischen Zwecken erfunden hat, wußte nicht, daß er mit einem Schlag einen Namen fand für eine große Tragödie. So entstehen Dichtungen.

## Die Grenze

Hier, so sagt man mir, wäre die Grenze, und ein Gitter aus grauem Zinkdraht, wie ein Netz geflochten, bestehend aus den Maschen des Gesetzes, durch die man schlüpfen kann, beweist es.

Ja, ein Gitter trennt Land von Land, Heimat von Fremde, *Deutsches* von *Polnischem*. Ein grüner Zollbeamter, wunderbar dem unfruchtbaren Pflastergestein des Perrons entsprossen, besitzt den Schlüssel zu der Tür, die aus Deutschland nach Polen führt; er kann sie öffnen, er kann sie schließen, er hat einen Zauberschlüssel und weiß es nicht. Er ist groß, breit, blond und einfach, auf seinen Schultern ruhen die silbernen Epauletten der Verantwortung, in der starken Faust, auf deren Rücken blonde Härchen sprießen, hält er den Schlüssel zur Heimat, den Schlüssel zur Fremde und gebraucht ihn nicht.

Ihm gegenüber, neben dem Zug, den er bedient, steht der polnische Schaffner, die kleine, runde Mütze schief auf dem Kopfe, die letzten drei Knöpfe des Uniformrockes hat er geöffnet, eine graue Zivilweste mit Perlmutterknöpfen ist zu sehen. An seiner Hose ist eine Bügelfalte leise angedeutet und Gummibänder, Privileg der Offizierskaste, verbinden die Hose mit den Schuhsohlen.

Durch den Korridor des Zuges geht der Mann, der die Pässe beriecht, mit einem Gummistempel schnuppert er. Er ist bieder und zugleich verschmitzt, er hat listige Augen und einen braven Bauch, er ist Bürger und Spitzel, romantisch und nüchtern, er ist zwei Männer. Wenn er vom Dienst heimkommt, legt er seinen Kautschukkragen ab, das vordere Hemdknöpfchen aus gelbem Messing läßt er stekken, das wie ein Abendstern leuchtet. Dann spielt er mit dem jüngsten Kind und hält ihm seine große Roßkopfuhr an das kleine Ohr und sagt: Tick-Tack, Tick-Tack. Dann schläft er ein bißchen, steht auf, lädt seine Pistole, geht auf die Visa-Jagd und erlegt Reisepässe.

Ein kleiner polnischer Jude ist aus Amerika heimgekehrt. Hier, an der Grenze, erwartet ihn seine Familie. Der Jude trägt amerikanische Gewänder, einen Würfel aus grauem Stoff – das ist der Rock, und zwei längliche Rechtecke – das sind die Hosen. Er reist in Pantoffeln und geht so mit seiner Frau spazieren, in geblümten Pantoffeln, als wäre hier der Garten vor seinem Haus. Den Kindern, es sind drei Mädchen, hat er neue Kleider mitgebracht, und er fragt, was zu verzollen ist. Er zeigt, daß er, Gott sei Dank, nicht zu schmuggeln braucht. Ein Mädchen heißt: „Perele", kleine Perle; in einem Kleidchen aus dünnem orangenem Tüll ist es dem Vater entgegengefahren. Jetzt nimmt er es jedesmal auf den Arm und wird schwach und muß es absetzen. Er reist mit vier Koffern von Chikago bis Jaworow. Für ganz Jaworow hat er Geschenke gekauft.

Alle Grenzbeamten betrachten die jüdische Familie. Die polnischen lächeln, wie über einen alten Bekannten, der immer ein bißchen lächerlich war. Von den deutschen möchte keiner eine private Meinung im Dienst haben. Es ist nicht verboten, in geblümten Pantoffeln auf dem Bahnsteig zu spazieren. Es ist nicht verboten, auffallend zu sein. Was ist da noch zu denken?

Plötzlich ist eine Tür ins Schloß gefallen, es war wie ein Schlag des Schicksals:
Der grüne Zollbeamte hat mit seinem Schlüssel die Gittertür geöffnet und geschlossen und ist heimgekehrt.
Der Jude aus Chikago fängt an, seine Kinder zu verstauen wie Kolli. Zum Schluß steigt die Frau ein. Sie hat einen weißen Reiher auf einem schwarzen Crèpehut und es leuchtet der weiße Spitzensaum ihres Unterrocks auf dem Trittbrett. Der kleine Mann in den Pantoffeln starrt auf diesen Spitzensaum, steigt ein und der Zug fährt.
In diesem Augenblick erblicke ich eine kleine Maus, die durch das Gitter huscht, hinüber, auf die andere Seite – in die Heimat, in die Fremde? Alle Beamten blickten auf den Zug. War es eine Maus mit Paß oder eine Konterbandemaus? ...

## Vernichtung eines Kaffeehauses

Das Kaffeehaus war alt wie eine Kirche.
Es hatte starke Säulen, sie stützten die Decke. Im Dämmer oben verschwand sie. Sie war flach und mit Gemälden ausgestattet. Aber weil die Säulen sie trugen, grauer Zigarrenrauch sie bewölkte, fühlte man sie als ein Gewölbe über sich, das nicht nur bedeckt, sondern auch umhüllt, ein Dach und gleichzeitig ein Gewand.
Dunkelbraun waren die Säulen, eine polierte Rinde umgab sie, Bäume waren sie wieder geworden. In Manneshöhe trieben sie eiserne Haken, von eisernem Laub umrankt. In ihrem Schatten standen Tische. Zwar kannte man das Maß der Säule, wußte, wo sie anfängt, wußte, wo sie aufhört, aber gemessen mit jenem Maß, das keine Bezeichnung hat, dennoch vorhanden und unheimlich richtig ist, waren die Säulen unendlich und wer an ihnen lehnte, war allein, wie in einem Zimmer allein. Es mochte noch ein anderer an der anderen Seite derselben Säule lehnen. Aber er war getrennt durch ein Jahrhundert. Überdies dämpften den Schall der Gespräche die Kleider, die an den Haken hingen, und fingen Geheimnisse in ihren Falten auf. So konnte man in der Mitte des Kaffeehauses sitzen und dennoch verborgen bleiben wie in der Mitte eines Waldes.

Um in das Kaffeehaus zu gelangen, mußte man eine schwere dunkelgrüne von Leder eingesäumte Portiere auseinanderschlagen. Sie war dichter, sie schloß besser als jede Tür aus Eisen oder Eichenholz. Sie hing um die Schultern des Eingangs, sein guter warmer Wettermantel. Man schlug ihn auf, trat in das Innere, er fiel sofort wieder zu, man war geborgen – draußen mochte es Herbst sein oder Februar oder gar Weihnachten ...

Schräg dem Eingang gegenüber lag auf einem erhöhten Podium das dunkle breite Büfett. Im Hintergrund unzählige Flaschen verschiedener Größe und Gestalt, bunte, goldgeränderte Etiketten und vor sich ein Regiment glänzender Gläser, opalen schimmernder Tassen und einen klirrenden, singenden Haufen leichtsinniger Kaffeelöffel – saß oder stand die Dame vom Büfett. Man sah nicht, wo sie wurzelte. Aus einem Geheimnis wuchs sie empor. Vielleicht saß sie auf einem Dreifuß. Bleich war ihre Farbe, wie von alten Kerzen beleuchtet, ein wenig unterirdisch. Zart war die Kontur ihres Angesichts – das Angesicht war beinahe nur Kontur – sie erinnerte an einen konservierten Frühling. Am Ende bestand sie überhaupt nicht, jemand hatte sie gezeichnet, mit hellbraunem Stift auf weiches Papier. Denn es war, als sähe sie aus einem Rahmen, oder als blicke sie aus einem sehr erhöhten Fenster über Dächer. So, ohne Ziel, schweifte ihr Aug' ...

Leise ging durch den Raum ein höflicher Herr. Alle Gäste kannte er. Plötzlich tauchte er hinter der Säule hervor, den Mantel zu halten, längst hatte er die Bewegungen des aufbrechenden Gastes belauert – nun war er da, zur rechten Zeit. Er grüßte, gemessen und mit der Würde eines, dem man seit Jahrzehnten nur halb so höflich erwidert. – Ich grüße dich – bedeutet sein Kopf – aber ich brauche deinen Dank nicht. Ich antworte mir schon selbst. – Wenn er den Mantel hielt, verwandelte er sich in einen Ständer mit ausgebreiteten Armen. Säumte ein Kellner, zog ihn der Herr an einem langen mahnenden Blick herbei. Wie ein General prüfte er das Terrain, wie ein Arzt stellte er Diagnosen, wie ein Hausherr empfing er die Fremden, wie ein Regisseur ließ er Kellner auftreten und abgehen, wie ein Schutzengel wachte er über Verlassenen, wie ein Gott sah er immer gleich aus. Er war nicht jung, er war nicht alt, sein Haar war nicht bleich, sein Haar war nicht dunkel, sein Auge war nicht müd', sein Auge war nicht lebhaft und nie hab' ich ihn sitzen und ruhen gesehen.

In dieses Kaffeehaus kam des Abends Krac, mein Freund, zwei Bücher, Manuskripte, ein Abendblatt und ein Butterbrot (belegt) in der Hand. Andere gingen um diese Stunde nach Hause oder in ein Restaurant. Er aber, ein *secum portans,* begann hier sein Abendbrot zu essen. Er hielt es unter dem Tisch in der Linken und mit der Rechten pflückte er Nahrung aus dem unsichtbaren Dunkel. Andere aßen zwei Eier im Glas, halbweich, rotgelb, mit verlorenen Schalen drin. Er aber bestellte einen Kaffee, nicht einmal einen Mokka, nur einen Kaffee. Das ganze Kaffeehaus, der Tisch, die Stühle, die Säule, an der wir saßen, der Kellner, der freundliche Herr, die Lampen, das Büfett und die Dame waren so gleichsam Zutaten zu dem Butterbrot meines Freundes geworden. Das Kaffeehaus aber tat, als hätte es ihn geradezu selbst aufgefordert, sein Abendessen mitzubringen. So war die Gastfreundschaft dieses Hauses.

Jetzt kann man dort schwerlich Butterbrot essen.

Man hat das Kaffeehaus „renoviert". Der Eingang trägt keinen Vorhang mehr. Damit die Säulen frei bleiben, ist rechts an der Tür eine Garderobe eingebaut worden. Den Mantel soll man hier abgeben und so tun, als träte man in ein Theater. Die breiten Fenster haben schmale grüne Säume bekommen. Die Säulen sind weiß, die Decke ist weiß. Fort mit den Gemälden! – sagte der Geist der Zeit – der Rauch verhüllt sie ja ohnehin! Weiß ist diese Zeit wie ein Laboratorium, weiß wie das Zimmer, in dem das Lewisith erfunden wurde, weiß wie eine Küche, weiß wie ein Badezimmer, weiß wie ein Seziersaal, weiß wie Stahl und weiß wie Kalk, weiß wie Hygiene, weiß wie die Schürze eines Schlächters, weiß wie ein Operationstisch, weiß wie der Tod und weiß wie die Angst dieser Zeit vor ihm, weiß ist die Farbe der Zeit! Machen wir die Decke freundlich! – Denn er glaubt, der Geist, weiß wäre heiter. Fröhliche Menschen will er heranziehen, mittels Helligkeit. Und die Menschen sind fröhlich wie Patienten und die Gegenwart ist fröhlich wie ein Spital.

Man hat die Decke nicht tiefer gelegt, die weiße Farbe allein vermochte sie herabzuziehen. Jetzt drückt sie auf unsere Köpfe, unentwegt hygienisch. Die Beleuchtung besorgen keine Lampen mehr, sondern gläserne Säulen, eine Art Fieberthermometer, mit denen vielleicht die Temperatur des Raumes gleichzeitig gemessen wird. Das Licht strömt von den Seiten her, tut den Augen nicht weh, Blinde können dabei aus künstlichen Augen vermischte Nachrichten lesen. Der Fußboden ist nicht mehr Holz, sondern grauer Stein mit weißen Streifen – auf den ersten Blick. Auf den ersten Schritt aber stellt es sich heraus, daß der Stein Gummi ist oder Linoleum. Ein feiger Stein, der keinen Laut gibt, ein Stein für Leisetreter. Hygienisch. Taubstumme können bei dieser Stille Radio hören. Man hat die Zahl der Tische um ein Drittel vermehrt und die breiten Lehnstühle abgeschafft. Gerade Haltung verbürgt der Sitz, stählt den Körper, ein Stahl-Sitz. Wie eine Apotheke sieht das Büfett aus. Rezepte verschreibt der Kellner. Ein Junge mit Goldknöpfen, Gesicht aus Milch und Blut, Rockschöße abgehackt, Amor, Merkur und Messenger-Boy, besorgt Zigaretten ohne Nikotin. Auf Wunsch serviert man einen Kaffee, der Herzbeutelkranke gesund macht, direkt ein Schlafmittel. Die Dame vom Büfett ist nicht da, weg ist sie, übertüncht, abgenommen. Der freundliche Herr ist fort. (Kein Mensch wird jemals so grüßen können.) Er konnte den Weg des Kaffeehauses nicht mitmachen, diesen Weg, der immer von Deutschland zum Broadway hinstrebt und der immer wieder am Kurfürstendamm endet. –

## Konzert im Volksgarten

Das Konzert im Volksgarten begann um fünf Uhr nachmittags. Es war Frühling, die Amseln flöteten noch in den Sträuchern und auf den Beeten. Die Militärkapelle saß hinter dem eisernen, an den Spitzen vergoldeten Gitter, das die Terrasse des Restaurants von der Allee des Gartens trennte und also die zahlenden und sitzenden Gäste von den unbemittelten Zuhörern. Unter ihnen befanden sich viele junge Mädchen. Sie waren der Musik hingegeben. Aber die Musik bedeutete an jenen Abenden mehr als Mu-

sik, nämlich: eine Stimme der Natur und des Frühlings. Die
Blätter überwölbten die schmetternde Wehmut der Trompeten – und ein Wind, der kam und ging, schien für kurze
Weilen die ganze Kapelle samt allen Geräuschen auf der
Terrasse in entlegene Gebiete zu entführen, aus denen sie
mehr geahnt als vernommen wurden. Gleichzeitig hörte
man die langsam knirschenden Schritte der Fußgänger in
der Allee. Aus ihrem gemächlichen Tempo klang das Behagen wieder, das die Musik den Ohren bescherte. Wenn die
Instrumente laut wurden, die Trommeln zu wirbeln begannen oder gar die Pauken zu dröhnen, so war es, als rausch-
ten auch die Bäume stärker und als hätten die heftigen
Arme des Herrn Kapellmeisters nicht nur den Musikern zu
gebieten, sondern auch den Blättern. Wenn aber plötzlich
ein Flötensolo den Sturm unterbrach, so klang es in diesem
Garten nicht wie die Stimme eines Instruments, sondern
wie eine Pause, die singt. Dann fielen auch die Vögel wieder ein – als hätte der Komponist an dieser Stelle Amseln
vorgesehen. Der Duft der Kastanien war so stark, daß er
selbst die süßesten Melodien überwehte und daß er dem
Gesicht entgegenschlug wie ein Bruder des Windes. Und
von den vielen jungen Mädchen in der Allee kam ein
Glanz, ein Geflüster und besonders ein Lachen, das noch
näher war als die Mädchen selbst und vertrauter als sie.
Sprach man dann mit einer Fremden, so glaubte man, sie
schon gehört zu haben. Und entfernte man sich mit ihr aus
dieser Allee in eine andere, eine einsame, so hatte man
nicht nur ein Mädchen mitgenommen, sondern auch etwas
von der Musik, und man trat in die Stille ein wie in eine jener singenden Pausen.
Es galt nicht für angemessen, draußen am Gitter zu lehnen
und die Mädchen merken zu lassen, daß man leider nicht in
der Lage war, drinnen einen Kaffee zu trinken. Deshalb
ging ich auf und ab in der Allee, verliebte mich, verzweifelte, vergaß, verschmerzte, trauerte nach und verliebte
mich wieder – und alles innerhalb einer Minute. Ich hätte
gerne stehend zugehört und nichts weiter. Aber hätte mir
es selbst die Bekanntschaft mit einem Leutnant gestattet,
der oft elegant und klirrend innerhalb des Gitters Butter-
kipfel aß – ich wäre doch der fernen und unerreichbaren
Anmut der Damen erlegen, die leicht und hingeweht an

den weißen Gartentischen saßen, eine Art irdischer Frühlingswolken, niemals anzusprechen, weil niemals zu Fuß in den Straßen anzutreffen. In jener Zeit befand sich auf der Terrasse des Restaurants ein Teil der „großen Welt", und das Gitter war die Schranke, die mich von ihr trennte. Und wie mich das kleine Mädchen, das ich küßte, für einen mächtigen Ritter hielt, so sah ich auf den Terrassen der großen Restaurants lauter Damen, für die ich sterben wollte. Das sollte sich später noch ereignen. Aber das große Leben heute schon, auf- und abgehend und unauffällig zu beobachten und so zu tun, als wäre es eigentlich gar nicht verschlossen, war wie ein Vorschuß, den ich mir selbst darauf gegeben hatte.

Gelegentlich erhaschte ich eine graziöse Schleife, die der schwarzlackierte Dirigentenstab mit der silbernen Spitze in der Luft geschlungen hatte. Sie blieb vor meinen Augen, eine ständig wehende Erinnerung. Manchmal, wenn ich zufällig am Ausgang stand, traf mich der verführerische, schnelle und etwas spöttische Blick einer Dame. Sie bestieg, von Herren gefolgt, einen Wagen. Aber auf dem kurzen Weg von der Schwelle des Gartens bis zum Trittbrett des Wagens forderte sie noch von meinem anbetenden Auge die Bestätigung, daß sie schön sei. Ich verliebte mich im Nu – indes der Wagen dahinrollte und das flinke Getrappel der Hufe den Schlag meines Herzens bestimmte. Noch beklagte ich die Verschwundene – und schon erblühte aus der Wehmut die Hoffnung, die Dame würde morgen zur selben Stunde das Restaurant verlassen und ich, ein zufälliger Passant, vorhanden sein, um zu sehen und bemerkt zu werden. Und obwohl ich, von der Musik gerufen, heute noch in die Allee zu vulgären Abenteuern zurückkehrte, war ich bereits gewiß, an der Schwelle eines großartigen Lebens zu stehen, das morgen eröffnet werden sollte.

In der Allee lag schon die Nacht mit einigen Laternen im Laub, und die kleinen Mädchen hörte man nur – man konnte sie kaum sehen. Sie schienen in der Dämmerung zahlreicher. Das Kichern wurde ihre eigentliche Muttersprache. Nun da man ihre billigen blauen Kleider nicht sah, konnten es die Kleinen mit den Damen innerhalb des Gitters fast aufnehmen. Der öffentliche Teil des Gartens wurde übrigens geschlossen und die Kapelle rüstete zur großen Abendpause. Einer der Musikanten ging von Pult zu Pult und sammelte die Notenblätter ein wie Schulhefte. Das letzte Stück – es war fast immer der Radetzky-Marsch – wurde nicht mehr vom Blatt gespielt, sondern vor leeren Pulten. Der Marsch existierte gewissermaßen gar nicht mehr auf dem Papier. Er war sämtlichen Musikanten in Fleisch und Blut übergegangen, sie spielten ihn auswendig, wie man auswendig atmet. Nun erklang dieser Marsch – der die Marseillaise des Konservatismus ist –, und während die Trommler und Trompeter noch auf ihren Plätzen standen, glaubte man die Trommeln und Trompeten schon selbständig marschieren zu sehen, mitgezogen von den Melodien, die ihnen eben entströmten. Ja, der ganze Volksgarten befand sich auf dem Marsch. Man wollte gemächlich schlendern, aber der Trommelwirbel selbst begann die Gelenke zu bewegen. Er hallte noch lange in der Straße nach und er begleitete den Lärm der abendlichen Stadt wie ein lächelnder und hurtiger Donner.

## Ein Wiedersehen

Unter den Gesichtern der Spaziergänger, die auf dem abendlichen Korso langsam und unaufhörlich an meinem Blick vorbeigezogen wurden, gewahrte ich eines, das mir vertraut vorkam, obwohl ich es nicht zu kennen glaubte. Es schien das erste Stadium der Beziehung zu mir gewissermaßen vernachlässigt zu haben, um unmittelbar in ein zweites zu geraten, und sich früher meinem Herzen aufzudrängen, als meinem Bewußtsein. Das Angesicht war sofort per Du mit meinem Auge. Dieser Umstand verstimmte mich. Das Angesicht lächelte unbeirrt weiter, nachsichtig, freundlich, ja herzlich vielleicht. Schließlich löste es sich aus der Reihe der anderen Gesichter, für einen Augenblick entstand eine Lücke, es war als hätte eine unsichtbare Hand aus dem Schaukasten eines Photographen eines der reihenweis angebrachten Porträts entfernt. Das Gesicht näherte sich mir. Es wurde getragen von einem rostbraunen, breitschultrigen Mantel, der mir beide Ärmel entgegenstreckte. Ich zweifelte nicht mehr daran, daß ich eben im Begriffe war, einen Schulkollegen zu begrüßen. – Aber welchen? ...

48

Vor fünf Jahren konnte ich noch alle Namen in alphabetischer Reihenfolge aufzählen. Dann fingen sie an, meinem Gedächtnis zu entfallen, einer nach dem andern, ungefähr wie Zähne dem Kiefer. Manchmal nur tauchte ein Gesicht an die Oberfläche, manchmal ein Strumpf mit einem Loch am Knie, ein Arm, eine Hand mit abgekauten Nägeln, alles begleitet vom bläulich schimmernden Weiß der Klassenwände, dem matten Schwarz der Tafel und dem glänzenden, wenn auch rissigen Lack der Bänke. Auch die Gesichter, die Körper, die Bewegungen meiner Mitschüler fielen mir sozusagen aus. Übrig blieb ein wirres Knäuel von Gliedmaßen, Kleidungsstücken, Nasen und Namen, die ich beliebig zu neuen Persönlichkeiten hätte zusammensetzen können, wenn ich nur gewollt hätte. Aber ich wollte ja gar nicht. Solange ich noch imstande war, Mitschüler zu agnoszieren, ging ich ihnen aus dem Weg. Peinlich und peinigend sogar war mir das Bewußtsein, daß ich für ewig verurteilt war, die allerdings harmlosen Konsequenzen einer allerdings harmlosen Vergangenheit zu tragen. Nein, nicht einmal zu tragen! Die Gewohnheit hätte es mir ja leichter gemacht! Aber ich war verurteilt, ihnen ohne meinen Willen unversehens in die Arme zu laufen und also jederzeit ausgeliefert dem Überfall der Reminiszenz.

Nur konnte ich, wie gesagt, damals gelegentlich noch der und jener vorbeugen. Diesmal aber kam die Erinnerung *von außen* an mich heran, lebendig, blutvoll, gar nicht eine Funktion meines Gehirns, sondern eine Funktion des Zufalls, und weckte in meinem Gedächtnis höchstens einen namenlosen, schwächlich konturierten, blassen Schatten, mit dem ich nichts anzufangen wußte. Und dennoch, als wäre ich an diesem Abend auf nichts anderes vorbereitet gewesen, als eben auf die Begegnung mit dem Mitschüler, zwängte ich mein Gesicht in ein fremdes, etwas enges Lächeln, eines, das man zu kaufen kriegt und das eine Nummer zu klein war, und legte in meinen Mund irgendein beliebiges kostenloses: Ah!, das zu meiner eigenen Verwunderung gar nicht so unpersönlich klang. Er und ich, wir schüttelten uns die Hände. Wir setzten uns an einen Tisch auf der Caféterrasse. Er begann zu erzählen und zu fragen. Er wartete meine Antworten nicht ab, er antwortete selbst. Er fragte nur, um eine Bestätigung zu erhalten, richtiger:

um nicht dementiert zu werden. In einer rührenden Anhänglichkeit für mich, den Undankbaren, hatte er sich stets über mich auf dem laufenden gehalten. Er berichtete mir, was ich erlebt hatte. Nichts war ihm verborgen geblieben. Und ich wußte noch immer nicht seinen Namen ...

Ich suchte in den Zügen seines Angesichts nach Anhaltspunkten, einem Namenssplitter, einem Buchstabenfetzen. Nichts war in diesem Angesicht! Leer war es, erinnerte an ein flaches Gelände, die Nase lag in der Mitte wie ein Säckchen, hingeworfen, etwas angeschwollen, wie mir schien. Die Lippen waren blutrot und winzig, der Mund eines kleinen, süßen Mädchens, die Augen sehr hell, sehr klein, nackt, das heißt: brauenlos, zwischen Wülstchen gebettet, zwei graue Fünkchen, eingespießt in Fett. Das Haar blond, kurz geschnitten, „Bürste". Auf der Oberfläche der Wangen ein blaßrötlicher Hauch, Widerschein des Lebens, das außerhalb der Persönlichkeit, nicht in ihr brannte. Wäre dieser Mann nicht mein Mitschüler gewesen, ich hätte mich entschlossen, ihn unsympathisch zu finden. So aber hatte er Protektion.

In der Hoffnung, ihn sympathischer zu machen, begann ich, ihn nach seinem Leben auszufragen. „Ich bin", sagte er mit scheinbarer Heiterkeit, „ein Durchschnittsmensch geworden." Dies war eine Anspielung auf die Tatsache, daß ich seiner Meinung nach kein Durchschnittsmensch geworden war und vielleicht auch ein Vorwurf, daß ich die Pflicht, es zu werden, leider versäumt hatte. „Es gibt", sagte ich ein wenig gereizt, „überhaupt keine Durchschnittsmenschen." Es war ein Unsinn. Er aber widersprach nicht, sondern bemerkte schlicht: „Ich bin im Bankwesen."

Den egoistischen Einfall: Bankwesen kann man brauchen, verwarf ich sofort als ungehörig. „Bist du verheiratet?" fragte ich. „Ja, seit sechs Jahren, augenblicklich Strohwitwer." Ein Wort, das mir ebenso unangenehm ist, wie „Durchschnittsmensch". Es ließ sich aber nicht ändern. Er war Durchschnittsmensch, Strohwitwer und im Bankwesen. „Und es geht dir gut?" forschte ich weiter. „Danke, ausgezeichnet!" – „Du bist zufrieden?" – „Immer!" – „Warst du im Krieg?" – „Zwei Jahre an der Front." – „Du bist zufrieden?" wiederholte ich noch einmal. „Ja, immer", sagte er, als wäre Zufriedenheit so etwas wie zum Beispiel Gesundheit.

Er behauptete, bald gehen zu müssen und entlockte mir dadurch eine Wendung, die ich nie gebrauche und nur wider-
willig vernehme. „Ich will dich nicht aufhalten", erklang es
plötzlich aus mir, während ich dachte: da geht er dahin, und
ich weiß nicht, wie er heißt. „Gib mir deine Adresse", rief
ich und zog ein Papier und sagte harmlos: „Am besten, du
schreibst sie hier genau auf!" – „Den Namen schreibe ich
nicht!" frohlockte er, „den weißt du ja ohnehin!" – und er
schrieb sehr genau, mit großen runden Buchstaben, Reifen
aus biegsamem Bambus: „Ludwigstraße 58, II. Stock, rechts,
zweimal läuten."

Dann ging er. Fügte sich wieder dem Strom der Passanten
ein, rückte sein Gesicht zwischen die beweglichen Reihen
der anderen Gesichter, winkte noch einmal mit erhobener
Hand, einen Augenblick blieb auf meiner Netzhaut ein
rostbrauner Schimmer von seinem Mantel, der einzige
starke Eindruck von ihm. Als ich aufstand, um heimzuge-
hen, fiel mir sein Name in den Mund, als hätte er die ganze
Zeit schon über mir in der Luft geschwebt. „Eugen Kalter",
sagte ich tonlos und verlor die Adresse.


## Das Museum

Der Gastfreund war ein Liebhaber der Kunst, ein Kenner
der Kirchen, Museen, Galerien und ein Freund von Aus-
stellungen, Kunsthändlern und Malern. Diskret, freundlich,
von einer zarten und etwas fragilen Humanität, lebte er in
der ständigen Angst, seine Meinung könnte dem andern
wehe tun, und er bemühte sich oft, sie zu rechtfertigen,
auch wenn sie nicht angegriffen wurde. Bat man ihn, die
Wahrheit zu sagen – eine einfache Wahrheit für den Alltag –, so verschanzte er sich hinter der Überzeugung, daß
„die Dinge gar nicht so einfach" seien. Und aus einer Art
Festung, deren Mauern: Furcht, Objektivität, Zartheit,
Rücksicht, aber auch Schlauheit waren, begann er sachte,
sanfte, rundliche Dinge abzuschießen, deren minimale
Wurfgeschwindigkeit mit der Zeitlupe aufgenommen zu
sein schien. Er besiegte den Gegner, der sein Freund war,
mit liebenswürdigen Lügen, von denen er selbst, der Kunst-
freund, glaubte, sie wären komplizierte Wahrheiten. Er

hatte recht. Aber auch eine Distanz von zehn Jahren. Er dachte und empfand gewissermaßen historisch.

Vielleicht hing diese seine Unfähigkeit, in einem banalen Sinn „aufrichtig" zu sein, mit jener anderen durch soviel Kunstverständnis herangezüchteten Unfähigkeit zusammen, Menschen, Situationen und Landschaften unmittelbar zu sehen, das heißt: ohne Assoziationen an ihm bekannte Werke der bildenden Kunst. Mein Gastfreund war nicht imstande, eine Wiese, einen Waldrand, eine Kuh, eine Hügelkette, eine Physiognomie, ein helles Frauenbild, eine sonnige oder verregnete Straße zu sehen, ohne sich an berühmte Bilder zu erinnern, welche die gleichen Gegenstände behandelten. Und seine Erinnerung war so stark, daß sie den momentanen Eindruck verdrängte und dessen Stelle einnahm. So, daß mein Gastfreund, ähnlich gewissen Farbenblinden, die niemals Grün sehen können, ebenfalls kein echtes Grün sehen konnte, sondern nur gemaltes. Aber er sah auch anderes nicht. Er sah statt eines wirklichen Menschen zuerst den irgendwo porträtierten, hierauf die Differenz zwischen dem Porträt und dem lebendigen Gesicht und ganz zuletzt erst dieses.

Es war ein wenig umständlich, sein Gast zu sein. In seinen schönen Augen, deren Farbe wechselte, glänzte die Lüge, wie sonst nur die Wahrheit glänzen soll. Aus einem ästhetischen Behagen an seiner erlogenen Gastfreundschaft blieb ich sein Gast. Ich gestattete seiner Behutsamkeit zwar, mir weh zu tun. Aber ich erfüllte seine gleichgültigsten Bitten. Ich begleitete ihn sogar in Kunstausstellungen, sah gleichgültig oder mit einem gewissen Schauder die numerierten bunten Leichen, die man aus den Ateliers exhumiert und an die Wände gehängt hatte, roch den frischen Lack, suchte vergeblich nach einem Aschenbecher und mußte die Zigarette am Absatz auslöschen und den Stummel in die Tasche legen.

„Sie müssen" – erklärte er mir eines Tages – „unbedingt ins L.-Museum! Im dritten Saal oben, links vom Eingang, hängt ein neuer M. Es stellt ein Segelschiff und eine Brücke dar. Beachten Sie, wie herrlich das Wasser ist. Es fließt!"

Zweimal hintereinander fragte er mich, ob ich schon im L.-Museum gewesen sei. Ihm lag sicherlich gar nichts an meinem Kunstgenuß. Aber mich irritierte sein geheucheltes Interesse ebensosehr, wie es mich rührte. Und ich begab mich ins Museum.

Es war ein Vormittag im Frühling. Das Museum lag, wie die meisten Kulturinstitute dieser Stadt, in der Nähe eines Gartens, einer Brücke, eines Flusses. Obwohl das Wasser vom Grün der Bäume ziemlich entfernt war, schien es doch, dank einer merkwürdigen Übertragung durch die Luft, die rauschende Stille des Gartens widerzuspiegeln. Über den Fluß wölbte sich schön und stark die alte Brücke. Es war, als hätte sie nicht die Aufgabe, Gefährte und Passagiere über das Wasser zu tragen, sondern dieses vor Gefährten und Passagieren zu bewahren, damit es ungestört weiterfließe. Ihr wohltätiger Schatten lag wie eine zweite tiefere und flache Brücke hart auf dem Fluß. Im Garten sangen frühlingsmäßig die Vögel. Nuh fehlte allerdings noch ein Segelschiff. Aber ein solches befand sich auf dem Bild im dritten Saal links oben.

Das Museum war monumental, steinern, kalt, und ihm entströmte, als wäre es nicht der Sitz der Kunst, sondern die Höhle der Winde, ein frostiger Atem, der die ganze Straße erfüllte. Die Vorstellung, daß ich jetzt den Gesang der Vögel, den Garten, die Sonne, den Fluß und die Brücke verlassen müßte, um im dritten Saal links oben ein Segelschiff zu sehen, erfüllte mich mit jenem Grauen, das ich vor langen Jahren auf einem Gang zur Schule an schönen Frühlingstagen gefühlt hatte und das ich noch manchmal träume. Aus dem großen gewölbten Eingang über der steinernen Treppe kam eine kalte schwarzbraune Finsternis, die so unermeßlich war, daß selbst dieses große Tor nicht genügt haben konnte, um sie in das Museum durchzulassen. Nein! Die Finsternis war zuerst dagewesen und rings um sie hatte man das Museum gebaut. Oben, in den Sälen, schien vielleicht wieder die Sonne. Aber es war gewiß eine künstliche, durch gelbe Vorhänge filtrierte, den Bedürfnissen der Bilder angepaßte. Denn die Bilder bedürfen einer steten Ergänzung durch Licht und Dämmer, sie sind nicht fertig, wenn sie gemalt sind, sondern erst, nachdem man sie aufgehängt hat. Sie müßten, dachte ich, in einer Kirche hängen und einen direkten Zweck erfüllen. Die Phantasie, derer die Andacht manchmal bedarf, anregen und nähren. In diesem Museum aber hängen sie, als wären sie selbst Götter und das Museum ihre Kirche. Und ich hatte nicht das Bedürfnis, zu beten.

Schließlich näherte sich ein junges Ehepaar, kunstbeflissen und mit einem Baedeker. Sie waren vielleicht auf der Hochzeitsreise, in den sogenannten „Flitterwochen", die eigentlich: Museums-Wochen heißen sollten. Und als hätte mich die Sicherheit, daß diese jungen Leute das Segelschiff im dritten Saal links oben bemerken würden, von der Pflicht befreit, es selbst anzuschauen, entfernte ich mich mit einem schnellen gewissenlosen Schritte und blieb mit der ganzen Seligkeit, etwas Verbotenes zu tun, im grünen Garten.

Den Gastfreund und den Garten verließ ich noch am selben Tage. Ich hätte seiner falschen Trauer über meine Uninteressiertheit schwerlich standgehalten. Er ist so rührend, wenn er lügt. –

## Rast in Jablonowka

Das Dorf Jablonowka lag in meiner Erinnerung geborgen, ein Kleinod. Manchmal gelang's mir, es hervorzuzaubern, seine hellblau getünchten, strohgedeckten Hütten und sein einziges Häuschen beinah städtischen Aussehens; es hatte nämlich Schindeldach und eine rostbraune Tür und zwei flache Stufen davor; zwei, nicht mehr. Die weiße Kirche mit der blechgedeckten Kuppel stand auf dem sanften Hügel, inmitten des umzäunten Friedhofs, eine kleine Weile hinter der letzten Hütte, oder auch vor der ersten, je nach der Richtung, aus der man kam. Links vom Kirchentor stand der Glockenstuhl, mit einer großen Glocke zwischen zwei kleineren, jüngeren. Hinter den Hütten, die an den Rändern der zweimal gewundenen Dorfstraße stehen, steigt sanft das Gelände an, und vereinzelte Hütten scheinen langsam den Hang hinaufzukriechen. Das Dorf Jablonowka hatte ich vor drei Monaten gesehen. Es war am zehnten Oktober, an einem silbrigen, kühl-warmen Morgen. Über den Stoppelfeldern wogte der schüttere Nebel.

Es war Krieg. Aber das Dorf Jablonowka, abseits der großen Landstraßen, hatte ein paarmal nur abwechselnd österreichische und russische, in Rast befindliche Truppen und höhere Kommandos beherbergt. Die Frauen, Kinder und

Greise und der alte Geistliche hatten nach drei Jahren noch keine unmittelbare Bedrohung kennengelernt.

Pferde und Fuhrwerke gab es wenig, das Vieh sah abgezehrt aus, die Gänse und Enten auch, nur die Schweine waren noch ansehnlich, aber es gab ihrer nicht viele nach vielen Requisitionen.

Ein paar Stunden nach unserm Einzug in Jablonowka verließen wir es wieder. Durch viele verwüstete Ortschaften sind wir schon gezogen. Diese hier – siehe da – ist verschont. Wenn man hierbliebe, wäre man auch teilhaftig dieses Wunders. Warum nicht? Weshalb soll man nicht hierbleiben können? So viel wert wie jene Ente dort ist auch ein Soldat, ein Einundzwanziger, aber es könnte auch ein Fünfunddreißiger sein. Seht ihr? – sagt dieses Dorf – es kann auch friedlich sein. Hütten müssen nicht brennen, Granaten nicht platzen. Manchmal kann ja ein Flieger kreisen, vielleicht! Am Sonntag können die Glocken läuten. Warum nicht? Und die Feste und Feiertage müssen nicht gestört werden. Und – allerdings – so viele Bauern, geboren in meinem Schoß, in mir aufgewachsen, hätten noch alt werden können, statt zu sterben. Aber ich habe noch Bauernjungen die Fülle. Fremde Soldaten sind ihre Väter, aber gezeugt haben sie hier, auf meinen Wiesen, in meinen Hütten. Ich gedenke jedenfalls mich abseits der Katastrophe zu halten mit Gottes Hilfe!

So sprach das Dorf, aber ich konnte ihm ja nicht lange zuhören. Bis Mitte Dezember blieben wir etwa zwanzig Kilometer weiter östlich, und es war ein ruhiger Abschnitt. Es war, als strömte das Dorf noch bis in die Schützengräben etwas von seiner Gesegnetheit aus.

Um jene Zeit kamen schon manche voreiligen Weihnachtspakete an, und man öffnete sie dennoch nicht. Selbstverständlich. Nebenbei gesagt: ich hatte noch keines; ich hätte es bestimmt aufgemacht; um aufrichtig zu sein, einfach um aufrichtig zu sein. Denn ich haßte Überraschungen, mein Lebtag. Weder mir selbst noch andern wollte ich welche bereiten. Und vollends einsam war ich mitten in dem erwartungsvollen Frohsinn meiner Kameraden. Gewiß, unser Front-Abschnitt war glücklicherweise still. Aber im Angesicht des Todes waren wir ja gestanden, standen wir immer noch. Und mich kränkte der Rückfall der Männer, die das

Äußerste gesehen hatten, in die billige Wehmut jenes Stanniols und Lamettas, das seit hundert Jahren das Geburtsfest des Heilands in ein bürgerliches verwandelt. Ich zitterte schon, um die Wahrheit zu sagen, vor dem Heiligen Abend selbst, das heißt: vor seinen Begleiterscheinungen. Ich wünschte mir inbrünstig kein Paket aus der Heimat – war sie nicht nur noch ein Hinterland? – und auch keine tröstende Überraschung von den Kameraden. Niemals war mir der Stall von Bethlehem so nah gewesen und niemals so ferne das „Speis'zimmer" mit den „Bescherungen". „Weihnacht im Felde": welch ein Fest für Kriegsberichterstatter!

Aber es geschah ein Wunder, kein Ansichtskarten-Wunder, ein wirkliches. Wir gingen nämlich in Rast am 19. Dezember. Wir gingen nach Jablonowka. Siehst du, das gibt's, sagte das Dorf. Jetzt lag es im Schnee. Von den Rändern der Strohdächer hingen die Eiszapfen bis zu den winzigen Hüttenfenstern. Und wenn ich aus der Stube, in der ich einquartiert war, auf die weiße Dorfstraße hinausschauen wollte, mußte ich mit einem Kerzenflämmchen einen durchsichtigen Kreis in den Eispanzer der Fensterscheibe schmelzen. Eine Weile später wuchs die Eiskruste wieder zu. Es war 23 Grad Celsius.

Am Morgen vor dem Heiligen Abend kamen die Bauern in die Regimentskanzlei. Sie baten um sechzehn Kerzen. Der Rechnungsfeldwebel Hanamak lieferte ihnen acht. Er schnitt jede Kerze in der Mitte entzwei. In hohle Kürbisschalen schnitten die Buben Augen, Nasen und Münder, entzündeten die Kerzen in der Höhlung, und jeder hatte drei Kürbisschalen, und dies waren die Heiligen Drei Könige. Fünf Buben, alles Söhne der Frau Olszewska, besaßen eine Krippe, die sie selbst geschnitzt hatten. Es war ein winziges, kaum fünfzig Zentimeter hohes Häuschen, grün bemalt, dreiwandig, eine offene Bühne. Echte Heubündelchen lagen darinnen. Und wenn man den Finger durch den eisernen Ring steckte, der an dem Giebel des Häuschens angebracht war, begann das Ganze gleichsam von selbst zu schaukeln, und drinnen schaukelte die Mutter Gottes das Kindlein, das graue Eselchen schüttelte seine langen Öhrchen und die drei Heiligen Königlein, die scharlachrot und golden aus der Kulisse links herauskamen, bewegten die zittrigen Ärmchen, die locker mit Fädchen in den Gelenken befestigt waren. Als hätte er das Strohdach mit Gewalt durchgestoßen, funkelte der Stern von Bethlehem drinnen, im Stall, und es erwies sich, daß es kein Stern war, sondern eine goldene Rosette, wie sie von unsern k.k. Militärbeamten getragen zu werden pflegten. Es war dennoch Krieg in Jablonowka.

Die Bäuerin, bei der ich einquartiert war, hieß Jozefowa Gargasch, und ich werde sie nie vergessen. Obwohl durch den Krieg schon viele Frauen des Dorfes Witwen geworden waren, nannte man nur sie: die Witwe. Denn ihr Mann war ein knappes halbes Jahr vor dem Krieg eines natürlichen Todes gestorben. Sie hatte dreijährige Zwillingskinder, zwei muntere Flachsgärbchen. Ein hageres Angesicht schien sie zur Schweigsamkeit zu verpflichten, zur Strenge auch. Aber es war, kannte man sie näher, lediglich ein immer wieder scheiternder Versuch gegen die in ihrer eigenen Brust wohnende, ständig rebellierende Güte.

Karl Greiser, Gefreiter, Metzger von Beruf, schlachtete ein Schwein. Die Witwe scheuerte den Fußboden, den Tisch, die drei Stühle. Als der Abend kam, stellte sie eine große Schüssel, an den Rändern blau geblümt und rot gestreift, in die Mitte des Tisches. Zwei gewaltige Steingutteller nahmen sich daneben wie Kinder aus. Drei hölzerne Löffel, orangegelb wie der Tisch, auf dem sie lagen, sahen aus, wie dessen Kinder; Holz von seinem Holz waren sie. Die Scheite, kreuz und quer geschichtet, harrten auf dem offenen Herd. Und die Köpfe der Zwillinge rochen nach jener Kriegsseife, die an Senf erinnert, an Lauge, Schmutzwäsche und Armut; besonders an Armut.

Das Thermometer sank nicht, es stieg auch nicht – und das war gut so. Der Friede zog in mich ein. Ein Nichts von einem Tag tauchte unter in einer Nacht, die klarer war als er. Wer weiß, wie lange wir hier in Rast bleiben werden? Wer weiß, wohin wir dann abkommandiert werden? Ich wehre mich gegen Stimmung. Die Feldpost kommt, zwei Pakete, freilich zwei Pakete. Wir sollen um acht Uhr in der Offiziersmesse sein, Rainacher und ich. Auch er hat Pakete bekommen, auch er wehrt sich gegen Stimmung. Wir wohnen zusammen bei der Witwe Jozefowa. Weil er rangälter ist, schläft er im Bett, ich schlafe auf dem Strohsack. Wir schikken beide Dienstzettel. Wir können nicht zur Messe. Wir werden um Mitternacht den Hügel hinaufgehn, in die Mitternachtsmesse.

Der Himmel schimmert über uns, vor uns schimmert der Schnee. Es ist, als spiegelte der Himmel den Schnee wider. Auf der ausgetretenen Dorfstraße hat es beinahe keinen Sinn, herumzuwandern. Der Schnee war so verführerisch, daß es eine Sünde gewesen wäre, nicht in ihn hineinzustapfen, dort, wo er hoch und hart war, edel, jungfräulich, kristallen und singend. Um unsern Kameraden nicht zu begegnen und auch um die Nacht zu genießen und ihre Sterne und ihren Schnee, gingen wir hinter den Häusern den Gang hinauf. Ringsum war es still, es gab keinen Krieg. Zehn-, zwölfmal wandelte ein Scheinwerfer über den Himmel, er wandelte wirklich, ein friedlicher Spaziergänger, und blasser als seine Brüder, die ich kannte, war er an diesem leuchtenden Himmel.

Die Jungen kamen mit ihren erleuchteten Kürbissen. Sie sangen. Nahe waren Stall und Krippe und Esel, wenn man die Lieder verstand. Sollte man ihnen glauben, so war der Heiland in Jablonowka geboren, nicht weit von der Hütte der Witwe Jozefowa Gargasch, und es war nicht zweitausend Jahre her, sondern höchstens knappe sechzig, und die Großväter erinnerten sich noch daran. Die Fußspuren der Heiligen Drei Könige gar sah man noch geradezu im Schnee. Der Stern war mit Händen zu greifen. Die podolische Tiefebene war eingebettet im Glauben und Gott war in Podolien, und Bethlehem knapp einen Sprung entfernt und näher als die Front.

Ein Licht nach dem andern erlosch, und die Hütten wurden finster. Nur Himmel und der Schnee leuchteten, als das Dorf den Hügel zur Kirche hinaufwanderte. Ihre doppelflügelige Tür stand weit offen, und es war, bevor man eintrat, als käme der Altar den Eintretenden entgegen, Gäste zu empfangen, in seinem ganzen Glanz. Es gab keine Bänke, die Menschen knieten und standen. Obwohl die Tür offenblieb, wurde es bald warm, es war, als wärmten mich alle Pelze, die fremden, die Kerzen wärmten und auch die Inbrunst wärmte und das Gloria nach dem Introitus: *Dominus dixit ad me: Filius meus es tu, ego hodie genui te. Quare fremuerunt gentes; et populi meditati sunt inania?* – Was knirschen die Heiden? Was planen die Völker Torheit? – *Et pastores erant in regione eadem vigilantes.* – Wachsame Hirten waren in derselben Gegend, – hier neben uns, neben Rainacher und mir. Die Witwe Jozefowa Gargasch ging zwischen uns heim. Die Tür war nicht etwa verschlossen, oh, keine Tür in diesem Dorf war verschlossen, obwohl fremde Soldaten, Ungarn und Bosniaken, jetzt hier rasteten. Wachsame Hirten waren in der Gegend.

Wir setzten uns an den Tisch und löffelten den Borscht mit den hölzernen Löffeln. Dann zerschnitten wir das Fleisch mit dem Taschenmesser. Wir tranken Sliwowitz aus dem Teeglas und aus den Feldflaschen. Mein Freund Rainacher, ein Spötter, reckte sich satt auf dem Stuhl, streckte beide Arme aus und sang: *Gloria in excelsis.* Es war dennoch keine Blasphemie. Um drei Uhr morgens küßten wir die Zwillinge und die Witwe, übergaben ihnen unsere vier Pakete und legten uns schlafen. Du gehst heute ins Bett – sagte Rainacher –, ich schlafe auf dem Strohsack. Du erlaubst mir eine Überraschung. So war es. Um sechs Uhr morgens weckte man uns. Es war Abmarsch.


# Die k. und k. Veteranen

In der kleinen, mährischen Provinzstadt, in der ich zwei Jahre zubrachte, waren die Veteranen lebhafter und bedeutender als die städtische Feuerwehr und an Glanz, den sie zu entfalten verstanden, dem richtigen Militär beinahe überlegen. Infolge der Veteranen gewinnen die zwei Jahre einen immer größeren Raum in meiner Erinnerung, sie verdrängen oder verschlingen die benachbarten Zeitgebiete meiner Kindheit, und sie erwachsen allmählich zu der Bedeutung einer jener zeitlichen Abschnitte, die man in den Lehrbüchern der menschlichen Geschichte Epochen zu nennen liebt. Diesen epochalen Charakter der Veteranen unterstützt die historische Tatsache, daß sie verschwunden sind, endgültig verschwunden, wie nur die Kindheit selbst entschwinden kann und wie das Reich der Habsburger, dessen Tod noch wunderbarer war als sein Leben. Denn es versank im Meer der Zeiten, das große Reich mit seiner gesamten bewaffneten Macht und seinen Militärvereinen, zu denen die Veteranen gehörten, trotz dem Aspekt der Unsterblichkeit, so vollkommen, so für immer, wie die armselige mit dem Imperium nicht zu vergleichende Kindheit eines Untertanen. Aber in der Erinnerung, in der das Große klein und das Geringe mächtig werden kann, identifiziert sich der kleine Teil einer Kindheit mit einem kolossalen Reich, und ein Verein von Veteranen versammelt in sich die ganze sonnenkräftige Symbolik des Imperiums. Den schillernden Busch aus Hahnenfedern, den die wehrhaften Männer über die Ränder ihrer steifen, runden, schwarzen Hüte wehen ließen und der, wenn ein Sonnenstrahl ihn traf, alle Spektren des Regenbogens aus dem satten und produktiven Schwarz gebar, bewegt heute nichts anderes mehr, nichts Geringeres als ein historischer Atem, der ewige Wind, der über die Schicksale dieser Erde weht. Damals war es nur ein sommerliches Lüftchen.

Man darf sich die Veteranen nicht, wie man es gewohnt ist, als alte Männer vorstellen. Immer noch rüstige Greise zwar, die aber ihre Jugend nur einigemal im Jahr zu besonderen Gelegenheiten mit den Uniformen anziehen. Keineswegs! Meine Veteranen standen – fast hätte ich gesagt: zeit ihres Lebens – im besten Alter und gingen an den gewöhnlichen Tagen gesund und munter ihren Berufen nach. Die meisten waren Handwerker – und unter den Handwerkern wieder die meisten Schuster. Ja, es schien ein besonderer Zusammenhang zwischen der sprichwörtlichen Biederkeit dieses Handwerks und der kaisertreuen Gesinnung zu bestehen, die erste und wichtigste Voraussetzung für das Leben eines Veteranen. Einen Schneider gab es ebenfalls unter ihnen. Der aber war von so mächtiger Statur, hatte dermaßen sichtlich bei den Dragonern gedient und so wenig natürliche Beziehungen zu seinem Handwerk, daß er fast nicht als ein Schneider angesehen werden konnte. Es schien, daß er seinen Beruf nur deshalb ausübte, weil es nicht anging, alle Tage Veteran zu sein. Und waren die anderen nebenbei Veteranen, so war der Schneider nur nebenbei Schneider. Bemerkenswert neben ihm war nur noch der Obmann und Kassier der Schornsteinfeger; und zwar deshalb, weil er niemals in die Lage kam, Zivil zu tragen, sondern sein berufliches Schwarz mit seinem feiertäglichen und freiwilligen überraschend schnell abwechselte; und weil der Kontrast zwischen seinem rußigen Angesicht am Mittwoch und seinem rosigen am Sonntag die ganze, große, wunderbare Verwandlungsfähigkeit eines echten Veteranen auf die verblüffendste Weise demonstrierte.

Sagte ich oben, daß die meisten nur nebenbei Veteranen waren? – Nun bedauere ich diese Wendung. Denn das Besondere meiner Veteranen macht eben der Umstand aus, daß sie niemals aufhörten, welche zu sein. In dieser Stadt, die etwa zwanzigtausend Einwohner zählte, waren sie nicht mehr als sechzig Männer. Und dennoch brachten sie mehr Bewegung in die Straßen als das ganze Regiment der Landwehr. Denn vielleicht, ja: wahrscheinlich in der ewigen Sorge, die aktiven Soldaten könnten sich für militärischer halten, waren unsere Veteranen bestrebt, als einzige Muster soldatischer Tugenden zu gelten und alle Welt vergessen zu lassen, daß sie keine militärische Formation bildeten, sondern nur einen militärischen Verein; daß sie kein Dienstreglement hatten, sondern nur Statuten; und daß ihr Kommandant kein Befehlshaber war, sondern nur ein Präsident. Also verwandelten sie die ursprüngliche Gleichgültigkeit der öffentlichen Meinung in staunende Bewunderung und jede Neigung zum Spott, die etwa bestanden haben mochte, erstickten sie im Keime. Ja, hätte es in ihrer Macht gelegen, einen Krieg mit einem Feind der Monarchie heraufzubeschwören, sie hätten keinen Augenblick gezögert. Denn alle Feste, die sie veranstalteten, trugen einen deutlichen kriegerischen Charakter und alle Turnübungen, denen sie sich hingaben, waren nicht etwa zivilistische, hygienische Torheiten, sondern ernste Vorbereitungen für ernste Fälle.

Ihr Befehlshaber war ein Apotheker, Leutnant in der Reserve, aber Oberst als Veteran. Das gab seinem Wesen etwas Zwiespältiges und der Anzahl seiner Jahre etwas Schwankendes. Und nicht ganz klar war die Rolle, die er an Kaisers Geburtstag spielte. Schrieb ihm die militärische Sitte vor, sich am achtzehnten August vormittags um zehn Uhr beim Garnisonskommandanten als Leutnant zu melden, so verpflichtete ihn sein Ehrenamt, vor demselben Garnisonskommandanten mit seinen sechzig Veteranen schon um elf Uhr des gleichen Vormittags im Kasernenhof Aufstellung zu nehmen. War er noch um zehn Uhr verhältnismäßig jugendlich, mit einem einzigen goldenen Stern am Kragen, in einem himmelblauen Paraderock und in schwarzen Hosen mit grünen Passepoils hinter dem großen, rostbraunen Tor der Kaserne verschwunden, so trat er mit gezogenem Säbel, mit einem wuchtigen goldenen Kragen, eine breite schwarzgelbe Schärpe quer um den Leib, in einem schwarzen Anzug mit dunkelroten Säumen, einem schweren Paradehut mit grünen wehenden Federn gegen ein Uhr nachmittags an der Spitze seines Zuges aus der Kaserne, alt geworden und kaum zu erkennen. Die Hauptleute und die Majore selbst grüßten ihn nunmehr zuerst. Privat mochten sie über ihn und seine Truppe denken, wie sie wollten. Am achtzehnten August bemühten sie sich, das private Denken womöglich auszuschalten. Und übrigens war es selbst für einen alten Militär unmöglich der suggestiven Kraft zu widerstehen, die von dem Federbusch und der Uniform des Apothekers ausging. Vielleicht hätte sogar ein General an sich halten müssen, um ihn nicht zuerst zu grüßen. Auch in allen Zivilisten regte sich die Lust, sich unvermittelt in die Befehlsgewalt des Apothekers zu begeben. Der blanke Säbel, mit dem er die zahllosen Grüße erwiderte, war ein einziger lebendiger Strahl in seiner Hand, ein weißer Blitz, eine stählerne Schlange, ein silberner Sieg. Die schwarzgelbe Schärpe leitete zu den großen, dichten, golddurchstickten Fransen der Feldbinde über, die wie eine besondere Gnade der Hüften war, entsprechend den zahlreichen Orden, den Gnaden der Brust. In den schwarzen Spiegeln der Lackstiefel fingen sich das Blau des Himmels, das zerflatternde Weiß der spätsommerlichen Wölkchen, das wehende Grün der Promenadenbäume, von Zeit zu Zeit durchzuckt vom silbernen Gruß des Säbels. Leer und weiß und sonngetränkt waren die Steine der Straße. In den Seitengassen hielten stumm die Gefährte ihre Räder an. Weit vorne wirbelte der Trommler, in der Mitte schmetterten die Trompeten, hinten dröhnte die Pauke, unterbrochen und begleitet vom goldenen Irrsinn der Tschinellen. Dann war eine Weile gar nichts. Nur Mittag, weißer Stein und andächtige Leere. Und hinter diesem Raum aus Andacht und Sommer marschierte, ganz allein, der Kommandant der Veteranen. Ganz allein: denn hinter ihm war wieder ein Stück nicht ausgefüllten Sommers; gleichsam ein Stückchen Geburtstag des Kaisers, so daß der Apotheker zwischen zwei Geburtstagsteilen dahinschritt, er selbst eine Majestät und jener fernen und echten augenblicklich einziger Vertreter. Drei Schritte hinter ihm erst kam der Leutnant der Veteranen. Drei Schritte hinter dem Leutnant die erste Reihe, ein Unteroffizier an der Seite. Es fällt mir schwer, die anderen „Mannschaften" zu nennen. Denn alle hatten Grade und Sterne und Seitengewehre mit gelben Portepees und goldenen gerillten Griffen und weniger als Korporal gab es nicht, überhaupt nicht.

Ich weiß nicht, wer diese Grade verlieh. In den Statuten für die kaiser-königlichen Militärvereine heißt es ausdrücklich, daß der militärische Rang, den ein Veteran besitzt, nicht dem Rang entsprechen muß, den er im Heer oder in der Landwehr einmal besessen hat. War doch der Oberst selbst in der Reserve nur ein Leutnant. Aber an diesem Tage galten die Chargen der Veteranen genausoviel wie die militärischen, wenn nicht mehr. Böswillige Märchen behaupteten, die Seitengewehre mit den goldenen Griffen steckten verlötet in den Scheiden und könnten niemals gezogen werden. Aber selbst wenn eine Vorschrift es also befohlen hätte, wer kontrollierte die Seitengewehre? Fälle von Trunksucht kamen bei uns nicht vor und die Gefahr eines „Mißbrauchs" und einer „Friedensstörung" bestand überhaupt nicht. Es bestand nur – unsichtbar noch – die Gefahr jener großen Friedensstörung, die einige Jahre später ein Weltkrieg wurde.

Aber indessen war Frieden. So satt und so tief, wie nur der Friede aus dem Anfang des zwanzigsten Jahrhunderts sein konnte, der friedlichste aller Frieden der menschlichen Geschichte. (Denn die anderen haben wir nicht gekannt.) Die Sommer waren wie die Reservoire des Friedens, grün, heiß und unerschöpflich. Und der Krieg, weit entfernt von jener feldgrauen Realität, die wir später kennenlernten, trug noch den phantastischen grünen Reiherbusch des Veteranenobersten. Ja, dessen kriegerische Truppe erscheint mir heute als eine Waffengattung begründet zu dem Zweck, den Frieden zu erhalten, damit in ihm der Krieg repräsentiert werden könne. Ihre kriegerische Lust war eine Ausgeburt des Friedens und mündete in willkürliche, ohne besondere Veranlassung veranstaltete Feste, Sonntagsfeste, denen oft ein bedauerlicher Regen ein Ende machte.

Denn der Verein der Veteranen brauchte Geld – und daran konnte man eigentlich am deutlichsten sehen, daß er keine militärische Formation war. Die Mannschaft bekam keine Löhnung. Jeden zweiten Sonntag im Sommer zogen sie also Stacheldrähte um ein Viereck im Wald, ließen drei Eingänge offen und verkauften Eintrittskarten. In der Mitte des Vierecks stellten sie einen luftigen Musikpavillon auf, neben dem Pavillon ein Glücksrad, neben dem Glücksrad einen Mast, an dessen Spitze eine Wurst hing. Es gab junge Leute, die den Mast erkletterten und die Wurst gewannen. Unaufhörlich schmetterte die Musik aus dem Pavillon Märsche in die Natur. Ja, sie ließ nicht ab von ihren Instrumenten, selbst wenn sich die ersten Windstöße erhoben, die das Gewitter ankündigten, der Wald sich zu verfinstern begann, weit hinter den Stämmen ein Donner grölte und die ersten Tropfen schwer auf die weißen Sommerkleider der Mädchen fielen. Bis zum letzten Augenblick saß die Musik der Veteranen in ihrem Pavillon und spielte – einer Schiffskapelle ähnlich, die bei einer Katastrophe unermüdlich weitermusiziert, bis sie untergeht, samt Trommel, Baß und Klarinette.

In der Vorbereitung dieser Feste bestand die Tätigkeit der Veteranen während des ganzen Sommers. Jeden Abend versammelte sich die Musik im Vereinshaus, um zu üben. Und obwohl immer die gleichen traditionellen Märsche gespielt wurden, war es, als könnten sie niemals bis zur letzten endgültigen Vollkommenheit gebracht werden; und obwohl niemand von den Zuhörern etwas an der Kunst der Musiker auszusetzen hatte, übte jeder von ihnen an sich selbst die strengste Kritik und am meisten mit sich unzufrieden schien der Hornist zu sein. Denn er war es, der immer wieder ansetzte, um dieselbe Passage vollendet zu blasen – während die andern, die Flöten, die Geigen, das Cello bereits den Schlußtakten des Marsches entgegeneilten. Er blies für sich. Als könnten ihn die andern nicht hören. In der linden Luft der goldenen Sommerabende blieb so ein Versuchston des Hornisten hängen, unvollendet, einsam, sehnsüchtig, mit einem verkrüppelten Echo in den Wolken.

Noch einmal setzte der Hornist an. Schließlich kam er bis zu einem ganz bestimmten unüberwindlichen Widerstand, und sein dünner, scharfer Ton zerbrach, wie eine Klinge an einer steinernen Mauer. Er übte länger als die anderen, bis zehn Uhr abends. Aber am nächsten Tag, wenn er mit der Kapelle ausrückte, gelang ihm die ganze Passage, um die er so lange gekämpft hatte. Es schien, daß sein Horn ein Marschinstrument sein wollte, nichts anderes. Marschierte der Hornist, so gehorchte es. Saß er auf einem Fleck, so sträubte es sich.

Um dieselbe Zeit turnten und exerzierten die anderen Veteranen im Hof, und man hörte mitten durch die Pausen der Musik die scharfen Kommandos des Leutnants. Denn der Oberst kümmerte sich nicht um die Exerzierübungen Unter seiner Patronanz, aber in seiner Abwesenheit florierte die Truppe der Veteranen. Zwar genoß er die Ehre, sie zu befehligen. Aber das Üben entsprach wahrscheinlich nicht seiner sozialen Stellung. Auf anderen Gebieten lagen seine Verdienste. Schon trug er den Titel eines kaiserlichen Rats. Langsam und fast bescheiden promenierte er auf dem Korso dahin, einen weizengelben Girardi mittels eines dünnen Bändchens mit dem obersten Rockknopf verbunden, an einem andern ebenso dünnen Bändchen ein baumelndes Monokel, ein helles Rohrstäbchen mit silbernem Knopf in der Hand. Und kein Fremder, der ihn so erblickte, hätte wissen können, daß dieser friedliche Spaziergänger eine kleine aber mutige Schar befehligte.

Nur seine k. und k. Apostolische Majestät, der alte Kaiser Franz Joseph, wußte es wahrscheinlich. Denn anläßlich seines fünfzigsten Regierungsjubiläums hatte er ein Huldigungsschreiben unserer Veteranen erhalten und beantwortet – huldvoll und sehr gleichgültig, wie es einmal die große Kunst der echten Kaiser war.

## Bekenntnis zum Gleisdreieck

Ich bekenne mich zum Gleisdreieck. Es ist ein Sinnbild und ein Anfangs-Brennpunkt eines Lebenskreises und phantastisches Produkt einer Zukunft verheißenden Gewalt. Es ist *Mittelpunkt*. Alle vitalen Energien des Umkreises haben hier Ursprung und Mündung zugleich, wie das Herz Ausgang und Ziel des Blutstromes ist, der durch die Adern des Körpers rauscht. So sieht das Herz einer Welt aus, deren Leben Radriemenschwung und Uhrenschlag, grausamer Hebeltakt und Schrei der Sirene ist. So sieht das Herz der Erde aus, die tausendmal schneller um ihre Achse kreist, als es Tag-und-Nacht-Wechsel uns lehren will; deren unaufhörliche, unsterbliche Rotation Wahnsinn scheint und Ergebnis mathematischer Voraussicht ist; deren rasende Schnelligkeit sentimentalen Rückwärtssehern brutale Vernichtung innerlicher Kräfte und heilenden Gleichgewichts vortäuscht, aber in Wirklichkeit lebenspendende Wärme zeugt und den Segen der Bewegung.

In den Gleisdreiecken, Gleisvielecken vielmehr, laufen die großen, glänzenden, eisernen Adern zusammen, schöpfen Strom und füllen sich mit Energie für den weiten Weg und die weite Welt: *Aderndreiecke*, Adernvielecke, Polygone, gebildet aus den Wegen des Lebens: *man bekenne sich zu ihnen!*

Sie sind stärker, als der Schwächling, der sie verachtet und fürchtet, sie werden ihn nicht nur überdauern – sie werden ihn zermalmen. Wen ihr Anblick nicht erschüttert, erhebt und stolz macht, verdient den Tod nicht, den ihm die Gottheit der Maschine bereitet. Landschaft! – was enthält der Begriff? Wiese, Wald, Halm und Ähre. „Eiserne Landschaft" ist vielleicht das Wort, das den Tummelplätzen der Maschinen gerecht wird. Eiserne Landschaft, großartiger Tempel der Technik unter freiem Himmel, dem die kilometerhohen Schlote der Fabriken lebendigen, zeugungsmächtigen, Bewegung fördernden Rauch darbringen. Ewiger Gottesdienst der Maschinen im weiten Umfang dieser Landschaft aus Eisen und Stahl, deren Ende kein menschliches Auge sieht, die der graue Horizont umklammert.

So ist das Reich des neuen Lebens, dessen Gesetze kein Zufall stört und keine Laune verändert, dessen Gang erbarmungslose Regelmäßigkeit ist, in dessen Rädern das Gehirn wirkt, nüchtern, aber nicht kalt, die Vernunft, unerbittlich, aber nicht erstarrt. Denn nur der Stillstand erzeugt Kälte, die Bewegung aber, durch Berechnung bis zu den Grenzen der Leistungsfähigkeit gesteigert, schafft immer Wärme. Die Schwäche des Lebendigen, die dem erschlaffenden

Fleisch nachgeben muß, ist kein Beweis für seine Lebendigkeit – und die konstante Stärke der eisernen Konstruktion, deren Materie kein Erschlaffen kennt, kein Beweis für Totsein. Es ist im Gegenteil: die höchste Form des Lebens, das Lebendige aus Unnachgiebigem, keiner Laune gehorchendem, nervenlosem Stoff. Im Bereich meines Gleisdreiecks herrscht der Wille des konsequenten Gehirns, der, um des Erfolges sicher zu sein, sich nicht in einen unzuverlässigen Leib verpflanzte, sondern in den Körper unbedingter Sicherheit: in den Körper der Maschine.

Deshalb ist alles Menschliche in diesem metallenen Bereich klein und schwächlich und verloren, reduziert auf die ihm angemessene Bedeutung eines bescheidenen Mittels zu stolzem Zweck – genauso, wie in der abstrakten Welt der Philosophie und der Astronomie, der Welt der klaren und großen Weisheiten: da wandelt ein uniformierter Mann, mitten zwischen den verwirrenden Systemen der Geleise, winzig ist der Mensch, in diesem Zusammenhang nur wichtig als Mechanismus. Seine Bedeutung ist nicht größer, als die eines Hebels, seine Wirksamkeit nicht weitreichender, als die einer Weiche. In dieser Welt gilt jede menschliche Ausdrucksmöglichkeit weniger, als die mechanische Zeichensetzung eines Instruments. Wichtiger als ein Arm ist hier ein Hebel, mehr als ein Wink ein Signal, hier nützt nicht das Auge, sondern die Laterne, kein Schrei, sondern der heulende Pfiff des geöffneten Ventils, hier ist nicht die Leidenschaft allmächtig, sondern die Vorschrift, *das Gesetz.*

Wie eine kleine Spielzeugschachtel sieht jenes Häuschen aus, das dem Wächter, dem Menschen gehört. So geringfügig ist alles, was sich darin durch ihn, mit ihm abspielt, so nebensächlich, daß er Kinder zeugt und daß sie krank werden, daß er Kartoffeln gräbt und einen Hund füttert, daß seine Frau Dielen scheuert und Wäsche trocknet. Auch die großen Trauerspiele, die in seiner Seele stattfinden, verlieren sich hier, wie die Kleinigkeiten seines Alltags. Sein Ewig-Menschliches ist hindernde Zutat zu seinem Wichtig-Beruflichen.

Dürfen die kleinen Herzschläge noch vernehmbar bleiben, wo der dröhnende einer Welt betäubt? Man sehe in den klaren Nächten das Gleisdreieck, das von zehntausend Laternen durchsilberte Tal – es ist feierlich wie der gestirnte Nachthimmel: eingefangen darin, wie in der gläsernen Himmelskugel sind Sehnsucht und Erfüllung. Es ist Etappe und Anfang, Introduktion einer schon hörbaren Zukunftsmusik. Schienen gleiten schimmernd – langgezogene Bindestriche zwischen Land und Land. In ihren Molekülen hämmern die Klangwellen fern rollender Räder, an den Wegrändern sprießen Wächter in die Höhe und Signale erblühen grün und leuchtend. Dampf entzischt geöffneten Ventilen, Hebel bewegen sich selbsttätig, das Wunderbare erfüllt sich dank einem mathematischen System, das verborgen bleibt.

So gewaltig sind die Ausmaße des neuen Lebens. Daß die neue Kunst, die es formen soll, den Ausdruck nicht finden kann, ist selbstverständlich. Diese Realität ist noch *zu groß* für eine ihr gemäße Wiedergabe. Dazu reicht keine „getreue" Schilderung. Man müßte die gesteigerte und ideale Wirklichkeit dieser Welt empfinden, das platonische „Eidolon" des Gleisdreiecks. Man müßte sich mit Inbrunst zu ihrer Grausamkeit bekennen, in ihren tödlichen Wirkungen die „Ananke" sehen und viel lieber nach ihren Gesetzen untergehen wollen, als nach den „Humanen" der sentimentalen Welt glücklich werden.

So, ein Gleisdreieck von machtvollen Dimensionen, wird die zukünftige Welt sein. Die Erde hat mehrere Umformungen durchgemacht – nach natürlichen Gesetzen. Sie erlebt eine neue, nach konstruktiven, bewußten, aber nicht weniger elementaren Gesetzen, Trauer um die alten Formen, die vergehen – ähnlich dem Schmerz eines Antidiluvialwesens um das Verschwinden der prähistorischen Verhältnisse.

Schüchtern und verstaubt werden die zukünftigen Gräser zwischen metallenen Schwellen blühen. Die „Landschaft" bekommt eine eiserne Maske.


## Rast angesichts der Zerstörung

Gegenüber dem Bistro, in dem ich den ganzen Tag sitze, wird jetzt ein altes Haus abgerissen, ein Hotel, in dem ich sechzehn Jahre gewohnt habe – die Zeit meiner Reisen ausgenommen. Vorgestern abend stand noch eine Mauer da, die rückwärtige, und erwartete ihre letzte Nacht. Die drei anderen Mauern lagen schon, in Schutt verwandelt, auf dem halb umzäunten Platz. Wie merkwürdig klein erschien mir heute dieser Platz im Verhältnis zu dem großen Hotel, das einst auf ihm gestanden hatte! Man müßte glauben, ein leerer Platz sei weiter als ein bebauter. Aber wahrscheinlich kommen mir die sechzehn Jahre, nun sie vergangen sind, so köstlich vor, ja, von Kostbarem erfüllt, daß ich nicht begreifen kann, wie sie auf einem so kargen Platz abrollen konnten. Und, weil das Hotel jetzt ebenso zerschmettert ist, wie die Jahre, die ich darin verlebt hatte, verronnen sind, erscheint mir in der Erinnerung auch das Hotel weit größer, als es gewesen sein mochte. An der einzigen Wand erkannte ich noch die Tapete meines Zimmers, eine himmelblaue, zart goldgeäderte. Gestern schon zog man ein Gerüst, auf dem zwei Arbeiter standen, vor der Wand hoch. Mit Pickel und Steinhammer schlug man auf die Tapete ein, auf meine Wand; und dann, da sie schon betäubt und brüchig war, banden die Männer Stricke um die Mauer – die Mauer am Schafott. Das Gerüst ging mit den Arbeitern nieder. An beiden Rändern der Mauer hingen die Strickenden herunter. Jeder der beiden Männer zog an je einem Strickende. Und mit Gepolter stürzte die Mauer ein. Eine weiße, dichte Wolke aus Kalk und Mörtel verhüllte das Ganze. Aus ihr traten jetzt weißbestaubt, gewaltigen Müllern ähnlich, die Steine mahlen, die zwei Männer. Sie kamen mir geradewegs entgegen, wie jeden Tag, ein paarmal am Tage. Sie kennen mich, seitdem ich hier sitze. Der Jüngere deutete mit dem Daumen über die Schulter rückwärts und sagte: „Jetzt ist sie weg, Ihre Tapete!" – Ich lud beide ein, mit mir zu trinken, als hätten sie mir eine Wand aufgebaut. Wir scherzten über die Tapete, die Mauern, meine teuren Jahre. Die Arbeiter waren Demolisseure; Niederreißen war ihr Beruf, für Aufbauen kamen sie niemals in Betracht. Und das ist recht so, sagten sie. Jedem sein Beruf und jedem sein Verdienst! Dies ist der König der Demolierer, sagte der Jüngere. Der Ältere lächelte. So heiteren Sinnes waren die Zerstörer; und ich mit ihnen.

Jetzt sitze ich gegenüber dem leeren Platz und höre die Stunden rinnen. Man verliert eine Heimat nach der anderen, sage ich mir. Hier sitze ich am Wanderstab. Die Füße sind wund, das Herz ist müde, die Augen sind trocken. Das Elend hockt sich neben mich, wird immer sanfter und größer, der Schmerz bleibt stehen, wird gewaltig und gütig, der Schrecken schmettert heran und kann nicht mehr schrecken. Und dies ist eben das Trostlose.

Unfaßbares geschieht, die Hand bleibt ruhig und greift nicht an den Kopf. Rechts neben mir liegt das kleine Postamt, der Briefträger tritt heraus und legt mir Briefe auf den Tisch, böse Briefe meist; als das Hotel noch stand, pflegte er mir gute zu bringen. Eine Frau kommt, – geliebt, und ich lächle, Abglanz eines alten Lächelns, nach dem ich mich auch nicht mehr sehne. Ein Greis in Hauspantoffeln schlurft vorbei, und ich beneide ihn um sein Recht, Greis zu sein und zu schlurfen. Lärmfrohe Gäste stehen um den Schanktisch, sie streiten sich munter. Sie tragen unvereinbare, freilich eng miteinander verwandte Meinungsverschiedenheiten aus: Feuerzeuge, Radioapparate, Rennpferde, Gattinnen, Automobilmarken, Aperitifs und manch anderes, was Gemüter ernstlich beschwert. Ein Chauffeur tritt ein. Der Kellner gibt ihm Rotwein. Das Taxi wartet. Der Chauffeur trinkt. Bald steht er allein, der Wirtin gegenüber an der Theke. Der Kellner hängt eine leere Blechbüchse an ein Autorad. Die Gäste lachen. Sie fordern von mir, daß ich mitlache. Warum nicht? Ich stehe auf und lache. Wer lacht denn da aus mir? An meinem Tisch wartet das sanfte große Elend. Wart', ich lache nur ein bißchen!

Schräg gegenüber steht der Friseur, weiß, wie eine Kerze, vor der Tür. Bald werden Kunden kommen, nach des Tages Arbeit werden sie kommen, wenn mir der Händler die Abendzeitungen bringt, jene, in denen von heißen Gefechten und kaltem Blut die Rede ist, und die sich – man sollte es nicht glauben – dennoch wie riesengroße abendmüde Friedenstauben raschelnd auf die Tische der Terrasse heimretten. Den ganzen Schrecken der Welt enthalten sie, den Schrecken des ganzen grausigen Tages, davon sind sie so müde. Wenn die ersten silbernen Laternen erglimmen, kommt gelegentlich ein Vertriebener, ohne Wanderstab, ganz, als wäre er zu Hause, und so, als wollte er in einem Atem zu erkennen geben, daß er zu Hause sei, wie daheim, aber auch durchaus in der Fremde heimisch, sagt er: Ich

70

weiß, wo man hier gut und billig essen kann. Und es ist gut so, daß er es glaubt. Es ist gut, daß er unter der silbernen Lichterschnur der Laternen dahingeht und nicht den jetzt, in der anbrechenden Nacht, immer gespenstischer bleichenden Kalk auf dem Platz gegenüber sieht. Nicht alle müssen sich an Schutt gewöhnen und an zerpulverte Mauern.

Der Heimatlose hat die Zeitungen mitgenommen. Er will sie im guten, billigen Restaurant lesen. Vor mir der Tisch ist leer.


## Reise durch Deutschlands Winter

Dieser Winter ist ein mehr *symbolischer* als ein wirklicher. Die angebliche Grausamkeit der Natur tritt weit zurück hinter die unermeßliche Weltgeschichte. Rücksichtsvoll schmilzt der Schnee, zwei Stunden, nachdem er gefallen ist. Ein lyrischer, lächelnder Wind weht über das Land. Es besteht ein Kontakt zwischen den Wünschen und der Furcht der Hungrigen, der Frierenden, der Schuhlosen, der Kleiderarmen und dem ewigen Naturgesetz des Jahreszeitenwechsels. So schwer lastete niemals Gottes Faust über uns. So milde war noch nie seine Hand, aus der Frost und Bitterkeit alljährlich zu kommen pflegen. Es gibt einen Ausgleich.

Ich komme aus dem *glücklichen Ausland,* wo man Liebesgabenpäckchen für Deutschlands Armee zusammenstellt und wo die Zeitungen im offiziösen Teil Deutschlands Politiker erbarmungslos vernichten und im lokalen, menschlichen Teil die deutschen Opfer in Schutz nehmen; wo in den Auslagen der Banken und Wechselstuben unzählige wertlose Reichsmarkscheine als Kuriositäten, nicht als Handelsobjekte ausgeboten werden; wo Deutschlands beste Schauspieler auftreten, nicht um Ruhm, sondern um raschelnde Valuta zu ernten; wo Geldscheine noch den guten, öligen Glanz haben und weich und glatt anzufühlen sind, als wären sie gefärbt mit dem heiligen, königlichen Fett Goldener Kälber.

Aber in diesem Ausland, in dem kein Bahnwärter zu hungern braucht, gehen und kommen die Züge unpünktlich, die Heizung funktioniert nicht immer, die Gepäckträger haben keine Taxe, die Klosetts keine Wasserspülung, die Kupees eine miserable Beleuchtung. Im deutschen Wagen sitzen vergrämte Kaufleute, versieht ein hungriger Schaffner den Dienst – aber die Heizung funktioniert, und eine strahlende Lampe, eines gutgepflegten Wohnzimmers würdig, spendet sonnenähnlichen Schein. Die Gepäckträger haben bestimmte Taxen. Der Fahrplan ist keine fiktive Einrichtung. Er dirigiert wirklich die Züge. Hinter den Schaltern sitzen Beamte. Wasser strömt in den „Toiletten". Die Uhrwerke des öffentlichen Lebens sind gut und zuversichtlich geölt. In den Städten leiten fleißige Besen fließenden Straßenkot in die regelnden Kanalgitter. Vor den Lebensmittelläden steht ordentlich in Reih und Glied die große Armee der deutschen Not.

In *Leipzig* sah ich einen Mann von einem „Leichenbestattungsunternehmen". Er trug einen glänzenden Zylinder. Er hatte einen pomadisierten, aufwärtsgezwirbelten, schwarzen Schnurrbart. Er sah aus wie ein Leichenbegängnis erster Klasse. Er weckte Furcht und Ehrfurcht. Um ihn webten die Schauer der unermeßlichen Ewigkeit. Er war ein repräsentativer Mittler zwischen Diesseits und Jenseits; ein mitteleuropäischer Charon; ein wunderbar feierlicher Tod. Aber – er fuhr nicht in einer mit zwei Rappen bespannten Kalesche; und auch nicht in einem schwarzlackierten Auto; und nicht einmal in der Straßenbahn; er ging auch nicht zu Fuß. Dieser großartige Tod saß auf einem – Zweirad. Es war ein Bicyklist. Er radelte von und zu den Gräbern. Er saß vorgeneigt und drehte die Pedale. Seine unheimlich schwarzen Hosen waren mit glänzenden Metallspangen versehen, am Knöchel zusammengerollt, wie Regenschirme bei gutem Wetter. Dieser feierliche Mann hatte kein Geld für die Straßenbahn. Seine ganze metaphysische Schauerhaftigkeit ging flöten. Vor einem Repräsentanten der Ewigkeit auf dem Zweirad hatte ich keinen Respekt. Und selbst, wenn ich tot wäre und begraben werden sollte – bei diesem Bestaller meiner eigenen Leiche verginge mir alle Furcht vor dem kommenden Weltgericht.

Am *Chemnitzer* Bahnhof bemerkte ich, wie ein Schaffner Pralinees aß. Er hatte den Rest einer Packung in einem leeren Waggon gefunden. Der Schaffner war ein biederer

Mann, er hatte starke, behaarte Fäuste, ein quadratisch geschnittenes Angesicht, einen kurzen, gedrungenen Körper und große, feste, wasserdichte Stiefel. Dieser Mann aß lächerliches, mit süßem Likör gefülltes Zuckerwerk und verlor den ganzen Ernst, der ihm dank seiner amtlichen Tätigkeit hätte anhaften sollen. Dieser Schaffner aß leichte Backfischnahrung mit einem starren Angesicht, so als wäre seine Nahrung ein seiner Persönlichkeit entsprechendes belegtes Butterbrot oder eine Wurst. Vor einem halben Jahr hätte dieser Schaffner bestimmt keine Pralinees gegessen. Heute ist er hungrig. Was jenem Passagier ein Luxus war, wird dem Schaffner Notwendigkeit. Wenn er trockene, aufgelesene Brotrinde gegessen hätte – der Effekt hätte nicht trauriger sein können. Es ist so weit in Deutschland, daß seine Schaffner aus Not entwürdigende Kostspieligkeiten essen. Der eine vergißt sie achtlos, dem anderen retten sie das Leben. So weit ist es in Deutschland.

In *Dresden* sprach ich mit einem Dienstmann. Ich gab ihm fünf tschechische Kronen, und er wurde gesprächig, und seine berufliche und menschliche Düsterkeit verschwand. Er hatte sechs Kinder. Vor einer Woche hatte er überhaupt kein Geld. Er meldete sich arbeitslos. Die Unterstützung reichte nicht. Er nahm einen Rucksack und ging aufs Land – betteln. Er brachte Kartoffeln heim. Davon lebt er noch heute. Der Hund eines Bauerngehöfts zerriß ihm die letzte Hose. Er flickte sie – mit einem Strick, weil er keinen Zwirn hatte. Der allzu starke Strick zerriß ihm den Hosenstoff noch mehr. Am Ende wird der Dienstmann nur mit einem Strick bekleidet sein.

Solche Dinge erlebt man in Deutschland. Im Ausland liest man nur die politischen Reden. Sie sind unwichtig. Es sind rhetorische und politische kleine Unfälle. Sie können wenig schaden und gar nichts nützen. Aber in Deutschland sieht man einen Schaffner, der Pralinees ißt; einen Strick statt eines Beinkleides; einen radelnden Tod. Eine grausame Lächerlichkeit ist in diesen Dingen. Ihre leicht sichtbare, billige Symbolik sieht aus wie erfunden. Das Leben nimmt sich nicht einmal die Mühe, gut zu erfinden. Es macht banale Witze wie ein Varietéhumorist. Wer lacht darüber, daß größere, gutsituierte Familien in Deutschland ihr eigenes Familiengeld fabrizieren? Und vom Bäcker dafür Brot bekommen? Es ist eine groteske, billige Unwahrscheinlichkeit in den Erscheinungen des „öffentlichen Lebens". Rings um den Hungertod rankt sich eine flache Trödlerladenromantik. Im Berliner Westen sah ich zwei Gymnasiasten. Sie gingen durch eine breite, belebte Straße, hielten sich an den Schultern, wie Betrunkene zu tun pflegen, und sangen:

„Nieder, nieder, nieder mit der Judenrepublik,
Pfui Judenrepublik!
Pfui Judenrepublik!"

Und die Erwachsenen wichen den beiden Jungen aus. Und niemand gab ihnen eine Ohrfeige. Nicht etwa aus politischer Empörung. Sondern weil in jedem anderen Lande die Aufdringlichkeit eines Grünschnabels, der die Straße mit seiner politischen Überzeugung belästigt, zur drastischen Pädagogik gereizt hätte. In Deutschland respektiert man die Überzeugung der Gymnasiasten. So ordentlich ist man in Berlin. Und diese Disziplin führt zu tragikomischen Situationen. Ob ein Gymnasiast uns seine Meinung über die Judenrepublik aufdrängt oder ob ein Schaffner aus Hunger Pralinees essen muß – beides ist von einer so unendlich lächerlichen Tragik, daß keine Fremder sie begreifen kann. Man versteht Deutschland nicht. Es ist *das unverstandene Land in Europa*.

Ein japanischer Student in Berlin erzählte mir: bei der Immatrikulation der Ausländer an der Berliner Universität sprach der Rektor Professor *Roethe* folgendes: „Wir haben Sie aufgenommen, *obwohl* Sie *Ausländer* sind. Auf Ihre Freundschaft sind wir Gottseidank nicht angewiesen ..." Sieht man den Zusammenhang zwischen jener Hysterie der singenden Gymnasiasten und dieser des redenden Professors? Das sind die Dokumente des deutschen Untergangs. So phantasieren Menschen in der höchsten Fieberhitze. Wer jemals am Bett eines Schwerkranken gesessen hat, weiß, daß die schmerzlichen Stunden nicht aus lauter pathetischen, erschütternden Augenblicken bestehen. Der Kranke redet irren Unsinn, lächerlichen, kleinen, seiner selbst und seiner Leiden unwürdigen Schwatz. Es fehlt ihm das regulierende Bewußtsein.
*Es fehlt in Deutschland an einem regulierenden Bewußtsein.*

## Die sanierte Stadt

Die einzige sanierte, billigste Stadt Deutschlands ist Hamburg. Es hat nämlich ein eigenes Geld, die vielgerühmte, vielgesuchte, im besetzten Gebiet an den schwarzen Börsen überzahlte Hamburger Goldmark. Ich hatte sie mit eigenen Augen gesehen, die Hamburger Goldmark, ein kleines Stückchen Papier, von dem unbezweifelbar feststeht, daß die Hamburger Banken für ihren vollen Wert einstehen. Und man weiß in Deutschland und in der Welt, daß die Hamburger Banken gut sind, daß ihr geschriebenes Wort gilt, und also wurde Hamburg die billigste Stadt.

Ein Hotelzimmer kostet einen halben Dollar, ein Mittagessen einen Vierteldollar, eine Autofahrt einen halben Dollar, ein Pfund Fleisch kostet eine Mark zwanzig. Es gibt Arbeitslose. Arbeitslose Hafenarbeiter und entlassene Matrosen, entlassene Fabriksarbeiter und -arbeiterinnen. Aber vor vier Wochen noch bestand die Gefahr, daß diese große Masse Arbeitsloser, von kommunistischer und völkischer Propaganda fleißig Bearbeiter, eine Revolution, zumindest eine Reihe kleinerer Aufstände verursachen würde. Siehe! Und es kam die Hamburger Goldmark, und alles wurde still. Es ist eines der größten Rätsel der Volkswirtschaft, daß die Gruppe hungriger Menschen, von denen kein einziger auch nur einen Hamburger Goldpfennig besitzt, nur deshalb zur Ruhe kommt, weil die Hamburger Goldmark existiert. Es ist allerorts eine Beruhigung eingetreten. Die ältesten Volkswirtschaftler staunen über dieses Wunder. Man weiß allerdings nicht, wie lange es dauern wird.

Man weiß es nicht, weil allerorten in den Hafenspelunken, in den düsteren Schankwirtschaften, in denen die verwegensten Menschen verkehren, Matrosen, die die Ausfahrt der Schiffe versäumt haben, von den Polizeibehörden aller Städte und Länder langgesuchte Verbrecher – weil in diesen trüben Rendezvousplätzen der internationalen Verbrecherwelt seit einigen Monaten die Politik Eingang gefunden hat. Eine seltsame Politik. Diese Menschen, denen die Entwicklung der europäischen Geschäfte ebenso gleichgültig ist wie die Gestaltung der inneren Dinge im Reich, denen Hakenkreuz und Sowjetstern Symbole fremder Welten sind, nicht für die Ausgestoßenen, außerhalb der Gesellschaft Stehenden geschaffen, dieselben Menschen sitzen jeden Abend in einem verrauchten, stickigen Versammlungslokal – nicht weil die Reden sie interessieren, sondern weil sie Essen bekommen und Schnaps und – Geld. Die Hamburger Goldmark rollt fast so gut wie der Sowjetrubel und besser als der zaristische. Es scheint, daß unbekannte Mächte darauf bedacht sind, das Lumpenproletariat der Hafenstädte zuerst zu gewinnen. Nirgends ist die Propaganda von links und rechts stärker als in Hamburg und Bremen. Die Städte hatten merkwürdigerweise ein sehr konservativ gesinntes Bürgertum. Man sollte meinen, daß gerade in diesen Städten der tägliche Anblick der Grenzenlosigkeit den geistigen Horizont weite und den Blick für die politischen Notwendigkeiten des Vaterlandes schärfe. Aber gerade hier begegnet jeder soziale Fortschritt der härtesten Stirn rückwärtssehender Menschen, und die Gegensätze scheinen unüberbrückbar. Die völkische Propaganda wird in positivem Sinne begünstigt durch die Nachgiebigkeit auch des erregten Bürgertums, dem man die Neigung zu so phantastischer Lächerlichkeit nicht zugetraut hätte. Die kommunistische Propaganda wird befördert durch den Starrsinn des reichen und des nur wohlhabenden Bürgertums. Nirgends, in keiner deutschen Stadt, ist der Haß der Besitzlosen schärfer. Nirgends die Hartnäckigkeit der Besitzenden größer.

Die Hamburger Goldmark hat für eine Weile die Gemüter beruhigt. Auf die Dauer jedoch läßt sich kein Arbeitsloser dadurch trösten, daß sein arbeitender Kamerad billige Butter bekommt. Er stirbt vorläufig Hungers, wenn er nicht am Abend in seinen Versammlungslokalen Essen erhält. Und in diesen Versammlungslokalen, in denen man immer nur Schnaps trank und küßte, zeichnet man heute Hakenkreuze und Sowjetsterne an die schmutzigen Wände.


## Ostsee-Reise

Die „Saison" – ein Wort, das leider unvermeidlich ist – hat an der deutschen Ostseeküste sehr erfolgverheißend „eingesetzt". Man unterscheidet auch hier, wie in anderen Weltbädern, eine Vor-, Hoch- und Nachsaison. Die zweite beginnt jetzt, im Juli, die dritte im Spätaugust. Für beide sind so viele Teilnehmer angemeldet, daß die meisten Hotels, Villen und Pensionen keinen Platz mehr zu vergeben haben. Es scheint diesmal ein besonders gewinnbringender Sommer für die Gastwirte und die ansässige Bevölkerung des Ostseestrandes zu werden. Sie verdient es. Der Sommergast, der das Meer und die Küste nur im Sonnenglanz sieht oder schlimmstenfalls einen mehrtägigen Regen erlebt, hat naturgemäß keine Vorstellung von den Schwierigkeiten, mit denen die Bewohner im Herbst, im Winter und den ersten Frühjahrstagen zu kämpfen haben. Die Ostsee ist nicht immer so freundlich wie in den Zeiten der „Saison". Während die Gäste aus dem Binnenland fern sind, in zivilisierten, sturmfernen Städten den Segen der Kamine und Zentralheizungen genießen, spielt sich an der Küste ein erschütternder Kampf zwischen den Bewohnern und den Elementen ab. Was die nicht übermäßig reichen, kleinen Gemeinden mit viel Geld und Mühe errichten – Brükken, Hütten am Strand, kleine, hölzerne Türme –, vernichtet der Sturm einer einzigen Frühjahrsnacht. Es ist eine Zähigkeit ohnegleichen, die hier erste und wichtigste Voraussetzung des Lebens ist. Ich habe mit Einwohnern gesprochen, sie haben mir von den grausamen, weißen, unendlichen Wintern ihres Lebens erzählt, Wintern, in denen niemand auf die Straße kommt, in denen der Schnee haushoch liegt, die Elektrizität, die Gasbeleuchtung nicht funktionieren, das Wasser in den Brunnen gefriert und am Strande der Sturmwind mit einer so unbarmherzigen Wucht dahinrast, daß ihm kein Lebewesen standhalten kann. Der Sommer bedeutet diesen Menschen mehr als uns eine Gesundung, eine Rekonvaleszenz, eine Auferstehung. In diesen grausamen Wintern haben sie gelernt, schweigsam zu sein, hart, mißtrauisch, stiernackig. Dennoch ruht eine warme Menschlichkeit in ihnen, ihre Gastfreundschaft ist herzlich, ihr Wort einfach, ihr Gruß stumm, aber freundlich. In unserm vielgestaltigen, stämmereichen Deutschland ist diese Bevölkerung eine der interessantesten. Ihre Lieder sind einfach wie der Rhythmus des Meeres, ihre Sprache ist reich an dumpfen Konsonanten, die dem ewigen Brausen Widerstand leisten müssen, um hörbar zu werden. Man kann es diesen Leuten nicht übelnehmen, wenn sie verhältnismäßig hohe Preise verlangen, zurzeit höhere als die Bäder an der Riviera. Die Schönheiten des Ostseestrandes entschädigen für hohe Ausgaben reichlich. Die Bäder sind außerdem näher als andere Seekurorte, und sie gehören schließlich – uns selbst. Wir fördern uns, indem wir sie besuchen. Zimmer mit Verpflegung kosten in der Hochsaison 7–10 *Mark pro Tag und Kopf.* In der Frühsaison sind sie um 2 bis 3 Mark billiger.

Die Ostseebäder vereinigen mehr natürliche Schönheiten als die meisten europäischen Kurorte. Es kennzeichnet sie eine fast unwahrscheinliche Verbindung von ländlicher Vielfältigkeit und der ewigen Monotonie des Meeres. Man kann tagelang wandern – und hat zu einer Hand die See, zur anderen eine Landschaft von kontinentaler, abwechslungsreicher Beschaffenheit. Hügel, Täler, Wälder und Meer, Meer, Meer. Man erwacht früh, hört die Brandung an der Küste, ein wachsendes und wieder verrauschendes Brausen. Kommen und Gehen, Ankunft und Abschied, den Kuß der Welle, in dem Begrüßung und Schmerz der Trennung liegt – und gleichzeitig ertönt ein süßer, millionenfacher Vogelsang, ein fast exotischer Chor, daß man glaubt, im fernen Süden zu sein. Man stellt sich vor, daß außer der Stimme des Meeres nur noch der Schrei der Möwe hörbar sein wird. Aber hier ist der Melodienreichtum eines kontinentalen Laubwaldes und kämpft gegen den eintönigen Rhythmus des Wassers mit verzehrender Energie. Und es ist so unwahrscheinlich, Vogelgezwitscher und Meeresrauschen gleichzeitig zu hören, daß man zu träumen vermeint und sich erst langsam an diese märchenhafte Verbindung disharmonischer Melodien gewöhnen muß.

Man kennt die großen Bäder: *Swinemünde, Heringsdorf, Bansin, Ahlbeck* besser als die Insel *Rügen.* Die naive Vorstellung von einer „Insel", die die meisten Binnenlandmenschen beherrscht, verursacht es, daß manche vor Rügen jene leise Scheu empfinden, die man vor schwer erreichbaren Gegenden hat. Und man muß, obwohl – oder weil es so selbstverständlich ist, immer wieder bestätigen: die Bäder der Insel Rügen sind genauso komfortabel, genauso europäisch, genauso zivilisiert wie jene an der Küste des Kontinents. Sie haben Elektrizität, Gas, Wasserleitung, Telephon, Friseure, Bäder, Hotels. Und sie haben noch mehr: nämlich jenes Quentchen unberührter, naiver Natürlichkeit, das dem zivilisierten Städter erst recht eine Erholung von der Kultur garantiert. Man kann sich rasieren lassen, ein Telegramm aufgeben, eine Kapelle hören – und dennoch eine einsame Wanderung durch verzauberte Gegenden unternehmen und einem Fischer begegnen, der aus einem Märchenbuch gestiegen ist. Ja, in *Binz*, dem größten der Rügenschen Bäder, ist es sogar sehr schwer, einer Jazzband zu entgehen. Poetisch veranlagte Naturen und geschickte Reklamefachleute nennen es: „Das nordische Sorrent". Es hat 20 Hotels und 200 Mietvillen und eine 2 Kilometer lange Strandpromenade, von Schminke, Puder, Atropin, Tennisschlägern und Bügelfalten, Likördielen und Angeheiterten bevölkert; ein Kurhaus mit Tanzgelegenheiten für Smokings und Abendtoiletten; und sogar Hakenkreuzfahnen. Man trifft in *Saßnitz* mit mehr als 26000 Badegästen zusammen und kann dennoch etwas für die Seele tun und an einem evangelischen wie einem katholischen Gottesdienst teilnehmen. Es liegt in einem Talkessel, durch buchenbewachsene Hügelketten gegen Norden geschützt, und in der Nähe ist *Stubbenkammer*, zu Fuß in etwa 2 Stunden zu erreichen. Der Sand- und Lehmboden wird hier durch *Kreide* abgelöst. Hier ist das Land der alten Seeräubersagen. Die Kreidefelsen sind unwahrscheinlich, sie leuchten in der Nacht gespenstisch, sie sind prädestiniert für Seeräubergeschichten, die Kreidefelsen haben Physiognomie und skurrile Formungen, und es ist ein märchenhafter Widerspruch zwischen der tödlichen Fahlheit des Materials und seinen lebendigen, fratzenhaften Formen.

Wer die Ruhe sucht, Nationaleigentümlichkeit, Idylle – wird die kleinen Bäder *Sellin, Baabe, Göhren, Thießow, Putbus, Lauterbach* aufsuchen. Hier tragen die Kellner weniger steife Hemdbrüste, und die Wirte sprechen plattdeutsch. Hier gackern die Hühner auf den Straßen, und eine schöne Frau darf im Bademantel durch die Stadt wandern. Die dörfische Ruhe wird nur durch einen unschädlichen Marsch der Kapellen hier und da unterbrochen. Keine Jazzband reizt Neptun und die Götter des Meeres. Und wenn du Glück hast, siehst du die alten Mönchsguter in ihren Trachten tanzen. Sie haben selbstgewebte Leinenkleider an, schwarze Röcke, bunte Westen, goldene Ketten und breite, wallende, kurze, weiße Hosen, die um schwere Wasserstiefel schlottern und aussehen wie Glocken. Die Beine sind wie dünne Klöppel – trotz den Stiefeln. Es sind die letzten Tänzer. Die jungen Bauern weben nicht mehr, tanzen nicht mehr. Eine ganze alte Welt versinkt.

Badegästen, die der Politik aus dem Wege gehen wollen, sei Baabe empfohlen, das von dem tüchtigen, klugen und modernen Vorstand Thormann verwaltet wird und das übrigens eines der stillsten und – billigsten Bäder der Ostsee ist. Auch in den anderen Orten ist die einheimische Bevölkerung nicht etwa hakenkreuzlerisch von Natur, und was sich an völkischer Propaganda findet, wird gewaltsam ins Land geschleppt – von den Gästen selbst.

Das *Meer* aber ist ewig, rein und unberührt von dem kindischen und grausamen Spiel der Menschen. Man sieht in die weite Unendlichkeit aus Himmel und Wasser und vergißt. Der Wind, der die Hakenkreuzfahne bläht, weiß nichts von ihr. Die Welle, in der sie sich spiegelt, kann nichts dafür, daß sie entweiht wird. So töricht sind die Menschen, daß sie selbst im Anblick dieser Ewigkeiten nicht erschauern.


## Die sterbenden Tänzer

Ich habe die sterbenden Tänzer von Rügen gesehen.

Es waren alte Fischer und Fischerinnen in den schönen Mönchsguter Trachten, vier Paare, darunter ein buckliges Weiblein, dessen Tanz wie ein Abschied vom Leben war. Sie kamen alle aus einer versunkenen, farbenfreudigen Zeit, in der die Kleidung noch mehr bedeutet hat als ein Schutz vor den Unbilden der Witterung. Die Männer trugen schwarze Röcke und bunte, rotbestickte Westen und lange Halsketten aus Silber und Gold, schwere Wasserstiefel und weiße, sehr kurze und weite Glockenhosen über den Stiefeln. Die Kopftücher der Frauen waren fest an die Stirnen gepreßt und ließen doch ein paar Haarlöckchen sehen. Ihre Blusen waren eng und die Röcke weit und lang, es lag Züchtigkeit und Kokerterie in dieser Kleidung. Ein Mann in dem Kostüm der Tänzer saß in der Ecke, bearbeitete eine Ziehharmonika mit beiden Händen, und vor ihm stand eine Pauke, die durch ein Pedal in Funktion gesetzt wurde. Der Musikant hatte einen Stiefel ausgezogen, und ich sah, daß er grobe, graue Socken trug, wie sie ein Fischer brauchen kann, der oft in Gefahr gerät, kalte Füße zu bekommen.

Es war eigentlich keine Melodie, zu der hier gespielt und zu der hier getanzt wurde. Sie bestand aus zwei tiefen und zwei hellen Tönen, die abwechselnd erklangen. Es war wie ein unaufhörlicher Wechsel von Alt und Jung, von Stark und Schwach, Winter und Sommer, Ebbe und Flut, Wellenankunft und Wellenabschied. Wenn man will, war es die Musik des Meeres. Es kann auch die Musik des Lebens sein, der Generationen, der Tages-, der Jahreszeiten, die Musik des beständigen Wechsels, die Urelemente jeder Melodie ohne Nuancen und ohne Abwandlung. Denn in der Nähe des Meeres, dessen Brausen alles Hörbare frißt, kann man sich nur auf die Urelemente beschränken, die allein dem gefräßigen Rauschen standhalten.

Zu dieser Musik tanzten die Fischer den alten Gesellschaftstanz, Frauen und Männer zuerst einander gegenüber, dann einander an den Händen haltend, dann wechselnd, schließlich Rundtanz der Männer in der Mitte, Rundtanz der Frauen in der Mitte, während Männer und Frauen jeweils den Rhythmus durch Händeklatschen unterstrichen. Dieser Tanz hat ebenso wie die Melodie keine Steigerung, keinen Höhepunkt, er kennt keine Ekstase, aber auch keine Erschöpfung, und er hört nicht auf, sondern bricht ab.

Bei allen Tänzen sind die Figuren einander gleich, und nur die Reihenfolge ist verschieden. Auch die Musik ist immer die gleiche. Aber manchmal läßt ein Fischer einen Juchzer steigen, und es ist wie der plötzliche Schrei einer Möwe, vom südlichen Jodler ebenso verschieden wie der Pfiff dieses Vogels vom komplizierten Trillern der Lerche. Dennoch sieht man in diesem Augenblick die Urgemeinschaft zwischen Nord und Süd, zwischen Möwe und Lerche. Wenn der Bayer und Tiroler jodelt, wirbelt er sein Mädchen manchmal durch die Luft, oder er klatscht auf die Oberschenkel und jenen Körperteil, den man in Tirol und Bayern nicht umschreiben muß. Hier bleiben Fischer und Fischerin in der vorgeschriebenen Tanzbewegung. Aber hier wie dort kommt plötzlich die Notwendigkeit, durch Kehle und Stimmband den Tanz zu unterstützen. Plötzlich genügt die Musik nicht mehr, die Hand nicht mehr, der Fuß nicht mehr. Man möchte zehn Kehlen haben, um den Jubel hinauszuschreien. Es ist der Urschrei der Freude, der alte Liebesruf, das unartikulierte sinnlos-sinnreiche Röhren aus einer Zeit vor dem Turmbau zu Babel, da wir noch keine Grammatik hatten, sondern das primitive Esperanto der primitiven Leidenschaften.

Die Tänzer haben Texte, aber sie werden nicht gesungen. Das Meer würde sie verschlingen, wenn man sie sänge. In den Bergen darf man Texte singen. Sie hallen wider von den Felsen. Hier an der Küste ist der Text, den der Sturmwind singt, stärker als jedes menschliche Lied. Die Tänzer selbst haben die Texte vergessen. Sie können tanzen, aber nicht singen. Ich habe die ältesten befragt. Aber sie wußten nur ein paar Verse. Ein Tanz heißt: „Dunkler Schatten". Sie wußten nur diese Zeilen:

Kum mit mir in dunklen Schatten,
Wir wulln leben as (wie) de Katten (Katzen),
Kieken ut de Luken rut (raus) ...

Und von einem anderen:
Schüttel de Büx (Hose), schüttel de Büx,
Nich zu langsam, nich zu fix ...

Und das bucklige Weiblein konnte eine ganze Strophe mit dünner Stimme hersagen:

Min ol Vadder Brouder Söhn
Set (sitzt) op den Stubenböhn (Stubenboden),
Rokt sin lange Pip – –
Pipendanz,
Rosenkranz,
Buer wull mi steken – –
Weit nich, worum,
     Dideldum,
Schlei mi bit Mäden;
Mäden, du Rodnding (Rattending),
Kunst du nich swigen (schweigen) – –
Wat ick di taugesakt hab,
Wullst du wol kriegen – – –

Niemand wußte mehr. Die paar Gebildeten wissen vielleicht mehr. Diese Fischer aber singen nichts. Sie werden auch nicht lange mehr tanzen. Sie sind die letzten Vertreter einer versunkenen Welt, sie sind die sterbenden Tänzer.
Vor dem Kriege kümmerte sich das preußische Unterrichts-

ministerium um die Erhaltung dieser volkstümlichen Trachten und Tänze. Es setzte Preise für die besten Kostüme aus. Jeder junge Fischer bekam hundert Mark im Jahr bar bezahlt und fünfzig auf sein Sparkassenkonto. Seit dem Krieg haben diese Zuschüsse, kulturhistorische Stipendien, leider aufgehört. Die jungen Fischer und Bauern von Rügen wollen Jazzband und Shimmy tanzen und Smokings und steife Kragen tragen. Ein ganzes Stück alter deutscher Kultur versinkt, und niemand sieht's. Noch ist es zu retten, solange ein paar Tänzer leben und die letzten Reste heimischer Überlieferung.

Nach dem Tanz trank man Bier. Auch von der neuen Zeit war die Rede. Und man rauchte sogar Zigarren. Ein Fischer erzählte: „Ich habe einen Sohn verloren. Ich habe eine Tochter, und mein Haus hab' ich verkauft in der Inflationszeit."

Das war für seine Begriffe ein langes Stück Lebensgeschichte. Er war überzeugt, daß er zuviel gesagt hätte. Also schwieg er und sah mich lange an und schüttete mir sein Herz auf optischem Wege aus.


## Ausflug nach Chorin

Im Lexikon findet man den unrichtigen, aber immerhin lapidaren Satz: „Chorin ist eine Bahnstation zwischen Berlin und Stettin." Zweifellos eine Bahnstation, an der kein D-Zug, aber fast alle Personenzüge halten. Leider sind es nicht viele Züge. Denn nach Chorin müßten aus Gründen, die später genannt werden sollen, den ganzen Tag über Züge fahren.

Vom *Stettiner Bahnhof* in Berlin gehen nur einige Züge täglich nach Chorin. Sie halten auch in Chorinchen, einem kleinen Dorf, dessen diminutive Bezeichnung ein wenig lächerlich klingt. Man hätte die beiden Stationen Alt- und Neu-Chorin nennen sollen, um den Klang von Lächerlichkeit zu vermeiden. Aber wir befinden uns in einer Gegend des deutschen Vaterlandes, in der man wenig auf die Form gibt. Diese bedauerliche Tatsache ist auch der Grund dafür, daß die Berliner eines der wunderbarsten historischen Denkmäler nicht besuchen, obwohl es nur anderthalb Stunden von Berlin entfernt ist. Ich meine das *Choriner Zisterzienser-Kloster.*

Läge dieses Bauwerk (es ist leider nur eine gut erhaltene Ruine) in einer anderen Gegend – es wäre berühmt, und sein Ruf hallte wider in allen Reiseführern. Da es aber auf der „Strecke zwischen Berlin und Stettin" liegt, weiß sogar das Lexikon nur drei Zeilen darüber zu berichten. Die Einheimischen sprechen von diesem Kloster wie von einer selbstverständlichen örtlichen Institution, und sie weisen den Weg dahin, als hätte man sie nach der Ortsfeuerwehr gefragt. Gut gepflegte, behördlich sanktionierte Tafeln mit leuchtenden Pfeilen sind an den Wegkreuzungen angebracht. Als ob es so ganz selbstverständlich wäre, daß gerade „zwischen Berlin und Stettin" eines der wunderbarsten zierlichsten und zugleich erhabensten Bauwerke läge, eine Erinnerung an eine längst verwehte, wirklich große deutsche Zeit, in der wir noch *das* europäische Volk waren; eine mächtige Nation, deren weltgeschichtlicher Atem von der Ostsee bis zum Mittelländischen Meer zu fühlen war; eine Nation, berufen, die ganze christliche Welt zu einigen und im wahrsten Sinne des Wortes zu regieren, ohne zu „beherrschen".

Die schmerzlichste Überraschung erlebt der Besucher, wenn er vor der Ruine angelangt ist: sie ist nämlich von *Stacheldraht eingezäunt.* Links „verbietet" eine Tafel den „Durchgang". Rechts weist eine fast unsichtbare kleine Tafel darauf hin, daß „der Eingang *nur* dort" sei. Wenn man es für einen Augenblick vergessen hätte, man wüßte sofort wieder, daß man sich zwischen Berlin und Stettin befindet! Hätten das die Zisterzienser geahnt, die den Bau ausgeführt haben! Das „Feuermachen und Lagern ist verboten". Und weil sich links die „Försterei" befindet, ist „Unbefugten der Eintritt verboten". Der Besucher muß erst einen großen Umweg machen, rechts um die Ruine herumirren, ein Gitter öffnen, das sofort wieder „zu schließen" ist. Und dann steht er vor einem Mann mit einer Amtskappe. Der zückt beim Anblick eines Fremden orangengelbe „Eintrittskarten" zu fünfundzwanzig Pfennig und gestattet uns, die Blicke schweifen zu lassen. Wir lassen sie schweifen.

Wir lassen sie schweifen und sehen einen lebendigen Bau aus rohen, roten Backsteinen, einen Überrest und dennoch vollendet, ein Fragment und dennoch vollkommen, tot und dennoch ewig, gewaltig im Umfang und lieblich als Erscheinung, primitiv und formal raffiniert, eine Festung, ein Requisit der Frömmigkeit, in die Wolken strebend, im Irdischen wurzelnd, real und spielerisch, nüchtern und verträumt, sinnlich und abstrakt. Die zünftige Wissenschaft nennt es „Backsteingotik".

Das Kloster von Chorin ist ein Werk der „Backsteingotik". Die Zisterzienser hatten es um das Jahr 1270 errichtet. Das Werk einer männlichen, *nur männlichen* Gemeinschaft. Es ist das Wesen der Männlichkeit ausgedrückt in diesem Bau, der das Produkt eines unerbittlichen, harten Kampfes ist zwischen dem Willen des künstlerischen Formers und dem spröden, unnachgiebigen und widerwilligen Material. Denn es ist etwas anderes um den harten Widerstand des *Steins*, des Kiesels sowohl wie des Marmors: *dieser* Widerstand ist ein zeugender, befruchtender, der Kampf des Künstlers mit dem Stein ist ein ununterbrochener Triumph des Künstlers; er gleicht dem Kampf der Liebe zwischen Mann und Weib, einem Kampf, dessen Ausgang sicher ist und in dessen Verlauf der Widerstand eines Teilnehmers nur dazu dient, die Angriffskraft des anderen zu stärken und zu beweisen. Aber der Kampf des Formers gegen den roten Ziegelstein scheint aussichtslos und fluchbeladen. Dieses Material ist anorganisch, künstlich tot, spröde und dennoch schwach, bröckelnd und dennoch unnachgiebig, ohne Zusammenhang und künstlerisches Zielbewußtsein, höchstens dazu geschaffen, praktische Zwecke zu erfüllen, *nicht* dazu geschaffen, die Ehre Gottes zu singen.

Und trotzdem dieser Bau! Welche Mühsal gehörte dazu, dem Stoff seinen natürlichen Widerstand gegen künstlerische (also zwecklose) Verwendung zu entziehen und ihn zu unterwerfen einem Willen der Religiosität, der metaphysisch gerichteten Kraft! Jahrelang, jahrelang haben die Zisterzienser daran gebaut. Ein unwilliges, ein fast feindliches Volk ringsum. Wilde Tiere ringsum. Wald ringsum. Und der Boden karg, ärmlich, gibt nur Sand, nur Sand. Da sind dreißig Mönche mit zwanzig Reisigen. Sie bahnen sich Wege durch den Wald, durch Gefahren, durch Unwillen, durch Haß, durch Sand. Die Sehnsucht nach dem Süden im südlichen Herz. Das Wort Gottes in der vertrockneten

Kehle. Die Liebe in der Seele. Die Lust zum heiligen Krieg in der Seele. Eroberer und Pfadfinder. Sieger und Demütige. Tollkühne und Beter. Krieger und Fromme. Büßer und Helden.

Es ist das größte, das einzige Denkmal der mittelalterlichen Welt im Norden Deutschlands. Rechts ist die Kapelle. Links waren die Zellen. Die großen, schmalen Fenster in Übermannshöhe vermittelten Licht von oben. Es entsteht im Innern jenes lichte Dämmern, das hervorgerufen wird durch die Sonne, die aus der Höhe dringt, und Schatten, der von unten aufsteigt. Die Wände verlangen nach Ornamenten. Die Pfeiler verlangen nach Ornamenten. Je drei kleine, unbeholfene, kindische Blätter an den Pfeilerköpfen. Andeutungen von Blättern, Ahnungen von Blättern, entrissen, entlistet diesem Backstein, der nichts hergeben wollte. In einer Wand, die nur zu dem Zweck ausgehöhlt wurde: ein Fenster zu enthalten: Mittler zur Welt, zum Ausblick, zum „Horizont". Das einzige Fenster, das ein Mann ersteigen konnte, um hinauszusehen. Sonst fiel nur ein Licht hinein. Niemand sah zum Licht hinaus. Drei Männer hätten aufeinandersteigen müssen, damit der dritte und oberste den untersten Rand des Fensters gerade noch mit den Händen erfasse.

1542, im Zeitalter der Reformation, wurde das Kloster leer. Ein Zufall bewahrte es vor der Zerstörung. Die Mönche flüchteten. Ein großer Teil wurde erschlagen. Ein Teil kam durch wilde Tiere um. Die Reformation zerriß das Volk. Der Schnee kam, der Regen, der Sturm. Die Eulen nisteten im Gemäuer. Das Dach zerfiel. Die hölzernen Tore zersplitterten. Die Zeit fraß sich durch alles widerstandslose Material.

Bis „Ordnung und Zucht" in das Land kamen, Fürsten aufs neue anfingen, was die Mönche längst vollendet hätten: Wege gehauen wurden, die längst vorhanden waren, Wald gerodet wurde, wo Acker schon gewesen war. Die letzten Konsequenzen sind: der Draht um die Ruine, der Mann mit der Amtsmütze und die Verbotstafeln. Es sind mit der Zeit mehr Verbotstafeln als Wegweiser geworden. Die Nation hat kein Verhältnis mehr zu diesem Denkmal. Es ist ein deutsches Denkmal, Backstein von unseren Backsteinen, Historisches von unserer Historie, Blut von unserem Blut.

Wer kennt heute noch Chorin? Ich war einer von zehn zufälligen Besuchern. Es waren Touristen, die anderen neun. Sie kannten den Gasthof „Zur alten Klosterruine". Der teuer ist. Der acht Mark achtzig „pro Kopf und Tag" verlangt.

Stünde dieses Kloster in einem anderen Land, – es hätte rings um sich zwanzig Gasthöfe, und sein Ruf hallte wider in allen Reiseführern.


## Bäder im Riesengebirge

Das populärste – und teuerste – der schlesischen Bäder ist *Kudowa*, der Heilort für Basedow-Kranke, Neurastheniker und am Veitstanz Leidende, reich an Hotels, Cafés, Restaurants, ein bißchen mondän, ein bißchen bürgerlich, in der Entwicklung begriffen, auf dem Wege, ein „Weltbad" zu werden, immer noch gehemmt durch die vielen nachbarlichen Kurorte, die billiger sind.

Diese kleinen Ortschaften wird derjenige aufsuchen, der die Ruhe ebenso braucht, wie er die Kultur entbehren kann. Es ist der große Vorzug der schlesischen Bäder: daß sie jedes Bedürfnis an falscher und echter Romantik, an „Abgeschiedenheit", Bergen, Wald und Andacht befriedigen und noch viel für den verwöhnten Zivilisationsmenschen übrig haben. Von einem Ort zum andern ist es immer der bekannte „Katzensprung", mit der Bahn, oft auch mit der Straßenbahn zurückzulegen. Tennisplatz, Kursaal, Fünf-Uhr-Tee sind überall vorhanden. Aber auch noch mehr: so befindet sich zum Beispiel in *Warmbrunn* eine der größten Bibliotheken Deutschlands: die *Gräflich Schaffgotsche Bibliothek,* reich an Seltenheiten, jedes Kennerherz entzückend, von Männern verwaltet, deren Höflichkeit durch immenses Wissen keineswegs beeinträchtigt wird.

Ich weiß nicht, ob man durch die Fenster dieser Bibliothek auf die Berge sehen kann. Aber ich weiß, daß man sie durch jedes Fenster dieses Ortes erblickt, diese sanften, gemächlich ansteigenden Berge, die so bescheiden sind, daß sie wie Hügel aussehen möchten, und deren geradezu urbanen, zuvorkommenden Hänge so leicht über die Höhe der Gipfel täuschen. Man kann füglich vom Riesengebirge keine Alpen-Eigenschaften erwarten, es sei denn vielleicht geologische – ich gestehe, sie nicht zu kennen. Aber man braucht es auch nicht. Diese schlesischen Berge sind nicht „trotzig", nicht „finster", ihr Charakter ist nicht tragisch, sondern *idyllisch*. Dennoch wird es auch hier Schluchten geben, überraschende Abenteuer, Schmerzen, die man nicht erwartet, Tiefen, die man dieser Liebenswürdigkeit nicht zugetraut hat. Irgendwo springt eine plötzliche Quelle hervor, Spalten gähnen zwischen Stein.

Die Luft ist kühl ohne Härte, frisch ohne Strenge, leicht zu atmen, den Lungen ein Kompliment. Langsam kommen die Abende, die Dunkelheit fällt niemals plötzlich herein wie im Hochgebirge. Sie hat viele Stufen und Schattierungen. Sie breitet sich aus, sie wächst.

Die heißesten Quellen (bis zu 45 Grad) entspringen dem Granit in *Warmbrunn*. Es sind Schwefelquellen, gefräßig, gelbschwarz und furchtbar, trotz ihrer Heilkraft. Sie fressen Stein, Kacheln, Wände; kaum, daß ihnen Metall standhält.

*Altheide* liegt im Tal der *Weistritz*, 400 Meter über dem Meeresspiegel. Die Weistritz ist ein kleines Flüßchen, wichtig und stellenweise aufgeregt, ein nervöser Fluß, silbern, behende und jugendlich, von Tannenwäldern führt er dunkle Schatten und dunkle Düfte mit, ohne den hellen, leichtlebigen Charakter aufzugeben. Er ist ein Temperament, dem kein melancholischer Zufall schadet. Der Ort hat sich ihm angepaßt.

*Salzbrunn, Flinsberg, Landeck, Reinerz* – alle diese kleinen Badeorte liegen in dichter, warmer Nähe. Die helle Luft des Riesengebirges eint sie zu einer kleinen, stillen Familie. Sie unterscheiden sich äußerlich nur wenig voneinander. Aber wie alle Glieder eines begabten Geschlechts bei gleichen Kennzeichen dennoch verschiedene Vorzüge individueller Eigenart besitzen, so hat jedes dieser Bäder seine besondere Quelle und seine besondere Heilkraft. Es ist keine physiognomische, sondern eine *wesentliche* Verschiedenheit.

Alle diese Orte liegen in einer kulturell sehr reizvollen Gegend. Eine frühe katholische Vergangenheit ist überall noch lebendig. Die Reformation konnte Klöster aufheben und Kirchen requirieren. Aber die Zeugenschaft des Steins, die immer lebendig ist, wie die des Bluts, konnte sie nicht aufheben. Wohlverwahrt in alten Gemäuern und in den jungen Adern der Nachkommenschaft ist die Tradition des Mittelalters.

Slawische Einflüsse mischen sich mit deutschen und romanischen. In diesem Gebiet herrschten einmal die Piasten; ein stolzes königliches Geschlecht, Wegbereiter abendländischer Kultur nach dem Osten, vielfach mit dem Deutschtum verwandt, von südlicher Kultur und slawischem Temperament, gerecht, mutig und friedlich zugleich.

Auf den weiten Marktplätzen der kleinen Städte dieser Gegend ist slawisches Wesen noch fühlbar. Rings um den Platz wölben sich die Bogen der alten Häuser. Steinerne Treppen führen zu den Kaufläden. Orientalisches und Südliches lebt in diesen Plätzen. Der Raum ist weit, die Gänge schmal. Hier lebte (oder sollte leben) ein Geschlecht von Händlern. Stimmen, deren Klang hinüber- und herüberreicht. Waren, selbst beschaulich, ringsum ausgelegt für beschauliche Betrachter. Ein reizvolles Auf- und Niedersteigen auf Stufen. Kostbarkeiten, durch starke Gewölbe geschützt vor den Launen eines temperamentvollen Wetters. Keller zwischen den Stufen, Treppen, die aufzuheben sind und Kellertüren bilden.

Es bliebe noch übrig, über die *Kosten* zu sprechen. Hier müßte eigentlich die Kritik einsetzen, wenn dem Kritiker die Voraussetzungen, also die Kenntnisse, geläufiger wären. Doch scheint auch dem oberflächlichen Beurteiler der wunde Punkt, an dem alle deutschen Bäder leiden, nicht nur die schlesischen, leichter zu beheben, als die Kurverwalter und Hotelbesitzer zugeben. Man muß *mindestens 6 Mark täglich* für Wohnung und Verpflegung zahlen; das heißt: man muß mit 8 Mark „rechnen". In Nizza (einem der teuersten Bäder der Welt) kann man täglich für 16 bis 18 Mark leben. In vielen Orten Italiens kostet ein Tag 4 bis 6 Mark. Die deutschen Bäder im allgemeinen – die schlesischen im besonderen – können sich über die „Auslandslust" der Deutschen nicht beklagen, solange nicht eine *ganz bedeutende* Preisermäßigung in Deutschland einsetzt.

## Kleve, Xanten, Kalkar

In *Kleve* am Niederrhein erzeugt man Margarine, ohne damit der Schönheit der Stadt zu schaden. Sie lag einmal am Rhein. Der Fluß hat sich selbst von ihr entfernt, was unrecht von ihm war. Schon im 11. Jahrhundert mußten die Klever Bürger einen Kanal bauen, um die Beziehungen zum Rhein wiederaufzunehmen.

Kleve hat auch einen holländischen Namen: es heißt Kleef und könnte eine holländische Stadt sein. Die Einwohner haben runde, blonde, stille Gesichter, ich glaube, sie regen sich nicht gern auf, sie könnten ganz gut Holländer sein. Wenn man im Baedeker liest, daß die Holländer des Sommers gern in Kleve weilen, so macht man sich allerlei keineswegs böse, sondern natürliche Gedanken und freut sich der guten Beziehungen wenigstens zu einem unserer Nachbarstaaten sowie des guten Geschmacks der Holländer.

Rings um Kleve ist die Natur schon holländisch. Die kleinen Hügel wagen nicht, aufzutreten, die Erde weitet sich flach und grün und fett und speist den wandernden Blick des Betrachters mit reichlicher, endloser Horizont-Nahrung. Blühende Obstbäume sind zwischen die Wiesen gestreut, in kleine Gärten, vor kleine, blanke Häuser, und das Sonnenlicht in diesem Lande leuchtet immer hinter einem dünnen Schleier aus silberner Luft.

Wenn es einen landschaftlichen Ausdruck für Pazifismus gäbe – hier ist er. An dieser Grenze kann hoffentlich niemals ein Krieg ausbrechen. Diese Erde ist für Spaziergänger da, nicht für Marschierende. Für Spaziergänger, ich meine: langsam, ohne Ziel Wandernde. Man wird hier nicht müde. Die Rast ist in der Wanderung eingeschlossen. Das versöhnlich-sanfte Leuchten der Natur und das zart rosa und weiße Licht der Blüten beruhigen, machen friedlich, die weiche Erde trägt den Fuß, die Landschaft kommt dem Wanderer entgegen, der Weg bietet sich ihm dar, die Straße führt ihn selbsttätig. Immer ist über seinem Haupt der melodische Lärm der unsichtbaren Lerchen wie ein Baldachin aus Gesang. Die Landschaft ist gut, sanft, freudig und von Wundern voll, die nicht erschrecken. Es ist eine *pfingstliche* Landschaft.

Durch die Mitte der Stadt, an freundlichen Läden vorbei,

die immer offen sind, führt eine lange, ein wenig krumme *Straße*. Sie führt vom Bahnhof in den Tiergarten. Rechts in der Seitenstraße eine Kirche, links ahnt man nur den großen Platz um die große, alte Kirche und das Schloß, in dessen Umgebung auch am hellichten Tage ein besonderer Dämmer für Liebende eingerichtet ist. Dort sah ich ein paar Menschen jener Seligkeit frönen, die man Liebe nennt. In den Seitenstraßen spielen unzählige Folgen dieser Seligkeit. Kleve hat mehr als 20 000 Einwohner, davon werden, so scheint es mir, 4 000 Kinder sein. Sie spielen in den kleinen, bergigen Gassen, die hinauf, hinunter, steil, sanft, abschüssig und auf Treppen laufen. Es sind verspielte Gassen, und ich wollte, ich wäre in einer dieser Gassen ein Kind gewesen.

Einen *Schutzmann* sieht man nur am Sonntag. Es ist ein freundlicher Herr, der den starken Verkehr von den Kirchen zum Korso sich regeln läßt. Denn die Menschen sind fromm in Kleve, sie stehen vor der überfüllten Kirche und hören mit einem, aber keineswegs halbem Ohr die Predigt und mit dem anderen schon die Glocken, gewissermaßen die Rede des Pfarrers und die Antwort des Himmels auf einmal. Dann wandern die jungen Mädchen in breiten Reihen durch die Straßen, und die jungen Männer warten an der Straßenecke, indes die Väter vor den Türen stehen, wie in den Bilderbüchern. Es ist der echteste Sonntag, den ich je erlebt habe, ein Sonntag, der fast eine Sensation ist und von dem Glanz einer großstädtischen Premiere.

In *Xanten*, das viel kleiner ist, soll einmal Siegfried, der Drachentöter, geboren worden sein. Aber das ist, fürwahr, nicht wichtig. Wichtig ist der *Dom*, an dem man drei Jahrhunderte gearbeitet hat, der gotischste Dom der Welt, ein Baum aus Geheimnissen, nicht aus Stein. In diesem Dom vergißt man die Welt, die blühenden Obstbäume, das grüne Land und die silberne Sonne, denn er ist entrückt den Gesetzen der Erde, und er entfernt den Menschen allen seinen Beziehungen zum Leben. Er verbreitet Stille auf einen Umkreis von einigen Metern, er absorbiert Geräusche, er strahlt Schweigsamkeit aus, aus Türmen, Spitzen, Fenstern, seine Fenster führen nicht in die Welt, sondern in den Himmel, und in seinem Innern ist das selbständige, auf Sonne und Lampen verzichtende Licht der Steine, des Gol-

des von den Altären und des braunen Holzes der Schnitze-
reien: ein Licht aus Grau, Braun, Gold; Licht aus Stein,
Holz, Opfergabe.

Drei Ausgänge führen in den *Kreuzgang*. Ringsum Säulen,
wie steinerne Bäume. Es gibt eine Skulptur, die der Natur
spottet. Diese Säulchen sind lebendiger als Bäume. Sie sind
nicht in die Erde gesteckt, sie wachsen aus dem Boden. Ihre
Kronen sind Gewölbe. Keine Vögel zwitschern darin, kein
Laub rauscht. Nur das Steinerne schweigt rauschend und
flötend. Nirgends ist ein süßerer Gesang. In der Mitte das
Quadrat Grün, darüber das Quadrat Himmelsblau. Nur geduldet, nur geduldet! Das kleine Stückchen Natur angepaßt
dem großen Willen des Steins. Tieferes Grün, stärkeres Blau,
Gras, nicht von dieser Welt – – anderen Gesetzen untertan.
Himmel, nicht von diesem alltäglichen Himmel, der Schritt
für Schritt über unserem Kopfe ist: sondern metaphysischer
Himmel, jener, in den die Seligen kommen. Manchmal singt
zwar ein Vogel in diesem Kreuzgang: aber es ist ein himmlischer Vogel. Das ist keine Lerche, die sich von Regenwür-
mern ernährt! Das ist eine Lerche, die von Manna lebt! Unter den steinernen Platten liegen Tote. Ihnen gilt der Gesang, ihnen gilt das Grün, ihnen das Blau des Himmels. Metaphysischen Gesetzen untertan ist hier jede Physis.

In *Kalkar* hat man leider die alte Kirche weiß angestrichen,
aus mißverstandenem Gefühl für Sauberkeit. Aber solange
die Holzschnitzereien da sind, die braunen, warmen, blan-
ken, ist jedes Weißen der Wände ohne Nutzen. Denn der
braune Ton, der von den Bildern aus Holz klingt, übertönt
jedes renovierende Weiß, jedes Mißverständnis, jedes er-
furchtslose Beginnen in dieser Kirche, und ein ehrwürdiger
Schimmer von Alter breitet sich selbst über die jüngsten
Menschen und die hellsten Sopranstimmen. Es schadet auch
nichts, daß in Kalkar ein preußischer General geboren ist,
der von Seydlitz, der Sieger von Roßbach, ein weltlicher und
großer Herr, und es macht nichts, daß sein Denkmal auf dem
Platz in der Mitte der Stadt steht und seine Ansichtskarten
verkauft werden neben den Photographien der Altäre.

Was ist ein General – und selbst ein siegreicher – gegen
eine *Holzschnitzerei* aus der alten Kalkarer Holzschnitz-
schule?

Nur ein General! Aber die lächelnden Heiligen aus braunem Holz sind die Sieger und ihre Denkmäler ewiger, am ewigsten, und ihr Sieg so unermeßlich groß, daß ihn kein Geschichtsbuch enthält.

## Privatleben des Arbeiters

### 1

Ich habe die *Arbeiter des Ruhrgebiets* in ihren freien (und arbeitslosen) Stunden gesehn. Ich habe ihre Wohnungen, ihre Buchhandlungen, ihre Versammlungen, ihre Kinos, ihre Tanzabende gesehn. Nicht ihre Not, von der ich gewußt und die ich vorausgesetzt hatte, war erschütternd, sondern ihre *Anspruchslosigkeit*. Es scheint demnach, daß schwere Arbeit die Bedürfnisse des Menschen nicht steigert, sondern reduziert. Es gibt wahrscheinlich ebenso traurige, aber nicht ebenso trostlose Erkenntnisse.

Es ist trostlos, daß einer, der den ganzen Tag unter der Erde gräbt, das Sonnenlicht nicht als eine Notwendigkeit betrachtet, sondern als einen Luxus genießt. Es ist trostlos, daß einer, der die komplizierteste Maschine bedient und erhält, ein Zehntel jener Ansprüche an das Leben stellt, die seine Maschine zufriedenstellen. Was ich sage, ist gänzlich unpolitisch. Es ist das Gegenteil von Politik. Ich stelle fest, daß der sogenannte „Gegensatz der Klassen" viel geringer ist als der Gegensatz der *Bedürfnisse* der Klassen.

Wirtschaftliche Not, die *alle* Klassen leiden macht, erklärt nur das Elend des europäischen Arbeiters, nicht aber seine Gleichgültigkeit gegenüber den selbstverständlichen Bedürfnissen eines modernen Kulturmenschen. Weshalb sind seine Stiefel nicht nur kompakt grob, einfach, sondern auch meist unpraktisch und unbequem und von der vorgestrigen Mode? Weshalb ist der Hut seiner Frau von einer so stupenden Verjährtheit? Weshalb gelten die – ach, so seltenen! – seidenen Strümpfe seiner Tochter als Zeugnis ihrer Verderbtheit und beinahe als „Verrat an der Klasse"? Weshalb verlangt er von seinem Kino, das er teuer genug bezahlt, nicht moderne Filme? Weshalb begnügt er sich mit den ältesten? Weshalb betrachtet er die Bügelfalte, die umsonst herzustellen ist? Weshalb achtet er nicht auf den guten Schnitt seines Anzugs?

Ach, die Tradition lehrt ihn, von den „Palästen der Reichen" und von den „Hütten der Armen" zu sprechen. Er fordert nicht das Turngerät, das Tennisspiel, die geschmackvolle Tapete. Er fordert den sinnlosen „Palast". Sein Kampf geht nicht um *Realitäten*, sondern um *Symbole*.

## 2

Die Arbeiter*buchhandlungen* und -*bibliotheken* enthalten sehr wenig gute Belletristik. Die Käufer und Entlehner bevorzugen das Direkte, das heißt das Didaktische. Sie lesen populäre Wissenschaft. „Volkstümliche" Geschichte, Astronomie, Physik. Der Abeiter will sich vor allem belehren lassen. Man predigt ihm, „Wissen sei Macht". Er nimmt's wörtlich und verlangt zu „wissen". Für ihn schreibt man geschmacklose Broschüren auf schlechtem Papier. Für ihn schreibt man erweiterte, so gut es geht: verflachte und sogar bereits dementierte Leitartikel. In den Buchhandlungen und Bibliotheken von sechs Arbeiterstädten fand ich: einen Dostojewskij, zwei Tolstoj, einen Maxim Gorkij, fünf Andersen-Nexö, neun Gottfried Keller, drei Selma Lagerlöf, fast nichts von modernen russischen, französischen Autoren, von Engländern: *Shakespeare* und *Wells*. Es gibt also zuerst das Pädagogische, dann das Populärwissenschaftliche, drittens das Nationalistische. In weiterer Folge: das Geeichte, durch Literaturgeschichte schon Bestätigte, das Sanfte, Beruhigende und das Utopische als kärgliche Nahrung für die arg vernachlässigte Phantasie. Von den geistigen leidenschaftlichen Kämpfen dieser Zeit, von heute und morgen, erfährt der Arbeiter beinahe nichts. Er ist weit entfernt vom Genuß der Lektüre und von der Leidenschaft des Genusses. Er lernt noch. Nichts fehlt ihm so sehr wie das Musische. Er ahnt nicht, daß Mangel an musischem Genuß unterlegen macht wie ein schlecht genähter neuer Rock. Wenn er sich „zerstreuen" will, verfällt er dem Kitsch und dem übertriebenen Sport.

## 3

Seine ernste Zerstreuung ist die *Volksversammlung*. Wer hat noch keine Volksversammlung besucht? Es ist nötig, ihre

Atmosphäre von ihrem Inhalt zu lösen:
Ein paar Männer sitzen auf dem Podium. Papiere rascheln, nicht geheimnisvoll, sondern nüchtern, weil starkes Licht sie zweckbeflissen macht. Ein Glas Wasser erinnert an Unfälle und Sanität. Eine Glocke streckt einen schwarzen Griff empor wie einen Zeigefinger. Ehe sie läutet, mahnt sie schon ...
Dunst. Rauch. Staub. Wo Licht ist, schmerzt es. Wo es nicht hinreicht, ist es finster. Die Säle sind so teuer. Behaglichkeit ist so billig!
Wie selten ein Redner, der ein einfaches, natürliches Deutsch spräche! Was er sagen will, ist echt. Aber der Weg geht vom Herzen über die Broschüre zur Zunge. Er fühlt warmes Blut, der Redner. Er redet Druckerschwärze, der Belesene. Er hat ein Herz. Er packt es in Papier. Wenn er wüßte, wieviel man erreicht, wenn man die armen Prädikate nicht auf Eis legt und kühlen läßt, bis der Satz sich abgespult hat, dessen Ende schon selbst ertönt, ehe es ausgesprochen! Syntax ist „Luxus"; unfruchtbarer Ästhetizismus, Literatengewäsch.
Jene aber sind Männer der Tat. Sie machen Realpolitik ...

## 4

Der traurigste Trödel lagert in den *Basaren*, in denen Arbeiter einkaufen: Uhrketten, die sich sogar rühmen, „echt Nikkel" zu sein; von sommerlicher Sonne im Schaufenster ausgedörrte Seidenrestchen; gesprungene Lackschuhe mit Runzeln; Ledergürtel mit verrosteten Schnallen; grün-blau karierte Stehkragen; ausgedehnte Gummibänder; Matratzen, die offenbar mit Pappdeckel gepolstert sind; Schränke mit Sprüngen im Holz und knarrenden Türen; Spiegel mit grünem Unterfutter, die jedes gesunde Angesicht krank widerstrahlen; eiserne Kämme aus Blech; Manschetten aus Kautschuk; Gummiabsätze aus Kieselstein; Krawattennadeln aus Glas; Brillen aus Scheibenglas und Fensterscheiben aus Hartgummi; Ölbilder wie Wachs; Riemen aus Hanf; Zigarettendosen aus Sardinenbüchsenblech.
Wieviel Mühe muß es kosten, diese Dinge zu erfinden, zu erzeugen und auch noch zu genießen! Millionen leben von patentierten Misthaufen. Andere Millionen fallen darauf

(herein). Literarischer Schund ist weniger gefährlich. Der Schund der Magazine und Basare korrumpiert Erfinder, Erzeuger, Verkäufer, Käufer und Vorbeigehende. Ein Verstoß gegen den guten Geschmack ist ein Verstoß gegen die „Sittlichkeit".

## 5

Wie aber soll man in dieser Enge, dieser Qual ästhetische Forderungen aufstellen? Wieviel Arbeiter des Ruhrgebiets wohnen noch in dichtgefüllten *Häusern* mit krummen, ausgetretenen Stiegen, zahllosen Geländern, miauenden Katzen, zerbrochenen Fenstern, trocknender Wäsche, gefüllten Kübeln, tropfenden Wasserleitungen. Sie wohnen in abgegrenzten Winkeln auf Dachböden, in feuchten Kellern, Bettgeher schlafen in einem Bett mit Vermietern, Kinder auf Strohsäcken, Großmütter auf Kochherden. (Es sind polnische, ruthenische Arbeiter, aber auch deutsche.) Sie wohnen in Baracken, in schlecht gedeckten Hütten, der Regen rinnt, der Wind schneidet, aus der Erde strömt die Kälte, der Atem des Todes, der Gruß des Grabes ...

## 6

Nur in einigen Siedlungen (etwa in den Krupp-Kolonien) ist das Notwendige vorhanden und so geschickt geordnet, daß es beinahe wie ein wohlgefälliges Übermaß aussieht. Die Kolonien bestehen aus Ziegelhäuschen, Gärten, breiten, schönen Straßen, gepflegten Anlagen, Konsumvereinen, Unterhaltungsstätten, Gastwirtschaften, Cafés. Diese Kolonien erziehen den Proletarier zum Kleinbürger – er ist ja von Natur dazu begabt. Er hat „sein" Stückchen Erde. Er hat ein Dach, ein Bett, Kaninchen, Arzt, Spital, Altersheim und ein billiges Grab. In dieser Welt, in der die eigene Not in demselben Maß abnimmt, in dem man die des Nachbarn betrachtet, ist das alles viel.

Diese Kolonien sind Paradiese der Not, aber immerhin Paradiese: Idyllen, die in der Ansichtskarte weiterleben; Bäume, unmittelbar bereit, photographiert zu werden; nahrhafte Gartenbeete; Hühnersteige, durch Weinlaub gemildert; Hygiene, als Naturschmuck verkleidet; Rasen, die nicht nur grünen, sondern auch Ozon verbreiten; Wasser, das nicht nur Wasser ist, sondern auch durchschwommen wird; Humanität in Hausordnungen; nahrhaftes Essen, ein Trost für alte Junggesellen beider Geschlechter; kleine Wäldchen und Promenaden für Liebende im April.

Wie dankbar ist der Mensch! Nur wenn er gar nichts hat, braucht er viel. Gebt ihm etwas mehr – und er will nicht mehr! Denn Bedürfnisse haben ist beinahe so anstrengend, wie sie durchsetzen. Der Mensch verzichtet mit Leidenschaft. Die Genügsamkeit ist nicht nur eine Tugend, sondern auch gesund ...


## „Romantik" des Reisens

Die Freude, die einer vor einer Reise empfinden mag, ist immer geringer als der Ärger, die sie schließlich verursacht. Nichts ärgerlicher als ein riesiger Bahnhof, der aussieht wie ein Kloster und vor dessen Eingang ich immer einen Moment überlege, ob ich nicht doch lieber die Schuhe ausziehen soll, statt den Gepäckträger zu rufen. Nichts ärgerlicher als ein eisernes Geländer vor einer vergitterten Kasse. Vor mir schwebt ein Rucksack. Hinter mir stößt mich ein eiserner Stab, der durch die Ösen eines Strohkorbes gezogen ist. Ich muß mich tief bücken, um dem von aller Welt abgeschlossenen Schalterbeamten mein Fahrziel anzugeben. Er hat nur ein einziges offenes Quadrat, durch das er Geld entgegennimmt und Geräusche. Ich wundere mich immer, daß er nicht lieber mit den Händen hört ...

Vom Gepäckträger, der alle meine Koffer hat, weiß ich nichts mehr als eine Nummer. Ich muß mich auf sein Physiognomiegedächtnis verlassen. Wie, wenn er keines hätte? Wie, wenn sich ein Doppelgänger fände? Wie, wenn dem Träger was Menschliches zustieße? Mein Freund muß eine Bahnsteigkarte haben, will er mich begleiten. Wozu Bahnsteigkarten? Das Betreten der Geleise ist ja ohnehin verboten. Das Betreten des Perrons muß gebüßt werden. Ein Mann, der den Bahnsteig betritt, um *nicht* zu fahren, bleibt doppelt zurück. Man könnte ebensogut von allen Karten verlangen, die nur den Bahnhof betreten.

Unverschämt hohe Trittbretter führen zu meinem Kupee.

Warum nicht gleich Leitern? Man klettert in den Wagen wie auf einen Dachboden zum Wäschetrocknen. Die Abteile sehen aus wie Zündholzschachteln, die auf einer ihrer zwei Reibflächen stehen. Die Sitze sind so raffiniert gebaut, daß zwischen meinen Knien und denen meines gegenübersitzenden Mitreisenden kein Platz mehr ist. Wir könnten ein Schachbrett auf unseren Knien aufstellen. Wir können die Augen nicht aufschlagen – wir müssen uns sofort ansehen. Haben wir Pech, sitzen wir zwischen zwei oder drei Menschen. Um eine Zigarette aus der Tasche zu nehmen, müssen wir dem Nachbarn den Ellenbogen in die Brust stoßen.

Die sogenannte Musik des Räderrollens empfinden wir als Hammerschläge auf das Kleinhirn und die Schläfen. Strecke ich ein Bein aus, so muß ich im nächsten Augenblick die Hose des Nächsten bürsten. Und fortwährend sehen wir einander an: wenn wir Äpfel schälen, Wurst essen, Orangen öffnen. Manchmal spritzen wir uns gegenseitig den Saft südlicher Früchte in die Augen.

Unsere Hände, unsere Kragen, unsere Hemden, unsere Taschentücher werden schwarz. Die Lokomotive schüttet Ruß auf mein Angesicht. Oft fährt sie tückisch durch sogenannte Tunnels, auf die die ganze Technik stolz ist. Wir fahren durch Unterwelten und sind keine Grubenarbeiter. Wenn wir ein Fenster öffnen, protestieren die Erkälteten. Sechsmal muß ich um Verzeihung bitten, wenn ich hinauswill. Notsignale sind mit Plomben versehen. Wenn man sie zieht, zahlt man Strafe. Bei Meinungsverschiedenheiten entscheidet der Schaffner. Immer zu meinen Ungunsten …

Wenn ich einen Schlafwagen nehme, teile ich einen schmalen Verschlag mit einem dicken Herrn. Geteilte Nächte sind halbe Nächte. Man fährt leider nach Geschlechtern getrennt. Ehefrauen müssen erst nachgewiesen werden. Wenn ich Mittag esse, zittern Teller und Kellner, Weinflaschen stehen gefesselt in eisernen Ringen. Wehe, wenn man sie befreit! …

Schaffner wechseln oft, wie Aprilwetter. Sie zeichnen Striche auf die Fahrkarten. Einfache Striche. Dazu müssen sie mich wecken. Diese kunstlosen Striche (aber selbst Löcher) mache ich selbst ebensogut. Oberschaffner kontrollieren dann die Striche der Schaffner. Von Gepäcknetzen drohen tödlich schwere Koffer, die ihr Gleichgewicht nicht finden. An Grenzen kommen Zollwächter und rauchen meine Zigarren. In den Korridoren hängen Beil und Säge hinter einer Glasscheibe und gemahnen an Unfälle.

Wenn man ankommt, fällt man über Koffer. Wenn man einen im Gepäckwagen hat, muß man eine Stunde warten. Alle Bahnhöfe sind verschwenderisch weit und hoch gebaut. Aber nur durch ganz schmale Pforten kann man ins Freie kommen. Alle Fahrkarten muß man abgeben. Was macht die Eisenbahndirektion mit all diesen alten Pappendeckeln?

Kein Mensch ist schlimmer dran als ein Reisender. Es ist merkwürdig, daß diese mittelalterliche, schikanöse Art des Reisens allen so romantisch vorkommt. Unsere Kleider sind zerstört. Heiße Würstchen und kaltes Bier ruinieren unsere Magen. Wir haben gerötete Augen und fette, schmutzige Hände. Und bei all dem sind wir glücklich! ...

Im Kino sehe ich manchmal die Salonwagen amerikanischer Millionäre. Sie diktieren Sekretärinnen in die Schreibmaschine. Sie sitzen in Wannen und baden, während sie fahren. Ein Neger frottiert sie. Eine Köchin bereitet ihnen Leibspeisen zu. Manche fahren in Salonautomobilen, sie sind nicht einmal von Schienen abhängig. Manche fliegen in Aeroplanen, kapitalistische Vögel. All das könnten wir auch verlangen. Die Fahrkarten sind teuer genug. Wir müßten nicht auch noch Kinoplätze bezahlen.

Unsere Fahrzeuge, die sogenannten Verkehrsmittel, sind weit hinter unserer Zeit zurück. Sie stehen in keinem Verhältnis zu unserem Stolz auf die „Errungenschaften" und zur Verachtung, die wir für die Postkutschen haben. Die Eisenbahnabteile sind den Postkutschen ähnlicher, als die Eisenbahnbehörden glauben. Im Zeitalters des Radios knipst man noch Löcher in Pappendeckel! Die Zeitgenossen des lenkbaren Luftballons schleppen schwere Koffer! Wir erwägen schon Reisen zum Mond. Wir wollen nächstens den Mars besuchen. Wir haben die Relativitätstheorie gefunden. Aber weil wir sie nicht verstehen, haben wir doch noch keine Veranlassung, auf Hühnersteigen zu schlafen, wenn wir Betten bezahlen.

Die modernen Aeroplane sind schon komfortabler als die

Eisenbahnen. Wenn ich Aphorismen machen wollte – ich mache keine –, würde ich sagen: Es ist bequemer, von einem Aeroplan abzustürzen, als mit der Eisenbahn zu landen. Für Zugzusammenstöße gibt es keine Fallschirme. Auch Schwimmgürtel suche ich vergebens auf Lokomotiven ...

Mit achtzig Kilometer Geschwindigkeit in der Stunde ist man immer noch langsamer als die Zeit. Die Zeit macht hunderttausend Kilometer in der Sekunde. Während ich im fahrenden Zug sitze, laufe ich ihm weit voraus. Das ist der Sinn der Relativitätstheorie ...

Meine Photographie kann ich in einer Sekunde telegraphisch übermitteln. Mich selbst übermittle ich erst in zwölf Stunden. Wenn ich angekommen bin, sehe ich mir gar nicht mehr ähnlich. Man kann sich nicht im Zug rasieren. Der Bart aber wächst schneller, als der Zug fährt. Die Toilette kann man auf Stationen nicht benutzen. Während der Fahrt ist sie besetzt.

In der dritten Klasse sitzt man auf Holzpritschen, wie in Kerkerzellen. Wenn einer die Lampe auslöscht, müssen alle schlafen. Zeitungen kann man nicht lesen, weil es finster ist. Wenn das Licht brennt, zittern die Zeilen des Leitartikels. Nur aus Verzweiflung hält man das Feuilleton straff über dem Knie.

Wenn man den Kopf zum Fenster hinaussteckt, hat man ihn verloren. Er liegt in einem Brunnen. Wenn man sich gegen eine Tür lehnt, fliegt man hinaus wie eine Orangenschale. Dabei ist das Hinauswerfen harter Gegenstände verboten ...

Jedes „Übertreten der Vorschriften wird geahndet". Gepäckdiebe kann man „zur Anzeige bringen". Sie sind um keinen Preis der Welt dazu zu bringen. Wer Angaben macht, die zur Eruierung eines Diebes führen, erhält eine Belohnung. Aber wer es einmal versucht hat, weiß, wie schwer es ist, von der Eisenbahn Belohnungen zu erhalten.

Im Gegenteil: man muß oft „nachzahlen". Man bekommt sogar Quittungen. Man kann sie vor den Spiegel in der Toilette stecken. Er ist ohnehin blind.

Das Aufspringen ist verboten. Das Abspringen nur Verbrechern gestattet. Anständige Menschen kriegen die Tür gar nicht auf, es sei denn, daß sie sich gegen sie während der Fahrt lehnen. Kinder sind an der Leine zu halten. Hunde dürfen nicht in den Wagen genommen werden. Aber für redselige Reisende sind keine Maulkörbe vorgeschrieben ...

Es gibt Luxuszüge, D-Züge, Schnellzüge, Personenzüge, verschiedene Taxen, verschiedene Klassen, Vorschriften, Hemmungen, Verbote. All das empfindet man „romantisch".

Dennoch ziehe ich es vor, in einem D-Zug erster Klasse nach Monte Carlo zu fahren, als zu Fuß eine Steuererklärung auszufüllen ...

Anm. d. Red.: Wir können der Leserschaft versichern, daß der Verfasser unbeschadet der geschilderten „Romantik" selten zu Hause anzutreffen ist.


## Das Denkmal

Leipzig, Mitte November

An einem bitterkalten Novembertag beschloß ich, das Völkerschlachtdenkmal zu besuchen. Es erhebt sich, wie man weiß, außerhalb der Stadt Leipzig, etwa zwanzig Minuten von ihr entfernt, und war an jenem Tage infolge der Kälte gleichsam noch weitergerückt. Die Straßenbahn, die ich ausnahmsweise bestieg, um mir selbst die ernste Bescheidenheit zu bezeugen, deren ein Mann bei gewissen Gelegenheiten fähig sein soll, erschien mir außerordentlich gefüllt und eine Marter. Es war ausdrücklich verboten zu rauchen. Helden des Alltags nannte ich die Passagiere. Wir fuhren, wie es sich gehört, durch eine peinlich lange Straße, an deren beiden Seiten Grabsteine ausgeboten wurden. Es war eine Allee aus Kummer und Betrübnis, eine Kondolenz-Allee, die Straßenbahn eine Leid-Tragende, der ganze Tag würdig, aber bitter. In seiner Mitte stand nun das Denkmal, umdräut von jagenden Wolken, umweht vom schneidenden Wind, vom ganzen Wetter umwittert. Weit und breit war kein Mensch zu sehen. Außer uns beiden, dem Denkmal und mir, erhob sich nichts in der Runde, die ein Viereck war, das bereits zum Denkmal gehörte. –

An seiner Stirnseite stand der Erzengel St. Michael, elf Meter groß. Bei näherer Betrachtung erkannte man, daß er auf einem Streitwagen dahinfuhr, oder, wie es seinem Wesen geziemen mag und wie der Führer bemerkte: dahinbrauste. Zu beiden Seiten begleiteten ihn mit leuchtenden Fackeln je zwei weibliche Gestalten, die er sich aus einer ihm eigentlich etwas entlegenen Mythologie ausgeliehen haben mochte: nämlich Furien. Und rechts und links von den Furien breiteten wieder zwei heimischere Symbole, sogenannte Adler, je sieben Meter weit ihre Schwingen aus. Über dem Ganzen stand geschrieben: „Gott mit uns", in ein Meter achtzig hohen Buchstaben einer Schrift, von der man sagen konnte, daß sie Antiqua, Rune und Fraktur in einem war. Die Buchstaben T sahen aus wie Siebener, das M war ein W. Über dieser Inschrift lag der Eingang. Etwas links über dem Eingang ragte, durch eine Luke aus dem Innern gestoßen, der schwarze, schmale, gewundene Schlangenleib eines Ofenrohrs, aus dem es dampfte. Es war mir sofort offenbar, daß dieser profane Gegenstand keineswegs von Anfang an zum Denkmal gehört hatte, auch, daß es nicht etwa der Rauch von Weiheopfern war, der da zum grauen Novemberhimmel emporstieg. Hätte nämlich der Architekt im Innern des Denkmals eine Opferstätte anlegen wollen, so wäre es ihm wohl möglich gewesen, mit Hilfe der zahlreichen technischen Fortschritte, deren wir uns schon seit Jahren erfreuen, auch noch den Rauch sinngemäß in das architektonische Gesamtbild einzufügen, ja, dessen Wirkung durch jenen vielleicht gar noch zu steigern. Befremdet also, und nicht nur neugierig, betrat ich das Innere. Und ich entdeckte auch, daß jener Rauch, den ich mich nicht scheuen möchte eine Verschandelung zu nennen, in einem eisernen Öfchen erzeugt wurde, das in der fensterlosen und künstlich erleuchteten Stube des Wächters stand. Diesem Mann, dem die Wärme ebenso nötig war wie er dem Denkmal, konnte nun zwar keineswegs zugemutet werden, daß er friere, wenn er auch schon gezwungen war, sein Leben bei künstlichem Licht durchzubringen. Allein, man hätte bei der Anlage des Denkmals daran denken müssen, daß es eines Wächters bedürfen würde, der kein Erzengel, kein Adler, überhaupt kein Symbol sein konnte, sondern ein Mensch mit einem Gehalt und einem Ofen. Und wenn es auch begreiflich erscheint, daß in der weihevollen Stimmung, ohne die kein Denkmal errichtet werden kann, die kleinen Notwendigkeiten des Alltags übersehen oder vergessen werden, so ist es doch auch nicht weniger gefährlich, nicht rechtzeitig genug eines Wächters zu gedenken und also mittelbar infolge der eigenen Weihe die des späteren Betrachters einer unangenehmen Probe auszusetzen.

Pünktlich um zwölf Uhr betraten wir die Ruhmeshalle, auch Kuppelhalle genannt. „Treten Sie in die Mitte!" befahl der Führer, und ich gehorchte. Er knipste eine Lampe an, die hoch oben in der Kuppel hing und den trüben Halbdämmer nicht durchbrechen und nicht verscheuchen konnte, der die eigentliche heimische Atmosphäre der Ruhmeshallen ist. Verloren in unerreichbarer Höhe blinzelte die gelbe Lampe, wie ein kleiner Stern hinter grauen Wolken. Und während ich winzig dastand, gleich einer kleinen Stecknadel eingespießt in den Mittelpunkt einer kolossalen Halbkugel, begann der Führer, folgende Erklärungen abzugeben:

„Die Kuppelhalle ist 60 Meter hoch und kann bequem in ihrem Innern die Münchener Bavaria, das Brandenburger Kaiserdenkmal, die Berliner Siegessäule fassen. In ihrem unteren Teile enthält sie eine Krypta. Ringsum sehen Sie 8 Pfeiler. Jeder trägt eine 5 Meter hohe Maske, die das Schicksal darstellt. Jede Maske wird von zwei Kriegern flankiert, welche die Totenwacht halten. Die vier Kolossalfiguren hier sind je $9^1/_3$ Meter hoch und stellen die Tugenden des deutschen Volkes dar, nämlich: Glaubensstärke, deutsche Volkskraft, Tapferkeit und Opferfreudigkeit. Innerhalb der Kuppelwölbung sind zahlreiche übereinanderstehende Reiterzüge angebracht, die heimkehrende Krieger darstellen. Sie sind von hier aus mit dem freien Auge nicht zu sehen. Innerhalb einer jeden Kriegerfigur ist eine Wendeltreppe. Das ganze Denkmal besteht aus Granitporphyr, gewonnen in Beucha bei Brandis, in der Nähe von Leipzig. 15000 Kubikmeter waren erforderlich. Die großen Bausteine wiegen je 360 Zentner und kosten je 700 Mark. Die Baukosten des Denkmals betrugen sechs Millionen Mark."

Nicht ohne Feierlichkeit sprach der Führer diese Sätze. Er sprach langsam, wie um sie mir einzuprägen, und er bildete, obwohl ihm bekannt war, daß jedes Wort in diesem Raume ein prachtvolles, unübertreffliches Echo weckte, dennoch außerdem in der Höhlung seines Mundes ein kleineres, vorweggenommenes, gleichsam prophylaktisches Echo. Jedes seiner Worte wurde also zweimal zum akustischen Quadrat erhoben, und noch die Nebenbemerkung übertraf sogar die Dimensionen der Kolossalstatuen. Ja, die Imposantheit der Ziffern, die Schwindel erregten und dennoch mit mustergültiger Präzision angegeben waren, so daß man kaum noch unterscheiden konnte, ob ihre Höhe allein erschütterte oder die menschliche Fähigkeit, auch solche Höhen zu nennen, multiplizierte sich mit dem eigenen Widerhall und erzeugte jenen gefährlichen Schauder, der aus dem Grenzgebiet zwischen der Mathematik und der Metaphysik einherzuwehen pflegt. Es war, als würde die Astronomie erläutert, aber nicht in einem Hörsaal, sondern mitten im Weltraum etwa, also just im Getöse ihrer eigenen Objekte und Exempel. Es war eine Leistung ohnegleichen, mitten im ureigensten Bereich der Überdimensionen das Überdimensionale mit Vor- und Zunamen zu benennen und zu beschwören. Es war, als käme die Stimme des Führers aus den granitenen Mündern der Kolossalfiguren, als stellte sich zum Beispiel die Volkskraft selbst vor, während sie vom Führer vorgestellt wurde. Ihre nackten Füße, von denen zwei Zehen größer waren als eine menschliche Hand, ruhten indessen gespeizt und wuchtig auf dem Sockel, der nicht weniger wuchtig war, und der Sockel wieder lastete auf dem nicht weniger wuchtigen Boden, und also war es, als würde durch so viel Gewicht die Schwere aufgehoben, weil das Tragende nicht fühlen konnte, daß es trug, und das Lastende nicht, daß es getragen wurde. Und obwohl alles aus Granit und Porphyr war, ergab es doch die gleichen Resultate wie Flaum und Hauch. Und erhob ich meinen Blick zu den Masken, so verlor er sich in der kahlen und sanften Wölbung der geschlossenen Augen, die an unendliche, vereiste, in der Mitte gespaltene Seen erinnerten. Der menschliche Blick verlor hier die ihm eigene Hurtigkeit und Fassungskraft: denn er brauchte ein paar Sekunden, um den Weg vom linken Mundwinkel einer Physiognomie zum rechten zurückzulegen. Der Blick mußte sich geradezu den bereits eingeschnittenen Mund noch einmal durch den harten Granit graben. Die Physiognomien verdunkelten, obwohl sie aus heller Materie waren, den Raum noch mehr, sie waren wie Nächte aus weißem Stein. Weshalb waren die Tugenden so grausam, wie es den Lastern allein geziemt? Weshalb waren die Schicksale so blind, wie es allein die Zufälle sein sollten? Warum schliefen die Wächter, da sie doch wachen mußten? Alle diese Zweifel der menschlichen Logik wurden zerschmettert von dem granitenen Schweigen, das in steinernen Schwaden durch den weiten Raum daherzog. Die Steine reden nicht. *Saxa tacent.*

Der Führer dagegen erhob seine Stimme und begann zu singen, um das weltberühmte Echo hervorzulocken. Er sang nichts Bestimmtes, keine Melodie, keinen Text, sondern eine willkürliche Folge sonorer Kehllaute, wie ein Unkundiger aufs Geratewohl Tasten an einem Klavier anschlägt. Und, höre da! Die Töne verwandelten sich in Orgelklang, der nicht verhallen wollte, der Sänger stand da, umwallt von der Gnade, die seiner Stimme zuteil geworden war, seiner Stimme, die ihm nicht mehr gehörte. An Messe-Sonntagen, so erzählte er, gäben hier 60 Sänger Konzert; das heißt: an Sonntagen während der Leipziger Messe, wo die Völker nicht mehr zum Schlachtenschlagen, sondern zum Geldverdienen herbeiströmen. Da gehen sie nun, die Braven, die 1813 und sogar 1918 überlebt haben, ins Denkmal und lassen sich erheben, bevor sie ans Geschäft treten.

Damit war die Führung beendet. Allein durfte ich weitergehen, allein in den November. Ein Restaurant, genannt „Königin Luise", hielt ich für Fügung und schickte mich darein. Es war ein alkoholfreies, vielleicht gar alkoholfeindliches Restaurant. Man durfte nicht rauchen, nicht trinken, nicht bei der Kellnerin bestellen. Man mußte zur Kasse, einen Bon kaufen, sich enthaltsam hinsetzen und warten. Ich vertrieb mir die Zeit mit einem Gedicht: *Die Frischkost* von K. Pansegrau, in der Zeitschrift *Gute Gesundheit*; beugte mich dann mit gemessener Gier über einen koffeinfreien Kaffee und leerte die dickwandige Steinguttasse bis zur Neige; saß noch eine Weile, in der Mitte von Nichtrauchern, Antialkoholikern, Vegetariern sogar; und sah mit einem wahrhaft genießerischen Grimm geradewegs auf das Krematorium, das mit pompöser Freundlichkeit zum Fenster hereinlächelte. –


## Der Merseburger Zauberspruch

Lieber Freund,
versprach ich Ihnen nicht letzthin, Details aus dem Harz zu berichten? Ich möchte Sie bitten, noch einige Zeit darauf zu warten. Ich will Sie heute, wie ich hoffe, reichlich entschädigen. Bei dieser Gelegenheit bitte ich Sie auch, die unsystematische, ja bewußt systemlose Art meiner brieflichen Berichte zu entschuldigen. Sie entspricht der systemlosen Art meines Reisens. Wie rührend gläubig hatte ich noch vor einer Woche versucht, den Spuren Heines zu folgen! Und wie bald gab ich es auf! Mag seine klassisch gewordene Harzreise seinen eigenen Anforderungen damals entsprochen haben und denen seiner Leser, mag sie heute durch den Glanz erhöht sein, der die unsterbliche Persönlichkeit des toten großen Schriftstellers umgibt: die Harzreise verträgt keine genaue Kontrolle mehr, ich muß sie leider desavouieren. Heinrich Heine war, im Harz wenigstens, ein oberflächlicher Reisender. Was er sah und hörte, ward ihm vom Zufall zugeweht, dem trügerischen und gefährlichsten Freund der Schriftsteller. Es stieß ihm zu. Mit heiterem Gleichmut nahm er es auf, schrieb er es hin. Ich bewundere den graziösen Leichtsinn, mit dem dieser anmutige Sohn der Musen den Ursprung des Namens Goslar – die Stadt, in der er sich gerade aufhält – in dem Fluß „Gose" vermutet, statt sich bei einem beliebigen Einwohner die Bestätigung zu holen. Es war der Hochmut des Romantikers gegenüber den Tatsachen. Die zufällige Begegnung mit dem und jenem Reisenden, der ihm ebenso in Schwaben wie in Pommern über den Weg hätte laufen können, schien dem Dichter wichtiger. Uns aber, lieber Freund, denen in einem langen und mörderischen Kampf mit den steinharten Tatsa-

chen dieser Welt die Grazie allmählich abhanden kommt und denen Gott wahrlich keine Gunst mehr erweist, wenn er sie durch eine immer grausiger werdende Welt schickt, uns steht es nicht mehr an, die Anekdoten aufzulesen, die im Winde des Zufalls einherwehn, und von Begegnungen zu plaudern, die zu dem Ort, an dem sie stattgefunden haben, keine gültige Beziehung haben. Ja, und die Welt hat sich außerdem verändert. Die kleinen Orte gleichen einander wie ein Ei dem andern. Manches von dem, was man vor hundert Jahren auf sechzig Seiten schildern durfte, kann heute gerade noch in sechzig Zeilen mitgeteilt werden.

In andern Orten dagegen ereignet sich heutzutage so manches Seltsame, ja Ungeheuerliche, und geht dennoch unter in der grauen Anonymität des polyphonen Geschehens dieser Zeit. Der dichte und schnelle Staub des Vergessens bedeckt im Nu Begebenheiten, von denen man eigentlich ausdauernd singen und sagen müßte und deren Überlieferung an Enkel und Urenkel die vornehmste Pflicht unserer schreibenden Männer wäre. Die hurtigen Berichterstatter der hurtigen Zeitungen, die sich doch mit so jäher Begeisterung dem Unheil zuwenden und mit so großen Lettern die Katastrophen, die sich abspielen, zu geschilderten Katastrophen potenzieren, haben merkwürdigerweise manchmal die Neigung, den Donner, der einen Schrecken kündet, zu überhören und den Flammenschein einer unwahrscheinlichen Feuersbrunst zu übersehen. Ja, lieber Freund! Es gibt große, ehrliche Katastrophen, die in der geradezu lächerlichen Form von kleinen Mitteilungen in die Zeitungen gelangen und im unübersichtlichen Wirrwarr des Nonpareille für eine Nachricht „aus der Gesellschaft" gehalten werden können. Sie sind ja in der Tat Nachrichten aus der Gesellschaftsordnung sozusagen, und die Zurückhaltung, mit der sie mitgeteilt werden, dekouvriert sie eigentlich als große Skandale. Es scheinen die einzigen zu sein, bei denen die Journalistik eine unerwartete Delikatesse anwendet. Denn weshalb haben Sie noch nichts von dem Dorf *Runstedt bei Merseburg* gehört? Und wenn Sie es zufällig gehört haben, weshalb haben Sie es vergessen? Es wurde totgeschwiegen, bewußt oder unbewußt. Es wurde, das Dorf, nicht nur umgebracht, sondern auch totgeschwiegen. Zwar wurde es im

Interesse der Allgemeinheit vernichtet. Allein, gerade in diesem verzweifelten Krieg, den „die Allgemeinheit" gegen das Einzelne führt, der „Fortschritt" gegen den Bestand, das Wandelbare gegen das Historische, die Technik gegen die Natur, entwickelt sich ja die echte Tragik unserer Zeit – und ihre Künder, die Zeitungen, hätten eigentlich die Hälfte ihrer Spalten mit den Schicksalen des Dorfes Runstedt füllen müssen. Nur scheint die unbewußte Scham der Öffentlichkeit in diesem Falle stärker gewesen zu sein, als man noch hätte hoffen dürfen. Die Scham überwinden und dennoch darüber schreiben: dazu mangelt es offenbar an Talent. Die nackten Tatsachen in ihrem grauenhaften Ausmaß zu berichten, verhinderte wahrscheinlich einfach die Furcht. Denn das Dorf Runstedt wurde von einem mächtigen Gegner vernichtet, jenem gewaltigen Unternehmen, das von unserer merkwürdigen technischen Begabung zeugt, dem Lande ohne Zweifel unermeßlichen Nutzen bringt, dessen Namen ehrfurchtsvolles Schweigen in der Welt auslöst und das dennoch, wie ein häßliches und notwendiges Geschwür, die Natur in Mitteldeutschland frißt, Gestank verbreitet und produktive Wüsten schafft, das Gesicht der Erde vernichtet und in ihren Eingeweiden ruchlos und zweckhaft kramt. Ich meine die wunderbaren *Leunawerke*.

Steigen Sie in Merseburg in die Straßenbahn, die nach Frankleben führt, und Sie werden bald in die Gegend gelangen, von der Sie kaum werden sagen können, ob sie verzaubert oder verflucht ist. In der Nacht wird Sie wohl schon oft der Zug an diesen Stätten vorbeigeführt haben. Blickten Sie durch das Fenster, so sahen Sie sich an einem immensen Lichtermeer vorbeigleiten, einer festlich illuminierten Welt, Labsal dem Aug'. Wie ein großer See aus silbernem Feuer liegen die Werke, eingetaucht in die Schwärze der Nacht, und noch lange verharrt der Reisende in dem Gefühl, an einer außerordentlichen Kirmes vorbeigefahren zu sein, und in dem Bedauern, den Zug nicht angehalten zu haben. Sehen Sie, mein Lieber, das ist gewissermaßen unsere Place de la Concorde. Leider stinkt sie nach Ammoniak, es ist streng verboten, sie zu betreten, die Menschen, die dort beschäftigt sind, sind Arbeiter, das Gift frißt an ihren Lungen, wie die Bagger in der Erde wühlen, aber sie erzeugen

Kunstdünger, dem wir unser Brot verdanken. Hier stinkt's wie Giftgas – und es ist in der Tat ein leichtes, die Stoffe, aus denen man den Dünger herstellt, in Gift zu verwandeln und die Geräte, in denen der Segen quirlt, zu Gasherden umzugestalten. Hielten Sie wirklich einmal an und stiegen Sie hier aus, Sie würden sehen, wie mörderisch der Kampf ist, den die Technik gegen das Land führt. Hier vollzieht sich der Untergang der Welt, auf daß sie gedüngt werde. Noch läuten hier und dort die Glocken von den kleinen Kirchtürmen der Dörfer, aber sie läuten mit jeder Stunde ihren eigenen Tod ein. Noch wiehert ahnungslos das Pferd im Stall, nicht wissend, daß es in dieser Gegend des eklatanten Fortschritts ein Überrest aus einer verschwundenen Zeit ist, anachronistischer als ein Mammut. Noch ertönt von den Weiden her das tiefe, friedliche Blöken der gehörnten Tiere, noch geht der Bauer im bäuerlichen Gang, mit geknickten Knien, über die Schollen, noch riecht es aus den Gehöften her warm und heimlich nach Mist und Tier und Milch und Heu. Aber die Vögel, die ahnungsvollsten und sensibelsten unter den Geschöpfen dieser Welt, sind seltener geworden und werden immer spärlicher, und ein alter Bewohner des Landes, Hüter eines Friedhofes, erzählte mir mit sachlichem Gleichmut, daß im Frühling die Lerchen nicht mehr trillerten, wie noch vor zwanzig Jahren. Er war kein Poet, der Mann, der es mir sagte, und er wußte wohl, daß ihn bald die Erde des Friedhofs decken würde, den er betreut. Er sagte es gleichgültig wie eben einer, der ohnehin nicht mehr lange den Gesang der Lerchen gehört hätte und der schon seit geraumer Zeit bereit ist, die Stimmen der Engel zu vernehmen. Er war ein genauer Beobachter, ich glaube ihm alles, ich kann den Lerchen nicht zumuten, in dieser Gegend zu trillern. Die riesigen Schornsteine der Leunawerke senden den tödlichen Gestank in die himmlische Bläue jener Regionen, in denen sich Lerchen wohlfühlen. Wer kann singen, wenn es stinkt? Nur die Haustiere bleiben, weil sie an den Menschen gebunden sind. Nur die Wiesen grünen, weil Gras ausdauernd ist. Nur spärlicher Wald ist hier und dort noch vorhanden, weil die Bäume erst der Sprengkapsel weichen und der Axt. Es sind die letzten Grüße der Natur, ihre letzten Versuche, mit ihrem Frieden, der ihre Waffe ist, der Fabrik standzuhalten und mit ihrem

Segen, der ihr einziges Argument ist, dem Gestank zu begegnen. Umsonst, umsonst! In zehn Jahren wächst hier kein Gras mehr. Umgestülpt wird der Leib der Erde, ihr Inneres zuoberst gekehrt, geringgeschätzt werden die Früchte, die ihr Schoß freiwillig gespendet hat, die geheimen Schätze und Urgründe dieser Früchte werden aus dem aufgeschnittenen Schoß hervorgezerrt und in jene Nahrung verwandelt, die eine Zwillingsschwester des Giftes ist und die nährt, indem sie tötet, und umbringt, indem sie nährt. Wie diese Nahrung eine Schwester des Giftes ist, so ist unser Friede ein Bruder des Krieges. Wir können düngen, aber wir können auch schießen. Auf unserem Segen ruht unser Fluch.

Dieser Art Segen ist nun ein ganzes Dorf zum Opfer gefallen, und ich fuhr hin, seine Überreste zu sehen. Und ich ging zu Fuß durch die sterbende Natur, es war wie ein Krankenbesuch, nein, wie ein Leichenzug. Und der Sterbende war schon eine Leiche und sein eigener Friedhof zugleich, aber nicht er, sondern sein Mörder roch nach Verwesung, und verglichen mit ihm, der den Verurteilten ja überleben sollte, war die Agonie noch lebendig und das Überlebende war leichenhaft. Oh, welch eine Welt! Der Moder ist hier gesünder als das Leben, die Fäulnis ist fruchtbar und mordet die Gesundheit, der Gestank tötet den Duft, und das Geheul betäubt den Gesang: und davon leben wir! Ja, die Dörfer sind noch an einigen Stellen, wie Dörfer sein sollen, mit Hütten und Gehöften und einer holperigen Straße, mit Geflügelstimmen, Bauernjoppen und Mägden mit Kopftüchern. Der Himmel ist zartblau, wir befinden uns mitten in einem rostgoldenen Herbsttag, am Horizontrand umzingelt von nebligem Silberring. Aber was sag' ich? Horizont? Nebel? Von einer Seite her umstellen Mauern und Schornsteine das Land, und ob es wirklich Herbstnebel sind, die ich sehe, und nicht Gase? Mischen sich diese gar mit jenem? Ahnungslose, gescheckte, fromme Kühe spazieren langsam einen Hügel hinan, geradewegs den Schornsteinen entgegen, der steinernen Festungsmauer, und zupfen Gras wie vor tausend Jahren und mahlen es mit geduldigen Kiefern, als hätten sie noch lange zu leben. Fromm, wie die großen Kühe lustwandeln, wachsen unter ihnen die kleinen Gräser, die bescheidenen, demütigen, dazu bestimmt, von den großen, roten Kiefern zermahlen zu werden und gekaut und wiedergekaut und sich in natürlichen Dünger zu wandeln, der so weit zurückbleibt hinter dem Ammoniak! Im Wettlauf mit der jungen Chemie hat die alte Natur eine Niederlage nach der anderen erlitten. Die Retorte ist klüger als die Erde.

Also nähere ich mich dem Dorfe Runstedt, das nicht mehr vorhanden ist. Es war ein stattliches Dorf, mit zwei Rittergütern, vierundzwanzig Hofbesitzern, sieben Hausbesitzern ohne Grund, zweihundert Hektar Gesamtgemarkung, mit einer alten Kirche, deren Grundmauern noch aus dem Jahre 1350 stammten. Es war ein altes Dorf, mit einem ehrwürdigen Namen, eine Stätte der Runen war es, benachbart der Heimat der ehrwürdigen Merseburger Zaubersprüche, nach einer Chronik wird Runstedt 1085 zum erstenmal genannt, schon im dritten Jahrhundert war es eine germanische Siedlung, Hermunduren dürften an dieser Stelle gewohnt haben, an der heute die Industrie die Vandalen übertrifft. Um das Jahr 1900 nach Christi Geburt beginnt man, nach Kali zu graben, der Michel-Konzern und die Mansfeld AG kaufen das Land auf, man zahlt das Vierfache des Bodenpreises, und die Bauern sind glücklich. Sie ahnen nicht, was in der Welt der Generaldirektionen, der Börsen, der Wirtschaft vorgeht. Sie haben Geld und legen es in sichern Papieren an und leben vorderhand noch auf ihren alten Gehöften. Aber der Krieg kommt, die Inflation, die sicheren Papiere lösen sich auf, die hungrige Weltwirtschaft schreit immer heftiger nach Kali und Kohle, die Besitzer fangen an, das Dorf Runstedt niederzureißen. Die Bauern ziehen mittellos weiter, hinein ins Land, mit wertlosen, sichern Papieren. Und der Bagger kommt, der große Bagger, wie ein Tank rollt er heran und untergräbt die steinernen Wurzeln der Häuser und stößt seine eisernen Zähne in die alte Erde und reißt Fleischklumpen aus ihrem lebendigen Leib. Und der graue Schütt rieselt über die grünen Felder, und die Häuser klaffen auseinander, und man kann noch an den verbliebenen Wänden die schattenhaften Spuren der Möbel sehn, die seit Jahrhunderten dieser Wände Zierat und Hausrat waren, die letzten Grüße der Geschlechter, die längst verweht sind wie Spreu im Lande. Schon taumelt die

Kirche, schon neigt sich das Kreuz. Da ist es, als riefe die Erde von Runstedt ihre Kinder. Die ehemaligen Runstedter kamen im Sommer 1929 in der taumelnden Kirche mit dem Rest der Einwohner zusammen. Sie veranstalteten einen Gottesdienst. Sie beten. Sie beten für das Seelenheil des gemordeten Dorfes. Sie schütteln sich die Hände und gehn wieder auseinander. Dann ergreift der Bagger die Kirche. Die bunten Scheiben zersplittern zuerst, die heiteren Filter der Sonne, mit wehmütigem Klirren. Dann lockern sich knirschend Steine und Ziegel, bröckeln ab, stürzen aus der Höhe mit dumpfem Schlag. Dann ist's ein Trümmerhaufen, das Gotteshaus.

Ich sehe mich um. Mitten durch das Land ist ein weiter, tiefer Graben gelegt, braun und flach ist die Erde, Schienenstränge ziehn sich schimmernd bis zu den Mauern der unheimlichen Festung. Zu meiner Rechten stehn noch ein paar Ruinen. Altwarenhändler laden auf Gefährte aller Art Mobiliare aller Art. Ein alter, triefäugiger Hund, er stammt aus dem edlen Geschlecht homerischer Hunde, zottelt verlegen und wankend durch die Reste von Gärten, reibt sein altes Fell an Resten von Zäunen, es ist, als suchte er, ein Wächter und Nachkomme von Wächtern, nach Gegenständen zur Bewachung. Wo habe ich diesen Anblick schon erlebt? Im Kriege, im großen Kriege. Arbeiter stehn gebückt mit Schaufeln und Spaten, schwere Lastautos zeichnen tiefe, schmale Wunden in den weichen Weg. „Ja", sagt ein Arbeiter, „weg ist weg! Ab mit Schaden! Gegen die Technik kommt keener an!" – „Und wo", frage ich ihn, „sind die Toten?" Er zeigt mit der Hand in eine leere Stelle: „Hier war einmal der Friedhof! Man hat sie übersiedelt, die Toten, sie liegen jetzt in Frankleben!"

In der Tat, sie liegen jetzt in Frankleben, die Toten! Aus der ewigen Ruhe, zu der man sie einst bestattet hatte, mußte man sie für eine Weile wecken, zwecks Übersiedlung. Und sie erhoben sich, mit Kreuz und Kegel, sie verließen den Boden, der aus den Gebeinen ihrer verstorbenen Ahnen bestand und der sich leider in Kali verwandelt hatte, und sie zogen auf Geheiß der Weltwirtschaft nach Frankleben und legten sich wieder unter einen frischen Rasen. Ich gehe ihnen nach, auf den neuen Friedhof von Frankleben. Ich sehe Stein um Stein und frage den alten Wächter, wie lange es wohl dauern wird, bis die Toten wieder die Erde werden verlassen müssen. Bald wird man in Frankleben Kali oder Kohle oder Nitroglyzerin entdecken. Die Weltwirtschaft veranstaltet ihre eigenen Jüngsten Gerichte, weil das wirkliche so lange auf sich warten läßt. Die Weltwirtschaft übersiedelt die Toten. Sie geht über Leichen und verschafft ihnen dann neue Quartiere. Sie zieht Christi Kreuze aus der Erde und fabriziert Gelbkreuze unter dem Schutz von Hakenkreuzen. Weg ist weg! Ab mit Schaden! Gegen die Technik kommt keener an!

Begreifen Sie, lieber Freund, daß ich mich einen halben Tag lang von dieser Stätte der Weltwirtschaft nicht trennen konnte, als wäre ich ein geborener Runstedter? Ja, so war es. Erde ist Erde, überall meine Heimat, denn die Technik ist immer meine Fremde. Ich sah die riesenhaften Schlote im Halbkreis heranrücken, gegen Tote und Lebende, gegen Friedhöfe und Höfe, immer näher rückten sie, den Rauch, der alles zuerst verpesten sollte, schickten sie voraus. Es war ein Generalangriff der Schlote, immer enger wird ihr Halbkreis, immer dichter schließt sich ihr fürchterlicher Bogen. Und ich stand da, wissend wie ein Mensch und ohnmächtig wie jene blökende Kuh, und ich begriff, daß wir zueinandergehörten, sie und ich. Leidensgefährten waren wir, Todesgefährten.

Entschuldigen Sie, lieber Freund, diesen trostlosen Brief Ihrem ergebenen                                          Joseph Roth


## Halberstadt, „Tannhäuser", Schach

Lieber Freund,
diesen Brief schreibe ich Ihnen aus dem schönen, alten *Halberstadt*, das im Führer das „Zugangstor zum Harz" genannt wird. Es stammt aus sehr alten Zeiten, erhielt schon im Jahre 989 Stadtrechte und wurde Bistum unter Karl dem Großen. Wären Sie hier, Sie dürften nicht verfehlen, den Dom zu sehen, eines der schönsten gotischen Denkmäler aus dem 13. bis 15. Jahrhundert. Es ist eine blühende, ich möchte sagen: üppige Gotik, gewissermaßen eine mehrdimensionale. Man hat den Eindruck, daß der Dom in die Höhe strebt wie in die Weite, er schafft sich Raum, es ist, als wichen die Häu-

ser vor ihm zurück, aber nicht etwa aus ängstlicher Hochachtung, sondern aus liebevoller und andächtiger Bescheidenheit. Es ist ein liebenswürdiger gotischer Dom, er hat gute Laune und beschert mir auch welche. Wenn ich in das Licht seiner bunten Glasfenster tauche, wird's mir weihnachtlich zumut und österlich zugleich, ich fühle mich nicht nur beschenkt, ich gehe auch dem Frühling entgegen. Ein frommer Jude, den ich hier kennengelernt habe, führte mich in die Synagoge. Es ist ein rührendes Haus, äußerlich nicht als Gotteshaus zu erkennen. Sie steht in Reih und Glied und mit einer Nummer versehen zwischen den andern, profanen Häusern der Gasse. Ein Berliner intellektueller Gottesleugner würde sagen, es sei eine „getarnte" Synagoge. Es schien den Halberstädter Juden, denen ein Gotteshaus nach dem andern von den Antisemiten (alten Datums) niedergebrannt worden war, praktischer, ihren Tempel zu verbergen. Sie verzauberten ihn, die Schlauen. Um so rührender der Anblick eines gewöhnlichen Flurs, in dem alltäglicher Hausrat von verborgener Weihe zu profitieren scheint. Leider profitiert die Frömmigkeit auch von der Zivilisation. Links an der Wand, gegenüber dem Eingang, ein Weihebecken, wenn ich nicht irre, aus massivem Kupfer, rechts vom Eingang eine Tafel mit einigen weißen, kahlen Zifferblättern, von denen jedes eine andere Stunde zeigt. Es sind auf diese Weise recht anschaulich die Zeiten der verschiedenen Gottesdienste kundgegeben, und die ganze Einrichtung erinnert äußerst fatal an Stoppuhren vor Fabriken, an Manometer neben Kesseln. Und drinnen, neben dem Allerheiligsten, ein rötliches Glühbirnchen als Ewiges Licht. Diese Verwendung der Elektrizität zu heiligen Zwecken ist leider gang und gäbe geworden. Auch in manchen katholischen Kirchen wird das Licht nicht angezündet, sondern angeknipst. Wenn ich derlei Manifestationen der Moderne begegne, vermisse ich unter den Heiligenbildern den Mister Edison mit dem Glorienschein, und ich denke an jene Methodistenkirche in New York, deren Säulenheilige Sokrates, Christus und Einstein (unter anderen) sind, und an das goldene Telephon, dessen sich der Papst bedient, und an die Kardinäle, die sich filmen lassen, und an den ewig jugendlichen Berliner Kaplan Fahsel, der Gläubigen Boxunterricht erteilt. Es ist traurig, einsehn zu müssen, daß nicht einmal Religion vor Torheit schützt. Das Ewige Licht muß natürlich von der unermüdlichen Sorgfalt abhängen, deren ein Docht und brennendes Öl bedürfen, es ist geradezu der Sinn des Ewigen Lichtes, daß es betreut und behütet werde von ängstlichen, sorgsamen Augen und Händen – und nicht, daß man im Vertrauen auf das Funktionieren der städtischen Akkumulatoren jeden dritten Monat einen Monteur beauftragt, die Ewigkeit instand zu halten. Es ist der „Bolschewismus" der Frommen. Sie wissen es nur nicht ...

Von großen Denkmälern will ich Ihnen nur flüchtig das *Gleimhaus* erwähnen, das frühere Wohnhaus des gottseligen Dichters Gleim, der hier in Halberstadt Kanonikus und Domsekretär war. Kennen Sie die *Preußischen Kriegslieder eines alten Grenadiers*? Sie sind die martialischen Bucolica der deutschen Literatur, Trommelwirbel mit Vergißmeinnicht und der Krieg in der Gartenlaube. Der gute Gleim und viele seiner (bedeutenderen) Zeitgenossen hängen, schön porträtiert in Öl und goldenen und schwarzen Rahmen, im *Gleimhaus*, seine Bibliothek umfaßt 12000 Bände, seine Briefsammlung 8000 Brieforiginale, Handschriften aus der größten Zeit unserer Literaturgeschichte. Auch das ist ein Tempel, eine Kirche der Germanistik; und mein altes Seminaristenherz freut sich.

Viele Häuser dieser Stadt wären Ihr Entzücken, wie sie das meinige sind. Sie zeigen sehr viel Holz, Balken zwischen Ziegeln, die Dächer sind steil, alle sehen aus wie von Kinderhänden gezeichnet. Auch die großen Häuser erinnern noch an kleine Hütten, von denen sie abzustammen scheinen, so wie man manchmal in den Physiognomien bedeutender Nachkommen die schlichten Gesichter ihrer bescheidenen Ahnen erkennen kann. Sichtbar wird also die klare Entwicklung vom Dorf zur Stadt. Etwas Ländliches lebt noch in den städtischen Steinen. Im Sommer mag es hier wunderbar sein, kein Fremder ist hier fremd. Allein, wie ich Ihnen schon einmal schrieb, es ist Spätherbst, eine Jahreszeit, in der ich ohne urbane Einrichtungen nicht leben kann. Und ich halte mich länger, als nötig und lehrreich wäre, vor den üppig beleuchteten Schaufenstern großstädtischer Läden und Warenhäuser auf, die mit Erfolg Berlin imitieren. Auch merke ich mir Schilder mit sinnigen Inschriften, wie zum Beispiel: „Auch Sie mit Ihrem geringen Einkommen kaufen einen guten Wintermantel!" Die Einwohner von Halberstadt bevölkern um diese Dämmerstunde die Straße. Sie ahnen nicht, lieber Freund, wie uns alle der Ladenschluß bekümmert! Wohin sollen wir uns wenden? In einigen Lokalen gibt es ein Preis-Kegelschieben, das Stadttheater droht mit einer *Tannhäuser*-Aufführung, das einzige große Kaffeehaus mit einem Konzert. Von allen Zerstreuungen scheint mir noch die Musik am wenigsten schädlich. Wenn ihr echt weltstädtisches Programm sich nur bei besserer Beleuchtung abwickeln wollte! Denn das Licht ist hier spärlich, gerade zwischen düster und lauschig, zu zweit ließe es sich hier gut leben, ein Pärchen in meiner Nähe beweist es. Es hält sich an den Händen, hebt mit nur je einer freien Hand die Kaffeetasse an die Lippen und führt in völliger Stummheit einen zärtlichen Disput. Sie haben es gut, die zwei. Sie brauchen keine Beleuchtung, selbst auf die Sprache dürfen sie verzichten. Sie schweigen zu zweit viel intensiver als ich allein. Sie haben einander viel zu schweigen.

Im Restaurant – ich weiß es – wird es kaum besser sein. Die dunkelblauen Tischtücher mit den weißen Ornamenten sind zu steif, sie fühlen sich an wie Blech. Sie haben einen düsteren Charakter, sie künden von der schweren Not der Zeit im Verein mit den Papierservietten, die bei dem ersten Versuch, sie zu benutzen, ihre klägliche Nutzlosigkeit offenbaren. Es sind imitierte Jammerlappen. Ich ignoriere sie grundsätzlich. Ich trinke Bier und rauche Zigarren, zu Assimilationszwecken und um nicht aufzufallen. Doch handelt es sich stets darum, ein gewisses Maß in der Assimilation einzuhalten und sie nicht just bis zu dem Grade fortschreiten zu lassen, an dem bereits eine Unterhaltung mit dem Nachbartisch zu keimen beginnt. Ich muß also nicht nur Bier trinken und Zigarren rauchen, sondern auch eine Zeitung lesen. Sie hat's, obwohl sie ein Amtsanzeiger ist, auf Severing abgesehn und spottet der Demokratie. Sie verleiht mir ein beschäftigtes Aussehen, und keiner von den redseligen Herren wagt es, mich zu stören, als wäre ich mitten in einer Andacht. Die Gesinnung des Blattes beruhigt sie über die meinige. Und einer scheint dermaßen mit mir zufrieden zu sein, daß er sein Glas erhebt, um mir zuzutrinken. Ich antworte ihm ernst, aber charmant und fasse blitzschnell den Entschluß, ihm zu entrinnen.

Wie leichtsinnig war es doch von mir, eine *Tannhäuser*-Aufführung geringzuschätzen! Die Vorteile einer Geborgenheit im dunklen Raum, in einer dunklen Loge vielleicht, sind nicht abzuschätzen. Auch bereiten mir klassische Werke in den Theatern kleiner Städte ein gewisses Vergnügen, jenem ähnlich, das ich beim Anblick der rührenden Schaukästen vor den Photographen-Ateliers der Provinz empfinde. Denn ich liebe die Feierstunden der kleinen Städte, der Idealismus ist so teuer erkauft, und mein eigener, stark ramponierter Respekt vor manchen Gütern klassischer Überlieferung kommt wieder zu sich und gewinnt für eine ganz kurze Zeit das gesunde, jugendliche Aussehen, das er einst besessen. Wahrhaftig, es gibt noch Menschen, die in einem Reclam-Bändchen den Text nachlesen, um kein Wort zu verlieren! Gläubigkeit der Kulturfrommen, von deren Gemeinschaft ich – wie lange schon! – leider abgefallen bin. Ach, hätte ich ihn doch wieder, meinen alten jungen Respekt! Mir behagt diese Blasiertheit nicht, mit der ich den Sängern auf der Wartburg lausche, die Verstocktheit nicht, mit der sich meine Phantasie den Vorstellungen des Hörselbergs verschließt, diese kalte Abgefeimtheit meines Herzens, das nicht schneller schlägt, wenn hart vor meinen Augen ein verdammter Mann zusammenbricht unter der schweren Last eines Fluches, diese falsche Unerbittlichkeit meines Blicks, der sich immer einbildet, die papierene Beschaffenheit der Kulisse zu dekouvrieren, und die hartnäckige Unbestechlichkeit meiner Vernunft, die bereit ist, jeden Schmerz als Opernrequisit zu entlarven. Ich möchte mich gern vom Melodramatischen bestechen lassen können, vom Klassischen, vom Gut der Nation und von der Phrase, von Wagners Stabreimen und seinen Posaunen. Umsonst! Mein Interesse gehört den fallenden papiernen Herbstblättern im letzten Akt, die so schön sanft und regelmäßig herunterwirbeln, und ich wüßte gern, wer sie so fürsorglich verstreut. Aber nicht einmal das werde ich erfahren! Das Dorf *Ströbeck* wird mich vielleicht entschädigen!

Sie, lieber Freund, werden wahrscheinlich nie etwas von diesem merkwürdigen Dorf erfahren haben. In der Geschichte des Landes, in manchen Kreisen Deutschlands und der Welt ist es als das „Schachdorf" bekannt und berühmt. Es ist ein uraltes Dorf, zum ersten Male in einer Urkunde Heinrichs II. erwähnt, es führt ein Schachbrett im Wappen, und seit dem Mittelalter ist das Schachspiel in Ströbeck die natürliche Beschäftigung von alt und jung. Zweimal in der Woche erhalten die Schulkinder Schach-Unterricht. Jeden Donnerstagabend versammeln sich die Bauern im alten Schachwirtshaus zum Schachspiel. Jedes Jahr wird ein Schachturnier veranstaltet, manchmal mit lebenden Figuren, die Sieger erhalten Schachbretter als Preise, mit belobenden Inschriften. Ein Turm, ursprünglich eine Mauerwarte, wie es ihrer viele in Mitteldeutschland gibt, wird der „Schachturm" genannt. Die Überlieferung erzählt, daß ein Wendenfürst von den Bauern lange Zeit in diesem Turm gefangengehalten wurde. Der Fürst langweilte sich in der Gefangenschaft, ließ sich ein Schachspiel zimmern und gab den Bauern Unterricht im Schach. Die Einheimischen fanden so viel Vergnügen daran, daß sie es als Sitte und Pflicht ihren Nachkommen überlieferten, bis auf den heutigen Tag. Sehr beflissen öffnet mir der alte Wächter des Dorfes den Turm. Er ist leer. An einem Mauervorsprung befestigt ist noch die eiserne Fessel, die jener Wendenfürst getragen hat. Im Schachwirtshaus wird das Schachbrett aufbewahrt, das der Große Kurfürst im Jahre 1651 der Gemeinde Ströbeck geschenkt hat. Die silbernen Figuren sind seitdem abhanden gekommen und durch elfenbeinerne ersetzt worden. Vergraben in tiefem Frieden liegt das Dorf, etwa 25 Minuten von der Eisenbahn entfernt. Man trinkt Korn und Bier im Wirtshaus, schreibt seinen Namen in ein Fremdenbuch und redet vom Schach, aber auch von Politik. Ein republikanischer Übereifer hat den alten traditionellen Adler aus dem schönen Wappen entfernt. Dies – und anderes – hat die Ströbecker unzufrieden gemacht. Sie hoffen auf neue Zeiten. Sie, die sogar aus einem Spiel eine geheiligte Überlieferung machen, haben gewiß eine kräftigere historische Gesinnung als die Bewohner anderer Dörfer. Die Häuser haben noch ihre schönen, tiefen Dachkapuzen und die sauberen Balkenzeichnungen an den Fronten. Der Abend kommt still ins Dorf gegangen, wie ein Stammgast, der hier regelmäßig einkehrt. Den zarten Mond hat er mitgebracht, in dessen schwachen Schimmer wir aufbrechen, der alte Wächter und ich. Er will mich ein Stück zur Bahn begleiten. Er geht an meiner Seite mit schweren, genagelten Stiefeln, schnell wie ich, obwohl er so viel älter ist. Bis vier Uhr morgens wandert er wachsam durch die Gegend. Jede Nacht, jede Nacht. Seit vielen Jahren. Einer seiner Söhne ist im Krieg gefallen. Über Nacht kann's kalt werden. Warm ist es schon eine Weile. Regnen tut's viel. Fremde kommen manchmal ins Dorf. Bleiben nicht lange. Stammen aber aus aller Welt. Manchmal sogar aus Amerika. Das sind so unsere Gespräche. Es ist ein schöner, alter Mann, mit sauberen, hellen Augen. Seine Hand ist trocken, breit und stark. Die Welt wird sehr einfach, da ich ihn ansehe und seine einfachen Aussprüche höre. Hier ist Ströbeck, das Schachdorf. Hierher bin ich gekommen, ein Fremder, wie manche anderen Fremden. Ich habe den Turm gesehen, bin im Wirtshaus gesessen, habe mit den repräsentativen Herren der Gemeinde getrunken und gesprochen. Nun fahre ich wieder weg. Er, der Alte, bleibt natürlich hier. Auch andere Fremde wollen noch von ihm begleitet sein. Er ist einfach wie dieser Weg, den wir gehn, wie der Mond, wie die Äcker zu beiden Seiten des Wegs. Der Tod war schon in seinem Leben, ein Sohn ist gefallen. Er steht da, und das Schicksal weht über ihn hin wie ein Wind über eine Wiese. Er ist ein Mensch, wie die Erde Erde ist und der Baum ein Baum. Hier an der Kreuzung bleibt er stehn. Er will umkehren, jetzt ist keine Gefahr mehr, daß ich den Weg verfehle. Also geben wir uns die Hand. „Gute Fahrt!" sagt er, und ich weiß, daß wir uns nie wiedersehen werden. „Auf Wiedersehen!" sage ich, wie um es zu beschwören. Es ist in der Tat eher eine Beschwörungsformel als ein Gruß. Ich bin in seinem Schutz bis hierher gegangen, wie man im Schatten eines Baumes geruht hat. So viele Bäume stehn in der Welt, so viele Wächter sind in den Dörfern! Leben Sie wohl, alter Baum!

Da ich den Bahnhof erreiche – er besteht lediglich aus einer kleinen Amtsstube mit eisernem Ofen und Telegraphenapparat –, ist es noch eine halbe Stunde bis zum Zug. Ein Eisenbahner hat drüben, jenseits des Dammes, ein Häuschen. Wir gehen hinüber. Wir trinken Bier, sitzen in einer kleinen, warmen Stube, bei einer Petroleumlampe,

Rundbrenner. Auf dem Sofa eine Unzahl gestickter, gestrickter Kissen. Kätzchen sind da, ein junger Hund. Sprüche an der Wand, Aschenbecher als Nippes. Die Frau hat alle die Kissen verfertigt, in der großen Einsamkeit macht man derlei. Die Tage sind lang, das Leben ist lang. Wir werden bald Krieg haben, meint der Mann. 1932, ein Wahrsager hat einen Vortrag gehalten, im Blatt hat's gestanden. So geht es nicht weiter. Der Mann ist Kriegskamerad, wir haben ein paar Erinnerungen. Er wird noch einmal gehen, ganz selbstverständlich, wie er gegangen ist. Wie kommt es? Weil es so nicht weitergeht? Wahrscheinlich, weil es nicht so weitergeht! Die Welt ist nicht mehr so einfach wie früher, da ich dem alten Wächter die Hand gab.

Nein, lieber Freund, es ist nicht einfach! Der Beamte ist nicht der einzige, der mir gesagt hat, daß es so nicht weitergehe. Wie kommt es, daß so viele Menschen von öffentlichen Dingen sprechen und nicht von privaten? Sie sind identisch geworden, die Sorgen der Welt sind eingedrungen in die Häuser, in die Hirne, in die Herzen der einzelnen. Und weil die gewählten und beamteten Verwalter des Landes und der öffentlichen Angelegenheiten versagen, verläßt man sich nicht auf sie, und jeder kleine Mann im Lande ist winzig und hilflos preisgegeben den Stürmen der Welt. Und er fühlt auf seinen schwachen Schultern die schweren historischen Schicksale. Er hat kein privates Leben mehr, die einzige Form des Lebens überhaupt. Und den großen Sorgen ist er nicht gewachsen. Sie kommen stürmisch daher und reißen ihm das Dach seiner Hütte weg. Ihre Verworrenheit bringt ihm Verwirrung. „Es geht so nicht weiter", ist die banale, läppische Formel für ein großes Unglück. Man kann nichts anderes sagen. Man überzeugt gewissermaßen den Gang der Welt, daß er falsch ist, indem man es ihm möglichst oft vorhält. Kann man ihn auch verändern?

Das nächstemal, lieber Freund, werde ich Ihnen mehr von der „Wirtschaft" zu berichten versuchen. Inzwischen bin ich Ihr getreuer

Joseph Roth

# Bekenntnis zu Deutschland

Dem aufrichtigen Bekenntnis zu dem Lande, das man aus geheimnisvollen und also nicht zu erörternden Gründen sein Vaterland heißt, muß man, beinahe aus ebenso unerklärlichem Grund, eine Art Erläuterung vorausschicken. Nirgends und niemals noch hat ein Bekenntnis zur Heimat einer Entschuldigung bedurft. Heute und bei uns sieht man sich gezwungen, vorerst die Bekenntnisformel von der schwülstigen Verlogenheit zu säubern, mit der man sie beworfen hat, von der papiernen Phraseologie, von der es seit Jahrzehnten um sie raschelt, von der blutrünstigen Roheit, die seit Jahrzehnten den Patriotismus, die Liebe zur Nation und die Sprache in Pacht hält und vergewaltigt.

Dem Vaterland kann man seine Anhänglichkeit nur in einer Form erklären, die sich unzweideutig scheidet von den üblichen Formen patriotischer Liebeserklärungen. Es gab eine Zeit in Deutschland, wo die stille Würde des Gelehrten, die behutsame Scheu des Dichters, die staatsmännische Vernunft des Politikers und alle einfachen Herzen der privaten Menschen mit natürlicher Selbstverständlichkeit die Liebe zum Vaterland gestanden und bekannten in Briefen, in Werken, in Äußerungen jeder Art. Es gab keine patriotisch privilegierten Parteien, und die vaterländischen Bekenntnisse waren noch keine demonstrativen Schlachtrufe. Das Nationalgefühl war die stillschweigende Voraussetzung *jeder* Gesinnung – so wie die menschliche Solidarität die stille Voraussetzung jeder wahrhaft menschlichen Existenz ist. Wie unsicher müssen jene Nationen geworden sein, bei denen ganze Parteien ein jahrzehntelanges Leben von der selbstverständlichen und keineswegs politischen Überzeugung bestreiten, daß sie national seien, und von der unermüdlichen Äußerung dieser Überzeugung. Sich innerhalb einer Nation heimisch fühlen ist eine primäre Regung des zivilisierten europäischen Menschen, keineswegs eine „Weltanschauung" und niemals ein „Programm". Es wäre infolgedessen nur konsequent, anzunehmen, daß jene Parteien die wahrhaft „nationalen" sind, die es nicht erst ausführlich bekennen, sondern das nationale Gefühl als selbstverständlich voraussetzen.

Das scheint aber nicht der Fall. Denn die Heftigkeit, mit

der große und edle Teile der Nation ihren Patriotismus wiederholen, die Leidenschaft, mit der ein großer Teil der Jugend sich in hitzige Kämpfe einläßt, um nichts anderes zu erreichen als eine Stärkung und Sicherung des nationalen Gefühls: es läßt uns annehmen, daß in den anderen Lagern das primäre nationale Gefühl geschwächt worden ist, im Laufe der Zeiten und der Kämpfe, verschüttet von Mißverständnissen, von Debatten, von Idealen sogar. Und doch ist die Vorstellung absurd, daß ein deutscher Mensch, das heißt: ein Individuum, das innerhalb des deutschen Kultur-, Denk- und Sprachgebiets die Quellen seines geistigen Lebens findet, deutscher sein könnte oder weniger deutsch als ein anderer. Wo gäbe es in der Natur Beispiele dafür, daß sich eine Scholle eines bestimmten Ackers besser dünken könnte als ihre Schwester? Wie unaussprechlich undenkbar etwa die Vorstellung, daß es Eichen gäbe, von denen die eine eichenhafter wäre als die andere? Warum dieser Streit, der die Gleichheit aller leugnet und alle scheidet und alle umbringt? Wieviel weit hergeholte Beweise für etwas Unbeweisbares, weil längst Bewiesenes? Die Nation, ein Begriff, den man nicht eindeutig definieren kann, eben weil sie so eindeutig besteht – wer wollte zum Beispiel die Natur definieren? – bedarf keiner besonderen Beweise durch ihre Angehörigen, und wer sich zu ihr bekennt, hat nichts anderes gesagt, als was wir schon längst wissen. Es scheint nun aber so zu sein, daß diejenigen, die seit Jahrzehnten ihr nationales Bekenntnis *nicht* ablegen, es verschüttet oder gar vergessen haben! Denn es muß doch irgendeine Beziehung sein zwischen der nationalen Lautheit der einen und der nationalen Stummheit der anderen; es muß doch eine Beziehung sein zwischen dem Zwang des einen, immer lauter zu rufen, und der immer stärkeren Taubheit des andern! Vielleicht rufen die einen so stark, weil die andern kein Echo geben? Vielleicht aber – und wahrscheinlich ist dem so – geben diese andern aus Schamhaftigkeit kein Echo? Vielleicht ist es zu spät und zu laut um „das Nationale" geworden? Ja, so ist es vielleicht, und deshalb halten wir es für nötig, einen Versuch zu wagen – und mag er kümmerlich ausfallen. Und das Wort, das mißbrauchte, abgehetzte, durch alle Gossen geschleifte und durch alle undurchsichtigen Parteienkanäle: das Wort

Deutschland, deutsches Land, mit jener stillen Ehrfurcht zu wiederholen, mit der allein es ausgesprochen werden darf. Dennoch ein deutsches Wort: Wort einer tausendmal mißhandelten, durch Revolverpresse und Reklamewesen verschandelten, zu Programmen und Annoncen verwandelten Sprache! Sie lebt ja noch, sie lebt, wie die heimatliche Erde, die den künstlichen Dünger aus Ammoniak übersteht und überdauern wird, und wie der heimatliche Bauer, der stärker ist als die Partei, die er wählte. Ja, sie lebt in dem Maße, daß ihre geheime Leuchtkraft sogar noch durch die sprachlichen Vergewaltigungen strahlt und noch die häßlichsten Worte am Leben erhält, ihre kranken, verkrüppelten Kinder. Sie lebt noch in den Menschen, die sie nicht mehr beherrschen, und sogar noch in dem Zeitungspapier, auf dem sie täglich hundertmal mißhandelt und mißbraucht wird. Sie macht selbst noch den schlechten Geschäftsbrief wirksam, der sie desavouieren will, und die „Geschäftsanzeige", in der sie zu einem Kauderwelsch verarbeitet pro Zeile erscheint. In sechzig Millionen Menschen, die sie nicht mehr alle richtig sprechen können, in mehr als hundert Millionen, wenn man das ganze deutsche Sprachgebiet mitzählt, lebt die deutsche Sprache. Mißachtet und verhunzt und lediglich zu einem Verkehrsmittel degradiert, hat diese Sprache noch die Kraft, Dichter hervorzubringen, Begeisterte, Propheten und viele Millionen, die in ihr schweigen und lesen. Über die ganze Welt gehen unsere Bücher – und selbst in den schlechten, gegen die sie sich sträubt, lebt sie. Wer in ihr denkt, handelt auch nach ihren uralten Gesetzen, die fest gefügt sind, seit mehr als einem Jahrtausend, in Büchern, die noch Jahrtausende überdauern werden. Ihre Gesetze, die Gesetze der deutschen Sprache, sind die einzig unwandelbar gültigen im Verlauf des jahrhundertelangen deutschen nationalen Lebens. Und ihre Unwandelbarkeit ist noch so stark, daß sie Fremde assimiliert, anzieht und heimisch macht, aufzieht und wandelt. In der Mitte liegt sie, wie das Land, zwischen Ost und West, Nord und Süd. In der Mitte ist sie, wie wir alle. Aber entschiedener als wir alle, die wir aus unserer Lage unsere Tugenden beziehen und unsere Laster, unsere Unentschiedenheit, unsere Neuerungssucht, unsere Unsicherheit, unsere Vorurteilslosigkeit und unsere Maßlosigkeit, unsere Freiheit und unser

Schwanken, unsere Nachahmungssucht und auch unsere Kunst nachzuahmen: entschiedener als wir alle wahrt die deutsche Sprache die alten Gesetze der alten nationalen Form, einzige Hüterin der nationalen Form ist die deutsche Sprache. Andere Völker haben ihre einheitliche Geschichte, eine Religion, einen regelmäßigeren Ablauf der Überlieferung und schließlich keine Scham, bevor sie sich bekennen. Zwischen ihrem Glauben und ihrer Hymne ist völlige Übereinstimmung, zwischen ihrem Ideal und ihrer Phrase ist nicht der weite Weg, den wir zurücklegen müssen, wenn wir eine nationale Parole aussprechen. Denn diese Sprache, in der wir reden, ist keusch. Es ist nicht leicht, in ihr Liebe zu bekennen, ohne schal oder schamlos zu werden. Und ehe ein Deutscher ein Gefühl ausspricht, muß er es sich dreimal überlegen, und sechsmal müßte er es formen. Andere Sprachen sind wohltätiger vielleicht, andere Menschen hurtiger und findiger. Und glücklicher auch. Ja, andere Länder sind auch glücklicher.

Es wird überliefert, daß Napoleon von diesem Land gesagt habe: „Acht Monate Schnee, zwei Monate Regen, und das nennt die Bande Vaterland!" Zu diesem Schnee, zu diesem Regen und zu diesem Vaterland sich bekennen heißt: eine europäische, eine kosmopolitische, eine große Gesinnung bekennen. Noch peinlichere Dinge als Schnee und Regen haben wir zu dulden und vielleicht, hoffentlich auch, zu überwinden: den törichten Ehrgeiz und die Rekordsucht, den eitlen Stolz auf die Maschine und die Phrase, die unglückliche Veranlagung, sich nicht aussprechen zu können, also: nicht aussagen zu können, die sprachliche Unbegabtheit, die Langsamkeit des Denkens und also den leichtfertigen Griff nach der papiernen Wendung, die Liebe zum Klischee und den großen, großen Abstand zwischen dem, was wir fühlen, und dem, was wir sagen. Also die Unverstandenheit. Und dies ist unser wahres Unglück: die Unverstandenheit. Den großen Vorrat an Mißverständlichkeiten, der in der Sprache aufgespeichert ist, wenn man sie nicht sehr überlegt anwendet. Wenn man „Deutschland über alles" sagt; wenn man den Rhein den deutschen Strom nennt; wenn man „deutsches Wesen" sagt: immer, immer diese Leichtfertigkeit zu formulieren, die von der Schwerfälligkeit auszusagen stammt, und die Geschäftigkeit der andern:

das Ungeschickte schlecht zu finden, böse das Hilflose und Übermut das Schüchterne. Und immer die Scham der Sprachbeherrscher und der Wortgewandten, vaterländisch zu reden, die Furcht der Gewissenhaften – wie sie die Gewissenhaften anderer Nationen nicht kennen –, mit den Gewissenlosen verwechselt zu werden. Denn die Leichtsinnigen haben im wörtlichen Sinne das nationale Bekenntnis den Sprachwissenden aus dem Munde genommen. Unerträglich: das Vaterland als Objekt der Litfaßsäulen an den Straßenecken zu sehen. Das Bekenntnis erstirbt auf den Lippen, weil es von andern in den Straßen gebrüllt wird. Und der Schwur verliert seine Gültigkeit, die Beschwörung ihre Kraft, und der Ruf wird ein Geschrei. Wie schwierig ist es da, ein Patriot zu bleiben! Und wie notwendig ist es aber auch! Kein Land hat dermaßen Liebe nötig. Ein junges Land, ein wandelbares auch, von dem ein kranker und heimwehkranker, verlorener und launischer, genialer und entfremdeter Sohn gesungen hat:

Deutschland ist noch ein kleines Kind.
Aber die Sonne ist seine Amme,
sie säugt es nicht mit frommer Milch,
sie säugt es mit nährender Flamme.


## Glashütte

In *Glashütte*, von Dresden bequem in zwei Stunden zu erreichen, werden die besten deutschen Taschenuhren geboren, die kleinen, lebendigen Dinge, die uns von der Konfirmation bis zum Grabe begleiten. Jeden Abend vor dem Schlafengehen ziehen wir sie auf, ihre Herzen, ihre Lungen, ihr Leben um neue vierundzwanzig Stunden verlängernd, und legen sie auf das Nachtkästchen neben Brieftasche, Füllfeder, Zigarrenabschneider, Taschenmesser, Schlüsselbund und die anderen Trophäen, mit denen sich der Europäer tagsüber behängt. Viel mehr wissen wir von diesen angeblich nützlichen Gegenständen als von unseren Uhren. Nur ihren vertrauten Klang haben wir im Ohr. Aber ihre Seele kennen wir nicht, die unsichtbar im Gehäuse verborgen ist, metaphysisch existent neben dem Mechanismus; und nicht einmal diesen kennen wir. Oder weiß jemand, was eine „Fe-

derhaustrommel" ist?, ein „Kleinbodenrad"?, ein „Großbo-
dentrieb"?, ein „Messingwechselrad"? Wir haben ja aller-
hand gelernt: die lebenswichtigen Properispomena; die für
ein geregeltes Dasein geradezu unentbehrlichen Fürsten
aus der Siegesallee; die Trigonometrie, ohne die man sich
ein Leben fast nicht vorstellen kann; aber den Zusammenhang dieser Wissenschaften mit den Erscheinungen haben
wir nicht gelernt. Können wir eine Uhr berechnen? Können
wir sie zerlegen, um sie wieder zusammenzusetzen? Wissen wir, wie jene Stahlfeder hergestellt wird, mit der wir die
klugen Erkenntnisse in unsere Hefte schreiben? Wie ein
Bleistift entsteht, eine Kreide, eine Schultafel?
Deshalb ist es notwendig, in die Fabriken zu gehen und
nachzusehen, wie groß die gebildete Ahnungslosigkeit unserer Lehrer und unserer Bücher war. Und jeder, der so
weise über „die Zeit" zu schreiben sich unterfängt, sollte
einmal auch etwas über eine Uhr erfahren. Denn diese ist
nicht nur ein Instrument, jene zu messen, sondern auch ein
Mittel, jene zu erkennen.
In Glashütte lebt alle Welt von Uhren. Mit ihrer Erzeugung
sind drei große Fabriken beschäftigt, aber auch *Heimarbeiter*
stellen einzelne feine und weniger feine Teile her und liefern sie den Fabriken.
Der Begründer der Glashütter Uhrenindustrie war Ferdi-
nand Adolf *Lange*, Sohn eines Dresdner Büchsenmachers,
Verfasser einer bedeutenden Schrift „Über den freien An-
kergang". 1845 entstand seine Fabrik, in der heute etwa
200 Arbeiter beschäftigt sind und die von seinen Nachkommen geleitet wird.
Die Fabrik liegt nahe dem kleinen Bahnhof und sieht aus
wie ein großes Gartenhaus. Denn eine Uhrenfabrik soll
nicht die zyklopisch-monumentalen Ausmaße etwa einer
Automobil- und Motorenfabrik haben. Es ist eine leise,
feine Arbeit, die in ihren Mauern geleistet wird. Jedes Geräusch einer hastig erbitterten Betriebsamkeit würde sie stören. Jeder Handlanger in dieser Fabrik ist mindestens ein
halber Feinmechaniker. Die Hand stellt Werkzeuge und
Werkzeugteile her, die Augen ohne Lupe nicht erkennen.
Man schafft mit dem dichterischen Tastgefühl eines Blin-
den. Man feilt an unsichtbaren Windungen und schleift
Stahlnadelspitzen, die nicht vorhanden sind, wenn man sie

nicht mit dem Glase sucht. Das ist schon die Grenze zwischen Arbeit und Schöpfung. Die Objekte leben in den Grenzgebieten zwischen materieller Welt und metaphysischer. Sie leben – – und sind nicht da. Sie sind die letzten Ausläufer der „Materie", dort, wo sie bereits in das Immaterielle vorfühlt. Diese Dinge können nur in einem Milieu der Stille, in einer Atmosphäre der Versenkung, des Abseitigen entstehen, erblühen. Die großen Uhrmacher der Vergangenheit schufen im Abgeschiedenen. Heute gibt es keine großen Uhrmacher mehr. Aber auch die kleinen Handwerker werden selten. Man kann in Berlin oder in einem anderen Zentrum der Arbeit nicht nur Motoren, sondern gewiß auch Dichtungen erfinden und ausführen. Aber nicht Uhren herstellen. Alle großen und kleineren Uhrenfabriken entstehen in kleinen Orten oder abseits der großen Städte. Und es ergibt sich die witzige Tatsache, daß diese Messer und Zeiger unserer Zeit von ihr nichts Günstiges zu erwarten haben. Die „Präzision" wird theoretisch größer, praktisch macht der Lärm, den diese Zeit erhebt, die Erfindungen voll, die sie hervorbringt.

Es gibt Abteilungen in der Fabrik, in denen auch die Musik der großen Maschinen hörbar wird. Das sind jene Räume, in denen die Werkzeuge hergestellt werden, die Formen, die Stanzen. Ein Schuster kann seine Ahle kaufen. Uhrenhersteller müssen auch ihre Werkzeuge selbst verfertigen und die Urbilder der Formen und die Fräser. Die Genauigkeit des Endobjekts ist abhängig von der des Werkzeuges.

Der Anfang einer Uhr ist die sogenannte „Mutterplatte", eine runde Messingscheibe, auf der feine Stiche zu sehen sind. Hier sind die Punkte vorgezeichnet, auf denen die Bestandteile, die Schrauben und Stifte, angebracht werden. Eine Uhr wird „berechnet". Es ist selbstverständlich wichtig, daß diese Punkte sich genau dort befinden, wohin sie die Berechnung dirigiert hat. Eine kleine, gar nicht wahrnehmbare Abweichung ist unmöglich. Mechanische Meßapparate von differenziertestem Feingefühl kontrollieren unaufhörlich die Resultate.

Ein Gehäuse macht mindestens fünf Metamorphosen durch, bis es die letzte Form erreicht hat. Es ist zuerst ein ziemlich klobiges Stück Gold (oder Silber). Die Kunst besteht darin, es so zu höhlen und gleichzeitig zu flachen, daß möglichst wenig Material verlorengeht. Die Herstellung eines Gehäuses mit der Hand dauert acht Stunden. Ein sogenanntes „Savinettegehäuse" (Doppeldeckel) mit der Maschine drei Stunden. Rings um den inneren Rand muß ein Nickelstabring so eingelegt werden, daß er aussieht, wie organisch aus Gold gewachsen. In dem Arbeitsraum, in dem die Gehäuse hergestellt werden, liegt, trotz der peinlichen Sorgfalt, überall feinster, kaum sichtbarer Goldstaub. Die Blusen der Arbeiter sind Eigentum der Fabrik. Man wäscht die Arbeitsblusen in regelmäßigen Zeiträumen, schüttet das Schmutzwasser durch ein Sieb in große Fässer und – gewinnt Gold. Man gewinnt Gold aus den Ritzen zwischen den Dielenbrettern, aus den Fugen in den Arbeitstischen, aus den unwahrscheinlichsten Winkeln, aus dem Wasser, in dem sich die Arbeiter die Hände waschen. Man gewinnt aus seinem „Blusenwasser" durchschnittlich 37 Gramm reines Gold.

Die Generalstabskarte einer Uhrenfabrik ist die „Formituren-Termiatafel". Sie hängt an der Wand, eine große Karte mit vielen kleinen Kästchen, Längs- und Querstrichen und rätselhaften Bezeichnungen in den einzelnen Kästchen. Das sind alle in der Fabrik umherwandernden Uhrenbestandteile. Jedes hat eine Zahl als Bezeichnung. Das Fräulein, das diese Tafel bedient, verfolgt die Wanderung der einzelnen Teile und kennzeichnet die verschiedenen Etappen durch bunte Stecknadeln. Braune, grüne, gelbe, rote Stecknadelköpfchen blühen auf der „Formituren"-Wiese. Es ist hier wie in einem Hauptquartier bei Truppenverschiebungen.

Sobald die Uhr fertig ist, kommt sie in eine sechs Wochen lange Quarantäne, die man „Regulage" nennt.

Reguliert wird die Uhr nach den Zeitsignalen von Nauen und Babelsberg. Weil die Temperatur Einfluß auf ihren Gang hat, muß sie alle Klimate durchwandern. Zuerst kommt sie in einen *Eiskeller* für 24 Stunden. Für die nächsten 24 Stunden kommt sie in einen *Wärmeofen*. Hierauf, weil auch die Lagerung wichtig ist, liegt sie in verschiedenen Lagen: sie kommt ins „Hängen", in die „Bügel-Rechts"- und „Bügel-Links-Lage", sie liegt auf dem Bauch und auf dem Rücken. Auf die feinen Zähnchen ihres Unruhrades schraubt man noch feinere, kleine Gewichtchen, schraubt sie hier ab, läßt sie dort bleiben, so lange, bis der Schwerpunkt genau in der Mitte erreicht ist.

Der Reguleur, mit dem ich sprach, ist ein bärtiger, freundlicher Herr, der von seiner Arbeit fanatisiert ist, ein Uhren-Religiöser, ein rechnender Schwärmer, ein Genauigkeitsphantast. Diese Tätigkeit muß solche Charaktere heranbilden. Auch sie spielt sich in einem Grenzgebiet ab: nämlich dort, wo die genaueste Realität schon unwahrscheinlich wird und wo die Tatsache so berechnet und fixiert ist, daß sie beinahe keine Tatsache mehr bleibt. Es ist der „Überrealismus" des Handwerks, der wieder ins Jenseits weist.

In Wirklichkeit macht ein Reguleur die überraschendsten Erfahrungen: daß die Uhr abhängig ist vom Temperament, dem Blut, der Leibesbeschaffenheit ihres Besitzers. In der Tasche eines Dünnen hängt sie „wie auf einem Kleiderständer". Auf dem Bauch eines Dicken, liegt sie schief – es ist die ungünstigste Lage für eine Uhr. Ein Schritt noch und das Geheimnis fängt an: wie reagiert dieser subtilste Mechanismus auf Mann und Weib? Auf Groß und Klein? Auf Optimismus und Pessimismus? Auf Laune, auf Begabung, Stumpfheit, Jugend, Alter?

So ein Reguleur hat kein leichtes Leben. Er reguliert immer. Jede Abweichung irritiert ihn. Der, mit dem ich sprach, gestand mir, daß er sich schämte, seinem Kollegen folgendes zu erzählen: er hätte eine Nacht hindurch auf einem Ball getanzt und dann, ja dann differierte seine pünktliche Uhr um – – zwei Zehntel Sekunden …

In der Fabrik befindet sich eine *Standuhr*, die, sobald sie fertig ist, ein „technisches Wunder" sein wird. Sie gehört ihrem Hersteller, ihrem Erdichter, und hat einen sehr hohen Seltenheitswert. Ihr Schöpfer ist der Uhrmacher *Goertz*, ein Deutschrusse aus Charkow. Er ist heute 62 Jahre alt. Als er achtundzwanzig zählte, begann er, die Uhr zu konstruieren. Er ist heute noch nicht ganz fertig.

Diese Uhr entstand, wie ein großes Kunstwerk entsteht. Zuerst wollte der Uhrmacher Goertz eine Pendeluhr bauen, die sowohl unsere Sommerzeit wie auch die astronomische Sternzeit anzeigen sollte. Aber die Uhr machte sich selbständig, sie wuchs unter den Händen ihres Schöpfers, sie verführte ihn. Und ehe er sich versah, hatte er auch

Sonnenauf- und -untergang hineinkomponiert. Dann kamen die Mondphasen. Dann ein Kalender. Ein Anzeiger der Schaltjahre, Monate, Wochen, Tage, ein Schlagwerk für jede Viertelstunde, ein Werk, das einen Monat lang geht, – – die Uhr wuchs und wuchs, und der Uhrmacher ward alt und grau, der Weltkrieg kam, die Revolution, der Meister flüchtete, die Uhr, die er mitzunehmen glaubte, folgte ihm selbst, blieb bei ihm und befahl ihm zu arbeiten. Heute fehlen nur noch ein paar Äußerlichkeiten. Der Uhrmacher muß jetzt darangehen, die Konstruktion dieser Uhr aufzuschreiben für die Nachwelt. Es wird eine Dichtung aus Ziffern sein.

Goertz will diese Uhr verkaufen. Sie soll sein Alter sichern. Aber ob diese Uhr gewillt ist, ihren Meister zu verlassen – – daran zweifle ich.


## Der Rebell des Erzgebirges

Am 24. September 1841 ist Karl Stülpner gestorben. Sein Name, seine Taten, seine tief ethische und antigesetzliche Persönlichkeit leben im Volk des Erzgebirges heute noch frisch und unmittelbar fort, denn seine revolutionäre Kraft war der in einer einzigen Persönlichkeit gesammelte und zum Ausbruch gelangte rebellische Wille der ganzen Bevölkerung. Karl Stülpner ist der Held vieler sächsischer Marionettenspiele, eines „Heldengedichts" von Paul Haar aus Sorau, eines Romans von Eduard Milan, eines bekannter gewordenen Buches von Kurt Arnold Findeisen. Aber keiner dieser Autoren ist seinem Helden gewachsen, der auf einen revolutionären Homer Anspruch erheben könnte.

Karl Stülpner ist der Sohn eines armen Müllerburschen aus Scharfenstein, der's „auf der Brust hat" und früh stirbt. Karl ist der einzige Sohn seiner Mutter. Er wächst im Walde auf, kommt als Zwölfjähriger zum Förster von Ehrenfriedersdorf und wird ein guter Schütze. Zum erstenmal empfängt er einen revolutionären Impuls: es ist üblich, daß die Herrschaft, sobald sie Lust zu einem guten Braten verspürt, bei ihrem Förster einen Bock bestellt. Wenn die Herren essen wollen, müssen sich die Diener sofort aufmachen und jagen. Der Förster ist nicht zu Hause, als der Auftrag kommt.

Karl Stülpner, der schon so früh weiß, was der Befehl eines Brotgebers bedeutet, geht selbst auf die Jagd, erlegt den Bock und ist mit *einem Schuß* Jäger und Revolutionär geworden.

Bald holt ihn seine Mutter, die einen „Verdiener" braucht, wieder heim. Die Mutter hungert. Karl geht in den Wald. Er bringt reiche Beute. Man ahnt im Dorf, daß Karl wildert. Der Amtsgewaltige des Ortes und der Umgebung ist der Gerichtsdirektor Günther. Er verkörpert den Staat, das Gesetz, die Gesellschaft. Er tut nur seine Pflicht. Er ist der bestellte Jäger. Stülpner ist sein Wild. Wie aber kommt es, daß wir diesen Mann hassen, weil er tut, was er muß? Daß wir ihm seine Tugend nicht verzeihen? Daß wir ihm ein Laster hoch anrechnen würden? Eine Pflichtverletzung? Hier erwacht auch in uns die Rebellion gegen die Sitte, die Ordnung, das Gesetz, die wir selbst geschaffen haben, um vor den Stülpners sicher zu sein. Aber wir sind trotzdem nicht vor ihnen sicher. Ja, wir lieben sie sogar, die wir abzuwehren uns bemühen.

Der Gerichtsdirektor steckt Karl Stülpner zu den Soldaten, zum Train nach Dresden. Karl macht den Bayrischen Erbfolgekrieg mit. Die Mutter fährt zum Regiment und erwirkt seine Entlassung. Man holt ihn wieder. Nach Chemnitz, dann zu den Zschopauer Grenadieren. Als Grenadier kann er das Wildern nicht lassen. Er liebt den Wald, und er haßt die Förster. Seine Auflehnung gegen den Gerichtsdirektor, die militärische Maschinerie, die reichen Waldbesitzer äußert sich naiv in einem unwiderstehlichen Zwang zur Wilddieberei. Es ist die einzige aussichtsreiche Form der Empörung. Im Wald ist Stülpner dem Gesetz überlegen.

Man verhaftet ihn, fesselt ihn, steckt ihn ins Militärgefängnis. Er kommt nach Mühlberg. Von hier desertiert er und geht über die böhmische Grenze nach Sebastiansberg. Er wird Hausknecht in einem Gasthof, später Forstadjunkt beim Grafen Rostiz. Ein ungarischer Adliger nimmt ihn nach Debreczin. Hier hat er, der Lutheraner, den Haß der katholischen Bevölkerung zu spüren. Aber es ist noch etwas anderes: Stülpner ist Förster. Man hat den Bock zum Gärtner gemacht. Er soll die Ordnung schützen, gegen die er zu kämpfen bestimmt ist. Er verläßt Ungarn, wandert nach Wien, durch Bayern, die Schweiz, Baden, Hessen, Hannover und läßt sich in Osterode, weil er kein Geld hat, zu den Dragonern anwerben.

Das Militär ist die schärfste Form der fesselnden Gesellschaftsordnung, der offensivste Ausdruck der gewaltsam zusammengehaltenen Gemeinschaft. Karl Stülpner, der geborene Feind jeder Geschlossenheit, desertiert wieder, nach Böhmen, dann nach Hof und schließlich nach Bayreuth. Da sind eben Preußen einmarschiert. Stülpner wird mit Gewalt zu den preußischen Musketieren gesteckt. Er zieht nach Frankreich, trifft vor Verdun einen sterbenden Invaliden, nimmt dessen Paß und desertiert als „Invalide Paul Matusch". Er kehrt heim, agitiert für die „Menschenfreiheit, wie sie jenseits des Rheins" bestehe, und geht in die Wälder. Er lebt von nun an mit zwei Kumpanen im Wald, in der ganzen Gegend als „Räuber" bekannt und gefürchtet, von Militär- und Zivilbehörden verfolgt, von den Armen und Unterdrückten gepriesen, ein Heiliger und ein Wilder, legendarisch schon als Lebender.

Auf der andern Seite, in der andern, der friedlichen Welt lebt nur einer, dem Stülpner gefällt: es ist der österreichische Major von Einsiedel. Der verspricht, sich für Stülpner zu verwenden und reicht ein Gnadengesuch beim Kurfürsten ein. Allein, das Gnadengesuch wird nicht erledigt. Stülpner wartet die Erledigung bei seiner Mutter ab. Alle wissen, daß er zu Hause ist, niemand zeigt ihn an. Aber der Gerichtsdirektor erfährt es dennoch. Er erscheint an einem späten Novemberabend mit 79 Mann bei der alten Frau Stülpner. Karl flieht, die Büttel drohen der alten Frau und schlagen sie, der Sohn kehrt nach Scharfenstein zurück und beschließt, einen Krieg gegen die Behörde zu führen. Er stellt sich mit einem Gewehr in einer Nische des Schloßhofs auf, im Schloß tagt inzwischen das Gericht. Karl Stülpner belagert als einzelner das Schloß. Man ruft Militär herbei, die Soldaten weigern sich, auf ihn zu schießen, und ziehen wieder ab. Ein Jahr später trifft er den Büttel, der die Hausdurchsuchung bei Stülpner geleitet und dessen Mutter geschlagen hat. Stülpner prügelt den Beamten auf offener Landstraße und verlangt vom Gericht, es möge sich verpflichten, diesen Büttel nie mehr in die Gegend zu schicken, in der er, Stülpner, zu Hause sei. Und das Gericht fügt sich.

132

Und nun kommt der tragische Bruch in dieses einheitliche Rebellenleben, der Rückfall in die Bürgerlichkeit. Stülpner wird waldmüde. Er will heiraten. Er ist einsam. Seine Kumpane verlassen ihn. Er wendet sich an jene Macht, die das Unmögliche verwirklichen kann: an die Kirche. Und der Beichtvater des Kurfürsten erwirkt für Stülpner die Begnadigung. Er kehrt zu seinem Chemnitzer Regiment zurück, heiratet, zieht mit den sächsischen Hilfstruppen für Preußen gegen Napoleon, gerät in Gefangenschaft, flieht und – desertiert wieder und übernimmt ein Wirtshaus in Böhmen. Nach dem großen Generalpardon für Deserteure (1813) darf er nach Sachsen zurück. Seine Kinder sterben, seine Frau stirbt, Karl Stülpner heiratet noch einmal, zeugt einen Sohn, erblindet am Star und – wird operiert und wieder sehend. Er findet noch Zeit, einem Dorflehrer seine Erinnerungen zu diktieren. Dann stirbt er, und es wird berichtet, daß fünfzehn Dorfgemeinden ihre Arbeit ruhen ließen, um Stülpner das letzte Geleit zu geben. An seinem Grabe weinten alle, die Ausgestoßenen und die Seßhaften, die ewigen Wanderer und die kraftlosen Armen, die ohne Mut in der Enge ersticken.

Auf dem Friedhof zu Großolbersdorf ist er begraben. Das ganze Volk im Erzgebirge liest heute von seinen Taten. Er ist einer der ersten deutschen Revolutionäre, der Vertreter des unbekannten, verkannten und als spießerhaft verschrienen oder gewaltsam zum Spießertum erzogenen deutschen Volkes, das Blut hat und wirkliche Empörer hervorbringt. Nur, daß man sie nicht kennt. Wo sind die Dichter, die sich dieser wirklich deutschen Menschen annehmen? In welche Fernen schweifen Autoren, um Helden zu finden.


## Premiere in Annaberg

In Annaberg war Premiere. Man spielte den „Lumpazivagabundus" von Nestroy auf Sächsisch, und ich saß in der Loge für zwei Mark fünfzig und genoß alle Wonnen eines Inkognitos. Es war mir freigegeben, von meiner einsamen Höhe herab, sowohl nach rechts als auch nach links überlegene Blicke zu schicken und geradeaus herunterzusehen auf die Honoratioren der Stadt, auf die Bürger ersten Ranges, die wirklich den ersten Rang einnahmen. In kleinen Städten ist man etwas, wenn man etwas ist, körperlich, nicht nur metaphorisch, weithin erkennbar, allen sichtbar. Zwischen der ersten Reihe und jener, in der das einfache Publikum zu sitzen anhub, war ein leerer Raum, standen leere Stühle, aus Respekt unbesetzt, so daß das Parkett an eines jener dicken Bücher erinnerte, in die sich die Besucher sehenswürdiger Schlösser eintragen: auf die erste Seite schreiben Monarchen und Fürsten ihre erlauchten Namen. Dann sind zwanzig Seiten frei. Auf der einundzwanzigsten fangen die simplen Namen simpler Besucher an, die nicht zum Herrn des Schlosses kamen, sondern zu seinen Kronleuchtern, seinen damastenen Vorhängen und originalen Ölgemälden.

Ich saß also, wie gesagt, in der Loge oben und sah in den Orchesterraum, wo die Musiker ihre kleine Tragödie aufführten, die Bässe und Geigen stimmten, Zwiesprach hielten mit ihren Instrumenten und auch musikalisch miteinander verkehrten, so daß, als eine Geige der anderen antwortete, mit dem gleichen, sanften Ton der Übereinstimmung, es war, als wären beide entschlossen, ihr Bündnis aufrechtzuerhalten, den ganzen Abend hindurch, und als hätte jeder Musiker versprochen, dem andern keinen Bogenstrich durch die Rechnung zu machen. Der Primgeiger war ein junger, schmächtiger, blonder Mann mit lyrisch gekräuselten Haaren, deren Widerspenstigkeit Talente verhieß. Aber er steckte in einem viel zu weiten hellen und karierten Anzug, wie ihn der Baßgeiger hätte tragen müssen. Dessen Rock aber war zu eng. Und keiner von den Herren trug ein ihm gemäßes Kleid. Nur der junge Kapellmeister, schlank, wie ihn der Ehrgeiz erhielt, trug einen Frack, und er kam erst im letzten Augenblick, schnell, wie ein Lehrer die Klasse betritt, und ehe ich ihn noch betrachtet hatte, wurde es finster, der Beleuchtung ging vor dem Kapellmeister gleichsam der Atem aus, und eine Weile sah ich noch im Halbdämmer den Vorhang aus Blau und Rot und fleischigem Weiß, den Himmel, die Säulen, die traditionellen weiblichen Wesen der Literatur und Kunst, die künstlerischen Offiziösen des Olymps und links und rechts zwei große Namen, nichts mehr als zwei Namen, die wie Visitkarten aussahen: „Goethe" und „Schiller".

Dann begann das Spiel. Aus einer richtigen Versenkung,

die einer Großstadt würdig gewesen wäre, tauchte Lumpazivagabundus hervor, und nur ich konnte sehen, wie er auf
einer beweglichen Fußbodenplatte stand. Auf alle anderen
mußte es den Eindruck machen, daß sich die Erde gespal-
ten hätte, um den leichtfertigen Sohn der Unterwelt hervor-
zuspeien. Auch den Souffleur hörte ich, und ich sah hinter
die Kulissen, und vor mir tat sich das ganze Geheimnis des
Theaters auf, die Zauberei demaskierte sich, und ich
schaute ein Gerüst aus hölzernen und papierenen Knochen. Dennoch war ich nicht desillusioniert. Denn ich genoß den primitiveren und echteren Zauber der Vorbereitung, nicht den der Vollendung. Es war, als hätte ich den
Ankleideraum einer Frau gesehen und wie sie Toilette
macht! Die Konstruktion des Wunders ist auch ein Wunder, und die Entstehung der Illusion ist auch eine Illusion.
Es war alles so ergreifend menschlich: man sah die Nöte
des Anfängers und das Ende des Verkommenen, die Hoffnung und die Gleichgültigkeit, die kleine Gage und die
große Anstrengung, und weil von niemandem mehr als der
Text verlangt wurde und diesen der Souffleur kostenlos
spendete, spielte jeder der Akteure sich selbst zu fremden
Worten und war also ein schlechter Schauspieler, wenn
man ihn hörte, ein glänzender, wenn man ihn sah. Er war
echt, denn er brauchte sich nicht zu verstellen. Er war nur
verkleidet.
Die Pausen waren sehr lang, denn die Verwandlungen
brauchten Zeit. Das Publikum flanierte in den Gängen – –
und unter den Leuten befanden sich keine Kritiker und
keine Leute vom Fach. Es war ein reines Publikum, unberührt von Kennerschaft, und es nahm das Theater nicht
wichtiger, als es ist. Die Leute rochen sauber nach Seife,
nicht nach Literatur, sie waren durchsichtig wie blankge-
putzte Fensterscheiben, und tief sah man auf die Gründe
ihres Wohlwollens. Sie begeisterten sich nicht, sie zollten
ehrlichen Beifall, und wenn sie, die wenigen, klatschten,
war es wie ein kleiner, lustiger Wellensturm eines kleinen,
provinziellen Sees voll geographischer Bescheidenheit.
Sehr spät gingen wir nach Hause. Wir schliefen alle ruhig,
kein Schauspieler empfand Angst vor den Morgenblättern,
und es gab keinen Kritiker, der vor lauter witzigen Bemer-

kungen keinen Schlaf gefunden hätte. Die Damokles-
schwerter hingen in der Requisitenkammer und waren aus
Pappe, die kein so gefährliches Material ist wie Zeitungspapier ...


## Besuch bei den Webern

Die literarische Fixierung eines Stoffes macht unlebendig,
tötet das „Material", insofern es noch eine weiterwirkende,
selbständige, von Literatur unabhängige Existenz hat. Was
einmal eine oder mehr endgültige Formen gefunden hat,
wandert so und nicht anders weiter durch das Bewußtsein
der Generationen, unverändert, obwohl es sich unaufhörlich wandelt. Es ist bereits unsterblich geworden, das heißt
gleichzeitig: tot. Es ist zu einem Monument erstarrt. Es lebt
im Gedächtnis fort, aber nicht mehr irdisch.
Derlei monumental gewordene Gegenstände wieder zu entdecken bietet einen besonderen Reiz. Es gilt, den Stoff zu
befreien von allen Vorurteilen, die eine künstlerisch endgültige Formung unabänderlich verursacht. Es gilt, das bereits als „unsterblich" Begrabene wiederaufzerstehen zu lassen, obwohl es lebt, weil es lebt. Es fällt dem Existenten
nicht ein, nur deshalb aufzuhören, weil es im Bewußtsein
der Mitwelt schon in einem bestimmten Zustand fixiert ist.
Es lebt unabhängig von den literarischen Assoziationen
weiter, an die wir es hängen.
Wenn wir hier von den *deutschen Webern* sprechen wollen, so
bemühen wir uns, diesen Begriff von jeder literarischen Reminiszenz zu befreien, die an ihm kleben mag. Wir denken
zwar an das Gedicht von Heine und das Drama von Hauptmann, aber wir wollen nicht entgegen der lebendigen We-
ber-Wirklichkeit eine durch Dichtungen beeinflußte Anschauung vom Stoff übermitteln. Er mag als „romantisch"
(im alltäglichen Sinn) gelten. Er ist es gar nicht. Er ist (im
sachlichen Sinn) eher wirtschaftlich. Das „Weber-Elend" als
künstlerisches Motiv ist freilich vorhanden. Aber fast in
demselben Maße wie das Arbeiter-Elend überhaupt. Den
sozialen Gesetzen der Entwicklung gemäß sind die Weber
heute im „Textil-Arbeiter-Verband" organisiert. Innerhalb
der ehernen und tabellarischen Gesetze des wirtschaftli-

chen Lebens ist zwar, wie überall, viel Platz für Poesie, aber wenig Zeit für eine „romantische" Betrachtung. Es gilt, vor allem festzustellen, daß die Weber je nachdem 48, 51, 53 Stunden in der Woche arbeiten; daß nicht alle Betriebe gegenwärtig produzieren; daß der Höchstlohn für Männer 62 und eine halbe Mark beträgt, für Frauen 38; daß der für ungelernte Arbeiter 43 beträgt, für ungelernte Arbeiterinnen 38 Mark; und daß es einige Hundert „Kurzarbeiter" gibt.

Diese sachlichen Feststellungen nehmen eigentlich die wichtigste vorweg: daß es sich längst nicht mehr um *Heimarbeiter*, sondern um *Fabrikarbeiter* handelt. Die Heimarbeiter sterben aus. Im September 1918 waren von 112 ansässigen Webern im Erzgebirgsdorf *Gnadenfrei* nur 48 beschäftigt. Und die jüngsten Weber waren zwischen 50 und 60 Jahren. Der eifrigste verdiente 20 Mark in der Woche und arbeitet von 6 Uhr früh bis 9 Uhr abends, also den ganzen Tag. Es gibt selbstverständlich auch heute keine jungen Heim-Weber mehr. Die jungen, aber auch die älteren gehen in die Fabriken. Uralte Großmütter und Großväter arbeiten noch vereinzelt, verstreut in verschiedenen Dörfern, zu Hause. Diese Alten leben ganz abseits der Zeit. Sie haben nicht nur den alten (durch die Literatur bekannten) Haß gegen die Maschine und die Fabrik, sie sind auch jeder technischen Reform am Webstuhl abgeneigt. Sie arbeiten noch mit den althergebrachten „Schiffchen" in der Hand, was selbstverständlich zur Folge hat, daß sie viel zu wenig abliefern und noch weniger verdienen. So hören sie auf, freiwillig oder weil Krankheit sie lähmt und der Tod sie holt. Ich habe in der Nähe von *Hirschberg* eine alte, 76-jährige Weberin aufgesucht. Sie zeigte mir mit rührend zittrigen Händen selbstgewebte Hemdchen für ihre Enkel und Urenkel. Sie sitzt seit 30 und mehr Jahren Tag für Tag am alten Webstuhl. Nur, daß sie vor dreißig Jahren noch einen kranken Mann und zwei Töchter erhalten konnte. Heute webt sie, natürlich ohne Entgelt, nur für den Hausbedarf. Sie ist eine der letzten Weberinnen der Gegend. Eines Tages wird sie der Tod am Webstuhl aufsuchen und einschläfern. Die Maschine wird auf den Boden wandern, zu anderem Gerümpel. Und nur die handgewebten Hemden werden dauern.

Ringsum im Lande aber stehen die Webereien, Fabriken

mit Schloten, häßliche Ziegelhäuser. In der Frühe strömen die Weber durch die großen Tore, Glocken läuten den Dienst ein, Sirenen ertönen, elektrische Kraft bewegt Hunderte Räder, und die Produktion ist trotz der nicht sehr günstigen Geschäftslage enorm. Freilich bedeuten auch die Fabriken nicht etwa einen Bruch mit der Tradition, sondern im Gegenteil, ihre Fortsetzung mit zeitgemäßen Mitteln. Es ist vor allem eine geographische Tradition. Die Weberei ist örtlich gebunden. Ihre Heimat bleibt das Riesengebirge. Auch heute noch klebt an jedem Stück Leinewand, das die Fabrik verläßt, die umfangreiche, an Elend und Abwechslungen reiche Geschichte der Weber und der Weberei.

Die Geschichte der schlesischen Weberei reicht bis ins *15. Jahrhundert* zurück. Früher waren es die *Klöster*, in denen der Flachs verarbeitet wurde. Eine historisch nicht nachweisbare, aber immer noch im Volke lebendige Überlieferung will wissen, daß der Handwerksbursche Joachim *Giroth* aus Hirschberg im Jahre 1464 aus Haarlem zurückkehrte, wohin er gegangen war, um sich in der Schusterei zu vervollkommnen. In Haarlem aber lernte er durch Zufall die Schleierweberei. Als Schleiermacher kehrte er in die Heimat zurück, und er fand Schüler und Nachahmer.

Die wissenschaftliche historische Forschung beschränkt sich auf die Feststellung, daß die, meist deutschen, Gebirgsbewohner des Landes sich mit der Herstellung von Leinen befaßten. Die Leineweber lebten in den Orten: Landeshut, Schmiedeberg, Neiße, Greiffenberg, Schweidnitz, Jauer und Hirschberg. Zuerst war die Weberei ein nur weiblicher Beruf. Erst die Zünfte schaffen auch männliche Weber. Die ersten Weberaufstände brechen aus: 1436, 1529. Der Bürgermeister von Greiffenberg, Matthias *Rothe*, vertreibt die schlesische Ware nach Frankfurt a. M., Köln, Augsburg und anderen Gegenden und macht Schlesien zum Weltmarkt für Leinenweberei. 1616 bricht der erste größere Weberstreik aus. Die Aufstände wiederholen sich immer wieder. 1844 wird Hirschberg der Revolutionsherd für Schlesien. Hier entstehen die ersten revolutionären Zeitungen: „Der pädagogische Wächter", „Die Kanzel", „Der Sprecher". Seit 1849 gibt es Maschinen. Das Elend der Weber hört auf, ein Volkselend zu sein. Der Tod der Handweberei setzt ein.

1913 gibt es nur noch 2000 Hausweber in Schlesien, 1919 nur noch *tausend*.

Nach der Revolution wurde die „Zentralarbeitsgemeinschaft der Textilindustrie" gegründet, deren Ziel es ist, eine gemeinsame Lösung aller wirtschaftlichen Fragen zwischen Arbeitnehmern und -gebern zu finden. Trotzdem ist hier und dort Unzufriedenheit, besonders mit den mangelhaften hygienischen Einrichtungen mancher Fabriken vorhanden. Die alte Rebellion lebt noch zeitweilig auf, und das alte, furchtbare und ebenso schöne Weberlied ist noch nicht vergessen.

> Hier im Ort ist ein Gericht,
> Noch schlimmer als die Femen.
> Wo man nicht erst ein Urteil spricht,
> Das Leben schnell zu nehmen …
> Hier hilft kein Bitten und kein Flehn,
> Umsonst ist alles Klagen –
> „Gefällt's euch nicht, so könnt ihr gehn,
> Am Hungertuche nagen!" …

*Hirschberg*, das alte Zentrum der Weberei, liegt am Fuß des *Riesengebirges*, 343 Meter hoch. Es ist eine kleine Stadt, alt, im 12. Jahrhundert gegründet, reich an Denkmälern aus einer wunderbaren Zeit, in der die Menschen noch bauten und nicht Häuser errichteten. Schon 1108 erteilte Boleslaw III. Hirschberg „Stadtrechte". Der polnische Einfluß ist unverkennbar. Der „Ring" gleicht genau den Marktplätzen kleiner polnischer Städte. Runde Bögen, niedere Gewölbe, offene Läden auf Stufen, Stufen, für offenen Straßenhandel bestimmt, leichter Anflug slawischer Melancholie auf den niederen, alten Fassaden.

Katholische Kultur ist überall noch vorhanden, aber nicht mehr lebendig. Eine katholische Kirche: eine kleine katholische Gemeinde; Katholizismus in Stein, erstarrt, wehmütig, zurückgedrängt.

Was hier lebt, ist von eifrigstem Nationalismus erfüllt. Ein ganzes Volk in Windjacken patrouilliert, sobald die Dämmerung hereinbricht, mit großer Überzeugung hin und zurück. Die Garnison ist verhältnismäßig groß, man sieht Soldaten, Soldaten, Soldaten.

In allen Lokalen trinkt man eifrig und mit großem nationalem Erfolg. Man singt, schimpft auf die Juden und liest die nationalistischen Provinzblätter. Eine Unterredung mit dem

Leihbibliothekar Hirschbergs belehrte mich darüber, was man in Hirschberg liest: den Rekord schlägt die Courths-Mahler, dann Romane Rudolf Stratz', Maria von Nathusius gilt als schnurrig und „literarisch". Walter Bloem ist geradezu ein komplizierter Autor für Hirschberg.

Hirschberg ist von allen Städten, die ich besuchte, die *einzige*, in der ich in einem Kino einen *verfilmten Courths-Mahler-Roman* sah.

In Hirschberg, der alten Zentrale der Revolution, lebt die spießigste Reaktion, aber auch die aggressivste.

Kein Wunder, daß es den Webern schlecht geht. Von allen arbeitenden Frauen in der Weberei gibt es keine, die *hundert Pfund Körpergewicht* erreichte. So schwache Revolutionäre können dem Nationalismus des Riesengebirges nicht imponieren. In allen Orten ist immer noch „ein Gericht, schlimmer als die Femen" ...


## Blick nach Magdeburg

Ich komme vor Mitternacht an. Ich wußte, daß es regnen würde, es regnete wirklich. Dünn, dauerhaft, stilvoll. Durch die verhängten Fenster der Kaffeehäuser strömten gelbliches Licht, gedämpfter Paukenschlag und Tschinellenklang. Mit einer kühnen Entschlossenheit, die bei einem echten Seesturm angebracht gewesen wäre, verließen manche Gäste die Konditoreien. Das verschwenderische Licht der silbernen Bogenlampen in der leeren Straße wies gleichsam mehr dem Regen als ihnen den Weg. Alte Fassaden wirkten rührend zwischen der allzu betonten Sachlichkeit neuer Häuser, und alte Straßennamen boten mir, der ich sie nie gehört hatte, dennoch einen heimischen Klang. Nicht zu leugnen, daß diese Stadt mich rührte, bevor sie noch anfing, mir zu mißfallen. Wie nachsichtig wird man mit zunehmenden Jahren! Je mehr man wahrnimmt, desto weniger traut man seinen Sinnen. Hinter dem sinnlichen Eindruck, den die Dinge hergeben, vermutet man eine geheime, verborgene Wahrheit, die man zu verletzen fürchtet. Niemand ist so behutsam wie ein reiferer Spötter, besonders wenn er die Empfindlichkeit der Fremdenverkehrsvereine und der örtlichen Zeitungen kennt. Sie dementieren alles, sogar Eindrücke! Seien wir versöhnlich! In meiner Erinnerung – Wochen sind seit meinem Besuch in Magdeburg vergangen – hat es einen wehmütigen Schimmer, ich will ihn nicht missen ...

Der Breite Weg ist Magdeburgs Hauptstraße. Der Name erhält sich unverändert seit langer Zeit. Seine schlichte (aber auch selbstbewußte) Beständigkeit scheint mir für den guten Geschmack der Magdeburger Bewohner zu zeugen. Andre Städte hätten ihrer repräsentativen Straße vielleicht längst einen klangvollern Namen gegeben. Ich mag in dieser einfachen Unwandelbarkeit einen Sinn für Geschichtlichkeit und Überlieferung sehen. Es gibt in deutschen Städten wenig Straßen, in denen sich der Charakter einer geschichtlichen „Verkehrsader" dermaßen sichtbar erhalten hätte. Immerhin scheint gegen die alte Treue der neue Eifer einer modernen baukünstlerischen Unsicherheit zu kämpfen, und der Ehrgeiz jener „neuen Sachlichkeit", die keinen Ort, keine Bewegung, keinen Verein, keine Gemeinschaft in Deutschland ruhen läßt, unterbricht die ehrlichen Gesichter der erhaltenen Fassaden durch eine gewollte, kühne Kälte, eine glatte, sachliche, unangenehm betonte Gesinnung aus Beton. In dieser überdeutlichen Zweckmäßigkeit moderner Häuserkasten, ihrer breiten Fenster und flachen Dächer, der grausamen Absicht, Raum, Licht und Luft auszunutzen, Geld zu sparen und die Gesundheit von Mensch, Vieh und Maschine unerbittlich zu fördern, lebt der ganze Verbesserer- und Züchterhochmut dieser Zeit, die nicht aufhören kann, sich „kundzugeben"; und der hastige Ehrgeiz der kleinern Städte, die aus Angst, sie könnten hinter der Zeit zurückbleiben, sich beeilen, sie vorwegzunehmen, sie in ein Tempo zu verwandeln und ihre besten baukünstlerischen Tugenden zu verpatzen. Vor dem alten und in wirklicher Schönheit ehrwürdigen Dom, um den ein edler, stiller und ehrfürchtiger Platz seinen dunkelgrünen Kreis zieht, lagert das Reichsbankgebäude, ein schauderhaftes Muster neuzeitlicher Kasematten- und Fabrikkultur, eine steinerne Ohrfeige, hingehauen zu Füßen des Gotteshauses. Nun geht man daran, ein paar Bäume, die im Schatten des Domes ihre eignen Schatten spendeten, abzuholzen. Ich könnte wetten, daß von heute in zehn Jahren die Liebe zum Wolkenkratzer und Steinbaukasten den Platz um den

Dom und diesen selbst vernichtet haben wird. Dann wird auch das schöne Kaffeehaus am Platz, das Café Dom, geheiligter Tempel uralter Schachspieler, in dem ein verewigter Zigarrenrauch Decke, Säulen und Wände zauberhaft umdämmert, in einen modernen, „wirklich großstädtischen Betrieb" verwandelt sein aus Linoleum, Glas und verchromtem Metall, eine jener Hinrichtungsstätten mit Tanzmusik, die heutzutage Gaststätten heißen.

Das kleine Heft, in dem die Magdeburger „Stadthalle" beschrieben und erläutert wird, leitet ein Vorwort des Magdeburger Bürgermeisters ein, der meint: „Man muß sie lieben, die Magdeburger Stadthalle, wenn man sie erst einmal kennenlernte!"

Man soll einen Oberbürgermeister nicht unerbittlich beim Wort nehmen. Aber die immerhin beschränkten Möglichkeiten des menschlichen Gefühls, das „Liebe" heißt, dürften die riesigen Ausmaße der Stadthalle kaum überwältigen können. Das einzige Gefühl, das ich für dieses modernste aller Bauwerke in Deutschland aufbringen kann, ist Achtung. Die Stadthalle scheint mir ein gelungener, unheimlicher Versuch, dem Demos einen Palast zu bauen; der Versuch, die *Würde der Menge* darzustellen. Jede von den kleinsten Einrichtungen im riesengroßen Haus ist darauf berechnet, die Menge nicht die menschliche Würde verlieren zu lassen. Kleiderablagen, um die man sich nicht zu drängen braucht, Ein- und Ausgänge, um die man nicht kämpfen kann, ein sparsamer Überfluß an Raum, Raum, Raum, in dem jede leise Möglichkeit einer „Panik" erstickt und untergeht: das ist: Erziehung der Masse zur Selbstbeherrschung. Edles Holz, nackt, ohne Teppiche, einfache große, blaue und rote Vorhänge aus Samt; Decken aus braunsilbernem Holz; waagerechte Lichtbänder am Podium; schimmernde Nickelbeschläge; die größte Orgel Europas (wenn nicht der Welt), mit zehntausend Pfeifen! Es ist ein Triumph der Größe, der Zahl und der Nützlichkeit. Vieles ist vorhanden, und nichts ist überflüssig. Das Praktische wird zum Würdigen erhoben, und die Würde ist dem Nützlichen zum Verwechseln ähnlich.

An diesem stillen Vormittag, an dem ich die Stadthalle durchwandere, beherrscht mich die rein sprachliche Assoziation: Widerhall und Halle, und ich höre aus dem nackten

Holz das dröhnende, übertreibende Echo meiner Schritte. Wenn Tausende an fröhlichen und feierlichen Abenden diese Stiegen hinauf- und hinuntergehen, hallt es gewiß nicht so hohl, traurig und unfeierlich. Wahrscheinlich ist das Holz ebenso still wie der Stoff der Teppiche, unter einer Voraussetzung: daß eine reichlich große Menschenmenge das Holz betritt. Nur mir, dem einzelnen, ist ein wenig nach Turnen zumut. Während ich die Stadthalle verlasse, den Dom, der ihr gegenüberliegt, betrachte, weiß ich nicht: ob ich ohne Scham vor dieser Gegenwart gestehen darf, daß ich Teppiche liebe und daß mir Holz nackt erscheint. Ich stehe auf dem sogenannten „Ausstellungsgelände". Fast jede Stadt in Deutschland hat nunmehr solch ein Gelände, auf dem die allzuvielen Messen, die Turniere des Handels und der Industrie, stattfinden, Grasflächen, die auf Asphaltdecken grünen, und windiges Filmgemäuer, das in Wirklichkeit ein zuverlässiges Eisengerüst im Leibe haben mag. Warum fühle ich mich dem Dom, der aus dem 14. Jahrhundert stammt, näher als der Stadthalle, die erst im Jahre 1927 fertiggeworden ist? Warum? Ich weiß es nicht? Unsre Enkel, von denen der Oberbürgermeister in seinem Vorwort sagt, daß ihnen die Stadthalle zeigen werde, was Bürgertum und Tatkraft in Deutschland vermocht hätten, werden mich vielleicht besser verstehen ...

Um nun von den Übermaßen, denen meine Achtung mehr gewachsen ist als mein Herz, auf jene Gegenstände zu kommen, denen ich mich liebevoll nahen kann: die Menschen von Magdeburg scheinen mir wertvoller als ihre neuen Häuser. Ich kannte niemanden, als ich ankam, ich kannte mehrere, als ich wegfuhr. Ein Beweis für diese Stadt. Man kann nicht lange in ihr fremd bleiben. Es waren stille, kritische, heitere Menschen. Einige mit der segensreichen Neigung, die Welt zu sehen, Heimweh zu fühlen und in ihre Heimat zurückzukommen, der man einen „prosaischen Charakter" nachsagt. Sie hat gewiß engstirnige Bürger, wie jede andere Stadt. Aber sie beherbergt auch ein Häuflein unbürgerlicher Empörer. Sie kaufen in einer modernen Buchhandlung gute Literatur und veranstalten literarische Abende. Ja, es scheint mir sogar, daß diese nützliche, arbeitsame und baufreudige Stadt auch mit jener Art „Atmosphäre" begnadet ist, in der ein Heimischer wie ein Fremder vergeßlich werden und versinken kann. Die Vergangenheit nistet in den alten Häusern und weht vom Elbehafen her durch den alten Teil der Stadt. Die Menschen sind noch Kleinstädter genug, um Launen und Schrullen zu haben. Die Besten unter ihnen haben gar nicht den Ehrgeiz, Großstädter zu sein. Sie lassen sich Zeit. Die Straßenbahnen fahren erfreulich langsam. Die Frauen sind hübsch. Und die Polizeistunden schlagen spät …

Es fällt mir manchmal ein, daß es vielleicht gut wäre, den „deutschen Menschen" zu formulieren oder ihm durch eine treffliche Formulierung zu einem „typischen" Dasein zu verhelfen. Aber das ist wohl nicht möglich. Und obwohl ich sein Vorhandensein fühle, kann ich ihn nicht umreißen. Was bleibt mir übrig, als die einzelnen zu sondern, wie mich der Zufall ihnen zuführt, aufzuzeichnen, was das Auge sieht und die Ohren hören, und die Laune in der Auswahl entscheiden zu lassen? Das einzelne treu wiedergegeben, täuscht innerhalb dieses Reichtums vielleicht am wenigsten über die Wahrheit, und das Zufällige, herausgeklaubt aus dieser Verwirrung, führt vielleicht am ehesten zu einer Ordnung. Dies und jenes habe ich gesehen; nur was sich mir einprägte, versuche ich aufzuzeichnen.


Betrachtungen in Leipzig

Dem erotischen Vergnügen der Messebesucher liefert die Ansichtskartenindustrie in Leipzig eine erschütternde Auswahl bunter Bilder, die den Zweck haben, daheimgebliebenen Geschäftsfreunden übersandt zu werden und einen Achtung heischenden Eindruck von der gelungenen Verbindung des Nützlichen mit dem Angenehmen zu vermitteln. Aus diesen Ansichtskarten, deren ein gutes Dutzend vor mir liegt, während ich diese Zeilen schreibe, strömt die grauenhafte Heiterkeit längst erstorbener Formen der sogenannten Lust wie von panoptikalen, in Wachs verewigten Leichen einst berühmt gewesener Witze. Es sind die Abbildungen einer jener erotischen Schreckenskammern, die in der Brust ältlicher Lebemänner eingebaut zu sein scheinen, die phantastische Welt verkehrter „Normalitäten", das Liebesleben in der Konfektion und die Konfektion des Liebeslebens. Es rauscht und raschelt von lauter längst entschwundenen Rüschen- und Spitzenhöschen aus den neunziger Jahren, und aus dem Moder längst vergessener Modegrüfte steigt die süßliche Koketterie schamhaft gehobener Schöße, die einen Fußknöchel enthüllen, die gepanzerte Lüsternheit eines Mieders, das wie ein Zaun aus Fischbeinstäben weibliche Paradiese umschließt, die gelöste wellige Haartracht entquillt dem zerstörten Bauwerk der Frisur, und aus der verlogenen Schwüle des „Boudoirs" weht die Kälte erhaltener Mumien einher. Auch an derbern Einfällen fehlt es nicht. Den heimkehrenden Gatten empfängt die Frau mit eifersüchtiger Wut und mit den lebensgefährlichen Geräten der Häuslichkeit, mit Pantoffel, Schürhaken und Bügeleisen, und in mörderischer Weise marschiert der ganze überlieferte Waffenbestand der hintergangenen Monogamie auf, wie sie vor vierzig Jahren in den „Fliegenden Blättern" behandelt war. Diese Ansichtskarten sollen, wie man mir versicherte, während der Messe reißenden Absatz finden. Und da es mir schwerfällt, zu glauben, daß ein rein kulturgeschichtliches Interesse ihren Vertrieb verursacht und dermaßen beschleunigt, neige ich zu der Annahme, daß ein großer Teil der Käufer, Versender und Empfänger der Ansichtskarten sich in dieser panoptikalen Liebe auslebt und keine Ahnung von dem Grad der Verkehrtheit hat, an dem seine Normalität leidet. Offenbar liefert die augenzwinkernde Seichtigkeit den Stammtischen mehr Gesprächsstoff und den Phantasien mehr Assoziationsstoff, als unsereiner ahnen kann. Offenbar ist sie der ständige, treue und geheime Begleiter der Würde, mit der die lebenswichtigen „Abschlüsse getätigt" werden.

Es ist übrigens eine echte Würde, es fehlt dem Handel in Leipzig keineswegs an einer ehrfurchtheischenden Überlieferung. Eine Stadt, die zweimal im Jahr so viele und so verschiedene Fremde empfängt, hat wohl den Anspruch auf den Namen einer Weltstadt. Verwunderlich ist nur die Beharrlichkeit, mit der sie ihren provinziellen Charakter wahrt, ihren weltberühmten Dialekt, ihren besonderen Humor, ihre besondere Art, zu essen und eine ganz bestimmte Gattung von Kleinbürgern zu erzeugen. Dabei besitzt diese

Stadt die Fähigkeit, sich in den Zeiten der Messe völlig zu verwandeln, eine Art von geschäftstüchtigem Fasching zu feiern, in gutbürgerlichen sächsischen Häusern exotische Menschen aus der Levante, aus dem Ural, aus den Pyrenäen zu beherbergen und, ohne die sächsische Aussprache zu verlieren, sich mit allen glänzend zu verständigen. Ein Wunder an gastfreundlicher Verwandlungskunst und gleichzeitiger Treue zu sich selbst, eben eine besondere Art sächsischer Helligkeit. Die Messe ist das allerwichtigste Ereignis. Dennoch ruft es keine dauernden Veränderungen hervor. Zwar kann eine anscheinend günstige Blutmischung der Rassen auf dieser Walstatt des Pelzhandels und des Vergnügens kaum ausbleiben. Ihre Erzeugnisse aber assimiliert der karge Boden, dem die landschaftlichen Reize von den Bewohnern abgetrotzt werden – mit einem rührenden, genügsamen Heroismus. Hier haben nicht nur der Pelzhandel der Welt, nicht nur der Buchhandel Deutschlands ihre Zentrale, sondern zum Beispiel auch der Deutsche Keglerbund. Und der Gewichtigkeit der Messehäuser entspricht die märchenhafte Fassungskraft der Kegelbahnen, denen zu Zeiten der Turniere der hohle Donner sportlicher Erdbeben entgrollt. So strahlt der Ehrgeiz dieser Stadt nach den verschiedensten Richtungen, zielt zu lohnenden Widersprüchen. Er wehrt sich gegen den Wettbewerb Berlins und Dresdens (beide in gefährlicher Nachbarschaft), nicht ohne Erfolg, mit dem berühmten Gewandhaus, dem weltberühmten Thomanerchor, dem Reichsgericht. Es ist ein dreifaches Verdienst, dergleichen Einrichtungen zu schaffen und zu erhalten, wenn man sogar der geringsten geographischen Gunst entbehren muß und nicht einmal an einem anständigen Fluß gelegen ist, sondern an mehrern lächerlichen Flüßchen, die Parthe, Elster, Rödel und so weiter heißen. Die sumpfige und mückenreiche Niederung verwandelt sich unter den rührend rührigen Händen der Bevölkerung in sanfte Anlagen von versöhnlichem Grün. Und nicht einmal das nebelreiche Klima hindert die Stadt, einen der reichsten zoologischen Gärten der Welt zu besitzen, der die besten Löwen züchtet. Ja, der Ehrgeiz führt bis zu der paradoxen Tatsache, daß Löwen aus Sachsen nach Afrika versandt werden, nachdem sie ihre Vorbildung für ein Leben in der Wüste hierzulande genossen haben. Allerdings schafft derselbe Ehrgeiz auch das ungeheuerliche Völkerschlachtdenkmal, das Erzeugnis einer stark vaterländischen, aber in Wirklichkeit wenig deutschen Neigung zum Übermaß, das Werk einer Gesinnung, die sich selbst mit unmenschlichen Maßeinheiten mißt. Welch eine gewalttätige Sinnlosigkeit, auf einen künstlichen Hügel aus künstlichen Abfällen hingestellt, mit der Absicht, dem Betrachter Bewunderung abzuringen, aber vor lauter Größe nicht einmal imstande, sich betrachten zu lassen. Künftigen Geschlechtern sollte es eine trutzige Mahnung sein. Nun ist es das Ausflugsziel pflichtmäßig versammelter unschuldiger Schulkinder geworden, denen ein historisierender Alpdruck ins Leben mitgegeben wird. Die Zeit selbst hat dieses Denkmal ad absurdum geführt, eigne Denkmäler von größerer Wucht und eindringlicherm Trotz errichtet: die dreizehn Schlote der Leunawerke, die Funktürme des Mitteldeutschen Senders, die Riesenkuppeln der Großmarkthalle, die zweckerfüllten und segensreichen Wettbewerber der leeren, übermenschlichen Ungröße. Ein warnendes Beispiel mehr als eine erhebende Erinnerung. Alles nutzlos Gewaltige wird bald auch in den Maßen vom Nützlichen übertroffen und sinkt auf den leeren Unwert einer reinen Merkwürdigkeit herab.

Dem privaten Baueifer Leipzigs aber nützt es wenig, abschreckende Irrtümer vor der Nase zu haben. Eben hat man einen stilwidrigen Wolkenkratzer am Augustusplatz errichtet, der seine Dachterrasse gen Himmel reckt, mit Eis-Café und Jazzmusik, alles umhegt von den riesigen Buchstaben einer Zahnpasta-Reklame, die in der Nacht beleuchtet wird. Und ein funkelnagelneues Haus in der Peterstraße zeigt über dem Eingang ein paar sinnbildliche Gestalten aus einer nicht zu erkennenden Sagenkunde und neben ihnen, in gelbem Stein, auch den Bürgermeister der Stadt und den Besitzer des Hauses, beide in der klassischen Haltung unpassend an die Fassade übergesiedelter Penaten, für die der Herd im Innern offenbar keinen Platz mehr hatte. Die Stadt ist im Begriff, auch fernerhin den Rest ihres schönen, alten Gesichts zu vernichten: allerdings nicht ohne Selbstironie, den treffenden Volkswitz der Sachsen, der die Geschmacklosigkeit zwar verhöhnt, aber nicht verhindert. Vielleicht wird auch er bald dem tiefen Ernst weichen müssen, welcher der wachsenden „allgemeinen Volksbildung" entströmt: diesen Bildungsvereinen, diesen ausgleichenden Buchgemeinschaften, diesem ganzen militärischen Kulturbetrieb, der im neuen Deutschland die „Bildung" vermittelt, aber auch verbilligt, die „Kunst" fördert, aber in ein Gewerbe verwandelt und die sogenannte „Kluft" zwischen dem Geist und dem Volk nicht vermindert, sondern nur trügerisch überbrückt … damit dann über die Brücken die humorlose, fälschlich amerikanisierte „Zwischenschicht" der Alphabeten marschiere …

Ich wurde eines Tages Journalist aus Verzweiflung über die vollkommene Unfähigkeit aller Berufe, mich auszufüllen. Ich gehörte nicht der Generation der Leute an, die ihre Pubertät mit Versen eröffnen und abschließen. Ich gehörte noch nicht der allerneuesten Generation an, die durch Fußball, Skilauf und Boxen geschlechtsreif wird. Ich konnte nur auf einem bescheidenen Rad ohne Freilauf fahren, und mein dichterisches Talent beschränkte sich auf präzise Formulierungen in einem Tagebuch.

Seit jeher mangelte es mir an Herz. Seitdem ich denken kann, denke ich mitleidslos. Als Knabe fütterte ich Spinnen mit Fliegen. Spinnen sind meine Lieblingstiere geblieben. Von allen Insekten haben sie, neben den Wanzen, am meisten Verstand. Sie ruhen als Mittelpunkt selbstgeschaffener Kreise und verlassen sich auf den Zufall, der sie nährt. Alle Tiere jagen der Beute nach. Von der Spinne aber könnte man sagen, sie sei vernünftig, sie sei in dem Maß weise, daß sie das verzweifelte Jagen aller Lebewesen als nutzlos und nur das Warten als fruchtbar erkannt hat.

Geschichten von Spinnen, von Sträflingen, die sich in der finsteren Einsamkeit ihrer Zelle mit Spinnen unterhalten, las ich mit Eifer. Sie regten meine Phantasie an, an der es mir übrigens keineswegs fehlt. Ich habe immer leidenschaftlich, aber mit wachen Sinnen geträumt. Mein Traum konnte mir niemals eine Wirklichkeit erscheinen. Dennoch vermag ich mich so tief in den Traum zu begeben, daß ich eine zweite, eine andere Wirklichkeit lebe.

Als ich dreißig Jahre alt war, durfte ich endlich die weißen Städte sehen, die ich als Knabe geträumt hatte. Meine Kindheit verlief grau in grauen Städten. Meine Jugend war ein grauer und roter Militärdienst, eine Kaserne, ein Schützengraben, ein Lazarett. Ich machte Reisen in fremde Länder – aber es waren feindliche Länder. Nie hätte ich früher gedacht, daß ich so rapid, so unbarmherzig, so gewaltsam einen Teil der Welt durchreisen würde, mit dem Ziel zu schießen, nicht mit dem Wunsch zu sehen. Ehe ich zu leben angefangen hatte, stand mir die ganze Welt offen. Aber als ich zu leben anfing, war die offene Welt verwüstet. Ich selbst vernichtete sie mit Altersgenossen. Die Kinder der andern, der früheren und der späteren Generationen, dürfen einen ständigen Zusammenhang zwischen Kindheit, Mannestum und Greisenalter finden. Auch sie erleben Überraschungen. Aber keine, die nicht in irgendeine Beziehung zu ihren Erwartungen zu bringen wäre. Keine, die man ihnen nicht hätte prophezeien können. Nur wir, nur unsere Generation, erlebte das Erdbeben, nachdem sie mit der vollständigen Sicherheit der Erde seit der Geburt gerechnet hatte. Uns allen war es, wie einem, der sich in den Zug setzt, den Fahrplan in der Hand, um in die Welt zu reisen. Aber ein Sturm blies unser Gefährt in die Weite, und wir waren in einem Augenblick dort, wohin wir in gemächlichen und bunten, erschütternden und zauberhaften zehn Jahren hatten kommen wollen. Ehe wir noch erleben konnten, erfuhren wir's. Wir waren fürs Leben gerüstet, und schon begrüßte uns der Tod. Noch standen wir verwundert vor einem Leichenzug, und schon lagen wir in einem Massengrab. Wir wußten mehr als die Greise, wir waren die unglücklichen Enkel, die ihre Großväter auf den Schoß nahmen, um ihnen Geschichten zu erzählen.

Seitdem glaube ich nicht, daß wir, Fahrpläne in der Hand, in einen Zug steigen können. Ich glaube nicht, daß wir mit der Sicherheit eines für alle Fälle ausgerüsteten Touristen wandern dürfen. Die Fahrpläne stimmen nicht, die Führer berichten falsche Tatsachen. Alle Reisebücher sind von einem stupiden Geist diktiert, der nicht an die Veränderlichkeit der Welt glaubt. Innerhalb einer Sekunde aber ist jedes Ding durch tausend Gesichter verwandelt, entstellt, unkenntlich geworden. Man berichtet über Gegenwart mit historischer Sicherheit. Man spricht über ein fremdes Volk, das lebt, wie über eines, das in der Steinzeit gestorben ist. Ich habe Reisebücher über einige Länder gelesen, in denen ich gelebt habe (und die ich so gut kenne wie meine Heimat und die alle vielleicht meine Heimat sind). Wie viele falsche Berichte sogenannter „guter Beobachter". Der „gute Beobachter" ist der traurigste Berichterstatter. Alles Wandelbare begreift er mit offenem, aber starrem Aug'. Er lauscht nicht in sich selbst. Das aber müßte er. Er könnte dann wenigstens von seinen Stimmen berichten. Er verzeichnet die Stimme einer Sekunde in seiner Umgebung. Aber wer weiß nicht, daß andere Stimmen ertönen, sobald er seine Horcherstellung verlassen hat. Und ehe er's niederschreibt, ist die Welt, die er kennt, nicht mehr dieselbe. Und ehe wir ein Wort niederschreiben, hat es nicht mehr dieselbe Bedeutung. Die Begriffe, die wir kennen, decken nicht mehr die Dinge. Die Dinge sind aus den engen Kleidern herausgewachsen, die wir ihnen angepaßt haben. Seitdem ich in feindlichen Ländern gewesen bin, fühle ich mich in keinem einzigen mehr fremd. Ich fahre niemals mehr in die „Fremde". Welcher Begriff aus einer Zeit der Postkutsche! Ich fahre höchstens ins „Neue". Und sehe, daß ich es bereits geahnt habe. Und kann nicht darüber „berichten". Ich kann nur erzählen, was in mir vorging und wie ich es erlebte.

Ich war neugierig, zu erfahren, wie es hinter dem Zaun aussieht, der uns umgibt. Denn uns umgibt ein Zaun, uns Menschen, die wir zur deutschen Welt sprechen. In Deutschland ist der „Begriff" heilig und unwandelbar. Wir glauben an die Nomenklatur. In Deutschland erscheinen die „zuverlässigsten" Führer, die „gründlichsten" Beobachtungen und Forschungen. Alles Niedergeschriebene wird Gesetz. Man glaubt einem Buch aus dem Jahre 1880. Man dürfte nicht einmal einem aus dem Jahre 1925 glauben. Man glaubt, wie vor dem Krieg, heute an die Bedeutung der alten Begriffe.
Jenseits, hinter dem Zaun, war die Nomenklatur niemals so heilig. Die Namen flossen immer weit um die Dinge, die Kleider waren lose. Man war nicht bestrebt, alles unverrückbar zu fixieren. Man wandelt sich jeden Augenblick, drüben, hinter dem Zaun. Wir nennen das immer „Treulosigkeit", und Anpassung ist halber „Verrat". Hinter dem Zaun gewann ich mich selbst wieder. Ich gewann die Freiheit, die Hände in den Hosentaschen, eine Garderobenmarke an den Hut geheftet, einen zerbrochenen Regenschirm in der Hand, zwischen Damen und Herren, Straßensängern und Bettlern zu wandeln. Ich sehe in den Straßen und in der Gesellschaft genauso aus wie zu Hause. Ja, ich bin *draußen* zu Hause. Ich kenne die süße Freiheit, nichts mehr darzustellen als mich selbst. Ich repräsentiere nicht, ich übertreibe nicht, ich verleugne nicht. Ich falle trotzdem nicht auf. Es ist in Deutschland fast unmöglich, nicht aufzufallen,

wenn ich nichts spiele, wenn ich nichts verleugne und nichts übertreibe. Zwischen diesen zwei Arten zu erscheinen, habe ich die traurige Wahl. Denn ich muß auch, wenn ich keinen Typus, keine Gattung, kein Geschlecht, keine Nation, keinen Stamm, keine Rasse repräsentiere, dennoch etwas zu repräsentieren suchen. Wir sind gezwungen, „Farbe zu bekennen", und nicht etwa eine beliebige, sondern eine aus der offiziellen Farbenskala: sonst sind wir „ohne Gesinnung". Es ist das Kennzeichen der engen Welt, daß sie das Undefinierbare verdächtigt. Es ist das Kennzeichen der weiten, daß sie mich gewähren läßt. Auch sie hat für mich noch keine Bezeichnung gefunden. Aber nennt sie mich so oder anders, so ist immer noch ein freier Raum zwischen der Bezeichnung und dem Begriff, den sie deckt, denn die Welt nimmt nicht alles wörtlich. Wir aber nehmen sie beim Wort und nicht „bei der Sache", weil wir die Namen mit den Dingen verwechseln.

Deshalb verstehn wir sie nicht, deshalb versteht sie uns nicht. Hinter dem Zaun sind Ferien. Süße, lange Sommerferien. Was ich sage, nimmt man nicht wörtlich. Was ich verschweige, ist gehört worden. Mein Wort ist noch lange kein Bekenntnis. Meine Lüge noch lange keine Charakterlosigkeit. Mein Schweigen ist nicht rätselhaft. Jeder versteht es. Es ist, als zweifelte man an meiner Pünktlichkeit nicht, obwohl meine Uhr falsch geht. Man schließt nicht aus der Eigenschaft eines meiner Attribute auf meine Eigenschaften. Niemand reguliert meinen Tag. Wenn ich ihn verliere, so ist es mein Tag gewesen. (Ein „Tagedieb"! Wie deutsch ist dieses Wort! Wem gehören die Tage, die einer sich selbst gestohlen hat?)

Ich habe die weißen Städte so wiedergefunden, wie ich sie in den Träumen gesehn hatte. Wenn man nur die Träume seiner Kindheit findet, ist man wieder ein Kind.
Das zu hoffen, hatte ich nicht gewagt. Denn unwiederbringlich weit lag die Kindheit hinter mir, durch einen Weltbrand getrennt, durch eine brennende Welt. Sie war selbst nicht mehr als ein Traum. Sie war ausgelöscht aus dem Leben; verstorbene und begrabene, nicht entschwundene Jahre. Was dann kam, war wie ein Sommer ohne Früh-

ling. Ich fuhr mit der Skepsis in dieses Land, welche die Folge eines Lebens ohne Kindheit ist. Alle Menschen meiner Generation sind in diesem Sinne „skeptisch". Und während uns die Älteren Tag für Tag mit ihrer Mahnung zu „Aufbau" und „Positivsein" in den Ohren liegen, lächeln wir das wissende Lächeln derjenigen, die Ursache, Werkzeug und Opfer einer großartigen Zerstörung gewesen sind. Oh, wenn sie uns nicht so stumm gemacht hätte, wir könnten ihnen sagen, was „Aufbau" ist! Wir glauben so wenig an ihn, daß wir nicht einmal imstande sind, seine Unmöglichkeit darzulegen. Der Vater, der seinen Sohn verloren hat, weiß von der Zerstörung weniger als sein toter Sohn. Wer im Hinterland gewesen ist, hat den Weltuntergang doch nur aus historischer Perspektive erlebt, den großen Weltkrieg unserer Jahre wie die Kriege Karthagos und Roms. Er lernte den Krieg seiner Zeit aus den Berichten, wie er die der Vergangenheit aus den Lehrbüchern gelernt hatte. Es ist immer noch ein Unterschied, ob man etwas am eigenen Leib oder an dem seiner Söhne erlebt hat.

Wir sind die Söhne. Wir haben die Relativität der Nomenklatur und selbst die der Dinge erlebt. In einer einzigen Minute, die uns vom Tode trennte, brachen wir mit der ganzen Tradition, mit der Sprache, der Wissenschaft, der Literatur, der Kunst: mit dem ganzen Kulturbewußtsein. In einer einzigen Minute wußten wir mehr von der *Wahrheit* als alle Wahrheitssucher der Welt. Wir sind die auferstandenen Toten. Wir kommen, mit der ganzen Weisheit des Jenseits beladen, wieder herab zu den ahnungslosen Irdischen. Wir haben die Skepsis der metaphysischen Weisheit.

Alles, was sich bei uns, im Norden und im Osten, seit unserer Wiederauferstehung zugetragen hat, konnte unsere Skepsis nur bestärken. Immer wieder entfernten wir uns von unserer Kindheit. Es war, als wären wir zurückgekehrt, um noch einmal alle Vernichtungen mitzumachen. Und uns, die wir geradezu unmittelbar vom Studium des Dreißigjährigen Krieges weg in den Weltkrieg gezogen wurden, ist es heute, als hätte in Deutschland der Dreißigjährige Krieg noch nicht aufgehört. Wir können nicht glauben, daß irgendwo noch die Kontinuität des Friedens vorhanden ist und die große und mächtige Kulturtradition des antiken und mittelalterlichen Europas lebendig. Seit unserer Wiederauferstehung erleben wir das Werden einer ganz neuen Kultur, erleben wir die Revolution des Nahen Ostens und das leise Erdbeben des Fernen und gleichzeitig Amerikas technischen Zauber. Gefangen in einem Land, in dem ein kindischer Hang zur verstorbenen letzten Vergangenheit in demselben Menschen vorhanden ist, die eine Umwandlung des Menschen aus Fleisch und Blut in ein Wesen aus Stahl und Eisen wünschen, gefangen in einem sonderbaren Land, in dem die Hälfte der Nation gleichzeitig zwei so verschiedene und gegensätzliche Erscheinungen bewundern kann, wie eine Militärparade und einen Luftballon, gefangen in einem Land, in dem die Empfindsamkeit ebenso groß ist wie das technische Bewußtsein – erleben wir stündlich die kleinen Kämpfe und großen Kriege zwischen Vergangenheit und Zukunft, den klassischen, katholischen, europäischen Einflüssen des Westens ebenso ausgeliefert wie den revolutionären des Ostens und den kapitalistischen Amerikas. Das wird mehr als ein Dreißigjähriger Krieg sein.

Denn es ist Krieg, wir wissen es, wir, die beeideten Sachverständigen für Schlachtfelder, wir haben sofort erkannt, daß wir aus einem kleinen Schlachtfeld in ein großes heimgekehrt sind. Wenn wir dieses Land verlassen, ist es, als führen wir in Urlaub. Wie friedlich und ahnungslos ist unten noch alles! Wie wenig weiß diese Welt von den Lawinen, die langsam heranrollen! Werden sie nicht bis hierher gelangen? Wird ihre Macht hier schon gebrochen sein? Wird die neue Kultur, der die Zerstörung vorangeht, aus Respekt, wie schon einmal, vor den lebendigen Denkmälern der alten stehnbleiben, um einen Kompromiß zu schließen?

Glückliches Land meiner Kindheit, das so vor den Stürmen geborgen liegt und Zeit hat zur Besinnung und zu Friedenskonferenzen, während wir oben preisgegeben sind dem ersten, verständnislosen und noch nicht verhandlungsbereiten Wüten der Elemente. Glückliches Land, in dem man wieder träumen kann und glauben lernt an die Mächte der Vergangenheit, von denen wir dachten, sie wären, wie so vieles, ein Irrtum und eine Lüge des Lesebuches!

Die Sonne ist jung und stark, der Himmel hoch und tiefblau, die Bäume dunkelgrün, versonnen, uralt. Und weiße, breite Straßen, die seit Jahrhunderten Sonne getrunken haben und widerstrahlen, führen zu den weißen Städten mit den flachen Dächern, die so eben sind, als wollten sie zeigen, daß hier nicht einmal die Höhe gefährlich werden kann und daß man niemals, niemals hinunterfällt in schwarze Tiefen.


## Lyon

An einem Sonntagnachmittag kam ich nach Lyon.
Diese Stadt liegt an der Grenze zwischen dem Norden und dem Süden Europas. Es ist eine Stadt der Mitte. Dem nördlichen Ernst und dem nördlichen Zielbewußtsein ebenso hingegeben wie der Ungezwungenheit des Südens, lächelt sie und arbeitet. Ihr Wochentag ist hart und ihr Sonntag voll bewegter Festlichkeit. Alle Menschen sind eifrig beflissen, gar nichts zu tun. Sie feiern mit unermüdlichem Fleiß.
Man fabriziert in dieser Stadt Seide. Das Geschäftsviertel erinnert überall an dieses Produkt. Alle Schilder sprechen von Seide. In allen Schaufenstern sieht man Seide. Alle Frauen tragen Seide, auch die arbeitenden und unbemittelten.
Sind arme Menschen, die zehn Stunden und länger täglich an der Seide weben, glücklicher als ihre Kameraden, die nur gewöhnliche Leinensäcke erzeugen? Sie verdienen ebensowenig. Seide kann man nicht essen. Die Sozialwissenschaft rechnet nicht mit der Kostbarkeit der Produkte als einem Faktor für das Wohl oder Weh der Arbeiter.
Ich glaube dennoch, daß es irgendeinen Unterschied bedeutet, ob man Seidenkleider produziert oder Leinensäcke. Ein Schimmer von dem festlichen Produkt fällt auf die Menschen, die es beschäftigt. Und wie die Grubenarbeiter die traurigsten der Welt sind, so scheinen mir die Seidenweber die fröhlichsten, nach den Zuckerbäckern. Wenn jemand zwanzig Jahre leuchtende, schimmernde, bunte Regenbogenfäden knüpft, ist seine Seele heiter, seine Hand zärtlich, und sein Hirn denkt tröstliche Gedanken.
Zwar wohnt auch er jenseits der Rhône, in einer Mietskaserne, in einer trostlos langen und breiten Straße, in einer jener Straßen, die gestern noch neu, billig und hygienisch

waren und heute nur noch billig sind. Es ist merkwürdig, wie schnell die modernen proletarischen Straßen aller Städte alt werden. Man erfindet immer besseres Material, man pflanzt gesunde, grüne Bäume an die Ränder der Bürgersteige, man kanalisiert, legt Wasserleitungen an, Abflußrohre, Porzellanbecken und Gitter, die nicht rosten. Nach zwei Jahren ist das Porzellan gesprungen und mit einer schmutzigen, gelben Masse verklebt, die Bäume sind grau und können unter ihrer dicken Staubschicht nicht atmen, die Kanäle sind verstopft, die Wasserleitungsrohre platzen, von den Zimmerdecken tropft es, und die Eisengitter rosten aus dem einfachen Grund nicht, weil sie längst nicht mehr vorhanden sind. Die Mauern werden schwarz, der Mörtel fällt ab, und die Häuser stehen da wie in einer häßlichen Krankheit, bei der sich die Haut schält. Es ist kein ehrwürdiges Altern, sondern ein hastiges Verbrauchtwerden.

Auch die Seidenfabriken sind ebenso nackt, wuchtig, trostlos wie alle anderen Fabriken der Welt. Aber die Arbeiter sind heiter. Sie sehen am Abend aus den Fenstern wie Menschen, die noch ein paar freie Tage vor sich haben und Zeit, sich mit fremden Vorgängen zu befassen. Die jungen Arbeitermädchen sind schlanke, braune Prinzessinnen, die aus Laune, nicht aus Not, in den schwarzen Kasernen wohnen. Jeden Augenblick tritt eine kleine Königin aus einem dunklen Tor. Die Männer trinken gern und sind selten betrunken. Man hört keinen Streit aus den Wirtshäusern. Die Frauen sitzen in Gruppen an den Ufern der Rhône. Man angelt und liest beim verlöschenden Tageslicht die Zeitung. Man sieht auf den großen, schönen Fluß, der eine der wichtigsten Straßen der Römer war. So sind hier schon vor beinahe zweitausend Jahren die römischen Männer und Frauen gesessen, die Krieger und die Frauen der Krieger und die jungen Bräute.

Ich gehe gern am Abend in dieses Viertel. Da sind die kleinen Läden mit den verstaubten Schaufenstern und den rührenden, einfachen Gegenständen, die nur arme Menschen kaufen: Tabaksbeutel und dicke Uhrketten und große Elefantenzähne und kleine Hunde und Katzen aus grünem Porzellan und Kaffeetassen mit nur einem Sprung und hölzerne Serviettenringe und Glasperlen in allen Farben und ein Behälter aus Nickel für Zahnstocher. Da sind die kleinen Delikateßgeschäfte mit den verstaubten und ein wenig zerdrückten Früchten, mit den Zwiebeln, den Kartoffeln, dem Zeitungspapier für Tüten und den Katzen, die auf den Lebensmitteln hocken, und den kleinen Kindern, die vor dem Laden spielen. Alles ist langsam und ohne Aufregung. Die Stunden gehen stiller und gemächlicher. Die Überraschungen selbst künden sich an. Die Freuden sind inniger und leiser. Der Tod wird hingenommen wie ein Geschenk. Das Leben hat keinen übermäßig hohen Wert. Das Leben ist soviel wert wie der karge Wochenlohn, ein billiger Wein, ein Kino am Sonntag.

In diesem Teil von Lyon fühle ich auch am innigsten seine alte Geschichte, obwohl es hier keine Denkmäler gibt und alle Häuser neu sind. Denn die armen Menschen scheinen den wärmsten Zusammenhang mit der Entwicklung und der Vergangenheit zu haben, am spätesten bekommen sie Verbindung mit den hastigen Neuigkeiten der Gegenwart, am frömmsten ist ihr Verhältnis zur Überlieferung – sie sind „Volk", und in den Zügen ihrer Gesichter erkenne ich die römischen Physiognomien, die vor 1800 Jahren in dieser Stadt zum erstenmal erschienen sind, um nie wieder aus ihr zu verschwinden. Die armen Leute können nicht reisen, sie bleiben seßhaft, sie haben einen geographisch engen Horizont, sie heiraten Frauen aus den nächsten Gassen, und sie schreiben ihre Genealogien zwar nicht, aber es ist ohne Dokumente ersichtlich für jeden, der in Gesichtern lesen kann, daß sie aus der „Antike" stammen und daß historisches Blut in ihren Adern rollt. Einfache Männer, sie sitzen plaudernd an den Ufern, und die Schatten des Abends und ein rötlicher Strahl der untergehenden Sonne meißeln ihr Profil scharf heraus und heben es aus der Gewöhnlichkeit des Alltags in eine fast symbolische Bedeutung: ich sehe in dem und jenem einen römischen Hauptmann, setze dem armen Mann einen funkelnden Helm mit geschwungenem Vorsprung aus blankem Messing auf, ich lege um seine Brust ein rotes Hemd und darüber einen Panzer aus stählernen Schuppen, und ich drücke in seine ahnungslose, biedere, friedliche Faust ein kurzes, zweischneidiges Schwert, in der Mitte gebuchtet, mit zwei gerundeten Schärfen, glatt, spitz und leckend wie eine Zunge: siehe da – es ist ein Römer.

Und ich liebe die Wäscherinnen an der Rhône. Auch sie sind arm und über die erste und zweite Jugend schon hinaus, aber fröhlich wie junge Mädchen. Seit sechs Uhr früh stehen sie da bis spät am Abend, und den letzten, schwachen Sonnenschein wollen sie noch ausnützen, und es ist, als wären sie sparsam mit der kostbaren Sonne und imstande, einen einzigen Tag in drei auszudehnen. An ihnen vorbei rinnt das Wasser, fortwährend neues, silbernes Wasser, Millionen Wellen sehen sie am Tag, und in jede tauchen sie ein Wäschestück, mit der Gebärde von Priesterinnen waschen sie den Schmutz, und das Profane wird heilig. Sie sind bunt und lustig wie das Wasser, sie singen unermüdlich und rufen einander Grüße zu, diesseits und jenseits des Flusses erklingen die Stimmen, mit dem Geräusch des plätschernden Wassers vermischt, durch das Echo der steilen Böschung verstärkt und geklärt, silberne Brücken, unsichtbar und nur mit dem Ohr zu vernehmen, Brücken für Grüße. Die Wäsche der ganzen Stadt wird in der Rhône sauber. Es ist, als würde aller Unrat von den Menschen weggespült; als stünden diese Frauen hier, um den ganzen Tag die Seelen der Einwohner von Lyon sauber zu erhalten. Und ich denke, daß eine Stadt, die an zwei Flüssen liegt, von einer anständigen Bevölkerung bewohnt wird. Das Wasser ist ein heiliges Element.

Morgen vormittag werde ich über die große Wilsonbrücke in den mittleren Teil der Stadt gehen, dorthin, wo man die Seide verkauft. Dieser Teil ist um elf Uhr vormittags am schönsten. Da öffnen sich die großen, alten patrizischen Bürohäuser, und die jungen Mädchen eilen in die Mittagspausen wie in ein großes Glück. Eine halbe Stunde lang eilen alle Einwohner der Stadt ins Glück, und es ist ein großes Gewimmel in den Straßen und ein Tuten der Gefährte, in denen die Kaufherren und die Fabrikanten der Seide sitzen, und die ganze Stadt ist wie ein großer Jahrmarkt, die Gasthäuser füllen sich, und die Musikanten stellen sich in den Ecken und in den alten Gäßchen auf und spielen Geige, Ziehharmonika und Zimbeln, und die kleinen Mädchen kaufen die Noten und gehn mit schwarz auf weiß fixierter, ewiger, unverlierbarer Musik ins Mittagessen. Man hört durch das Tuten der Automobile das Klappern der Geschirre und das Rasseln der Rollbalken vor den Läden, und eine Stunde lang bereitet man diesen großen, erhabenen Feiertag vor, der in den weißen Städten Südfrankreichs „Essen" heißt.

Und dann ist der Feiertag da: die Mittagspause. Man kann in den Straßen das Ticken der Uhren aus dem Innern der Häuser hören, die leisen Stimmen der plaudernden Menschen, und die Stille ist weiß, groß, voll von Sonne, Licht ohne Schatten, eine Pause voll Erhabenheit. Ich sehe die ruhenden Schreibmaschinen in den Kontoren unter ihren schwarzen Decken aus Wachstuch und die zugeklappten Tintenfässer und ahne die schmalen, grünen Geschäftsbücher in den Schubladen, die Sammler des Reichtums und die Seidenfäden, Millionen Seidenfäden in den großen Maschinen, harrend der Vollendung zum schimmernden Gewebe.

An diesem Abend will ich die gnadenreiche „Fourvière" besuchen. Längst schon habe ich zu ihr emporgeblickt, wie ein demütiger, naiver Frühmensch zum Symbol einer übersinnlichen Macht. Denn so steht die Kathedrale oben, das breite Angesicht der Stadt zugewendet, vier Säulen, drei Tore, darüber ein Giebel, auf dem ein Kreuz wie eine Blume blüht, von zwei runden Türmen flankiert, wie von Wächtern, und unten die Stufen, flach, zahlreich, breit, nicht Stufen, auf denen man hinansteigt, eine Treppe vielmehr, auf der man sich hinaufkniet. Hier stand einmal das römische Forum, es ist haargenau derselbe Platz, Sinnbild einer andern Macht, es gab den Platz her und selbst einige seiner Steine zum Bau der kleinen Kapelle, es ist noch steinernes Fleisch und Blut vom Forum, ein Symbol hat sich selbst in ein neues gewandelt, derselbe Stein diente mit derselben Treue einer verschwundenen Macht, mit der er einer neuen ergeben ist, und beide können auf seine Festigkeit trauen. Aus allen Teilen Westeuropas pilgern die Frommen einmal im Jahr zu diesen Steinen.

Im 9. Jahrhundert erstand die erste Kapelle, wuchs an Ruhm und Ansehn, bekam reiche Geschenke von Ludwig XI., Ludwig XII., Ludwig XIII. Aber erst, als die Pest 1642 mit Grausamkeit die Stadt zu vernichten drohte, bewies der Hügel mit der Kapelle seine besondere Wunderkraft, die Menschen retteten sich zu ihm empor, und seit damals wandern die Prozessionen jedes Jahr am 8. September zur Fourvière, und der Erzbischof segnet die Stadt. Erst seit 1896 steht die neue Kathedrale. Sie hat 15 Millionen Francs gekostet – das Geld der frommen kleinen Leute.

Die Kathedrale ist zu dem Zweck angelegt worden, ein Wahrzeichen zu sein und zu repräsentieren. Und niemals habe ich ein Monument aus unseren Tagen gesehn, dessen Größe sich so innig verband mit Zartheit, dessen Wucht so bescheiden zurücktrat hinter die sanfte Wirkung des Details. Die Heiligen tragen den Giebel und stützen ihn mit den Häuptern, die Heiligen säumen die Wölbungen der Torbogen, und so lebendig ist die Wirkung menschlicher Gestalten, die technische Funktionen ausüben, daß jeder Stein zu atmen beginnt, denn nahe ist seine Beziehung zum Lebendigen, und der ganze fertig kolossale Bau ist immer noch im Werden begriffen. Und obwohl diese Statuen ewig diese Steine stützen werden, ist es, als wäre ihre Stellung nur ein Augenblick aus ihrer fortwährenden Tätigkeit. Im nächsten Augenblick werden sie sich bewegen, und die Kirche wird wandern, zu den Menschen hinunter, schon steht sie hart am Rand, sie kommt den Pilgern entgegen am 8. September, dem heiligen Tag.

Der ganze Hügel ist mit steinernen Stufen besät, und jede Gasse ist eine Treppe, und die alten Häuser aus großen Festungsquadern mit bunten Dächern aus einem schimmernden Schiefer, der wie Perlmutter aussieht, stehn, eines immer um einen Kopf größer als das andere, zu beiden Seiten der Treppen, immer geschlossen, immer still, wie in einem Gelübde der Schweigsamkeit für ein ganzes Jahr, bis zur Ankunft der Pilger. Dann werden sich die Türen öffnen, Wasser und Wein in Krügen wird man den frommen Wanderern entgegentragen, auf jeder Stufe wird einer gelabt werden. An jeder kleinen Schwelle wird ein Gast stehen. Heute zwitschern nur die bunten Stieglitze und die gelben Kanarienvögel in idyllischen, grünen Käfigen vor den Türen, neben den saubern Postkästen, deren es vier und fünf an jedem Haus gibt, um dem Postboten die steilen Stiegen in den Häusern zu ersparen.

Gleich hinter der Kathedrale fängt Rom an, ein lebendiges Rom. Alle ausgegrabenen Erinnerungen hat man stehnlassen, statt sie in ein Museum zu tragen. Jeder Wanderer fühlt die Wonne des ersten Entdeckers. Wie vor 1800 Jahren steht heute die römische Vase im lebendigen Blumenbeet, und der lebendige Gärtner bedient sich einer antiken steinernen Spritzkanne, und vor dem Eingang zum Garten steht der römische Hund mit der Aufschrift: Cave Canem!, ein primitiver Hund aus Sandstein, ein bißchen Löwe, ein wenig Wolf, ein bißchen Bär, um so schrecklicher in dieser Mischung furchtbarer Tierhaftigkeit und harmlos heiter, wie die Erinnerung an meine lateinischen Grammatikstunden. Wie gut müssen es die Gymnasiasten von Lyon haben. Nicht einmal die Grammatik ist abstrakt. Jede Regel können sie mit den Händen greifen. Alle Ausnahmen stehn an den Rändern der Spazierwege. Alle Steine halten historische Vorträge. Da ist eine Straße, die geradewegs nach Rom führt, hinein in die Antike, auf diesem Wege sind sie gekommen, hier überschritten sie die Saône, auf diesen Hügel stiegen sie, um das Land zu übersehn, hinter dem Fluß begannen sie, die Steine aufzuschichten, und sie hißten eine Festung, wie man heute eine Fahne hißt.

Von hier aus sehe ich das ganze Ausmaß meiner ersten weißen Stadt. Ja, so habe ich sie geträumt. Also stehn sie alle noch da: die schimmernden Häuser, die weißen Wände, mit Sonne getüncht, die flachen, schillernden Dächer aus Regenbogen, die hüpfenden Rauchfänge, die kleine, blaue Wölkchen ausstoßen, wie zartes Baumaterial für den blauen Himmel. Straßen aus weißer Kreide, fliehende, breite Bänder, mündend im Grün der Felder, hineilend zu den dunkelgrünen Wäldern und den blauen Felsen am Horizont, hinter denen Rom liegt, die Erbin Griechenlands und unsere erste Lehrmeisterin. Es lebt noch, es lebt noch. Da läuten schon die schweren Glocken von den Türmen des Mittelalters, da reiten die Stimmen von der Kathedrale St. Jean hinein in die blühenden Steine des Altertums, da kommen schon die spitzen und scharfen Türmchen von St. Nizier, die kleinen Dächer, mit spitzen Buckeln und Stacheln bewehrt und oben vom versöhnlichen Kreuz geziert.

Die Abendschatten legen sich über die Welt, die Stimmen der Straßen werden stiller, das Rauschen der Rhône ist stärker. Noch kann ich das Rathaus erkennen, die Bibliothek der Stadt, die Kirche St. Martin mit den festungsartigen Mauern. Der Mond taucht hinter den Felsen empor, und die weiße Stadt ist noch weißer, die Steine strahlen um die

Wette mit dem Mond, und in holder Eintracht fließen Rhône und Saône, die eine hurtig, die andere bedachtsam, demselben Ziel entgegen, der langersehnten Vereinigung, und umklammern die weiße Stadt wie einen kostbaren Besitz, um ihn nie wieder zu lassen.


## Vienne

In einem Lyoner Museum sah ich ein Bild vom rekonstruierten römischen Vienne: es lag, zwischen Hügel gebettet, auf einer Seite mählich ansteigend, auf der anderen eben, an beiden Ufern der Rhône und hatte in all seiner Lieblichkeit noch etwas von der römischen Monumentalität, von deren Ewigkeitsgepräge, das Rom allen seinen Bauten, Denkmälern und Niederlassungen zu verleihen verstand. Die Hügel umschlossen die Stadt, ohne sie einzuzwängen. Immer noch war Platz genug, um zu wachsen und sich auszubreiten. Immer noch war Grün zwischen den Steinen. Die Stadt wuchs in das Land hinein, und das Land schmiegte sich an die Stadt. Natur und Kunst waren einander ebenbürtig. Des Menschen Hand schuf aus dem Material der Erde. Nirgends war das Material vergewaltigt. Es unterwarf sich freudig dem Willen des Menschen. In zwölf großen Hauptgebäuden konzentrierte sich das Leben der Stadt. Und es war dennoch eine große Stadt. Sie hatte keine Straßen, nur Plätze, sie hatte fast keine Häuser, nur Paläste. Und dennoch ging von diesem Bild ein großstädtischer Atem aus, wie ihn niemals die Gesamtansicht einer modernen Weltstadt ausströmen kann. Ich hatte das Gefühl, daß der Mensch einer kolossalen Arena gegenüber immer noch Mensch ist, aber im Augenblick eines Wolkenkratzers zur Ameise herabsinkt. Wie kommt es, daß man auf dem weiten römischen Platz nicht verloren ist wie auf einem modernen Boulevard? Die römische Größe ist nicht gigantisch, sondern menschlich. Rom mißt nach irdischen Maßen. Die Größe und Monumentalität haben einen „humanen" Charakter.

Mit diesem Bild im Herzen kam ich nach Vienne. Wie verwandelt ist es! Immer, fast seit seiner Entstehung, war es Hauptstadt, Sitz der Fürsten und Könige. Es hat mehreren

Nationen angehört, es hat sich im Laufe der Zeiten gewandelt, aber keiner seiner Herren hatte gewagt, es zu einer Stadt zweiten Ranges zu degradieren. Es war ewig jung, stolz, schön und weit. Es durfte furchtlos in die Zukunft sehn, wie eine Göttin, der die Zeit nichts anhaben kann.

Die Stadt Vienne ist mitten in ihrer Schönheit gestorben, und sie gleicht darin wirklich einer abgesetzten Göttin. Sie ist nicht verbraucht und nicht herabgesunken. Sie hörte plötzlich auf, eine große, schöne, stolze, angebetete Stadt zu sein. Sie bequemte sich nicht, nach anderen Zwecken zu suchen. Sie blieb in ihrer Vergessenheit und in dem Zustand, in dem sie gewesen war, als man sich von ihr abwandte. Nichts von den Neuerungen der Zeit drang in ihre tauben Mauern. Sie schloß sich zu, hörte nichts mehr, sah nichts mehr und ließ nichts mehr ein. Nachdem ich drei Tage in Vienne gelebt hatte, erschien es mir merkwürdig, daß ich hieher mit der Eisenbahn gekommen war. Seltsam, seltsam, daß hier ein Bahnhof stand, daß man manchmal den Pfiff einer Lokomotive hörte. Was wollte hier ein Zug? Was kündete hier eine Stimme? Hier lebten ja die Toten! In diesen Gassen hatte ja niemand mehr was mit der Welt zu tun! Hier lebten die Menschen wie Denkmäler. Den ganzen Tag saßen die Frauen am Fenster, und unbeweglich wie sie hockten neben ihnen die Katzen. Die Hunde schliefen in der Mitte, und kein Fuhrwerk störte ihren Schlaf. Und ich war der Fußgänger. Hinter den bunten Vorhängen aus Glasperlen, die hier statt der Türen an den Häusern angebracht waren, rührte sich nichts. Ich blieb dreizehn Tage in Vienne. Als ich ankam, sahen mich die Frauen aus den Fenstern an wie ein Gespenst. Als ich wegfuhr, wunderten sie sich immer noch über mich. Noch schliefen die Hunde in der Straßenmitte, wie am Tag meiner Ankunft. Schliefen sie wirklich? Waren sie nicht tot? Saßen die alten Frauen wirklich an den Fenstern? Sahen Sie mich an? Oder hatten sie die Fähigkeit der Toten, durch lebendige Körper hindurchzusehn wie durch Luft und Glas? Hatten mich wirklich die Einwohner von Vienne bemerkt? Oder war ich durch diese Stadt hindurchgeweht worden wie ein Windhauch, den alte Menschen kaum fühlen und Tote überhaupt nicht?

Man schloß mir ein Hotelzimmer auf, ließ mich eintreten, verkaufte mir Brot, Wurst und Käse in einem Laden und antwortete mir mit leisem Kopfnicken auf meine Grüße. Überall erschrak ich vor meiner eigenen Stimme. Meine eigenen Schritte vernahm ich wie ferne Geräusche. Und wenn ich vor eines der Denkmäler kam, die der Führer ausdrücklich den Besuchern verordnet, war es mir nicht, als ob ich den Zeugen einer entwundenen Zeit sähe, sondern einen Zeitgenossen. Und obwohl Denkmäler aus verschiedenen historischen Epochen stammen, hatten sie die Gemeinsamkeit des Jenseits, so wie in einem andern Leben die Altersunterschiede zwischen Vätern, Söhnen, Enkeln aufgehoben sind und alle Verstorbenen gleichaltrig. Die gotische Kirche war eine Schwester des römischen Tempels.

In andern, in lebendigen Städten merkt man am lebendigen Heute, das ein Morgen und Übermorgen gebärt, wie sehr sich das Gestern vom Vorgestern unterscheidet. In Vienne aber war die Gegenwart eine Vergangenheit. Was alt, was älter war, konnte ich an keinem Neuen messen. Und auf einmal verstand ich, wie wenig Namen, Bauart, Stile besagen. Alles Vergangene begriff ich mit einem gleichmäßig liebenden Aug'. Waren die verschiedenen Formen noch Zeugnisse für die Gegensätzlichkeit der Völker und Geschlechter? Im Wesentlichen glichen sich alle Baudenkmäler: in ihrer reinen Ziellosigeit, welche das höchste Ziel ersehnt: empor zu Gott. Empor sogar das flache römische Dach, wie eine aufwärtsgestreckte Handfläche, empor der gotische Bogen, wie ein gekrümmter Finger, aus ewigem Stein der Tempel, aus ewigem Stein die Kirche.

Nur Spielarten waren die „Stile". Wie Kinder immer Spiele ersinnen, so ersannen die Geschlechter immer neue Bauten. Und wie ein Kind von einem Spielzeug zum andern geht, so ging ich von einem Bauwerk zum andern: stand zuerst vor dem Tempel des Augustus; stand vor den flachen zehn Stufen und schickte meinen Blick auf ihnen empor; kam zu den Säulen, die keine Wände sind, aber wie Pfeiler für Wände aus Luft und Sonne; sah, wie das Tageslicht die Schatten der Säulen auf die Fliesen bedachtsam legte, vorsichtig, als wäre auch der Schatten einer Säule zerbrechlich; sah das Dreieck an der Front unter dem Giebel, das wie eine Stirn und wie ein geschlossenes großes Auge ist. Sechs Säulen warfen sechs Schatten. Also waren es zwölf Säulen. Und jede der wenigen Säulen verdoppelte sich. Bald war's ein kleiner, gleichmäßiger Wald. Im Hintergrund erst war die Tür, die das Heiligtum verschloß. Sollte ich sie aufschließen lassen? Es gab keinen Wärter. Wer weiß, ob es einen Schlüssel gab. Vielleicht war überhaupt kein Schlüssel vorhanden. Als der göttliche Augustus den Tempel verließ, schloß er ihn ab und nahm den Schlüssel mit. In anderen Städten erbrach man die Türen. In Vienne tut man so was nicht.

Niemals werde ich den Tempel betreten. Stünde ich drinnen, ich würde sehen, daß er leer ist und daß die verschlossene Tür gar nichts verborgen hat, keine Statue, keine Gottheit, keine Beter. Die Tür verschloß das Leere, das Vergangene. Der Tempel enthält dasjenige, das ich draußen fühlen kann und drinnen nicht entdecken würde. Er enthält das Warten. Ich fühle das Warten hinter der verschlossenen Tür. Nur hier noch wartet etwas. Der Tempel ist das einzige ganz erhaltene römische Monument in Vienne. Vom alten Theater ist nur noch eine Mauer vorhanden. Dann gibt es Reste einer alten Treppe, die das Forum mit dem Palast verband. Und die Reste des Forums bilden einen Teil eines mittelalterlichen Hofes, in dem heute noch ein paar uralte Menschen leben. Die Steine der alten Form gingen über in eine jüngere Form, so wie eine Epoche übergeht in eine andere. Hier fühle ich die Entwicklung ohne Abschnitt, ohne Grenze. Der Stein fließt, wie die Stunde.

Achtundfünfzig Jahre vor Christi Geburt hat Julius Cäsar den riesigen Aquädukt anlegen lassen. Ungefähr fünfhundert Jahre später drang Gondebaud, der König der Burgunder, durch diesen Aquädukt in die Stadt und eroberte sie. Das Denkmal half der Geschichte. Wie früher das Wasser drang jetzt eine neue Epoche in die Stadt.

Nur die Denkmäler der Gottheiten stehen ganz. Wie der Tempel des Augustus blieb, unberührt vom Lauf der Zeiten, noch die Kathedrale. Auch zu ihr empor führen flache Stufen. Ihre Türme liegen tief eingebettet hinter drei Bogen wie Augen unter dichten, vorgebauten Augenbrauen. An jedem Bogen kleben sechzehn hohle Kronen aus silberweißem Stein. In jeder Krone wohnt ein Taubenpaar. Die Vögel kommen und gehn, fliegen auf und kehren wieder, wie flatternde Gebete. Über dem Portal wölbt sich der Bogen über sechs Säulen eines zweiten, hohen, unerreichbaren

Portals. Hier gehn keine irdischen Beter ein. Hier ist das Tor der Engel.

Drinnen ruhn der Kardinal de Montmorin und der Kardinal de la Tour d'Auvergne, der Erzbischof von Vienne. Alte Frauen sitzen in den tiefen Stühlen und beten. Die Decke ist ein dunkelblauer, gestirnter Himmel. Er ist so lebendig, so sehr Wirklichkeit, daß man glauben könnte, er wäre das Urbild des echten, und nicht umgekehrt. Glücklich die Frommen, die hier beten! Sie sehn, wie ihre Gebete geradewegs hinaufsteigen und die Sterne erreichen. Nichts bleibt unerhört in dieser Kirche. Der Himmel ist so nah, daß er das leiseste Flehn vernehmen muß. Nur leben hier keine Lebendigen. Dieser Menschen Gebete sind frei von irdischer Qual. Ihre Wünsche sind schon jenseitig. Über ihnen ist der Himmel so tief, weil sie dem Himmel so nah sind.

Hoch auf dem Hügel liegen die endgiltig Toten unter steinernen Kreuzen. Manchmal wandert eine uralte, kleine Frau hinaus, eine Kerze, eine Blume, einen Stock in der Hand. Es scheint nicht, daß sie einen Toten besuchen geht. Es sieht eher aus, als ginge sie, sich selbst in ein Grab legen. Ihre zweite Wohnung auf dem Hügel ist längst bereit. Unten in der Stadt ist nur eine alte Katze geblieben, eine Penduluhr, ein paar Stricknadeln und ein Jesus aus Gips.

Dreizehn Tage blieb ich in Vienne. Ich ging in das Postbüro, um einen lebendigen Menschen zu sehn. Ich ging am Abend den Arbeitern entgegen, um laute Stimmen zu hören. Aber die Arbeiter schwiegen. Sie wohnten meist draußen. Im Postbüro schliefen die Schalter. Ein paar Kinder spielten am Abend in den engen Gassen. Aber auch sie waren nicht wie Kinder in andern Städten. Kein Hund bellte. Die Glocken klangen von den Türmen, aber nicht wie Glocken aus Erz, sondern wie himmlische Signale. Ein Polizist fuhr auf einem gespenstischen Rad durch die Gassen. Ein Gefangenenwärter lebte im Gefängnis ohne Arestanten. Alle Türen bestanden aus bunten Glasperlen. Alle Fenster waren offen. Fremde Touristen kamen in Automobilen, jagten wild durch die Stadt, brachen ein in die Stille der Kathedrale, peitschten ihre Blicke durch den Tempel des Augustus und verschwanden wieder.

Zweimal in der Nacht pfiff eine Lokomotive, wie ein heulender Mensch.

# Tournon

Ich bin nicht mit der Bahn nach Tournon gekommen, sondern zu Fuß. Drei Tage war ich unterwegs. Ich bin die Rhône entlanggegangen, ohne Plan, ohne Führer und ohne länger als eine Nacht zu rasten. Ich sah die dunklen Schiffer auf den breiten Flößen und auf den hochbeladenen Kähnen und die Angler, die stumm sind wie die Fische, die sich so selten fangen lassen. Immer hatte ich das leise Rauschen des Flusses im Ohr. Je weiter er fließt und je näher er seinem Ziel kommt, desto jäher, desto lauter, desto gefährlicher ist er. Er verträgt keine Kähne mehr, und er mag keine Schiffer. Dennoch hat er eine liebliche Melodie, wenn man neben ihm hergeht, und seine Sprache ist sanfter als sein Charakter. An seinen Ufern sind viele französische Dichter geboren worden. Flüsse befruchten nicht nur die Erde. Der Wein wächst auf den Hügeln, und die Dichter blühen. Im Mittelalter haben hier die Troubadours gesungen. Ein paar Meilen weiter, Avignon schon nahe, liegt das Zauberschloß Lex Beaux, das weiße Schloß der Poesie. Wäre hier nicht die Stadt Tournon, ich ginge weiter, Tag und Nacht, um Avignon zu erreichen, die weißeste der Städte. Aber da erheben sich schon die Festungsmauern einer mittelalterlichen, einer romantischen, beinahe einer deutschen Stadt. Das ist Tournon.

War ich soeben nicht in Vienne, das niemals aufgehört hat, römisch zu sein, obwohl die Burgunder es eroberten und obwohl es eine Stadt der deutschen Kaiser wurde? Es sind kaum drei Tage her, und mir ist, als wäre ich durch die großen, brausenden, mit wilder Geschichte gefüllten Jahrhunderte gewandert, die zwischen römischer Weltherrschaft und der Weltherrschaft der lateinischen Sprache liegen. Der Siegeszug der Sprache war glänzender, dauernder, wichtiger als der des Volks. Längst war die Erde verwandelt, und noch einmal und immer noch sprach man Latein.

Es begann zu regnen, als ich in Tournon ankam. Vor mir erhoben sich die scharfen Mauern der Festungsreste, und mir war, als gäbe es keinen andern Weg, in diese Stadt zu gelangen, als den, vorsichtig die gefährlichen Mauern hinaufzusteigen. Nirgends war ein Tor, nirgends ein Weg. Hoch oben sah ich die nassen Gitter vor den trüben Fensterscheiben. Ein paar Stufen führten zu einer schmalen Gasse, deren Ende man schon von weitem sehen konnte. Es war eine blinde Gasse, sie lief, ohne zu wissen wohin, geradeaus gegen eine Mauer, die noch glatter und steiler schien als die Mauern der Festung. Niemand wohnte hier. Wie sollten auch Menschen in einer Gasse wohnen, in der man nicht weiß, wozu sie da ist? Gassen sollten verbinden. Sie führen das Lebendige zu Lebendigem. Diese aber führte den Stein zu den Steinen.

Aus der Ferne hörte ich, durch das Rauschen des Regens gedämpft, Menschenstimmen, Pferdewiehern und den hellen, singenden und tröstlichen Klang von geschlagenem Eisen aus einer Schmiede. Nur wenige Geräusche noch können einen Einsamen und Abgeschiedenen so plötzlich mit dem Leben verbinden und mit der Gemeinschaft der Menschen. Der Klang eines Hammers auf Eisen ist wie die Stimme der Tat, und wie eine Glocke ruft auch er zur Gemeinsamkeit. Als hätten die Hammerschläge mir einen Weg mitgeteilt, sah ich auf einmal einen andern kleinen Pfad, eine Gasse, schmal, eng wie ein Flaschenhals. Sie führte zur Stadt.

Ich liebe es, in den Städten die breiten Mitten zu finden, jene Plätze, von denen die Gassen nach verschiedenen Richtungen ausstrahlen und die nicht nur Mittelpunkte sind, sondern auch Anfänge zugleich. Von diesen Mittelpunkten aus erkennt man ebenso den Charakter wie die Anlage der Stadt. Sie sind still, stiller als andere Teile, oder laut, lauter als alle Gassen. Sie sind entweder wie geweiht und geborgen, herrschaftlich und stolz oder Brennpunkte des Lebens, von allen Geräuschen erfüllt, dienstbar und zweckbewußt.

Tournon aber hatte keinen Mittelpunkt. Tournon bestand aus Gassen, die unentwirrbar ineinander verflochten waren. Eine grausame Angst ergriff mich. Ich bin nicht in eine fremde Stadt gekommen. Ich bin in ein fremdes Jahrhundert geraten. Ich will in meine Gegenwart zurück. Und wie manchmal eine billige Allerweltsmeinung, die der kritische Sinn des wachen Bewußtseins negiert und weit von sich weist, in einem wüsten Traum von drohender, substantieller Wirklichkeit erfüllt werden und uns bedrängen kann, so bekam auf einmal die Phrase vom „finstern Mittelalter" gefährliches Leben und begann, mich wahrhaft zu ängstigen. Ich will zurück in meine Zeit! Verziehen sei ihr das tote Wissen, das sie ausmacht, und die stupide Mechanik, die sie bewegt! Ich bin ihr Kind, Teil von ihr, ich bin selbst Gegenwart. Und niemals fühlte ich mich so mit meinem Jahrhundert verbunden, niemals war ich so bewegt vom Gedanken an eine breite Straße, ein Automobil, eine Wasserleitung und ein Flugzeug. Man kann in einem einzigen Augenblick ein unermeßliches Zeitbewußtsein fühlen. Man kann mit wachen Sinnen, am lichten Tag, aus seiner eigenen Zeit hinausfallen und zwischen den Jahrhunderten der Geschichte herumirren, als wäre die Zeit ein Raum, als wäre eine Epoche ein Land. So ist es in Tournon.

Auf der einen Seite Hügel, auf der andern der Fluß. Es ist kein Platz zu atmen. Die Häuser haben sich hier verfangen. Sie können nicht mehr hinaus. Eine ganze Stadt ist gefangen. Sie findet Schutz vor dem Feinde, aber sie ist geschützt wie ein Mensch, der nur deshalb niemanden mehr zu fürchten hat, weil er lebenslänglich eingesperrt ist. Mühsam bricht sich eine Gasse ihre Gasse. Ach, sie stößt an eine Mauer, engt sich noch mehr ein, drückt sich zusammen, zwängt sich durch und trifft eine Schwester, der es ebenso geht. Wie gekrümmte Würmer liegen die Gassen zwischen den Häusern. Diese drängen gegen den Fluß und würden ertrinken, wenn sie nicht die schroffe Festungsmauer aufhielte.

Ich gehe rechts, links, vor und zurück. Ich höre Menschen reden und sehe ihre Bewegungen, aber alles ist weit von mir, wie durch Glaswände getrennt. Ein Kind lacht, aber es ist nicht das Gelächter, nicht das Kind meiner Zeit. Ich kann in fremden Ländern zu Hause und heimisch sein, aber nicht in fremden Zeiten. Unsere wahre Heimat ist die Gegenwart. Das Jahrhundert ist unser Vaterland. Unsere Stammesgenossen und Landsleute sind unsere Zeitgenossen.

Gäbe es hier nicht das berühmte Lyzeum, dessen Gründer der berühmte Kardinal von Tournon gewesen ist, ich würde fortstürzen, zum Fluß, die Hängebrücke hinüber, die nach Tain führt. Dort ist der Bahnhof. Dort gehn die Züge ab, die mich zurück in die Gegenwart führen.

Das Monument des Kardinals, eine kleine Büste, steht sehr bescheiden vor dem Lyzeum, in der linken Ecke, nicht im

Hof, nicht vor dem Eingang. Als hätte der kluge Kardinal selbst diesen Platz bestimmt! Oh, welch eine weise Zurückhaltung! Wie würdig jesuitischer Tradition! Welch ein Gesicht! Was bist du? Kardinal, Höfling, Mönch, Gelehrter, Frauenliebling, Gläubiger, Skeptiker, Menschenkenner, Verächter? Wenn ich deine kleinen Augen sehe, deinen schmalen, langen und etwas eingefallenen Mund, dein kleines, aber plötzlich vorspringendes Kinn, deine schmale und noch im Stein vibrierende Nase, glaube ich, daß du entschlossen warst, alles zu scheinen und nur etwas zu sein, was man nicht wissen darf. Ein Gelehrter warst du nicht, denn du hast Karriere gemacht. Ideale hattest du nicht, denn du hast Ehrgeiz gehabt. Die himmlische Unsterblichkeit genügte dir nicht, du hast die irdische gewünscht. Ob du jene erreicht hast, weiß ich nicht genau. Diese aber ist dir gewiß. Dein Lyzeum ist heute noch eine Schule, von mehr als hundert jungen Leuten besucht, und jeder nimmt deinen Namen mit ins Leben und vererbt ihn seinen Kindern. Man halte sich an die Jugend und gründe Erziehungsanstalten und nicht Altersheime und Krankenhäuser! ...

Es sind Ferien im Lyzeum. Die Abendsonne liegt in den Korridoren, die Fenster sind offen, die Pförtnerin wischt den Staub von den Pulten, nur der Herr Sekretär sitzt noch in seinem Büro und nimmt Inskriptionen entgegen. Ich möchte hineingehn und mich anmelden. Ach! Ich bin dreißig Jahre alt! In dieser krummen und mittelalterlichen, aber weißen, weißen Stadt möchte ich jung sein, ein Knabe, und auf den Festungsmauern spielen und auf der Rhône das Lyzeum des Kardinals schwänzen. Aus diesem Mittelalter dann mitten in die Gegenwart hineinkommen – das ist ein Schritt ins Leben. Wie anders würde ich es fühlen! In wie vielen Jahrhunderten wäre ich zu Hause! Und wie lebendig wäre in meinem Blut das Bewußtsein von der unbedingten Kontinuität der menschlichen Entwicklung und wie verknüpft in meiner Seele ein Jahrhundert mit dem nächsten, und wie stolz wäre ich, ein Mensch zu sein! Die Kinder dieses Landes fühlen, daß wir Fortsetzung sein müssen der Vordern, um uns nicht zu verlieren. Sie haben die ganze Jugend in Geschichte getaucht. Getränkt mit dem Kulturbewußtsein vergangener Zeiten, stehen sie kritisch und gewaffnet den neuen Entwicklungen gegenüber. Nichts kann sie so erschrecken wie uns. Uns wirft jede Zeitungsnachricht aus dem Gleichgewicht. An diesem Land ist selbst der Weltkrieg vorbeigegangen, ohne mehr zu hinterlassen als Trauer und Tränen. Uns aber bereitete er das Chaos.

Weit gestreckt, eine kleine, abgesonderte Stadt, ist das Lyzeum. Die kleine Kapelle hat die ganze Traulichkeit eines schmalen Klassenzimmers, und noch liegen überall die jungen Stimmen, und an der Wand, vor der ein Beichtstuhl steht, haben hunderte Bleistifte törichte junge Zeichen gekritzelt und Namen von Mädchen, und jeder Strich bedeutet eine geheime Regung, die man zwar keinem Beichtvater, wohl aber einer Wand mitteilt. Wie vortrefflich kann ich diese Zeichen lesen, und wie klar ist mir diese Geheimschrift!

Längst hat der Regen aufgehört. Die Abendröte eines klargewaschenen Himmels färbt die Fenster und die Wände der Kapelle und das Gesicht der alten Pförtnerin. Das ist eine fromme, himmlische Schminke für alte Frauen.

Die Stadt schläft am Abend, die krummen und ängstlichen Gassen ruhen von ihrer unermüdlichen Flucht aus. Jetzt gehe ich an den Fluß. Jetzt sehe ich den weißen, halbrunden Tisch der Bastei, mit den schwarzen, schmalen Scharten im Leib, und den winzigen, vergitterten Fenstern, die ganz willkürlich und ohne Plan über die ganze Mauer verstreut sind und hinter denen jetzt die Arrestanten von Tournon sitzen. Aber auch der Bürgermeister, der Unterpräfekt und der Gefangenenwärter leben hinter denselben Mauern. An den Turm drängen sich kleinere, jüngere Gehäuse, aus der Ferne sieht man ein Bündel von Dächern, ein ungeordnetes, gleichsam frisch gepflücktes Häuserbukett.

So weiß wie dieser einzelne Turm werden alle Türme von Avignon sein. In der Nacht gehe ich nach Avignon. In Avignon muß man bei Tag ankommen. Morgen werde ich dort sein.


## Avignon

Das Antlitz der Landschaft verändert sich oft und plötzlich. Nur die drei Grundfarben bleiben immer: weißer Stein, blauer Himmel, dunkles Grün der Gärten. Die Gestalt der

Erde aber ist wechselreich. Die Hügel sind bald schroff und bald spitz, bald sanft und bald rund. Hier starrt der rissige Fels, dort lächelt schon die leis geschwellte Ebene zwischen zarten Erhebungen. Daudet, der große Erzähler der Provence, hat die sehr treffende Beobachtung gemacht, daß die starke Sonne die Dimensionen vergrößert. Scharfes Licht erzeugt scharfe Schatten und stärkern Gegensatz zwischen belichtetem und beschattetem Teil. Die Sonne läßt die Details wachsen und vermehrt sie. In sonnenschwachen und nebelreichen Ländern verlieren sich die Einzelheiten, und es ist, als drückte der tiefe und lastende Himmel das Ragende nieder. Ich bin immer nur durch nebelreiche Länder gewandert. Meine Wanderung war ein Kampf gegen die unerforschten Verborgenheiten der Landschaft. Ich fühlte durch alle ihre Güte hindurch die Unverläßlichkeit der Natur, das, was man im vermenschlichten Jargon „Tücke des Elements" nennt. Hier wanderte ich zum erstenmal mit Behagen. Ich konnte das Glück der Menschen verstehen, die sich sorglos einem Weg überlassen dürfen. Nichts Schreckliches konnte sie unterwegs treffen. Ihnen fehlte nur eines: der Wald.

Ja, es fehlte hier der Wald. Es fehlte die süße Feuchtigkeit und der geheime Gesang der Wälder. Wälder sind die Geheimnisse einer Landschaft. Diese Landschaft hat keine Geheimnisse. Ach, ich verstehe, daß hier die Rationalisten wachsen und anderswo die Mystiker blühn. Der Wind, der berühmte, besungene und gefürchtete Mistral, ist voll Vehemenz und ohne Widerstand. Die Wälder halten anderswo die Winde auf, hüllen sie ein, besänftigen sie, wie es Mütter mit großen, starken und wilden Kindern tun. Hier gibt es keine Wälder. Hier gibt es nur Gärten. Die Hälfte der Natur ist Privateigentum. Welch ein reiches Land! Jeder zweite Einwohner hat eine riesige, glatte Festungsmauer um seinen Besitz errichtet und ihren oberen Rand mit häßlichen Glasscherben bestreut. Hier darf kein Wanderer müde werden. Er müßte sich in den weißen, dichten, schweren Kreidestaub der Landstraße legen. Alle Seitenwege führen zu verschlossenen Häusern, zu umzäunten Äckern. Ach, ich begreife: wo die Natur so liebenswürdig ist, können die Gärten verschlossen und hart sein. Die Sonne zündet die spärlichen Wälder an, sie brennen ab, einer nach dem anderen. Die Wälder sterben, der Sonne ist es noch immer nicht klar, übersichtlich, scharf genug in diesem Land. Wie rücksichtslos kann das gepriesene Licht sein und wie gütig der gescholtene Nebel! ...

Avignon aber könnte nicht zwischen Wäldern stehn. Avignon braucht Licht.

Avignon ist die weißeste aller Städte. Sie braucht keinen Wald. Sie ist ein steinerner Garten voll steinerner Blüten. Ihre Häuser, Kirchen und Paläste sind gewachsen und nicht gebaut. Noch um ihre klaren Formen webt ein Geheimnis. In ihren Mauern rauscht es wie in Wäldern. Ihr Stein ist weiß und grenzenlos tragisch wie alles Unermeßliche. Einfältige Legendenbücher enthalten manchmal Bilder von solchen Städten. Töricht-fromme Menschen stellten sich so die himmlische Stadt vor, in der die Seligen wohnen. Knaben träumen von solchen Städten mit weißen, breiten Mauern, hundert Glocken, flachen Dächern, auf denen Königinnen spazierengehn.

Mit dem Begriff Festung verbinden wir das Bild einer drohend gezackten Burg hinter einer grauen, bemoosten und schroffen Mauer. Siehe da: hier ist eine freundliche, beinahe einladende Festung. Sie zu belagern wäre ein Genuß. Vor Bewunderung würde man vergessen, sie zu bekämpfen. Um sie zu erobern, müßte man sie umwerben. Hier flösse kein Blut. Hier gäbe es keinen grausamen Tod. Vor dem starken Klang der Glocken erstürbe jedes Getümmel.

Als ich vor einem der großen Tore stand, die in die weißen Mauern der Festung eingefaßt sind wie graue Steine in einem silbernen Ring, als ich die flachgezackten Türme und die edle Stärke, die adlige Festigkeit, die unerschrockene Schönheit dieser Steine sah, begriff ich, daß eine himmlische Macht wohl ihren irdischen Ausdruck finden kann und daß sie keinen Kompromiß zu schließen braucht, wenn sie sich selbst den irdischen Bedingungen anpaßt. Ich verstand, daß eine geistige Macht die Möglichkeit hat, ohne ihr Niveau zu verlassen, sich militärisch zu sichern, und daß es einen himmlischen Militarismus gibt, der nicht einmal die Art der Bewaffnung mit dem irdischen gemein hat. Diese Festungen haben Päpste angelegt. Es sind religiöse Festungen. Es sind geweihte Kräfte. Ich verstehe, daß sie den Frieden sichern konnten. Es gibt pazifistische Festungen und

Waffen, die dem Frieden dienen und den Krieg verhindern.

Ist das eine mittelalterliche, ist das eine römische Stadt? Ist sie orientalisch oder europäisch? Sie ist nichts von alledem und alles zusammen. Sie ist eine katholische Stadt. Und wie diese Religion alle Völker umfaßt und wie diese Religion kosmopolitisch ist, so ist Avignon die Festung der katholischen Kirche, kosmopolitische, organische Verschmelzung aller Traditionen und Stile. Es ist Jerusalem und Rom, und es ist Altertum und Mittelalter.

Fünf Jahrhunderte lang regierte hier der vornehmste Geschmack. Fünf Jahrhunderte lang sammelten sich hier alle künstlerischen, politischen, literarischen Traditionen. Durch fünf Jahrhunderte lebte hier der geistige und der gesellschaftliche Adel Europas. Die Urbevölkerung dieser Stadt gehörte dem intelligenten, flinken und harten Volk der Kelten an. Aber Phönizier aus Marseille, Orientalen, die durch griechische Bildung gegangen waren, hatten Avignon begründet. Viele phönizische Familien blieben hier. Es waren Händler. Aber Händler einer Zeit, in der Handel noch Heldentum bedeutete und jedes Geschäft neben dem materiellen Zweck noch einen völkerverbindenden, Horizont erweiternden, historischen Sinn hatte! Welch eine Zeit, in der die Kaufleute die Aristokratie an wirklicher Bildung, Weltkenntnis und Weitblick um ein Beträchtliches übertrafen und in der zum Abschluß eines Vertrages mehr Mut gehörte als zu einem Krieg.

In so einer Zeit, von einem Volk solch heldenhafter Kaufleute wurde Avignon begründet. Phönizisches Blut mischte sich mit keltischem, römischem, gallischem und germanischem. Aber es ging nicht unter. Im Mittelalter noch behielt diese Bevölkerung den heitern und offenen Sinn, der ein Erbgut der orientalischen und griechisch gebildeten Seefahrer ist, und in der Hauptstadt der Kirche regierte ein fröhlicher Katholizismus, der Dionysos leben ließ, ohne daß es dem Glauben und der Macht geschadet hätte. Heute noch sind die Bewohner von Avignon halbe Phönizier: laut, unternehmungsfroh, schnelldenkend, gute Rechner und Kosmopoliten.

Die eigentliche Geschichte Avignons beginnt im 12. Jahrhundert. Die frühesten Bauten, die wir heute in Avignon sehen, stammen aus diesem Jahrhundert: die Kathedrale und die noch ältere Brücke von Avignon, deren Bau 1177 begonnen wurde. Sie war nur für Fußgänger und Reiter bestimmt. Denn sie ist zwar 900 Meter lang, aber nur 4 Meter breit. Im 13. Jahrhundert wurde sie abgebrochen. Heute sieht man nur noch eine halbe Brücke. Ihr letzter Pfeiler ruht in der kleinen Insel in der Mitte des Flusses. Ich habe einen alten farbigen Stich gesehen. Er stellt den traditionellen Tanz des Volkes auf dieser Brücke dar. Obwohl sie so schmal war, daß eine unvorsichtige Drehung gefährlich werden konnte, war sie doch der Tanzboden des Volkes von Avignon. Es rührt mich, daß die Leute hierher tanzen gingen, wo es am schmalsten und gefährlichsten war. Sie taten es sicherlich nicht bewußt, und es kam ihnen wahrscheinlich nicht in den Sinn, daß sie buchstäblich hart über dem Abgrund tanzten. Sie narrten den Tod. Sie hüpften über dem Wasser. Ihre Heiterkeit spiegelte sich in den heitern Wellen des Flusses, und vom Wasser entliehen sie die Fröhlichkeit. Auf dem alten Stich ist zu sehen, wie Kinder, Bürger, Frauen, Bettler und Mönche sich bei den Händen halten. Welch ein Trubel unter dem Protektorat der Kirche! Welch ein Fest unter den Augen des Papstes! Man kennt die schöne Geschichte Daudets vom „Esel des Papstes" und weiß, wie populär das Oberhaupt der Kirche in Avignons Straßen war. Hier, am Fluß, ging der Vater der Christenheit spazieren und lächelte. Es hätte wenig gefehlt, und er hätte mitgetanzt.

Denn die Päpste hatten Ferien. Die Geschichte nennt ihren Aufenthalt in Avignon sehr feierlich: das Babylonische Exil der Päpste – – aber es war das lustigste Exil, das die Welt je gesehn hat. „Rom", schreibt Renan, „war in Wirklichkeit die turbulenteste italienische Republik – – – Seine Umgebung war eine Wüste, jedem Wanderer gefährlich. – – Der Aufenthalt in Rom war für die Päpste eine der unerträglichsten Gefangenschaften." Clemens V. wanderte nach Avignon aus. Sein Nachfolger Johann XXII. begann zu bauen, er legte die Festungen an, die unter der Herrschaft Benedikts XII. verbessert und beinahe vollendet wurden. Drei große Kirchen haben die Päpste überdies in Avignon errichtet: Saint Agricol, St. Pierre und St. Didier.

Die imposanteste und dauerndste historische Erinnerung

bleibt der Palast. Er ist im Innern durch die Ereignisse der Revolution fast vollständig vernichtet worden. Später war er lange Zeit und bis kurz vor dem Krieg eine Kaserne. Die Militärbehörde weigerte sich, den Palast zu räumen. Sein Inneres ist wüst, graue, rissige Kalktünche klebt an den Wänden. Die Restaurierung, vor einigen Jahren begonnen, schreitet sehr langsam fort. Zweimal täglich ist er das Ziel neugieriger Touristen und das Objekt falscher Erläuterungen, die ein Führer gegen Trinkgeld den Amerikanern erteilt.

Aber nichts kann vollkommen untergehn, was die Frömmigkeit gebaut hat und was in der Hoffnung auf eine ganz andere Unsterblichkeit, als es die irdische sein kann, entstanden ist. Hört nicht auf den Führer! Sondert euch ein wenig vom Troß der Touristen ab, und ihr werdet ein Fenster sehn, „Fenêtre de l'Indulgence", das wie ein Tor zum Reich der Sonne ist, von vier Säulen gestützt und fünf schmale Portale bildend unter einem halbgeschwungenen und überraschend spitz endenden Bogen, in dem ein großes, kreisrundes Ornament über zwei kleinen eingefaßt ist, wie eine himmlische Blume; ein Rad, mit lebendigen Speichen, geschwungene Kreuze aus Licht und Glas; eine runde Ruhestatt für das Licht des Tages; die Sonne eingefangen in einem kunstvollen Netz. Ich bleibe einen Augenblick am Anfang der großen Galerie stehn, die schmal und lang ist, deren Decke hundert Bogen gebärt, alle paar Sekunden einen Bogen, wie ein Vorhang aus gerafftem Stein, lebendig und wechselreich, wie aus weichem Stoff und eine Unendlichkeit vortäuschend, wie durch raffinierte Spiegelungen. Am Ende des Korridors ein schmaler Streifen einbrechender Sonne und hinter dieser rechteckigen Insel aus Licht, Gold, Silber und flimmerndem Staub eine Treppe, die wer weiß wo hinaufführt, zum Himmel vielleicht, unzählige, kleine, schmale, steile Stufen, ohne Pause, ohne Rast, eine unermüdlich eilende Leiter.

Dann stehe ich im Hof. Er ist von vier Seiten eingeschlossen, wie ein Kleinod. Er hat viele schwarze Tore in den Wänden, aber man glaubt nicht, daß sie hinausführen. In diesem Hof müßte ein Gefangener seine Ohnmacht stärker fühlen als in einer kleinen und finstern Zelle. Er könnte in Fenster hineinsehn, aber niemals durch Fenster hinaus. Da ist ein Brunnen, da liegt meterhoch der Sand, da lagern Holzklötze, und hier sind Bretter und alte Pfosten. Und dennoch ist es immer noch der Hof eines Palastes. Wunderbare Fenster sehen in diesen Hof hinaus. Hier haben Soldaten Schießübungen veranstaltet, und hier hat man exerziert. In diesen Torbögen lehnten die Gewehre. Und doch hat der Hof der Kaserne, in der ich „abgerichtet" wurde, ganz anders ausgesehn. Ob es nicht eine Weihe gibt, die von einem Stein, einem Glas, einer Wölbung ausstrahlt und einen Hof vor der endgültigen Vernichtung schützen kann?

Die Militärbehörde wußte nicht, was sie tat, als sie die zarten Wandbilder übertünchen ließ. Unter dem schwachen, aber dauernden Schutz des Kalks haben sie lange Jahre ausgehalten. Sie hatte recht, die Militärbehörde. Das ist kein Anblick für exerzierende Menschen. Solche Bilder könnten die Disziplin einschläfern. Gebt weißen Kalk darüber, Kalk darüber, Kalk darüber! Verdeckt die Fresken von Matteo Giovanetti de Viterbo, den Christus am Kreuz. Er hat die armseligsten, hagersten Arme, sein Körper ist schmal wie ein Bein, seine durchstoßenen Hände sind halb gewölbt, noch offen, dem Betrachter zugekehrt, als schenkten sie noch im Tod, die Augen sind geschlossen wie bei einem Schlafenden, es ist die erste Sekunde nach dem Tod, im Gesicht ist kein Schmerz mehr, sondern eine stille Zufriedenheit, die spitzen, armen Knie ragen, beinahe starrend, und die Zehen sind schmal, stolz, lang wie Finger. Weder das ist ein Bild für Soldaten noch der schöne Kopf des Johannes, mit wallendem Haupt- und Barthaar, mit naiv gefurchter Stirn und klugen, bittern und guten Augen, ein Großvater, der die Welt kennt, mehr als ein Heiliger, nämlich ein menschlicher Heiliger, ein Evangelist für fromme Kinder. Und auch die Jagdszenen, erst vor kurzer Zeit entdeckt und vom Kalk befreit, waren nichts für Krieger, obwohl die Jagd ja ein männliches Gewerbe ist. Nach diesen Bildern ist es allerdings keine Jagd, die eine Militärbehörde anerkennen könnte. Denn die Wälder, die Jäger, die Tiere sind nicht von dieser Welt, man hat die Überzeugung, daß diese Tiere noch leben, auch wenn sie erlegt sind. Sie sind flach, sie kleben an der Wand, es sind nur zweidimensionale Geschöpfe, sie werfen keinen Schatten, sie kommen aus dem Traum und bleiben ewig ein Traum, und man weiß nie recht, ob sie wirklich mit irdischen Farben von irdischen Händen gemalt sind. Blätter, flach, schmal, immer unbeweglich, wie aus Gold gegossen; edle, schmale Hunde mit ornamental geringeltem, zartem Schweif und flachem, schmalem Kopf, hagere, langgestreckte Körper auf dünnen, laufenden Beinen. Es ist unwirklich und von der tiefsten Wahrheit, die nur im Traum offenbar wird.

Die Mauern der Festung sind unregelmäßig. Sie folgen den Launen des Felsens. Es ist eine fast demütige Nachgiebigkeit der Natur gegenüber. Das waren wirklich fromme Baumeister. Sie wollten nichts mehr, als die Stadt befestigen. Es kam ihnen auf eine schöne Wirkung gar nicht an. Aber die Schönheit erblühte aus der Zweckmäßigkeit. Sie entsproß dem frommen Sinn des Baumeisters. Er baute gegen feindliche Menschen und zur Ehre Gottes. Niemals ist eine Festung so sehr religiöser Lobgesang geworden. Gott ließ den weißen Stein wachsen. Niemals wird er seine Farbe verändern. Er wird mit den Jahren immer weißer, immer festlicher, immer jünger. So wie jemand, der unaufhörlich, lange Jahre betet, immer verzückter, immer strahlender und himmlischer werden kann. Kathedrale und Palast schließen sich an die Festungsmauern. Sie sind Anfang und Ziel. Und so bleibt auch die Mauer noch Teil des Palasts und der Kathedrale, Fortsetzung des Herrschaftlichen und des Heiligen.

Jenseits der Rhône liegt die Sommerresidenz der Päpste mitten im Grün. Dieselben Mauern, eine kleine Tochterfestung, sommerlich, ein Ferienschloß. Villeneuve ist ein kleiner Ort, Filiale von Avignon, ebenfalls mit alten Schätzen beladen. Dort sah ich die marmorne Muttergottes mit den zwei Gesichtern, eine römische Reminiszenz, versprengt in die christliche Legende, und die Muttergottes aus Elfenbein, das Jesuskind auf dem linken Arm, mit einem römischen Gesicht, auch das Kind wie ein kleiner Römer, mit rundem Kopf und welligem Haar. Die Augen der Jungfrau sind gesenkt, aus Scham, vor den Betrachtern. In der Chapelle de l'Hospice ist das Grab Innozenz' VI., eine kleine eigene Kirche für sich. Der Sarg steht zwischen eckigen Pfeilern, die oben in spitze Türme auslaufen. Das ganze Grabmal sieht aus wie eine hohe Krone aus Stein. Der Sarg noch ist gekrönt. Er steckt in der Krone und füllt ihren unteren Teil ganz aus.

Keine einzige Kirche in Avignon, auch nicht die schöne St.-Peters-Kirche, ist an Pracht und weihevoller Größe der Kathedrale zu vergleichen. Ihre runden, weiten Wölbungen haben himmlische Maße, das Tageslicht fällt reich und doch gemildert und milchig ein, es sind viele Fenster da, der Altar liegt in vollem Licht, und eine unvergleichliche Atmosphäre entstand durch die Verbindung von Tag und Wölbung, durch die Sättigung des Schattens mit Licht und durch die gleichzeitige Dämpfung der starken südlichen Sonne mit Hilfe des Schattens: eine gleichmäßige Helle, aber auch ein gleichmäßiges Dunkel. Ein bescheidenes Portal führt in die Kirche, verhältnismäßig niedrig, von zwei Säulen flankiert, die sich beinahe furchtsam in die Ecken drücken. Ein glattes Tor, ein altes, verblaßtes Bild darüber. Durch solche unscheinbare Tore führt der Weg zur Seligkeit, wie hier so im ganzen Schloß, in allen Gemächern. Überall bergen sich die Türen. Sie wollen die Wände nicht stören. Der Raum, seine Eintracht sind das Wichtigste.

In den Buchhandlungen von Avignon verkauft man das Bild Petrarcas, dessen Wahlheimat die Provence war, der 20jährig sich in Avignon ansiedelte, dem Geburtsort Lauras, der dann in Vaucluse lebte und sang und nach dem Tode der Geliebten nach Venedig zog, wo er die Stadtbibliothek anlegte. Aus Dankbarkeit überwies man ihm als Wohnstätte ein Schloß.

Ich glaube nicht an Zufälle. Daß in Avignon die berühmteste Frau aller Zeiten gelebt hat, das hätte ich dieser Stadt auf den ersten Blick zugetraut. Den Anspruch, von großen Dichtern besungen, aber auch geliebt zu werden, könnten heute noch die Frauen dieser Stadt mit Recht erheben. Ich habe beobachtet, daß in den Gegenden, in denen häufige und günstige Rassenmischungen vorgekommen sind, die weiblichen Nachkommen am meisten gewinnen. Die Frauen von Avignon sind mit Unrecht weniger berühmt als die Arleserinnen. Ich habe in Arles einen Frauentyp am häufigsten getroffen: den römisch-provenzalischen, etwas herben, strengen mit der schmalen, langen Nase und dem schmalen Mund, mit großen Augen und einem spitzen Kinn, herzförmige Frauengesichter, geeignet, leidenschaftlich besungen, aber nur mit Bedacht geküßt zu werden und mit dem Bewußtsein, daß der Kuß eine Bindung ist. Andere Frauen leben in Avignon. Hier gibt es keinen einheitlichen Typus. Aber alle Mädchen gehn zart und flink auf hohen Beinen, alle, auch die blonden, haben die sanfte, olivenfarbene Haut, die niemals braun, niemals rot wird und an welcher die Sonne, der Wind, der Regen und selbst das Alter machtlos vorübergleiten. Ja, auch das Alter! Denn obwohl das sagenhafte Vorurteil von Männermund zu Männermund geht, daß die südlichen Frauen schneller alt werden als die nördlichen, sind in Avignon noch die Fünfzigjährigen mit jenem Liebreiz begabt, der die Treue der Männer erhält und ein temperamentvolles Altern verbürgt, das ich einem sanften Absterben vorziehe. Übrigens ist es kein Wunder. Die Liebe erhält jung, und eine Lebensfreude, bei der das Wohlergehn nur eine angenehme Begleiterscheinung und bei der die Hauptsache ein geistiges Genießen ist, verbürgt eine späte Beweglichkeit. In Avignon freuen sich alle Mädchen. In den engen Gassen, in denen alle Familien am Abend sitzen, mit Kindern, Hunden, Katzen, Papageien, Schwiegersöhnen und Großmüttern, habe ich immer nur Lachen gehört, und mir, einem fremden Spaziergänger, dem man seine Fremdheit ansehen mußte, rief man freundliche Grüße zu, und wenn einer gerade mehr Wein getrunken hatte, als er gewöhnt war, wäre er bereit gewesen, mich in seinem Hause zu bewirten. Sein Haus war allerdings die Gasse.

Ich habe in den *Lettres historiques galantes* den Abschnitt über Avignon gelesen. Der Autor dieses Buches ist die kluge Frau Dunoyer, in der Literaturgeschichte besser bekannt durch eine Art schwiegermütterlicher Beziehung zum jungen Voltaire als durch ihre Werke. Sie ist die Mutter jener Pimpette, welche die erste Geliebte Arouets war. Frau Dunoyer, eine Journalistin mit Beziehungen, hatte es verstanden, das Verhältnis Voltaires zu ihrer Tochter durch List und Gewalt zu lösen. Bei den Voltaireforschern kommt sie schlecht weg, Brandes urteilt über sie am schärfsten. Aber sie war schließlich eine Schriftstellerin. Als ich sie las, erfuhr ich wieder einmal, daß bei schreibenden Menschen, sogar bei schreibenden Frauen, Talent und Stil beurteilt werden sollen, nicht Charakter und Handlungen. Nie hätte ich, nach dem, was von ihr bekannt war, Frau Dunoyer eine so begabte Hand zugetraut. Sie schildert das Leben im Avignon des 17. Jahrhunderts so lebendig, daß ich es ganz gegenwärtig fühlte. Wenn man der Autorin glauben soll, war Avignon galanter als Paris. Da kamen die reichsten Lebemänner der Welt zusammen, es war ein Gedränge vornehmer Karossen, ein Korso der verschiedensten Stämme, Länder, Stände und Uniformen, man sah Diplomaten, Kardinäle, Edelmänner in bunten Kleidern. Am meisten imponieren der Madame Dunoyer die goldbestickten Schweizer, die Garde der Legaten. Frau Dunoyer war schließlich doch eine Frau. Und sie wird nicht die einzige gewesen sein, der diese Schweizer gefallen. Sooft ich eine breitschultrige, starke Tellgestalt unter den schmächtigen, schlanken, knabenhaften Männern sah, dachte ich an die segensreiche Wirkung der päpstlichen Schweizer.

Sie sind nicht umsonst so lang noch nach der Rückkehr der Päpste nach Rom in Avignon geblieben. Wäre ich ein Papst, ich säße heute noch dort. Ich säße, was bestimmt keine Sünde wäre, vor dem Porträt von Delorme *Eine Avignonerin in Gala-Toilette* im Musée Calvet und müßte lange, lange dieses Angesicht bewundern, ein kindlich spöttisches Gesicht mit vorgeschobener Unterlippe, den Blick erhoben, wie gegen einen Balkon gerichtet oder auch gegen den blauen Himmel von Avignon, die zarten, aber festen Bogen der schwarzen Brauen in sicherem Schwung emporgezogen, ohne daß ein Fältchen auf der glatten, freien, runden Stirn entstanden wäre. Ein hochmütiger Augenaufschlag, ein bißchen skeptisch, ein bißchen spöttisch, und dennoch von kindlicher Erwartung. Diese kurze, aber sehr bestimmte Nase liebte ich und diese lange Oberlippe mit dem zarten Kanal in der Mitte. Eine galante Frau, eine aus den besten Ständen: sie ist dennoch volkstümlich, ein Kind vom Lande, sie könnte in einer anderen Tracht eine Bäuerin sein. Denn dieses „Land" macht seine Töchter nicht grob, und ich habe Mägde mit den zartesten Händen von der Welt gesehn. Es ist ein sehr kultivierter Boden, ein Land ohne Mais, ohne Kartoffeln und ohne Schwarzbrot. Es erzeugt gesunde, aber nervöse Menschen. Ich habe gesehn, mit welcher eleganten Sicherheit sich alte Bäuerinnen in ihrer ländlichen Tracht in den Luxuslokalen der Stadt benahmen. Es gibt in der Provence überhaupt nicht den Unterschied zwischen städtischer Dame und ländlicher Frau. Einer alten Führerin in Les Beaux sagte ich, als sie mir ihre zwei Photographien zur Wahl vorlegte – jeder alte Mensch in Les Beaux verkauft seine eigene Ansichtskartenphotographie –, daß ich nicht entschlossen wäre, weil sie auf beiden Bildern so verschieden schön sei. Sie antwortete sofort: „Oh, mein Herr, wenn Sie mir das vor 30 Jahren gesagt hätten!"

Wenn ich der Papst wäre, ich lebte in Avignon. Mich würde es freuen zu sehen, was dieser europäische Katholizismus zustande gebracht hat, welch großartige Rassenmischung, welch einen farbigen Wirrwarr der verschiedenen Lebenssäfte, und wie trotz dieser Vermengung kein langweiliges Einerlei entstanden ist. Jeder Mensch trägt in seinem Blut fünf Rassen, alte und junge, und jedes Individuum ist eine Welt von fünf Erdteilen. Jeder versteht jeden, und die Gemeinschaft ist frei, sie zwängt niemanden in eine bestimmte Haltung. Der höchste Grad von Assimilation: gerade so fremd, wie einer ist, soll er bleiben, um heimisch zu werden.

Wird die Welt einmal so aussehn wie Avignon? Welch eine lächerliche Furcht der Nationen, und sogar der europäisch gesinnten unter den Nationen, diese und jene „Eigenart" könnte verlorengehn und aus der farbigen Menschheit ein grauer Brei werden! Aber Menschen sind keine Farben, und die Welt ist keine Palette! Je mehr Mischung, desto mehr Eigenart! Ich werde diese schöne Welt nicht erleben, in der jeder einzelne das Ganze repräsentieren wird, aber ich fühle diese Zukunft schon heute, wenn ich auf dem „Platz der Turmuhr" in Avignon sitze und alle Rassen der Erde im Gesicht eines Polizisten, eines Bettlers, eines Kellners leuchten sehe. Das ist die höchste Stufe der „Humanität". Und „Humanität" ist die Kultur der Provence, deren großer Dichter Mistral, auf die Frage eines Gelehrten, welche Rassen in diesem Teil des Lands leben, verwundert sagte: „Rassen? Aber es gibt ja nur eine Sonne!"

# Les Beaux

Die verzauberte Welt der kleinen mittelalterlichen Epen romanisch-orientalischen Charakters ist verwüstet, aber noch nicht spurlos verschwunden. Ihre Heimat ist das „Herz der Provence", die Gegend von Maillane und Les Beaux. Ich kenne noch die Abenteuer der fahrenden Ritter. Sie reisen, von einem kleinen, bunten Vogel geführt, durch einen dichten Wald, kaum ein paar Meilen weit, und befinden sich plötzlich in einem andern Land, in dem achtzig Burgen ragen, in der Mitte die höchste, und alles ist aus weißem Stein. Sie reiten über gläserne Brücken, an Felsen vorbei, die versteinerte Könige sind, versteinerte Bäume, versteinerte Seen. In der Burg lebt die schöne Königin, eine junge Witwe, die auf einen tapferen Mann wartet, oder die schöne, sanfte Tochter eines grimmigen Königs. Ich erinnere mich, daß das Glasmotiv immer wiederkehrt. Entweder bricht ein gläserner See und der stürzende Reiter ist im verzauberten Land, oder er schläft ein und träumt, daß er durch eine gläserne Mauer schreitet, hinter der die unbekannte, überraschend weiße Welt sich auftut.

Als ich nach Les Beaux kam, begriff ich die Häufigkeit des Glasmotivs in den Rittersagen des Mittelalters. Die Luft ist hier ganz klar und gläsern und ganz verschieden von der Wärme, in die ich noch vor einer halben Stunde wohlig eingehüllt war. Auf diesen Höhen bläst scharf der Mistral an manchen Tagen, er verfängt sich in den Höhlen des Kreidefelsens und in den hohlen Ruinen der Türme und weiten, fensterlosen Gemächer, er vertreibt die dichte Luft und putzt die Atmosphäre blank, so daß man glaubt, den Felsen hinter Glas zu sehn, und sich wundert, ihn mit der Hand greifen zu können. Alles Nahe rückt in die Ferne. Vielleicht, weil man sich wundern muß, ein so Fernes so nahe zu sehn. Weil man seinen Augen nicht traut, wenn mitten aus grünem Blühen eine weiße Kreidewüste dem Wanderer entgegenspringt. Man muß nicht der naive Ritter des frühen Mittelalters sein, um zu glauben, daß man im Traum durch eine gläserne Mauer gestoßen sei. Diese Berge sind aggressiv, und man gelangt nicht zu ihnen, sondern sie überfallen den ahnungslosen Wanderer. Die breite Landstraße wird immer steiler. Schon rücken die Felsen ganz nahe heran, schon säumen sie den Wegrand, auf einmal reißt ein Berg sein grünes Kleid von seinem kreidigen, zerklüfteten Leib, dann noch einer und ein dritter. Jetzt sind sie ganz nackt. Jetzt ist weit und breit kein Baum, kein Strauch zu sehen, nur ein gefrorenes Kreidemeer, mit stehengebliebenen Wogen und Wellen, mit versteinerten Schiffen und seltsamen, erfrorenen Tiergestalten. Kein Ufer, kein Rand, kein Land! Der tiefblaue Himmel säumt das unerbittliche Weiß von allen Seiten, und die Sonne brennt schwer auf die Kreide. Aber das ist kein Eis, das schmelzen könnte. Das ist Glas, Glas, Glas.

Hier also liegen die Ruinen von Les Beaux.

Es sind keine Ruinen in der üblichen Bedeutung. Sondern es ist die Rückkehr des Steins zum Stein. Kreide war einmal ein Schloß und ist wieder Kreide. Die ganze Burg lag im Felsen. Der Fels hatte sie geboren und einige Jahrhunderte in seinem Schoß gehalten. Jetzt ist der Fels wieder Fels. Er wächst wieder. Er erneuert sich und überwuchert die Formen der Burg. Und immer noch leben in seinen Eingeweiden Menschen. Die Bevölkerung von Les Beaux zählt 300 Seelen. Von ihnen wohnen 100 in den Ruinen. Kinder werden geboren und wachsen auf zwischen wüstem Stein und historischen Monumenten. Verliebte junge Menschen wandern am Abend durch Kavernen. Sie umarmen sich auf Kreide. Sie zeugen in leeren Gräbern. Alle Alten werden hier „Fremdenführer". An jeder zweiten Tür steht ein Mann, der ein Trinkgeld verdienen möchte. Es ist traurig zu sehn, wie die Unproduktivität der Wüste die Menschen unproduktiv macht. Wie alle davon leben, daß sie einen Stein zeigen, den man ohnehin sieht. Und niemand weiß, wie hier in das großartige Schweigen toter Geschichte der Lärm von sechzig Führern sechzig schreckliche Löcher schlägt.

Ach, man müßte hier schweigsam sein wie der Stein und daran denken, daß dieses Schloß einmal das Symbol einer Epoche der Menschheit war. Die Herren des Schlosses – man sagt, es wären die von Hugues – waren die mächtigsten Fürsten im Land. Sie besaßen achtzig Schlösser, und sie hatten tagsüber viel zu tun mit Kriegen, Belagerungen und kleinen Überfällen auf Kaufleute. Aber ihre schönen Frauen saßen zu Hause, und es war jene großartige Zeit, in der die „Holdheit" noch keine kitschige Bedeutung hatte und eine ehrliche Eigenschaft der Frauen war. Die Troubadoure kamen von allen Seiten zur Burg Les Beaux gezogen, die Kollegen unserer Minnesänger, wahrscheinlich ein wenig galanter als diese und wahrscheinlich auch weniger innig. Aber alle schönen Worte von Liebe und der ganze Troß der Begriffe, die in den amourösen Diensten stehn, waren noch funkelnagelneu, eben aus dem Volksmund gekommen und noch nicht zersungen. Noch im 15. Jahrhundert regierte hier eine Frau, die Königin Jeanne, und verspätete Troubadours, in anderen Kleidern mit neuen Sitten, aber dem alten Gesang, pilgerten immer in dieses gläserne, verwunschene Schloß, das unwahrscheinlich und furchtbar weiß und trotzig war und in dessen Innerm die Zartheit wohnte.

An die Königin Jeanne erinnert hier nur noch der kleine, nach ihr benannte Renaissance-Pavillon, den Mistral so gut besang, daß man ihn zum Lohn in einem getreu nachgebildeten Pavillon begrub. Es ist ein kleines Schlößchen zwischen zwei Wänden mit einer kleinen, moosbewachsenen, aus Quadern zusammengewölbten Kuppel, die an den Panzer einer Schildkröte erinnert, mit vier kleinen Säulchen und einem Miniaturtörchen, ein bißchen zernagt vom Zahn der Zeit, von Touristen zu häufig besucht und ganz rührend in einer Bescheidenheit, die warm ist und beinahe menschlich. Viel imponierender ist das berühmte „Höllental", eine 300 Meter lange Schlucht, von den Eingeborenen mit Scheu betrachtet. Höllengeister sollen hier wohnen. Noch zackiger ist der Stein, noch wüster die Kreide, es könnte der Rachen eines 300 Meter langen, teuflischen Krokodils sein. In einigen Büchern steht es schwarz auf weiß, mit jener Sicherheit, die eine zweifelhafte Tugend der Historiker ist, daß Dantes Höllengesang durch dieses Tal verursacht wurde. Sicher ist nur, daß Dante sein großes Lied zuerst in der provenzalischen Sprache schreiben wollte. Man zeigte mir auch die „Feengrotte", die in Mistrals *Mireille* besungen ist. Aber in der Nähe dieser Schloßruinen und in einer Welt, die so ungewöhnliche Formen aufweist, ist eine Feengrotte eine Kleinigkeit.

Nicht aber die Kirche St. Vincent aus dem 12., 13., 14., 15., 16. und 17. Jahrhundert. Es scheint, daß Menschen, die in

einer Steinwüste leben, in dem Hause Gottes Erholung suchen wie andere auf einer Wiese. Strenge, Schärfe, Unerbittlichkeit war ringsum, soweit das Auge sehn konnte. In
der Kirche aber blüht die Heiterkeit. Es ist eine wunderbare, helle Kirche mit frischen, gesunden und lebensfreudi-
gen Heiligen, mit viel hölzernem Zierat, das noch Waldge-
ruch auszuströmen scheint, mit niederen Bänken, wie für
Kinder, und einem menschlichen, nahen Altar. Als ich in
die Kirche trat, rüstete man gerade zu einem lokalen Fest,
der Pfarrer hatte die Soutane aufgeschürzt und die Ärmel
hochgerückt, Kinder trugen Reisig, Frauen säuberten Teppiche, Säuglinge lagen in Wiegen neben Opferstöcken, das
ganze Dorf war da, die Türen standen offen, die eigene Helligkeit der Kirche mischte sich mit der des Tags, und es war
wie ein Lichtaustausch zwischen zwei befreundeten und
verwandelten Welten. Ich glaube, die Leute könnten unter
den Steinen niemals froh werden, wenn es diese Kirche
nicht gäbe. Die Kinder, die in den Höhlen geboren werden,
erblicken erst bei der Taufe das Licht der Welt.
Ich habe dann in St. Rémy das berühmte Mausoleum und
den Arc de Triomphe betrachtet, zwei kolossale Monumente der römischen Herrschaft, berühmt und oft beschrieben, imposante Zeugen einer imposanten Größe, Stein, der
so dauerhaft war wie der Geist und der sich nichts aus den
Jahrhunderten macht. Diese Monumente haben es allerdings leichter als Bauten in anderen Ländern. Denn es regnet hier selten, der freie Himmel ist wie ein schützendes
Zelt, er selbst sendet keine vernichtenden Kräfte aus, sondern eher erhaltende. Hier haben die Steine ein gutes und
langes Leben.
Diese Betrachtung allein aber war es nicht, die mich zwang,
auch im Anblick eines alten Triumphbogens, eines Mauso-
leums, eines wunderbar erhaltenen römischen Theaters in
Orange, fortwährend an das Mittelalter und Les Beaux zu
denken. Was also war es? Ist es nicht erhebend, die Ewigkeit Roms zu erleben, noch einmal die blühende Jugend
Europas, unwiderleglich das Leben des längst Vergessenen
zu sehn und zu erfahren, daß irgendwo noch die Steine beweisen können, was die Stumpfen nicht glauben wollen?
Waren es nicht steinerne Seelen? Fühlte ich hier nicht noch
den Weg nach Rom? Hier hinunter führte er über die Alpi-

nen, schnurgerade, wie nur ein Weg, auf dem unverrückbare und ewige Ziele wandern. Felder und Städte verdekken ihn, aber sie schaffen ihn nicht aus der Welt. Auch die verdeckten Wege führen nach Rom. Wie hier, so stehen noch einige Triumphbogen in einigen Ländern, und selbst wo sie verfallen sind, weht noch immer ihr riesiger, steinerner, kühler Schatten allen, die Geschichte fühlen.

Und dennoch kann ich Les Beaux nicht vergessen. Hier, scheint es mir, siegten zum erstenmal Trümmer über Monumente. Die Monumente sind erhaben. Aber die Trümmer sind tragisch. In aller Größe des Triumphbogens ist noch die Heiterkeit einer singend siegenden Welt. In aller Kolossalität lauter Harmonie und nichts von Konflikten. Wie schlossen sie die heidnischen Augen vor dem Problem, und wie kühn und licht überwölbten sie mit dem schönen Bogen die Häßlichkeit und die Trauer!

Aber Les Beaux ist zerklüftet. Das Mittelalter ist tragisch. Nicht weil es zerstört wurde. Ganz erhalten, wäre es noch tragischer. Tragisch selbst der Troubadour, dessen Ankunft Frohsinn verbreitete. Tragisch die schöne Königin im sehr schroffen Gemäuer. Tragisch der Tod, die Geburt, das Fest, die Hochzeit, das Mahl. Die Welt noch naiv, aber schon problematisch. Schon liegt der Schatten des Gekreuzigten, Stillen, Traurigen über den Jahrhunderten. Noch ist Pans Flöte nicht verklungen, und schon erhebt sich die Stimme der Orgel.

Ein paar Kilometer liegen zwischen dem Triumphbogen und den weißen Ruinen. Schmal sind die Grenzen der Epochen. Ein Schritt trennt die Zeiten. Trennt er sie? Ist das eine Grenze? Ist das nicht ein Übergang? Liegen sie nicht heute friedlich nebeneinander, heute, da beides ausgekämpft hat? Lag nicht beides kindlich nebeneinander im Land meiner Kindheit? Floß nicht eins ins andere in meinen Träumen? Ist es heute nicht wieder eine Welt, zusammengeschweißt von der Macht der Erinnerung? Lebt nicht der Orient im römischen Bogen, lebt nicht der Orient im mittelalterlichen Epos? Gibt es wirklich verschiedene Welten? Gibt es nicht eine einzige? Was uns trennend erscheint, ist es nicht einigend?

Kein Führer gibt Antwort. Wir sind da, um zu fragen. Wir sind da, um zu glauben.

# Nîmes und Arles

Im kleinen Stadtpark von Nîmes ist Alphonse Daudet in
Marmor verewigt, in der Mitte eines kleinen Bassins, von
zwei weißen Schwänen ständig umkreist, die sich hintereinander mit der schweigsamen und präzisen Stetigkeit von
Uhrzeigern drehn. Daudet sitzt in den etwas lockeren Kleidern, die damals noch die Gewänder der Dichter waren, für
unsern Geschmack zu betont künstlerisch und das Gesicht
in einer zu realistischen Lebendigkeit festgehalten, in der
überlieferten Pose des Dichtens, worunter sich die Bildhauer um die Wende des Jahrhunderts eine Art zielbewuß-
ter Geistesabwesenheit vorzustellen liebten. Daudet „sinnt"
– wenn man dem Bildhauer Falgnière glauben soll. Dennoch ist es ein rührendes Denkmal für einen so stillen, feinen und empfindsamen Dichter, der die Grenzen der Bürgerlichkeit niemals verließ, auch nicht, wenn er die
Bürgerlichkeit ironisierte. Er konnte sich und uns sehr gut
über die Welt lustig machen, von deren Art er selbst war,
und diese Welt hat ihm deshalb nichts übelgenommen, obwohl gerade sie es ist, die den Spott am wenigsten verträgt.
Daudet ist vielleicht der einzige seiner Art, der eine westeuropäisch begrenzte Unsterblichkeit errang. Im schönen
kultivierten Ziergarten der Provence ist er eine gepflegte
Blüte, die über ihr heimatliches Beet hinauswächst, aber es
niemals verläßt. Maupassant, der nördliche Franzose, spot-
tete so gründlich, daß die französischen Bürger sich heute
noch getroffen fühlen. Maupassant hat erst 1925 ein Denkmal in seiner Heimatstadt bekommen. Er hätte selbst darauf
verzichtet. Daudet lebt schon seit 1900 in Marmor und in Nîmes, und er ist gewiß bescheiden-stolz auf sein Denkmal.
Denn der Süden konserviert. Im Süden kann man vielleicht
ein echter Dichter und „reaktionär" sein und die traditionellen Lügen der Gesellschaft für heilige Traditionen halten.
Der Süden konserviert die Steine, die Fragmente, die Weltanschauungen. Im Norden ist es anders. Wem die Augen
im Norden nicht aufgehen, der kann vielleicht ein „Dichter" im engsten Sinn des Wortes sein, aber er bleibt als
Schriftsteller – das heißt zur Hälfte ein Wissender und zur
Hälfte ein Weiser – unbeholfen. Er kann uns was zu singen
haben. Er hat uns nichts zu sagen.

Wer in Nîmes geboren wird und noch 14 Jahre vor dem großen Krieg sein Denkmal erhält, kann leicht mit der Welt zufrieden sein. Nichts stört den bürgerlichen Frieden von Nîmes. Hier hat man sogar verstanden, die großen Monumente der wahrhaft unbürgerlichen Römerzeit der Stadt, auch ihren neuen Teilen, einzuverleiben und in der großen römischen Arena ein Freiluftkino zu errichten. Den Einwohnern von Nîmes kommt es gar nicht in den Sinn, daß den Kinematographen von der Arena nicht nur die Jahrhunderte scheiden. Sie leben sorglos, und mit vergnügter, beharrlicher Ahnungslosigkeit flechten sie die Epochen der Geschichte ineinander, wie Blinde Körbe flechten, die sie niemals sehen werden. Sie wissen nicht, was sie tun, aber vielleicht erfüllen sie eine große Aufgabe. Das ist die Unschuld der Menschen, die im Schatten der Geschichte wachsen. Sie sind wie Kinder am Fuße eines Vulkans. Sie halten die steinernen historischen Feiertage für gewöhnliche Wochentage. Den Kaiser Augustus behandeln sie wie einen toten guten Bekannten der Familie, mit dem der Großvater noch Domino gespielt hat. Ich könnte, mit einer Gesinnung beladen, die den Braven, Guten im höchsten Grade gefährlich erscheinen müßte, unter ihnen leben. Ich käme mir um zwei Jahrzehnte jünger vor. Ich könnte mit ihnen die Arena vor jedem Sturm verteidigen, von dessen geschichtlicher Notwendigkeit ich selbst überzeugt wäre.

Denn es täten mir alle Schätze der Vergangenheit leid, und ich wünschte, daß der neue, der nächste und der übernächste Mensch, der Mensch aller Formen, durch die wir noch zu wandeln und uns noch zu wandeln haben, den Zusammenhang mit der Kindheit Europas behalte und mit seiner eigenen oder daß er sie so wiederfinde wie ich. Es muß, glaube ich, irgendwo einen geschützten Bezirk geben, in den das Neue ohne die vorangehende Zerstörung dringen soll, mit gesenkten Waffen und mit gehißter weißer Friedensfahne. Diese Bezirke sind nicht alle geographische, aber manche sind auf der Landkarte genau abzuzeichnen. Zu ihnen gehört der Süden Europas.

Ich habe hier gelernt, daß nichts beständig ist, was nicht Fortsetzung ist, überraschende Fortsetzung vielleicht, aber doch eine. Die Kette reißt nicht ab, und man darf sie nicht zerreißen. Intellekte und Kulturen gehn nicht unter. Rassen gehn nicht unter. Mitten unter uns, vielleicht in jedem von uns, leben die Völker, die scheinbar von der Erdoberfläche, aber eben nur von der Oberfläche verschwunden sind. Uns oben, uns den Stürmen unmittelbar Ausgesetzten, mag es manchmal vorkommen, daß irgendwo ein Volk, eine Rasse, eine Epoche ihr Leben ausgehaucht hat und daß anderswo ein neues Leben, eine neue Rasse, ein neuer Kampf, ein neuer Sieg beginnt. Welch eine Kurzsichtigkeit. In den allerersten Kulturwehen einer längst unsichtbar gewordenen Rasse, ja eines vom Meer verschlungenen Erdteils, lag unsere letzte, endgültige Kulturform schon beschlossen. Es gibt kein unbeschränkt und allein „Kommendes", kein endgültig „Verlorenes". Im Kommenden ist das Vergangene. Wir können die Antike aus unsern Augen, aber nicht aus unserm Blut verlieren. Wer eine römische Arena, einen griechischen Tempel, die ägyptischen Pyramiden und ein hilfloses Werkzeug aus der Steinzeit gesehn hat, muß es wissen.

In Nîmes sind, wie gesagt, alle römischen Denkmäler durch eine Art Einverleibung bürgerlich gemacht. Aus dem Tempel der Diana hätten sie beinahe ein Magistratsbüro gemacht, im „Maison Carrée", der einmal ein Tempel Jupiters war, statt des kleinen Museums ein Standesamt, im mächtigen Amphitheater ein Schiedsgericht. In dieser furchtbaren Nähe des Kleinbürgers wird, obwohl es ohne Zweifel Kultur hat, jede Größe niedlich.

Und obwohl das Amphitheater zu grausamen Zwecken errichtet worden ist und obwohl die blutigen Spiele der Römerzeit eine (klassische) Bestialität waren, fühlt sich eine Arena als Schauplatz eines provenzalischen Stierkampfs, besonders wenn dieser ein Spektakel des Kleinbürgertums ist, mit der Atmosphäre eines bürgerlichen Kasinos. Das ist das Furchtbarste an den Stierkämpfen: daß der Barbiergehilfe, der Schneider, der Feldwebel im Anblick eines Tieres Heroen werden. Der berufliche Stierkämpfer ist es nicht einmal. Im Zivil ist er ein Spießer. Aber heute, am Sonntagnachmittag, hat er wenigstens ein Kostüm, und es mag sein, daß ein buntes Tuch, das den Stier mit Recht reizt, einen geizigen Bauer, der vor seiner Frau Angst hat, mit wirklichem Mut erfüllt. Er setzt sich ja schließlich auch der Gefahr aus. Aber rings um den Zaun, der sie schützt, stehn die kleinen Männer in den Sonntagsanzügen, Männer mit Bäuchen und Schwächlinge mit dem Kummer im Angesicht, den nur ein ganz kleinlicher Alltag und ein winziger Ehrgeiz zeichnen. Und diese Leute werfen dem Stier Mützen und Schimpfrufe in den Weg, sie reizen ihn, und wenn er gegen den Zaun stößt, verschwinden sie schnell. Alle sind sachverständig. Alle tun so, als könnten sie den Stier bei den Hörnern packen. Und ich sehe ihre kleinen, kümmerlichen Tage, die sauer sind wie ihre Gesichter, ihre Unterwürfigkeit gegen alles, was „reich" und „vorgesetzt" sein könnte, ihren Hochmut im Anblick eines Wehrlosen, ihre Demut im Anblick der Stärke. Ein Bauer stößt eine Lanze in den Rücken des Stiers, ein Bauer, der morgen feilschen wird, beim Schweinehandel: ein Held! Besungen in den Heldenliedern des Landes, Erbe verwegener Sitten, Träger alter Traditionen, geboren auf historischer Erde und ein Kleinbürger vor allem. Ein furchtsamer, scheuer, kühner, heldenmütiger Kleinbürger. Ich kann dieses sagenhaft weiße, unermeßliche Oval der Arena nicht vergessen. Auf den alten Steinen, vor denen ich Achtung hätte, wenn sie leer wären, befinden sich die Repräsentanten des sonntäglichen Familienlebens im Süden. Die Erhabenheit des Stiers aber ist jener der Steine verwandt. Ich weiß: es ist auch damals so gewesen, als die Gladiatoren einem Mörder unter der Krone *Ave Cäsar* zuriefen! Aber das Geschlecht, dessen Blutdurst so unstillbar war, hat eben diese mächtigen Quadern aufgeschichtet. Und sie lebten vor zwei Jahrtausendern! Dagegen hat eine Generation, die durch Grammophon und Zeitung, Kasino und Bakkarat gekennzeichnet ist, kein Recht auf Blut.

Keiner von den Dichtern dieses Landes hat gegen die Stierkämpfe etwas einzuwenden. Viele verherrlichen sie. Ich kann weder einen Patriotismus noch ein Genie begreifen, welche die Bestialität nicht sehn.

Man hat über die Stierkämpfe viel Wissenschaftliches, Historisches, Dichterisches geschrieben. Jedes Jahr im Mai veranstaltet man in Paris provenzalische Stierkämpfe. Und weshalb wundert sich noch jemand über die Nutzlosigkeit des Völkerbundes und der Schiedsgerichte?

Die Arena von Arles konnte ich zum Glück an einem Tag sehn, an dem man keine Stiere reizte. Es war ein stiller Wochentag. In Arles liegen die Denkmäler außerhalb der bürgerlichen Sphäre. Sie sind im mittelalterlichen und späteren Arles heimisch geworden. In den „Alyscamps" haben sich die ersten Christen verborgen, und die mittelalterlichen Arlesier haben sich da begraben lassen. In der Arena haben sie sich eine Zeitlang gegen Stürme feindlicher Belagerer verteidigt. Aber weder die Lebenden noch die Toten haben den römischen Bauten etwas von ihrer fernen Unberührtheit genommen. Sie stehn eigentlich außerhalb der Stadt: die Arena, die noch größer ist als die von Nîmes, nicht besser erhalten, aber weißer, stolzer, sonnenreicher; die Reste des alten Theaters mit den zwei steinernen, dünnen Säulen vor dem Halbrund, die wie durch einen heiligen Zufall noch stehengeblieben sind, während rings um sie alles versank und Erde wurde; das kleine, runde, ein wenig orientalische Palais Constantin, zu ebener Erde, hart am Straßenrand, wie ein Privathaus, mit drei dichtvergitterten Fenstern, an denen die Eisenstäbe wie ein zartes Gewebe sind; und die „Alyscamps", von denen nur noch wenig geblieben ist; ein breites Tor, mit weiten, stubengroßen Nischen in den Seitenwänden; Steine, Büsten, Köpfe; und Särge, Särge, Särge.

In Arles sind die Gassen so eng, daß die Wagen, Autos und Lastfuhrwerke aneinander nicht vorbeikönnen und daß immer einer von zwei einander begegnenden Wagen in einer Seitengasse warten muß. Aber es ist keine planlose Enge wie in Tournon, sondern eine vorsorglich berechnete. Es gibt auch einen kleinen, stillen, viereckigen Ringplatz. Der ist ganz grün vom Sonnenlicht, das durch die Bäume gefiltert wird, und vom Moos, das an allen Seiten wächst. Auf diesem Platz steht Mistral, der große provenzalische Dichter, mit Schlapphut, Spazierstock und Bratenrock, mit einem Spitzbart und einer dünnen, zartflügeligen Nase, ein guter Mann und ein Patriot. Er hat hier in Arles das berühmte provenzalische Museum angelegt: mit wenig Gelehrsamkeit und viel dichterischer Lebendigkeit, manchmal nach panoptikalen Grundsätzen und mit einer naiven Freude an einer naiven Wirksamkeit und an kindlichen Lichteffekten. In einem Fenster, hinter bläulich schimmerndem Glas, sieht man eine alte provenzalische Stube, die Menschen aus Wachs, mit historischer und physiognomischer Treue nachgebildet, eine Wiederauferstehung im toten Material. Man sieht Waffen, Wiegen, schlechte und gute Bilder, Briefe, Werkzeuge, Bedarfsgegenstände großer provenzalischer Männer, es ist ein sehr herzliches Haus- und ein Familienalbum für die Provence. Es gibt noch ganz andere Monumente, antike, in den Museen von Arles: die berühmte Nachbildung der berühmten Venus, Köpfe aus frührömischer Zeit, Köpfe aus christlich-römischer Zeit. Die Kunsthistoriker haben große Bände darüber verfaßt.

Ich wundere mich, daß die Arlesier nichts von der antiken Größe ihrer Denkmäler, bei denen sie aufgewachsen sind, aufgenommen haben. Sie sind stille, feine, bescheidene Menschen. Sie sitzen auch in den Gassen, wie die Leute von Avignon, aber sie sprechen mit leisen Stimmen, und nur zweimal in der Woche lassen sie sich im Kino einen Film vorführen. In keiner der kleinen provenzalischen Städte habe ich solche verhaltene, stille Dämmerungen, solche Abende, an denen kein Geräusch die Glocken störte, erlebt. Die Klänge hatten freie Bahn, sie lustwandelten noch lange in der Luft, ehe sie schlafen gingen.

Diese Glocken kamen von der reichen Kirche St. Trophime, die aus dem 12. Jahrhundert stammt. Sie hat ein prächtiges Tor, vor dem ich lange stehn konnte. Es ist immer geschlossen, als wäre es ganz unmöglich, daß dieser unwahrscheinliche Eingang für gewöhnliche Menschen bestimmt wäre. Sieben weiße Stufen führen empor. Da ist ein Giebel, von Köpfen gehalten, darunter ein tiefer Bogen, wie aus vielfach gefaltetem Stein, zu beiden Seiten starke Säulen, in der Mitte hohl, und von kleinen, schlanken, runden Säulen unterbrochen, hinter denen je vier Heilige stehn. Sie stehen unter steinernen Baldachinen, die Köpfe gesenkt und halb im Schatten, sie laden ein, die Kirche zu betreten, demütig, wie Heilige es tun. Aber durch dieses zweiflügelige, in der Mitte durch eine runde Säule mehr zusammengehaltene als getrennte Tor geht niemand. Es ist geschlossen und vielleicht nur an hohen Feiertagen offen.

Durch den Hof gelangt man in einen der berühmtesten Klostergänge der Welt, eine Galerie aus dem 13. Jahrhundert. Die Galerie umrahmt, viereckig, den viereckigen, grünen, überwucherten und bemoosten Hof. Aus Stein, Sonne, Laub und Feuchtigkeit entsteht das merkwürdige Tageslicht, das wir manchmal träumen. Aus vielen breiten, langen Wölbungen besteht die Decke. An den vielen Doppelsäulen, die den Hof vom Gang trennen, lehnen Heilige. Jeder Heilige hat einen Winkel einem Schwalbenpaar geschenkt. Jeder hat ein paar Vögel zu versorgen. Es ist grün, feucht und dennoch heiter. Es ist ein Hof für Greise, die vor dem Tod keine Furcht haben und sich nach dem Himmel sehnen, weil sie in diesem Wandelgang schon eine Ahnung finden von den schattigen, grünen und dennoch lichtgetränkten Wandelgängen des Himmels.

Die ganze Stadt hat etwas von der kühlen, alten Heiterkeit eines Klostergangs und viel von vegetativem Stein und lebendigem Marmor. Wände, Mauern, Denkmäler und Fragmente werden erst nach Jahrhunderten lebendig und mit jedem vergehenden Jahrhundert lebendiger. Alte Mauern werden klangreicher mit jedem Jahr, wie alte Geigen. Arles hat solche lebendige Steine. Seine alte Größe – es wurde einmal das „gallische Rom" genannt – sieht man ihm nicht mehr an. Ich muß immer daran denken, daß es eine Kolonie von römischen Veteranen war, die Julius Cäsar hier angesiedelt hat. Veteranen könnten heute noch in Arles leben. Hier ließen sich die Fürsten des Landes, später die deutschen Kaiser krönen. Von der Pracht einer Krönungsstadt ist wenig geblieben. Arles ist nicht, wie Vienne, mitten in der Blüte erloschen. Es ist langsam erstorben. Es hat viele Erinnerungen bewahrt, aber sie blieben eigentlich fremd in dieser Stadt. Es ist, als hätte ihr die Geschichte hier eine Arena, dort einen Palast, hier eine Kirche und dort ein Museum zur Aufbewahrung, aber nicht als Eigentum übergeben.

Arles ist auch eine weiße Stadt. Aber sie hat das weiße Silber des Alters, nicht die weiße Festlichkeit der ewigen Freude. Sie liegt in der Sonne wie ein Abend, bewachsen vom grünen Moos der Erinnerungen.


## Tarascon und Beaucaire

Das großartige Fest der *Tarasque* beschreibt Frédéric Mistral sehr genau. Es wird von den „Chevaliers de la Tarasque" gefeiert. Diesen Orden hat der gute König René am 14. April 1474 gegründet. Seine Statuten lauten:

1. Ehrerbietigste Wahrung der *Tarasque*-Spiele, die mindestens siebenmal in einem jeden Jahrhundert gefeiert werden müssen.

2. Der große Jubel, die Feste und die *Farandolen* sollen 50 Tage dauern. Es darf nichts gespart werden, um die Spiele so bunt wie möglich zu gestalten.

3. Die Fremden sind gut aufzunehmen und während der ganzen Dauer der Feste so zu behandeln, daß sie sich wohlbefinden und nichts von ihrer Laune und Freiheit einbüßen.

Die Ritter von der *Tarasque* marschieren zu den Klängen des provenzalischen Marsches durch die Stadt, trinken, essen dabei eine *Tortilade*. Am Sonntag vor Himmelfahrt gehn die Ordensritter die alte Statue der Muttergottes aus der Schloßkapelle holen, an der Spitze einer ebenso langen wie festlichen Prozession. Das ganze Volk von Tarascon, Beaucaire, St. Rémy, Maillane und der andern Städte und Ortschaften ist anwesend. Die Schiffer von der Rhône erwarten die Muttergottes mit Pfeifen und Tamburins vor der Stadt. Am Himmelfahrtstag, vor Sonnenaufgang, sieht man zum erstenmal die *Tarasque*. Sie hat einen Löwenkopf und den Panzer einer Schildkröte, den Bauch eines Fisches, und im Innern dieses Ungeheuers sitzen sechs Männer. Am Pfingstfeiertag findet wieder ein großes Mahl statt, das alle Ritter an einer langen Tafel vereinigt. In der Kirche Ste. Marthe befinden sich die Bewohner aller näheren und ferneren Ortschaften. Dort werden das Banner und die Lanze geweiht. Am Pfingstmontag beginnt erst das eigentliche Fest. Nach der feierlichen Messe ein Paradezug des Volkes, die Ritter an der Spitze, durch die Straßen der Stadt. Die Rhône-Schiffer marschieren hinter der Fahne des heiligen Peter. Dann kommt die *Tarasque*. Ihr gegenüber stehen die Ritter in Kampfstellung. Die *Tarasque* sprüht Feuer aus den Nüstern. Der Kampf beginnt. Sie unterliegt. Und die Ritter marschieren ab, um noch einmal einen tiefen Trunk zu tun.

Dieses sagenhafte Untier, die *Tarasque*, ist in Tarascon zu Hause. Sie ist in der ganzen Provence sehr populär, oft abgebildet, in vielen Museen aufgestellt und ein dankbares Objekt der Ansichtskartenindustrie. Die Bewohner von Tarascon nennen sie „Großmutter". Man sieht daraus, wie harmlos sie ist. Sie ist der durch die Sonne des Südens gemilderte, durch den Witz des Südens karikierte Drache der germanischen, slawischen und skandinavischen Welt. Sie wird nur zum Spaß bekämpft und eigentlich geliebt und verehrt. Die mythologischen Ungeheuer täten gut daran, im Norden zu bleiben, wo der Nebel sie isoliert und ihre Schrecklichkeit vergrößert. Wenn sie nach dem Süden kommen, verlieren die Leute die Distanz und den Respekt. Die blutigsten, mörderischsten Tiere werden nicht nur zahm, sondern auch komisch. Und das Heldentum der Menschen ist nicht mehr furchtbar und tragisch, sondern ein weinseliger, grotesker Traum. Aus der Blut- ist eine Alkoholrünstigkeit geworden.

Seitdem ich in Tarascon war und die Geschichte von der *Tarasque* kenne, wundere ich mich nicht mehr über Tartarin. In dieser Stadt, in der mindestens siebenmal in einem Jahrhundert ein Drache bekämpft wird, der eine Großmutter ist, kommt mindestens einmal in einem Jahrhundert ein Tartarin zur Welt, der gegen die zahmen Löwen zu Felde zieht und der ganz Afrika in ein großes Tarascon verwandelt. Hier lebt das einzige Heldentum, das noch erträglich ist unter allen schauerlichen Heldentümern, die durch ihre Häufigkeit in der letzten Zeit in Mißkredit geraten sind. Tartarin ist die Negierung des Heldentums überhaupt. Lange noch, bevor alle Begriffe ihre Inhalte geändert haben, hat Tartarin den Begriff des Helden verwandelt. Jeder Held geht ein bißchen nach Afrika, zahme Löwen jagen. Die Größe dieses Buches beruht nicht darin, daß ein ewiger Typus geschaffen wird, ein „komischer Held". Sondern daß der Typus „Held" komisch wird.

Tartarin ist die Fortsetzung der *Tarasque*-Spiele. Die *Tarasque*-Spiele sind die Folge dieser Sonne, die so strahlend ist, daß sie die Phrase schmelzen läßt, bis ihr wahrer, ihr Kerninhalt zum Vorschein kommt.

Es spricht für die Größe des Buches, daß es der Stadt eine eigene Physiognomie verleiht. Ich sehe immer nur das Tarascon Daudets, das Tarascon Tartarins. Es ist eine helle, kleine, freundliche, gutmütige, ein bißchen kümmerliche, ein bißchen komische Stadt. Ihre angesehenen Bürger träumen heute noch von Löwenjagden. Ihr Bahnhof schon ist außerordentlich, wie eigens für Tarascon erfunden. Der

Eingang zur Halle ist im ersten Stock. Wenn man unten vor dem Portal steht, weiß man nicht, ob man schon im Bahnhof angelangt ist. Die Straße, die zur Stadt führt und aus der eigentlich die Stadt besteht, ist breit, behaglich, voll Sonne, aber auch nicht ohne Schatten. Einfache, weiße, einstöckige Häuser stehen friedlich nebeneinander, bescheidenes Bürgertum bergen sie. Hier ist auch schon das Eckhaus, das Daudet Tartarin zuschreibt. Lauter wohlbeleibte und selbstbewußte Männer gehen durch die Straßen, die gelungenen Nachkommen des großen Helden. Auf einigen hundert Ansichtskarten vor allen Papier- und Buchläden sieht man das Bild Tartarins. Das große Schaufenster der einzigen großen Buchhandlung enthält die Werke Daudets in verschiedenen Ausgaben. Wie ist diese Stadt dankbar, daß man sie berühmt gemacht hat! Schon drohte ihr der dunkle Schatten der bedeutungslosen Jahrhunderte, der auf einigen Städten von großer Vergangenheit ruht. Ach, auch Tarascon hat eine Vergangenheit, die älter ist als Tartarin. Es war im Mittelalter die Hauptstadt eines Rhône-Arrondissements. Im Schloß an der Rhône wohnten die noblen und tapferen Herren. Das Schloß ist heute ein Gefängnis. Aber die Kirche Ste. Marthe ist heute noch schön wie ehemals. Sie stammt aus dem Ende des 12. Jahrhunderts, und man baute an ihrer Vervollkommnung noch durch das halbe 14. Jahrhundert. Sie enthält schöne, sanfte Bilder, darunter Szenen aus dem Leben der heiligen Martha von Vien, Pierre Parrocel, C. Vanloo und anderen Malern. In dieser Kirche ruht der Seneschall des guten Königs René, in einem herrlichen Sarg, eine italienische Renaissancearbeit, die man Franz Laurana zuschreibt. Und auch die heilige Martha, die Schutzpatronin der Stadt, deren Leichnam nach der Legende in Tarascon gefunden wurde, ruht in dieser Kirche. Sonst haben die bescheidenen Tarasconer keine Sehenswürdigkeiten. Ganz Tarascon ist eine Sehenswürdigkeit. Es liegt wie ein gelungener, freundlicher, behaglicher Scherz zwischen den erhabenen Kapiteln der Weltgeschichte, ein verlorenes Lächeln zwischen pathosgefüllten Begriffen. Es hat keine Denkmäler. Es hat keine Arena. Es hat nur Tartarin.

Die Brücke ist noch immer da, die Tartarin zu überschreiten fürchtete. Sie führt nach Beaucaire. Das war einmal der größte Jahrmarkt des Orients und des Okzidents. Beaucaire war die lauteste europäische Messestadt, jedes Jahr, zwischen dem 21. und 28. Juli. Hierher kamen die Griechen, die Phönizier, die Spanier, die Türken, die Franzosen, die Italiener und die Deutschen. Hier lebten reiche jüdische Kaufleute. Hier flossen die verschiedensten Blutströme zusammen, und hier bildete sich die großartige kosmopolitische Rassenmischung, die den europäischen Süden kennzeichnet.

Ja, Beaucaire war eine große und wichtige Stadt. Sie ist heute düster, verbittert, säuerlich, erfüllt vom kleinmütigen Mißtrauen gegen Fremde, das man oft bei heruntergekommenen Händlern findet. Hier wohnen die kleinen Nachkommen großer Kaufleute. Nichts lastet so schwer auf den Menschen wie eine berühmte Ahnenschaft, derer man nicht mehr würdig sein kann. Wäre es eine Stadt der Fürsten, der Dichter, der Denkmäler und der Wissenschaft gewesen – es hätte heute die stolze Trauer verlorenen Adels. Aber es war nur eine Stadt des Geldes. Und es hat heute die kümmerliche Trauer, die ein verlorenes Vermögen ausmacht.

Zurück nach Tarascon, obwohl dort wenig zu sehn ist! Die Schildastädte des Nordens, der Schweiz, der deutschen und slawischen Länder (es gibt viele slawisch-jüdische Schildas) haben außer ihrem literarischen Leben noch ein anderes, nüchternes Geschäftsleben. Aber in diesem südfranzösischen Land kann sich Schilda erlauben, nur Tarascon zu sein und nichts mehr. Hier führt man nicht nur siebenmal im Jahrhundert, sondern siebenmal in der Woche den fröhlichen Krieg gegen den großmütterlichen Drachen.

Tarascon ist ein gesteigertes Schilda. Denn alle Tarasconer haben genug Selbstironie, um zu wissen, daß sie Tarasconer sind. Jeder Tartarin ist sein eigener Daudet. Jeder Händler verkauft die Karikatur Tartarins, dem er wie ein Bruder ähnlich sieht. Wo noch sonst kann diese Behaglichkeit wuchern, friedlich an der Seite der Ironie? Wo noch sonst findet der Mensch das nötige Gleichgewicht, um Objekt und Autor eines und desselben Witzes zu sein? Hier ist die bürgerliche Seele wie eine Schaukel, an deren einem Ende die Lächerlichkeit, an deren anderm der Spott sitzt. Das ist das lustigste Auf und Ab der alten Schalksnarren-Seelen, die nirgends mehr zu finden sind.

Welch profunde Sicherheit des gesellschaftlichen Grundes gehört dazu! Wie wenig muß man hier von den Erschütterungen Europas fühlen! Wie selig das Behagen einer Welt, die sich so gelungen vorkommt, daß sie witzig wird vor Sicherheit, statt, wie wir es zu sehen gewohnt sind, platt zu werden!

Es gibt in Tarascon keine großen römischen Denkmäler! Ich glaube aber, daß hier noch der helle, schalkhafte, mit den heidnischen Augen zwinkernde Geist der spätrömischen Humoristen lebt. Nur ist seine Epigrammatik epischer geworden, breiter, gemächlicher. Das kommt von Spanien und Frankreich.

Tartarin ist die lustigste, die andere Seite der ernsten, mit Historie gefüllten Welt. Er ist das private Gesicht des Offiziösen. Er ist der Held in Pantoffeln. Er gibt mir die tröstliche Gewißheit, daß der Mensch auch im Panzer nicht stirbt. Gesegnet sei Tartarin!


## Marseille

Tartarin war in Marseille ratloser als später in Afrika. Zwischen Tarascon und den Ländern der wilden Abenteuer ist der Unterschied nicht erschreckend. Aber Marseille ist eine Welt, in der das Abenteuerliche alltäglich und der Alltag abenteuerlich ist. Hier kann man ratlos sein. Marseille ist das Tor der Welt, Marseille ist die Schwelle der Völker. Marseille ist Orient und Okzident. Von hier schwammen die Kreuzritter ins Heilige Land. Durch diesen Hafen strömen viele Märchen von Tausendundeiner Nacht nach Europa. Hier landeten orientalische Motive, hier warfen sie die Anker aus, hier betraten sie den Boden europäischer Literatur und Kunst. Von hier aus drangen, einige Jahrhunderte vor Christi Geburt, die Forscher Pytheas und Euthymenes bis zum Baltischen Meer, von hier aus entdeckten sie Island. Das ist die Erbin und die alte Feindin Karthagos, die schöne Freundin Roms, die griechische Stadt, das „gallische Athen". Hier versanken Visigoten, Lombarden, Sarazenen und Normannen, besiegte Eroberer, in lateinisch-griechischphönizischer Kultur. Hier wurde die große Revolution mit Jubel begrüßt, hier fand sie ihre zweite Heimat, ihre eigentliche, ihren Text und ihre Melodie. Marseille ist die Heimat von Pierre Puget und Thiers, und – Edmond Rostand.

Marseille ist New York und Singapur, Hamburg und Kalkutta, Alexandria und Port Arthur, San Franzisko und Odessa. In Marseille erzeugt man Zucker, Stearin, Seife, Chemikalien, Essig, Schnäpse, Keramik, Zement, Farben. In acht Stunden macht der Schneider einen Anzug fertig. In 24 Stunden ist das Gesicht der Straße verändert. In den Straßenecken, in hölzernen Buden hausen die Winkelschreiber. In einer halben Stunde haben sie Testamente und Heiratsurkunden verfaßt und Prozesse erledigt. Vom Reichtum zur Armut ist weniger als ein Schritt. Der Obdachlose schläft auf der Schwelle des Palastes. Die Lebensmittel verkauft man in einem, die Liebe im andern offenen Laden. Das Boot der armen Schiffer schwimmt hart neben dem großen Ozeandampfer. Muscheln liegen neben den Auslagen der Brillantenhändler. Der Flickschuster verkauft korsische Messer. Der Ansichtskartenhändler bietet Schlangengift feil. Den ganzen Tag spielen die Kinos im alten Hafen. Jede Stunde läuft ein Schiff ein. Jede zehnte Welle spült Fremde an Land wie Fische. Der algerische Jude macht im Kaffeehaus Geschäfte mit dem Chinesen. Der „Dollarkönig" amüsiert sich in der Spelunke. Jede zweite Nacht ereignet sich ein Totschlag, ein Mord, ein Überfall, ein Familiendrama. Das Leben tanzt auf der Klinge eines Rasiermessers, das im Hafen als Waffe beliebt ist. Das Elend ist tief wie das Meer, das Laster ist frei wie die Wolke.
Alle Geräusche haben einen und denselben Takt. In allen Geräuschen ist etwas vom Lärm einer Schiffsmaschine. Der Stiefelputzer kündet sich an, indem er mit dem Bürstengriff auf den Deckel seines Utensilienkastens trommelt. Auch das Ende seiner Arbeit begleitet ein Trommeln. Die Straßenbahnen und alle Wagen tuten wie Automobile. Jeder macht Geräusch. Jeder schlägt den Takt der Stadt. Jeder übersetzt die Musik der Welle in seine eigene Sprache. Der Kolporteur ruft mahnend seine Zeitung wie eine Kirchenglocke. Und die Glocken der Türme vermengen sich populär mit den profanen Geräuschen von unten.

Greifbar, sichtbar, körperlich und nahe ereignet sich in jeder Stunde die große, unaufhörliche Blutmischung der Völker und Rassen. Schon wachsen die Palmen, noch rauschen die Kastanien. Nach Norden und Westen führt der Rhônekanal, nach Süden und Osten das Meer. Da pfeift die Lokomotive, da heult die Sirene. Wasser bespült Land, und Land streckt sich vor in Wasser. Die schmalste, dunkelste Gasse mündet in den breiten, leuchtenden Boulevard. Man sieht den riesengroßen Zeiger der historischen Uhr wandern. Die „Entwicklung" und das „Werden" sind keine abstrakten Begriffe mehr. Man sieht den Fuß der Geschichte und zählt ihre Schritte.

Das ist nicht mehr Frankreich. Das ist Europa, Asien, Afrika, Amerika. Das ist weiß, schwarz, rot und gelb. Jeder trägt seine Heimat an der Sohle und führt an seinem Fuß die Heimat nach Marseille. Alle Erden aber segnet dieselbe nahe, sehr heiße, sehr helle Sonne, und über alle Völker wölbt sich dasselbe blaue Porzellan des Himmels. Alle trug das Meer auf seinem breiten, schwankenden Rücken hieher, jeder hatte ein anderes Vaterland, jetzt haben alle ein einziges Vatermeer.

Die Geschichte läßt hier keine steinernen Zeugen stehen. Sie spült sie schnell hinweg. Nur der Atem ihrer Vergangenheit bleibt in ihrem Wehn. Vor eine Woche waren hier Phönizier, vorgestern die Römer, gestern die Germanen, heute die Franzosen. Wie alle Riesenmeilen der Erde auf einigen Quadratkilometern Platz finden, so drängen sich hier die Zeiten zusammen, als gäbe es keinen Platz in den weiten Räumen der Ewigkeit. Wer nicht an Gott glaubt, spürt hier irgendeinen gewaltigen Treiber der Jahrhunderte und ahnt einen tiefen Sinn in der Regellosigkeit der Wanderungen. In einem zweiten ebenso elementaren, ebenso unerklärlichen Wechsel von Ebbe und Flut rauschen die Völker heran und rauschen wieder zurück.

Wie schwarze Fäden gegen den blauen Himmel spannen sich die Taue an den wartenden Segelschiffen. Der neue Hafen ist eine Stadt aus Schiffen. Auf dem Meer schwimmt Öl. Ich sehe vor lauter Mastbäumen nicht das Meer. Es riecht im Hafen nicht nach Salz und Wind, sondern nach Terpentin, Öl schwimmt an der Oberfläche der See. Boote, Barken, Flöße, Fußböden sind so eng nebeneinander gepflastert, daß man trockenen Fußes durch den Hafen spazieren könnte, wäre nicht die Gefahr, in Essig, Öl und Seifenwasser zu ertrinken. Ist hier das unermeßliche Tor zu den unermeßlichen Meeren der Welt? Das ist vielmehr das unermeßliche Magazin für die Bedarfsartikel des europäischen Kontinents. Da sind Fässer, Kisten, Balken, Räder, Hebel, Bottiche, Leitern, Zangen, Hämmer, Säcke, Tücher, Zelte, Wagen, Pferde, Motore, Autos, Gummischläuche. Da ist der berauschende kosmopolitische Gestank, der entsteht, wenn tausend Hektoliter Terpentin neben tausend Zentnern Heringen lagern; wenn Petroleum, Pfeffer, Tomaten, Essig, Sardinen, Juchten, Guttapercha, Zwiebeln, Salpeter, Spiritus, Säcke, Stiefelsohlen, Leinewand, Königstiger, Hyänen, Ziegen, Angorakatzen, Ochsen und Smyrnateppiche ihre warmen Dünste ausatmen; und wenn schließlich der klebrige, fette und lastende Rauch der Steinkohle alles Tote und Lebende umhüllt, alle Gerüche eint, alle Poren tränkt, die Luft sättigt, die Steine umflort und endlich so stark wird, daß er die Geräusche dämpfen kann, wie er längst schon das Licht gedämpft hat. Ich habe hier die Grenzenlosigkeit des Horizonts erwartet, die blaueste Bläue des Meers und Salz und Sonne. Aber das Meer des Hafens besteht aus Spülwasser mit riesenhaften, graugrünen Fettaugen. Ich besteige einen der großen Passagierdampfer und hoffe, hier einen leisen Duft jener Fernen zu erhaschen, die das Schiff durchfahren hat. Aber hier riecht es wie zu Hause vor Ostern: nach Staub und gelüfteten Matratzen; nach Lack für die Türen; nach feuchter Wäsche und Stärke; nach angebrannten Speisen; nach geschlachtetem Schwein; nach gesäubertem Hühnersteig; nach Schmirgelpapier; nach einer gelben Pasta für Messing; nach einem Mittel gegen Ungeziefer; nach Naftalin; nach Bohnerwachs, nach Eingemachtem.

In dieser Stunde stehen mehr als siebenhundert Schiffe im Hafen. Das ist eine Stadt aus Schiffen. Die Bürgersteige bestehen aus Booten und die Straßenmitten aus Flößen. Die Einwohner dieser Stadt tragen blaue Kittel, braune Gesichter und harte, große, schwarzgraue Hände. Sie stehen auf Leitern, streichen die Rümpfe der Schiffe mit frischem, braunem Lack an, tragen schwere Eimer, wälzen Fässer, sortieren Säcke, werfen eiserne Haken aus und nageln Kisten, drehn an Kurbeln und ziehn auf eisernen Rollen Waren in die Höhe, polieren, hobeln, säubern und verursachen neuen Mist. Ich möchte zurück in den alten Hafen, wo die romantischen Segelschiffe stehn und die knatternden Motorboote und wo man die frischen, triefenden Muscheln verkauft, das Stück zu dreißig Centimes.

Weiß leuchtet die Stadt, sie ist aus demselben Stein wie das Schloß der Troubadours in Les Beaux und der Palast der Päpste in Avignon. Aber sie ist nicht festlich. Sie ist betriebsam. Millionen zertrümmerter Existenzen birgt sie. In Avignon waren noch die Bettler stolz. Im alten Hafen von Marseille ist die Armut mehr als eine Not. Sie ist eine unausweichliche Hölle. Aufgeschichtet in höllischer Unordnung lagern die menschlichen Wracks aufeinander. Die Krankheit blüht gelb und giftig aus den verstopften Kanälen. Räudige Hunde spielen mit Kindern in den Pfützen. Die Zerlumpten kämpfen mit den Tieren um weggeworfene Knochen, Tausende Frauen und Männer sammeln Zigarettenstummel, der Hund belauert den Menschen, die Katze den Hund, die Ratte die Katze, und alle lauern auf dasselbe Stück faules Fleisch im Misthaufen.

Die Gasse der Liebe hat ihren bürgerlichen Namen abgelegt und trägt keine Schilder. Man kennt und findet sie. Wer von der großen Kathedrale nach dem alten Hafen geht, hört die metallene Musik von fünfzig unaufhörlich spielenden Automaten aus fünfzig kleinen und schmalen Läden. Vor den Läden sitzen die Frauen, die ältesten und dicksten der Welt. Sie verkaufen Leiber den ganzen Tag, die ganze Nacht. Männer, von den Schiffen kommend, durchziehen die Gasse in losen Trupps zu zehn und fünfzehn. Sie verlieren sich unterwegs in den Läden. Dann verstummt ein Automat, ein Vorhang aus Glasperlen fällt vor ein graues, düsteres Kanapee, und in der geraden Reihe der Verkäuferinnen vor den Türen entsteht eine Lücke.

Nichts mehr ereignet sich als Liebe und Musik. Manche Frauen halten ihre Kinder auf dem Schoß. In dieser Gasse wachsen viele Kinder heran, die traurigsten Kinder der traurigsten Mütter. An ihrer Wiege spielt ein Musikautomat. Seit dem Augenblick, in dem sie die Finsternis der Welt erblickten, kennen sie das Lager der billigen Liebe. Die Rätsel der Welt werden ihnen mit der banalen Auflösung zugleich geliefert. Das Leben beschenkt sie verschwenderisch mit Erfahrungen. Die Spielgefährten ihrer ersten Jahre sind kranke Katzen, die Glück bringen, und das Spielzeug der Rinnstein, eine Muschel oder ein Kiesel.

Der Morgen, der Mittag, der Vorabend, der Abend, die Nacht, alle Tageszeiten sind hier gleich. Vom Himmel sieht man nur einen Streifen, von der Sonne nichts. Auch diese Liebe ist zeitlos. Auch ihre Trägerinnen haben kein Alter. Vor vierzig Jahren waren sie schon alt und häßlich. Vierzig Jahre noch könnten sie jung und schön sein. Vor vierzig Jahren rasselte der Automat schon dieselben Melodien. Vierzig Jahre noch treibt er göttliche Musik für die Ohren betäubter Menschen. Vor vierzig Jahren schon trieb er Lauscher in die Flucht. Und noch vierzig Jahre wird er Hörer anlocken. Was ist alt, was ist jung, was häßlich, was schön, was ein Lärm und was Musik? – Wenn der Tag aus lauter Liebesnächten besteht und ein Moment eine Liebesnacht ist? Wenn die Ware aus einer Verkäuferin besteht, die Liebe einen Groschen wert ist und ein Groschen die Liebe enthält? Wenn die Nacht ein betriebsamer Tag ist und der Schlaf ein Geschäft?

In dieser Gasse gelten nicht die Gesetze der Welt. Mit stieren Atropinaugen, die Brauen bis zu den Schläfen gemalt, mit falschem Haar, das niemals grau wird, mit einem geschminkten Alter, das von der ewigen Jugend nur die Stupidität besitzt, starren die Frauen, alle wie Zwillingsschwestern und also ohne Konkurrenzneid, immer auf denselben Rinnstein, dieselbe Katze, dasselbe Pflaster – und denselben Mann, den der Zufall in zehntausend Exemplaren durch die Gasse treibt. Wenn eine ihre Arme ausbreitet, verstummt der Automat, denn durch einen Mechanismus voller Kunst ist die Maschine mit der Maschine verbunden.

Hier löst sich alles scheinbar Bleibende auf. Hier schließt es sich zusammen. Hier ist fortwährender Aufbau und Zerstörung. Keine Zeit, keine Macht, kein Glaube, kein Begriff ist hier ewig. Was nenn' ich Fremde? Die Fremde ist nah. Was nenn' ich Nähe? Die Welle trägt es fort. Was ist das Jetzt? Schon ist es vergangen. Was ist das Tote? Schon schwimmt es wieder heran.

Während ich dies schreibe, sieht Marseille schon anders aus. Und was ich in tausend Worten berichte, ist ein kleiner Tropfen aus dem Meer des Geschehens, mit dem freien Aug' nicht zu sehn, zitternd auf der dünnen Spitze meiner Feder.

## Die Menschen

> Das, was ich in einer Stadt zu beobachten liebe, sind ihre Menschen.
>
> *Stendhal*

Zuerst wohnten hier Ligurier. Rot war ihre Lieblingsfarbe. Die rote Farbe blieb, als die Phönizier kamen, die Griechen, die Langobarden, die Sarazenen und die Visigoten. Rot ist die Freude. Man hat niemals in diesem Land aufgehört, sich zu freuen. Alle geschichtlichen Schrecken wurden gemildert. Die Barbaren blieben nicht lange Barbaren, als sie einfielen. Wer in dieses Land mit dem Willen kam, es zu erobern, wurde erobert. Die Völker sanken linde in den Boden ein wie eine Saat. Immer wieder kam eine Zeit der Ernte. Immer wieder erntete man Freude.

Ehe ich zu den weißen Städten fuhr, sah ich an einem Abend in Paris die provenzalischen Festspiele, die jedes Jahr im Sommer die alte Volkskultur des Südens den Heimischen und den Fremden beweisen sollen. Die Hirten der Provence kamen mit ihren Frauen, zogen im Kreis um die Arena, die Pfeifer und Trommler an der Spitze. Es war eine sehr einfache, sehr helle, sehr heitere Marschmelodie. Sie hatte sanfte Töne, die an Mondlicht erinnerten, aber einen schnellen Rhythmus, der ein Ausdruck jener Art von Eile war, die nichts mit Geschäftigkeit zu tun hat. Es war die Eile, die Kinder erfüllt, wenn sie zu einem Fest gehn. Dazwischen schlugen die kleinen Trommeln, die zarten, die nicht mit Kalbsfellen, sondern mit dünnen Silberhäuten bespannt zu sein schienen. Die Menschen marschierten mit kurzen, leichten, beinahe weiblichen Schritten. Es waren dennoch männliche Erscheinungen. Es war eine gesunde Rasse. Die Männer in Hirtenkostümen, mit weißen Hosen, bunten Westen, schwarzen, bunten Röcken und schwarzen Hüten, bunte Bänder um den Leib. Die Frauen in weiten

Kleidern, ein kleines, weißes Spitzenkrönchen auf den hohen Frisuren, bunte Mieder, hohe Schuhe. Es war eine echte Landbevölkerung. Es war echtes Bauernblut. Es waren Menschen, die zu Hause harte Arbeit verrichteten. Aber sie hatten die Bewegungen, die das Erbteil einer langen, reichen, wohlgebildeten Ahnenreihe sind. Die Frauen warteten, rote Rosensträuße in den Händen, auf die Männer. Einer nach dem andern sprengte heran und nahm von seiner Dame einen Strauß entgegen, den er vor den Angriffen aller seiner Genossen zu verteidigen hatte. Zwölf Ritter umringten ihn, er entfloh ihnen immer, in der erhobenen Hand jubelte sein Strauß. Er hielt ihn fest, er brachte ihn bis zur geschützten Stelle. Er sprengte noch einmal zu seiner Dame, schwenkte den Hut, ritt zurück. Der nächste kam. Zwölfmal wiederholte sich das Spiel.

Es scheint, daß das Galante eine gesunde Reaktion gegen das gleichzeitig Rohe ist und daß die Troubadours ihre Existenz den Raubrittern zu verdanken haben. Der ritterliche Kampf um einen Blumenstrauß ist ebenso entzückend, wie ein Stierkampf abstoßend ist. Dennoch mußte ich diesen in Kauf nehmen, um jenen zu sehen.

Die Ritterlichkeit ist in der Provence zum Glück häufiger als die Stierkämpfe. Alle Menschen leben wohlgeordnet, die Sitte ist alt, begründet und ohne Widerspruch und mit Freude ertragen. Man hat Ruhe genug, ritterlich zu sein. Jeden Tag guterhaltene Monumente aus einer sagenhaft weiten Zeit zu sehn gibt ein ganz merkwürdiges Gefühl von Sicherheit. Man glaubt nicht an Änderungen und Wechsel. In Wirklichkeit vollziehen sich Wechsel und Änderungen sehr linde. Hieher kommen keine Stürme. Natur und Geschichte arbeiten nicht mit Überraschungen. Jeder hat sein Leben gesichert. Alle Bauern sind Großgrundbesitzer. Um jeden Besitz erhebt sich eine Mauer. Zwar sind alle Tore offen. Man kann in einen fremden Garten gehn und schlafen. Niemand stiehlt, niemand verwehrt, niemand verwahrt. Jeder baut Mauern, nicht um sich abzusperren, aber um die Größe seines Eigentums zu kennzeichnen. Seine Mauer symbolisiert seine Macht. Aber Mauern sind herzlose Gegenstände. Auch der schöne weiße Stein verhärtet das Herz. Wer hinter den Mauern sitzt, sieht den hungernden Bettler auf der Landstraße nicht. Und ehe man ein offenes

Tor erreicht, ist man am Rande der Mauer vor Hunger gestorben.

Es gibt wenig Elend in diesem Land und infolgedessen
mehr freundliche Gesichter als offene Herzen. Alles ist
ererbt, das Haus, der Schmuck und die Sitte. Kinder wachsen auf, die niemals gesehn haben, wie Hunger weh tut. Sie
werden es niemals sehn. Jeder hat sein Brot. Es ist nicht
schwarz, sondern schneeweiß. Man kennt die Kartoffel zu
wenig, welche das Manna der Armen ist. Alles ist billig.
Aber wer hier das Geld nicht besitzt, das einen so geringen
und so hohen Wert hat, kann auf Brot nicht rechnen. Die
heiteren Menschen lieben die Heiterkeit. Und die Trauer
ist ihnen so fremd, daß die Not ihnen verdächtig erscheinen muß. Die Menschen sind gut. Aber die Güte ruht tief
und unverbraucht in ihnen, wie Wasser in einem vergessenen Brunnen. Niemand schöpft aus ihnen. Die Natur rich-
tet kein Unheil an. Durch plötzliche Schläge ist niemand
um sein tägliches Brot beraubt. Der Nachbar ist ein Freund.
Aber er wird niemals ein Bruder. Alle Hunde und Katzen
finden Nahrung an fremden Tischen. Man tötet überzählige
Tiere nicht. Aber es gibt viel herrenlose Hunde und Katzen. Jedermann jagt und fischt. Man schießt auf Singvögel.
Man rodet Wälder. Es gibt keine Wälder und fast keinen
Vogelgesang. Die Sonne zündet die Wälder an. Die Menschen trauern zu wenig um sie. Gute Geister wohnen in
den Felsen. Aber das Volk glaubt kaum noch an sie. Seinen
alten Sitten ist es treu. Es trägt die alten Trachten und
spricht die schöne, alte, melodische provenzalische Sprache. Jeder liebt sein Land. Aber es fällt niemandem schwer,
dieses Land zu lieben. Es fällt überhaupt nicht schwer, hier
zu lieben. Man pflückt die Liebe am Wegrand. Sie wächst
reich wie die kostbarsten Früchte. Voll Kraft und Saft ist
die Erde. Jeden nährt der Strauch. Man kann unter freiem
Himmel schlafen. Aber vielleicht sehnt sich mancher nach
einem Dach? Jeder hat Sonne. Aber vielleicht weint einer
um den Schatten?

Weißer Stein, weißer Stein, weißer Stein! Oliven zwischen
weißem Stein. Aber einer möchte Brot. Seht! das Brot ist
hinter hohen Mauern! Kirchen, Kirchen, Kirchen! Reiche
Portale, reiche Gemälde, goldene Altäre. Jeder betet ums
tägliche Brot und weiß nicht, was sein Fehlen bedeutet. Je-

der hat seinen Sitz mit Namen und Datum. Sein Verhältnis zu Gott ist verbürgerlicht. Sein Glauben wurde selten auf die Probe gestellt. Seine Sünden? Er hat keine Sünden, der hinter der Mauer starb. Denn wer kann durch diese Mauern sehn? Ist es eine Sünde, sein Eigentum zu umgrenzen? Ist es eine Sünde, nicht durch Mauern zu sehn?

Aber wie liebt man die Hilflosen, die Kinder und die Schwachen? Kein Schrei, kein Schlag, kein Weinen. Kein harter Vater. Katzen in jedem Haus. Weiche, leise Tiere mit großen, klugen und ewig zielenden Augen. Gute Winkel, warme Winkel, stille Winkel. Hohe Fenster, tiefe Brüstungen, Sonne, Sonne, Sonne. Alte Paläste, warm im linden Winter, kühl im heißen Sommer. Steinerne Fußböden, ohne Fäulnis, leicht zu säubern. Aber wenig Kanäle, Schmalheit und Enge, Drang der Armen in die Gasse. Mächtige Arena, heilige Tempel, Museen voll steinerner Andenken, Tradition, Treue. Aber langsam ist der Blick in die Zukunft. Wie heiter ist das Leben! Aber wie leicht ist die Heiterkeit! Wie weit ist der Tod, obwohl überall Gräber sind, obwohl man täglich überall Menschenknochen findet und Monumente bloßlegt.

Weites Land ist noch zu vergeben. Es fehlt an Volk. Der Boden ist hungrig nach neuer Saat. Er hat soviel Verschiedenes verschlungen, soviel Verschiedenes geboren und heute sind alle gleich. Er hat sie gleichgemacht. Man wird Fremde kommen lassen. Auf meinem Weg, der nach Norden führt, in den Herbst, in den Nebel, in die Wälder, sehe ich sie wandern. Sie kommen ohne Schwerter. Aber selbst, wenn sie Waffen hätten, werden sie alles Tödliche ablegen. Hier ist das Leben stärker. Hier ist man nicht leicht bereit, sein Blut zu vergießen. Hier findet man eine Kindheit, seine eigene und die Kindheit Europas. Nirgends wird man so leicht heimisch. Und selbst wer das Land verläßt, nimmt das Beste mit, das eine Heimat mitgeben kann: das Heimweh.

## Vorwort

Dieses Buch verzichtet auf den Beifall und die Zustimmung, aber auch auf den Widerspruch und sogar die Kritik derjenigen, welche die Ostjuden mißachten, verachten, hassen und verfolgen. Es wendet sich nicht an jene Westeuropäer, die aus der Tatsache, daß sie bei Lift und Wasserklosett aufgewachsen sind, das Recht ableiten, über rumänische Läuse, galizische Wanzen, russische Flöhe schlechte Witze vorzubringen. Dieses Buch verzichtet auf die „objektiven" Leser, die mit einem billigen und sauren Wohlwollen von den schwanken Türmen westlicher Zivilisation auf den nahen Osten hinabschielen und auf seine Bewohner; aus purer Humanität die mangelhafte Kanalisation bedauern und aus Furcht vor Ansteckung arme Emigranten in Barakken einsperren, wo die Lösung eines sozialen Problems dem Massentod überlassen bleibt. Dieses Buch will nicht von jenen gelesen werden, die ihre eigenen, durch einen Zufall der Baracke entronnenen Väter oder Urväter verleugnen. Dieses Buch ist nicht für Leser geschrieben, die es dem Autor übelnehmen würden, daß er den Gegenstand seiner Darstellung mit Liebe behandelt, statt mit „wissenschaftlicher Sachlichkeit", die man auch Langeweile nennt.
Für wen also ist dieses Buch bestimmt?
Der Verfasser hegt die törichte Hoffnung, daß es noch Leser gibt, vor denen man die Ostjuden nicht zu verteidigen braucht; Leser, die Achtung haben vor Schmerz, menschlicher Größe und vor dem Schmutz, der überall das Leid begleitet; Westeuropäer, die auf ihre sauberen Matratzen nicht stolz sind; die fühlen, daß sie vom Osten viel zu empfangen hätten, und die vielleicht wissen, daß aus Galizien, Rußland, Litauen, Rumänien große Menschen und große Ideen kommen; aber auch (in ihrem Sinne) nützliche, die das feste Gefüge westlicher Zivilisation stützen und ausbauen helfen – nicht nur die Taschendiebe, die das niederträchtigste Produkt des westlichen Europäertums, nämlich der Lokalbericht, als „Gäste aus dem Osten" bezeichnet.

Dieses Buch wird leider nicht imstande sein, das ostjüdische Problem mit der umfassenden Gründlichkeit zu behandeln, die es erfordert und verdient. Es wird nur die Menschen zu schildern versuchen, die das Problem ausmachen, und die Verhältnisse, die es verursachen. Es wird nur Bericht erstatten über Teile des riesigen Stoffgebiets, das, um in seiner Fülle behandelt zu werden, vom Autor so viel Wanderungen verlangen würde, wieviel einige ostjüdische Generationen durchlitten haben.

## Ostjuden im Westen

Der Ostjude weiß in seiner Heimat nichts von der sozialen Ungerechtigkeit des Westens; nichts von der Herrschaft des Vorurteils, das die Wege, Handlungen, Sitten und Weltanschauungen des durchschnittlichen Westeuropäers beherrscht; nichts von der Enge des westlichen Horizonts, den Kraftanlagen umsäumen und Fabrikschornsteine durchzacken; nichts von dem Haß, der bereits so stark ist, daß man ihn als dasein-erhaltendes (aber lebentötendes) Mittel sorgfältig hütet, wie ein ewiges Feuer, an dem sich der Egoismus jedes Menschen und jedes Landes wärmt. Der Ostjude sieht mit einer Sehnsucht nach dem Westen, die dieser keinesfalls verdient. Dem Ostjuden bedeutet der Westen Freiheit, die Möglichkeit, zu arbeiten und seine Talente zu entfalten, Gerechtigkeit und autonome Herrschaft des Geistes. Ingenieure, Automobile, Bücher, Gedichte schickt Westeuropa nach dem Osten. Es schickt Propagandaseifen und Hygiene, Nützliches und Erhebendes, es macht eine lügnerische Toilette für den Osten. Dem Ostjuden ist Deutschland zum Beispiel immer noch das Land Goethes und Schillers, der deutschen Dichter, die jeder lernbegierige jüdische Jüngling besser kennt, als unser hakenkreuzlerischer Gymnasiast. Der Ostjude hat im Krieg nur jenen General kennengelernt, der eine humane Ansprache an die Jidden in Polen affichieren ließ, die das Kriegspressequartier formuliert hatte, nicht aber den General, der kein schöngeistiges Buch gelesen hat und trotzdem den Krieg verliert.

Dagegen sieht der Ostjude nicht die Vorzüge seiner Heimat; nicht die grenzenlose Weite des Horizonts; nichts von der Qualität dieses Menschenmaterials, das Heilige und Mörder aus Torheit hergeben kann, Melodien von trauriger Größe und besessener Liebe. Er sieht nicht die Güte des slawischen Menschen, dessen Roheit noch anständiger ist, als die gezähmte Bestialität des Westeuropäers, der sich in Perversionen Luft macht und das Gesetz umschleicht, mit dem höflichen Hut in der furchtsamen Hand.

Der Ostjude sieht die Schönheit des Ostens nicht. Man verbot ihm, in Dörfern zu leben, aber auch in großen Städten. In schmutzigen Straßen, in verfallenen Häusern leben die Juden. Der christliche Nachbar bedroht sie. Der Herr schlägt sie. Der Beamte läßt sie einsperren. Der Offizier schießt auf sie, ohne bestraft zu werden. Der Hund verbellt sie, weil sie in einer Tracht erscheinen, die Tiere ebenso, wie primitive Menschen reizt. In dunklen *Chedern* werden sie erzogen. Die schmerzliche Aussichtslosigkeit des jüdischen Gebets lernen sie im frühesten Kindesalter kennen; den leidenschaftlichen Kampf mit einem Gott, der mehr straft, als er liebt, und der einen Genuß, wie eine Sünde ankreidet; die strenge Pflicht, zu lernen und mit jungen Augen, die noch hungrig nach der Anschauung sind, das Abstrakte zu suchen.

Ostjuden gehen meist nur als Bettler und Hausierer über Land. Die große Mehrzahl kennt den Boden nicht, der sie ernährt. Der Ostjude fürchtet sich in fremden Dörfern und in Wäldern. Er ist teils freiwillig, teils gezwungen ein Abgesonderter. Er hat nur Pflichten und keine Rechte, außer denen auf dem bekannten Papier, das nichts verbürgt. Aus Zeitungen, Büchern und von optimistischen Emigranten hört er, daß der Westen ein Paradies sei. In Westeuropa gibt es einen gesetzlichen Schutz vor Pogromen. Juden werden in Westeuropa Minister und sogar Vizekönige. In vielen ostjüdischen Häusern ist das Bild jenes Moses Montefiore zu sehn, der am Tisch des Königs von England rituell gespeist hat. Der große Reichtum der Rothschilds wird im Osten märchenhaft übertrieben. Hie und da schreibt ein Ausgewanderter einen Brief, in dem er den Daheimgebliebenen die Vorzüge der Fremde schildert. Die meisten jüdischen Emigranten haben den Ehrgeiz, nicht zu schreiben, solange es ihnen schlecht geht; und das Bestreben, die neue

Wahlheimat vor der alten herauszustreichen. Sie haben die naive Sucht des Kleinstädters, den Ortsgenossen zu imponieren. In einer kleinen Stadt des Ostens wird der Brief eines Ausgewanderten eine Sensation. Alle jungen Leute des Orts – und sogar die Älteren – ergreift die Lust, auch auszuwandern; dieses Land zu verlassen, in dem jedes Jahr ein Krieg und jede Woche ein Pogrom ausbrechen könnte. Und man wandert, zu Fuß, mit der Eisenbahn und auf dem Wasser, nach den westlichen Ländern, in denen ein anderes, ein bißchen reformiertes, aber nicht weniger grausames Getto sein Dunkel bereithält, die neuen Gäste zu empfangen, die den Schikanen der Konzentrationslager halb lebendig entkommen sind.

Wenn hier die Rede von Juden war, die das Land nicht kennen, das sie ernährt – so war damit der größte Teil der Juden gemeint: nämlich der in Frömmigkeit und nach den alten Gesetzen lebende. Es gibt freilich Juden, die weder den Herrn noch den Hund, weder die Polizei noch die Offiziere fürchten, die nicht im Getto leben, Kultur und Sprache der Wirtsvölker angenommen haben – den Westjuden ähnlich und eher gesellschaftliche Gleichberechtigung genießend als diese; dennoch in der freien Entfaltung ihrer Talente immer noch gehemmt, solange sie ihre Konfession nicht gewechselt und sogar, nachdem sie es getan haben. Denn unvermeidlich ist die durchaus jüdische Verwandtschaft des glücklich Assimilierten und selten entgeht ein Richter, ein Advokat, ein Kreisarzt jüdischer Abstammung dem Schicksal, einen Onkel zu besitzen, einen Vetter, einen Großvater, der schon durch sein Aussehen die Karriere des Arrivierten gefährdet und dessen gesellschaftliche Achtung beeinträchtigt.

Diesem Schicksal entgeht man schwer. Und statt es zu fliehen, beschließen viele, sich ihm zu unterwerfen, indem sie ihr Judentum nicht nur nicht verleugnen, sondern sogar kräftig betonen und sich zu einer „jüdischen Nation" bekennen, über deren Bestand seit einigen Jahrzehnten kein Zweifel mehr ist und über deren „Berechtigung" unmöglich ein Streit entstehen kann, weil schon der Wille von einigen Millionen Menschen genügt, eine „Nation" zu bilden, selbst, wenn sie früher nicht bestanden haben sollte.

Der jüdisch-nationale Gedanke ist im Osten sehr lebendig.

Sogar Menschen, die weder mit der Sprache, noch mit der Kultur, noch mit der Religion ihrer Väter viel gemein haben, bekennen sich, kraft ihres Blutes und ihres Willens, zur „jüdischen Nation". Sie leben als „nationale Minderheit" im fremden Lande, um ihre staatsbürgerlichen und nationalen Rechte besorgt und kämpfend, teils der palästinensischen Zukunft entgegen, teils ohne den Wunsch nach einem eigenen Land, und mit Recht überzeugt, daß die Erde allen gehört, die ihre Pflicht ihr gegenüber erfüllen; doch nicht imstande, die Frage zu lösen, wie der primitive Haß gelöscht werden könnte, der im Wirtsvolk gegen eine gefährlich scheinende Anzahl Fremder brennt und Unheil anrichtet. Auch diese Juden leben nicht mehr im Getto, ja, nicht einmal mehr in der wahren und warmen Tradition – heimatlos, wie auch die Assimilierten und zuweilen heroisch, weil sie freiwillig Opfer für eine Idee sind – und sei es auch für eine nationale ...

Sowohl die nationalen, als auch die assimilierten Juden bleiben meist im Osten. Jene, weil sie ihre Rechte erkämpfen und nicht fliehen wollen, diese, weil sie sich einbilden, die Rechte zu besitzen, oder weil sie das Land lieben, wie der christliche Teil des Volkes – und mehr als dieser. Die Emigranten also sind Menschen, die müde werden dieser kleinen und grausamen Kämpfe und die wissen, fühlen, oder nur ahnen, daß im Westen ganz andere Probleme lebendig werden, neben den nationalen, und daß die nationalen Streitigkeiten im Westen ein lärmendes Echo von gestern sind, und nur ein Schall von heute; daß im Westen ein europäischer Gedanke geboren ist, der übermorgen oder sehr spät und nicht ohne Leid zu einem Weltgedanken reifen wird. Diese Juden ziehen es vor, in Ländern zu leben, in denen die Rassen- und nationalen Fragen nur noch die stimmkräftigen und sogar mächtigen, aber zweifellos gestrigen und mit einem Geruch von Moder, Blut und Dummheit umherwandelnden Teile der Völker beschäftigt, in Ländern, in denen trotz allem einige Köpfe an den Fragen von morgen arbeiten. (Diese Emigranten stammen aus den russischen Grenzländern, *nicht* aus Rußland). Andere wandern aus, weil sie Beruf und Arbeit verloren haben oder nicht finden. Es sind Brotsucher, Proletarier, wenn auch nicht immer mit proletarischem Bewußtsein. Andere sind vor dem

Krieg und der Revolution geflohen. Es sind „Flüchtlinge", meist Kleinbürger und Bürger, verbissene Feinde der Revolution und konservativ, wie es kein bodenständiger Landadeliger sein könnte.

Viele wandern aus Trieb und ohne recht zu wissen, warum. Sie folgen einem unbestimmten Ruf der Fremde, oder dem bestimmten eines arrivierten Verwandten, der Lust die Welt zu sehen und der angeblichen Enge der Heimat zu entfliehen, dem Willen zu wirken und ihre Kräfte gelten zu lassen.

Viele kehren zurück. Noch mehr bleiben unterwegs. Die Ostjuden haben nirgends eine Heimat, aber Gräber auf jedem Friedhof. Viele werden reich. Viele werden bedeutend. Viele werden schöpferisch in fremder Kultur. Viele verlieren sich und die Welt. Viele bleiben im Getto, und erst ihre Kinder werden es verlassen. Die meisten geben dem Westen mindestens soviel, wieviel er ihnen nimmt. Manche geben ihm mehr, als er ihnen gibt. Das Recht im Westen zu leben, haben jedenfalls alle, die sich opfern, indem sie ihn aufsuchen.

Ein Verdienst um den Westen erwirbt sich jeder, der mit frischer Kraft gekommen ist, die tödliche, hygienische Langeweile dieser Zivilisation zu unterbrechen – und sei es selbst um den Preis einer Quarantäne, die wir den Emigranten vorschreiben, ohne zu fühlen, daß unser ganzes Leben eine Quarantäne ist und alle unsere Länder Baracken und Konzentrationslager, allerdings mit modernstem Komfort. Die Emigranten assimilieren sich – leider! – nicht zu langsam, wie man ihnen vorwirft, sondern viel zu rasch an unsere traurigen Lebensbedingungen. Ja, sie werden sogar Diplomaten und Zeitungsschreiber, Bürgermeister und Würdenträger, Polizisten und Bankdirektoren und ebensolche Stützen der Gesellschaft, wie es die bodenständigen Glieder der Gesellschaft sind. Nur sehr wenige sind revolutionär. Viele sind Sozialisten aus persönlicher Notwendigkeit. In der Lebensform, die der Sozialismus erkämpfen will, ist die Unterdrückung einer Rasse unmöglich. Viele sehen im Antisemitismus eine Erscheinung der kapitalistischen Wirtschaftsform. Sie sind nicht bewußt *deshalb* Sozialisten. Sie sind Sozialisten, weil sie Unterdrückte sind.

Die meisten sind Kleinbürger und Proletarier ohne proletarisches Bewußtsein. Viele sind reaktionär aus bürgerlichem Instinkt, aus Liebe zum Besitz und zur Tradition, aber auch aus der nicht unbegründeten Furcht vor einer veränderten Situation, die für Juden keine verbesserte sein könne. Es ist ein historisches Gefühl, genährt durch Erfahrungen, daß die Juden die ersten Opfer aller Blutbäder sind, welche die Weltgeschichte veranstaltet.

Deshalb ist vielleicht der jüdische Arbeiter ruhig und geduldig. Der jüdische Intellektuelle mag mit leidenschaftlicher Aktivität der revolutionären Bewegung Antrieb und Schärfe geben. Der ostjüdische Arbeiter ist in seiner Liebe zur Arbeit, seiner nüchternen Denkweise, seinem ruhigen Leben dem Deutschen zu vergleichen.

Es gibt nämlich ostjüdische Arbeiter – ich vermute, daß man diese Selbstverständlichkeit unterstreichen muß, in einem Land, in dem in so kurzen Abständen „Organe der Öffentlichkeit" das Wort von der „unproduktiven Masse der östlichen Einwanderer" wiederholen. Es gibt ostjüdische Arbeiter, Juden, die nicht feilschen, handeln, überbieten und „rechnen" können, alte Kleider nicht einkaufen, mit Bündeln nicht hausieren, die aber dennoch oft gezwungen werden, einen demütigenden und traurigen Handel zu betreiben, weil keine Fabrik sie nimmt, weil (gewiß notwendige) Gesetze die einheimischen Arbeiter vor der Konkurrenz Fremder schützen und weil, gäbe es selbst diese Gesetze nicht, das Vorurteil der Unternehmer, aber auch der Kameraden den jüdischen Arbeiter unmöglich machen könnte. In Amerika ist er nicht selten. In Westeuropa weiß man nichts von seiner Existenz und leugnet sie.

Man leugnet im Westen auch den jüdischen Handwerker. Im Osten gibt es jüdische Klempner, Tischler, Schuster, Schneider, Kürschner, Faßbinder, Glaser und Dachdecker. Der Begriff von Ländern im Osten, in denen alle Juden Wunderrabbis sind oder Handel treiben, die ganze christliche Bevölkerung aus Bauern besteht, die mit den Schweinen zusammen wohnen, und aus Herren, die unaufhörlich auf die Jagd gehen und trinken, diese kindischen Vorstellungen sind ebenso lächerlich, wie der Traum des Ostjuden von einer westeuropäischen Humanität. Dichter und Denker sind unter den Menschen im Osten häufiger, als Wunderrabbis und Händler. Im übrigen können Wunderrabbis und sogar Händler im Hauptberuf Dichter und Denker sein, was westeuropäischen Generälen zum Beispiel sehr schwerzufallen scheint.

Der Krieg, die Revolution in Rußland, der Zerfall der österreichischen Monarchie haben die Zahl der nach dem Westen emigrierenden Juden bedeutend erhöht. Sie sind gewiß nicht gekommen, um die Pest zu verbreiten und die Schrecken des Krieges und die (übertriebenen) Grausamkeiten der Revolution. Sie sind von der Gastfreundschaft der Westeuropäer noch weniger entzückt gewesen, als diese von dem Besuch der geschmähten Gäste. (Die Ostjuden hatten die westeuropäischen Soldaten ganz anders aufgenommen.) Da sie nun einmal, diesmal nicht freiwillig, im Westen waren, mußten sie einen Erwerb suchen. Sie fanden ihn am leichtesten im Handel, der durchaus kein leichter Beruf ist. Sie gaben sich auf, indem sie Händler im Westen wurden.

Sie gaben sich auf. Sie verloren sich. Ihre traurige Schönheit fiel von ihnen ab, und eine staubgraue Schicht von Gram ohne Sinn und niedrigem Kummer ohne Tragik blieb auf ihren gekrümmten Rücken. Die Verachtung blieb an ihnen kleben – früher hatten sie nur Steinwürfe erreicht. Sie schlossen Kompromisse. Sie veränderten ihre Tracht, ihre Bärte, ihr Kopfhaar, ihren Gottesdienst, ihren Sabbat, ihren Haushalt – sie selbst hielten noch an den Traditionen fest, aber die Überlieferung löste sich von ihnen. Sie wurden einfache kleine Bürger. Die Sorgen der kleinen Bürger waren ihre Sorgen. Sie zahlten Steuern, bekamen Meldezettel, wurden registriert und bekannten sich zu einer „Nationalität", zu einer „Staatsbürgerschaft", die ihnen mit vielen Schikanen „erteilt" wurde, sie benutzten die Straßenbahnen, die Lifts, alle Segnungen der Kultur. Sie hatten sogar ein „Vaterland".

Es ist ein provisorisches Vaterland. Der jüdische Nationalgedanke ist im Osten lebendig, auch dann noch, wenn er eine halbe Assimilation an die westlichen Sitten und Gebräuche vollzogen hat. Ja, Zionismus und Nationalitätsbegriff sind im Westen westeuropäisch, wenn auch nicht im Ziel. Nur im Orient leben noch Menschen, die sich um ihre „Nationalität", das heißt Zugehörigkeit zu einer „Nation" nach westeuropäischen Begriffen nicht kümmern. Sie sprechen mehrere Sprachen und sind ein Produkt mehrerer Rassenmischungen und ihr Vaterland ist dort, wo man sie zwangsweise in eine militärische Formation einreiht. Die kaukasischen Armenier waren lange Zeit weder Russen noch Armenier, sie waren eben Mohammedaner und Kaukasier und sie lieferten den russischen Zaren die treuesten Leibgarden. Der nationale Gedanke ist ein westlicher. Den Begriff „Nation" haben westeuropäische Gelehrte erfunden und zu erklären versucht. Die alte österreichisch-ungarische Monarchie lieferte den scheinbar praktischen Beweis für die Nationalitäten-Theorie. Das heißt, sie hätte den Beweis für das Gegenteil dieser Theorie liefern können, wenn sie nur gut regiert worden wäre. Die Unfähigkeit ihrer Regierungen lieferte den praktischen Beweis für eine Theorie, die also durch einen Irrtum erhärtet wurde und sich durchgesetzt hat, dank den Irrtümern. Der moderne Zionismus entstand in Österreich, in Wien. Ein österreichischer Journalist hat ihn begründet. Kein anderer hätte ihn begründen können. Im österreichischen Parlament saßen die Vertreter verschiedener Nationen und waren damit beschäftigt, um nationale Rechte und Freiheiten zu kämpfen, die ganz selbstverständlich gewesen wären, wenn man sie gewährt hätte. Das österreichische Parlament war ein Ersatz für nationale Schlachtfelder. Versprach man den Tschechen eine neue Schule, so fühlten sich die Deutschen in Böhmen gekränkt. Und gab man den Polen in Ostgalizien einen Statthalter polnischer Zunge, so hatte man die Ruthenen beleidigt. Jede österreichische Nation berief sich auf die „Erde", die ihr gehörte. Nur die Juden konnten sich auf keinen eigenen Boden („Scholle" sagt man in diesem Fall) berufen. Sie waren in Galizien in ihrer Mehrheit weder Polen noch Ruthenen. Der Antisemitismus aber lebte sowohl bei Deutschen als auch bei Tschechen, sowohl bei den Polen als auch bei den Ruthenen, sowohl bei den Magyaren als auch bei den Rumänen in Siebenbürgen. Die Juden widerlegten das Sprichwort, das da sagt, der dritte gewänne, wenn zwei sich stritten. Die Juden waren der dritte, der immer verlor. Da rafften sie sich auf und bekannten sich zu einer, zu ihrer Nationalität: zur jüdischen. Den Mangel an einer eigenen „Scholle" in Europa ersetzten sie durch ein Streben nach der palästinensischen Heimat. Sie waren immer Menschen im Exil gewesen. Jetzt wurden sie eine Nation im Exil. Sie entsandten jüdisch-nationale Vertreter ins österreichische Parlament und begannen ebenfalls um nationale Rechte und Freiheiten zu kämpfen, ehe man ihnen noch die primitivsten menschlichen zuerkannt hatte.

„Nationale Autonomie" war der Schlachtruf Europas, in den die Juden einstimmten. Der Versailler Friedensvertrag und der Völkerbund bemühten sich, auch den Juden das Recht auf ihre „Nationalität" zuzuerkennen. Heute sind die Juden in vielen Staaten eine „nationale Minderheit". Sie haben noch lange nicht, was sie wollen, aber sie haben viel: eigene Schulen, das Recht auf ihre Sprache und einige solcher Rechte mehr, mit denen man glaubt, Europa glücklich zu machen.

Aber selbst, wenn es den Juden gelingen würde, in Polen, in der Tschechoslowakei, in Rumänien, in Deutschösterreich alle Rechte einer „nationalen Minderheit" zu erkämpfen, so erhöbe sich immer noch die große Frage, ob die Juden nicht noch viel mehr sind, als eine nationale Minderheit europäischer Fasson; ob sie nicht mehr sind, als eine „Nation", wie man sie in Europa versteht; und ob sie nicht einen Anspruch auf viel Wichtigeres aufgeben, wenn sie den auf „nationale Rechte" erheben.

Welch ein Glück, eine „Nation" zu sein, wie Deutsche, Franzosen, Italiener, nachdem man schon vor dreitausend Jahren eine „Nation" gewesen ist und „heilige Kriege" geführt und „große Zeiten" erlebt hat! Nachdem man fremde Generäle enthauptet und eigene überwunden hat? Die Epoche der „National-Geschichte" und „Vaterlandskunde" haben die Juden schon hinter sich. Sie besetzten und besaßen Grenzen, eroberten Städte, krönten Könige, zahlten Steuern, waren Untertanen, hatten „Feinde", wurden gefangengenommen, trieben Weltpolitik, stürzten Minister, hatten eine Art Universität, Professoren und Schüler, eine hochmütige Priesterkaste und Reichtum, Armut, Prostitution, Besitzende und Hungrige, Herren und Sklaven. Wollen sie es noch einmal? Beneiden sie die europäischen Staaten?

Sie wollen gewiß nicht nur ihre „nationale Eigenart" bewahren. Sie wollen ihre Rechte auf Leben, Gesundheit, persönliche Freiheit, Rechte, die man ihnen in fast allen europäischen Ländern entzieht oder schmälert. In Palästina vollzieht sich tatsächlich eine nationale Wiedergeburt. Die jungen Chaluzim sind tapfere Bauern und Arbeiter und sie beweisen die Fähigkeit des Juden zu arbeiten und Ackerbau zu treiben und ein Sohn der Erde zu werden, obwohl er jahrhundertelang ein Buchmensch war. Leider sind die Chaluzim auch gezwungen, zu kämpfen, Soldaten zu sein und das Land gegen die Araber zu verteidigen. Und damit ist das europäische Beispiel nach Palästina übertragen. Leider ist der junge Chaluz nicht nur ein Heimkehrer in das Land seiner Väter und ein Proletarier mit dem gerechten Sinn eines arbeitenden Menschen; sondern er ist auch ein „Kulturträger". Er ist ebenso Jude, wie Europäer. Er bringt den Arabern Elektrizität, Füllfedern, Ingenieure, Maschinengewehre, flache Philosophien und den ganzen Kram, den England liefert. Gewiß müßten sich die Araber über neue, schöne Straßen freuen. Aber der Instinkt des Naturmenschen empört sich mit Recht gegen den Einbruch einer angelsächsisch-amerikanischen Zivilisation, die den ehrlichen Namen der nationalen Wiedergeburt trägt. Der Jude hat ein Recht auf Palästina, nicht, weil er aus diesem Lande kommt, sondern, weil ihn kein anderes Land will. Daß der Araber um seine Freiheit fürchtet, ist aber ebenso verständlich, wie der Wille der Juden ehrlich ist, dem Araber ein treuer Nachbar zu sein. Und dennoch wird die Einwanderung der jungen Juden nach Palästina immer an eine Art jüdischen Kreuzzugs erinnern, weil sie leider auch schießen.

Wenn also auch die Juden durchaus die üblen Sitten und Gebräuche der Europäer ablehnten, sie können sie nicht ganz ablegen. Sie sind selbst Europäer. Der jüdische Statthalter von Palästina ist ohne Zweifel ein Engländer. Und wahrscheinlich mehr Engländer als Jude. Die Juden sind Objekt oder ahnungslose Vollstrecker europäischer Politik. Sie werden benutzt oder mißbraucht. Jedenfalls wird es ihnen schwer gelingen, eine Nation mit einer ganz neuen, uneuropäischen Physiognomie zu werden. Das europäische Kainszeichen bleibt. Es ist gewiß besser, selbst eine Nation zu sein, als von einer anderen mißhandelt zu werden. Aber es ist nur eine schmerzliche Notwendigkeit. Welche ein Stolz für den Juden, der längst abgerüstet hat, noch einmal zu beweisen, daß er *auch* exerzieren kann!

Denn es ist gewiß nicht der Sinn der Welt, aus „Nationen" zu bestehen und aus Vaterländern, die, selbst, wenn sie wirklich nur ihre kulturelle Eigenart bewahren wollten, noch immer nicht das Recht hätten, auch nur ein einziges Menschenleben zu opfern. Die Vaterländer und Nationen wollen aber in Wirklichkeit noch mehr, noch weniger: nämlich Opfer für materielle Interessen. Sie schaffen „Fronten", um Hinterländer zu bewahren. Und in dem ganzen tausendjährigen Jammer, in dem die Juden leben, hatten sie nur den einen Trost: nämlich den, ein solches Vaterland *nicht* zu besitzen. Wenn es jemals eine gerechte Geschichte geben wird, so wird sie es den Juden hoch anrechnen, daß sie die Vernunft bewahren durften, weil sie kein „Vaterland" besaßen in einer Zeit, in der die ganze Welt sich dem patriotischen Wahnsinn hingab.

Sie haben kein „Vaterland", die Juden, aber jedes Land, in dem sie wohnen und Steuer zahlen, verlangt von ihnen Patriotismus und Heldentod und wirft ihnen vor, daß sie nicht gerne sterben. In dieser Lage ist der Zionismus wirklich noch der einzige Ausweg: wenn schon Patriotismus, dann lieber einen für das eigene Land.

Solange aber die Juden noch in fremden Ländern leben, müssen sie für diese Länder leben und leider auch sterben. Ja, es gibt sogar Juden, die für diese Länder gerne leben und gerne sterben. Es gibt Ostjuden, welche sich an die Länder ihrer Wahl assimilieren und die Vorstellungen der einheimischen Bevölkerung von „Vaterland", „Pflicht", „Heldentod" und „Kriegsanleihe" vollkommen aufgenommen haben. Sie sind Westjuden, Westeuropäer geworden.

Wer ist „Westjude"? Ist es derjenige, der nachweisen kann, daß seine Ahnen in der glücklichen Lage waren, vor den westeuropäischen bzw. deutschen Pogromen im Mittelalter und später, niemals fliehen zu müssen? Ist ein Jude aus Breslau, das lange Zeit *Wroclaw* hieß und eine polnische Stadt war, mehr Westjude, als einer aus Krakau, das heute noch polnisch ist? Ist derjenige schon Westjude, dessen Vater sich nicht mehr erinnern kann, wie es in Posen oder in Lemberg aussieht? Fast alle Juden waren einmal Westjuden, ehe sie nach Polen und Rußland kamen. Und alle Juden waren einmal „Ostjuden", ehe ein Teil von ihnen westjüdisch wurde. Und die Hälfte aller Juden, die heute verächtlich oder geringschätzig vom Osten sprechen, hatte Großväter, die aus Tarnopol kamen. Und selbst, wenn ihre Großväter nicht aus Tarnopol kamen, so ist es nur ein Zufall, daß ihre Ahnen nicht nach Tarnopol hatten fliehen müssen. Wie leicht konnte einer im Gedränge eines Pogroms nach dem Osten geraten, wo man ihn noch nicht zu prügeln begonnen hatte! ... Es ist deshalb ungerecht, zu behaupten, daß ein Jude, der 1914 aus dem Osten nach Deutschland kam, den Sinn der Kriegsanleihe oder der Musterung weniger begriffen hätte, als ein Jude, dessen Ahnen schon seit 300 Jahren zur Musterung oder zum Steueramt gingen. Je dümmer der Einwanderer war, desto schneller zeichnete er Kriegsanleihe. Viele Juden, Ostjuden oder Söhne und Enkel von Ostjuden sind für alle europäischen Länder im Kriege gefallen. Ich sage es nicht, um die Ostjuden zu entschuldigen. Im Gegenteil: *ich werfe es ihnen vor.*

Sie starben, litten, bekamen Typhus, lieferten „Seelsorger" für das Feld, obwohl Juden ohne Rabbiner sterben dürfen und der patriotischen Feldpredigt noch weniger bedurften, als ihre christlichen Kameraden. Sie näherten sich vollkommen den westlichen Unsitten und Mißbräuchen. Sie assimilierten sich. Sie beten nicht mehr in Synagogen und Bethäusern, sondern in langweiligen Tempeln, in denen der Gottesdienst so mechanisch wird, wie in jeder besseren protestantischen Kirche. Sie werden Tempeljuden, das heißt: guterzogene, glattrasierte Herren in Gehröcken und Zylindern, die das Gebetbuch in den Leitartikel des jüdischen Leibblattes packen, weil sie glauben, man erkenne sie an diesem Leitartikel weniger, als an dem Gebetbuch. In den Tempeln hört man die Orgel, der Kantor und der Prediger tragen eine Kopfbedeckung, die sie dem christlichen Geistlichen ähnlich macht. Jeder Protestant, der sich in einen jüdischen Tempel verirrt, muß zugeben, daß der Unterschied zwischen Jud und Christ gar nicht groß ist und daß man eigentlich aufhören müßte, ein Antisemit zu sein, wenn die jüdische Geschäftskonkurrenz nicht gar so gefährlich wäre. Die Großväter kämpften noch verzweifelt mit Jehova, schlugen sich die Köpfe wund an den tristen Mauern des kleinen Bethauses, riefen nach Strafe für ihre Sünden und flehten um Vergebung. Die Enkel sind westlich geworden. Sie bedürfen der Orgel, um sich in Stimmung zu bringen, ihr Gott ist eine Art abstrakter Naturgewalt, ihr Gebet ist eine Formel. Und darauf sind sie stolz! Sie sind Leutnants in der Reserve und ihr Gott ist der Vorgesetzte eines Hofkaplans und just jener Gott, von dessen Gnaden die Könige herrschten.

Das nennt man dann: westliche Kultur haben. Wer diese Kultur hat, darf bereits den Vetter verachten, der, noch echt und unberührt, aus dem Osten kommt und mehr Menschlichkeit und Göttlichkeit besitzt, als alle Prediger in den theologischen Seminaren Westeuropas finden können. Hoffentlich wird dieser Vetter genug Kraft haben, nicht der Assimilation zu verfallen.

Im Folgenden werde ich versuchen, zu beschreiben, wie er und Menschen seiner Art in der Heimat und in der Fremde leben.


## Das jüdische Städtchen

Die kleine Stadt liegt mitten im Flachland, von keinem Berg, von keinem Wald, keinem Fluß begrenzt. Sie läuft in die Ebene aus. Sie fängt mit kleinen Hütten an und hört mit ihnen auf. Die Häuser lösen die Hütten ab. Da beginnen die Straßen. Eine läuft von Süden nach Norden, die andere von Osten nach Westen. Im Kreuzungspunkt liegt der Marktplatz. Am äußersten Ende der Nord-Süd-Straße liegt der Bahnhof. Einmal im Tag kommt ein Personenzug. Einmal im Tag fährt ein Personenzug ab. Dennoch haben viele Leute den ganzen Tag am Bahnhof zu tun. Denn sie sind Händler. Sie interessieren sich auch für Güterzüge. Außerdem tragen sie gern eilige Briefe zur Bahn, weil die Postkasten in der Stadt nur einmal täglich geleert werden. Den Weg zur Bahn legt man zu Fuß in 15 Minuten zurück. Wenn es regnet, muß man einen Wagen nehmen, weil die Straße schlecht geschottert ist und im Wasser steht. Die armen Leute tun sich zusammen und nehmen gemeinsam einen Wagen, in dem sechs Personen zwar nicht sitzen können, aber immerhin Platz finden. Der reiche Mann sitzt allein in einem Wagen und bezahlt für die Fahrt mehr, als sechs Arme. Es gibt acht Droschken, die dem Verkehr dienen. Sechs sind Einspänner. Die zwei Zweispänner sind für vornehme Gäste, die manchmal durch einen Zufall in diese Stadt geraten. Die acht Droschkenkutscher sind Juden. Es sind fromme Juden, die ihre Bärte nicht schneiden lassen, aber keine allzu langen Röcke tragen, wie ihre Glaubensgenossen. Ihren Beruf können sie in kurzen Joppen besser ausüben. Am Sabbat fahren sie nicht. Am Sabbat hat auch niemand etwas bei der Bahn zu suchen. Die Stadt hat achtzehntausend Einwohner, von denen 15 000 Juden sind. Unter den 3 000 Christen sind etwa 100 Händler und Kaufleute, ferner 100 Beamte, einer Notar, einer Bezirksarzt und acht Polizisten. Es gibt zwar zehn Polizisten. Aber von diesen sind merkwürdigerweise zwei Juden. Was die andern Christen machen, weiß ich nicht genau. Von den 15 000 Juden leben 8 000 vom Handel. Sie sind kleine Krämer, größere Krämer und große Krämer. Die anderen 7 000 Juden sind kleine Handwerker, Arbeiter, Wasserträger, Gelehrte, Kultusbeamte, Synagogendiener, Lehrer, Schreiber, Thoraschreiber, Tallesweber, Ärzte, Advokaten, Beamte, Bettler und verschämte Arme, die von der öffentlichen Wohltätigkeit leben, Totengräber, Beschneider und Grabsteinhauer.

Die Stadt hat zwei Kirchen, eine Synagoge und etwa 40 kleine Bethäuser. Die Juden beten täglich dreimal. Sie müßten sechsmal den Weg zur Synagoge und nach Hause oder in den Laden zurücklegen, wenn sie nicht so viele Bethäuser hätten, in denen man übrigens nicht nur betet, sondern auch jüdische Wissenschaft lernt. Es gibt jüdische Gelehrte, die von fünf Uhr früh bis zwölf Uhr nachts im Bethaus studieren, wie europäische Gelehrte etwa in einer Bibliothek. Nur am Sabbat und an Feiertagen kommen sie zu den Mahlzeiten heim. Sie leben, wenn sie nicht Vermögen oder Gönner haben, von kleinen Gaben der Gemeinde und gelegentlichen frommen Arbeiten, wie zum Beispiel: Vorbeten oder Unterricht oder Schofarblasen an hohen Feiertagen. Ihre Familie, das Haus, die Kinder versorgen die Frauen, die einen kleinen Handel mit Kukuruz im Sommer, mit Naphtha im Winter, mit Essiggurken und Bohnen und Backwerken betreiben.

Die Händler und die andern im Leben stehenden Juden beten sehr schnell und haben noch hie und da Zeit, Neuigkeiten zu besprechen und die Politik der großen Welt und die Politik der kleinen.

Sie rauchen Zigaretten und schlechten Pfeifentabak im Bethaus. Sie benehmen sich wie in einem Kasino. Sie sind bei Gott nicht seltene Gäste, sondern zu Hause. Sie statten ihm nicht einen Staatsbesuch ab, sondern versammeln sich täglich dreimal an seinen reichen, armen, heiligen Tischen. Im Gebet empören sie sich gegen ihn, schreien zum Himmel, klagen über seine Strenge und führen bei Gott Prozeß gegen Gott, um dann einzugestehen, daß sie gesündigt haben, daß alle Strafen gerecht waren und daß sie besser sein wollen. Es gibt kein Volk, das dieses Verhältnis zu Gott hätte. Es ist ein altes Volk und es kennt ihn schon lange! Es hat seine große Güte erlebt und seine kalte Gerechtigkeit, es hat oft gesündigt und bitter gebüßt und es weiß, daß es gestraft werden kann, aber niemals verlassen.

Dem Fremden erscheinen alle Bethäuser gleich. Aber sie sind es nicht und in vielen ist der Gottesdienst verschieden. Die jüdische Religion kennt keine Sekten, wohl aber verschiedene sektenartige Gruppen. Es gibt eine unerbittlich strenge und eine gemilderte Orthodoxie, es gibt eine Anzahl „aschkenasischer" und „sephardischer" Gebete und Textverschiedenheiten in denselben Gebeten.

Sehr deutlich ist die Trennung zwischen sogenannten aufgeklärten Juden und den Kabbalagläubigen, den Anhängern der einzelnen Wunderrabbis, von denen jeder seine bestimmte *Chassidim*gruppe hatte. Die aufgeklärten Juden sind nicht etwa ungläubige Juden. Sie verwerfen nur jeden Mystizismus und ihr fester Glaube an die Wunder, die in der Bibel erzählt werden, kann nicht erschüttert werden durch die Ungläubigkeit, mit der sie den Wundern des gegenwärtigen Rabbis gegenüberstehn. Für die Chassidim ist der Wunderrabbi der Mittler zwischen Mensch und Gott. Die „aufgeklärten" Juden bedürfen keines Mittlers. Ja, sie betrachten es als Sünde, an eine irdische Macht zu glauben, die imstande wäre, Gottes Ratschlüsse vorzugreifen, und sie sind selbst ihre eigenen Fürsprecher. Dennoch können sich viele Juden, auch, wenn sie keine Chassidim sind, der wunderbaren Atmosphäre, die um einen Rabbi weht, nicht entziehen und ungläubige Juden und selbst christliche Bauern begeben sich in schwierigen Lagen zum Rabbi, um Trost und Hilfe zu finden.

Dem Fremden und dem Feind stellen alle Ostjuden eine geschlossene Front entgegen, oder eine scheinbar geschlossene Front. Nichts dringt an die Außenwelt von dem Eifer, mit dem einzelne Gruppen einander bekämpfen, von dem Haß und der Bitterkeit, welche die Anhänger des einen Wunderrabbis gegen die des andern aufbringen und von der Verachtung, die alle frommen Juden gegen jene Söhne ihres Volkes hegen, die sich äußerlich an die Sitten und die Tracht ihrer christlichen Umgebung angepaßt haben. Die meißten frommen Juden verurteilen einen Mann aufs schärfste, der sich den Bart rasieren läßt – wie überhaupt das rasierte Gesicht das deutliche Merkmal für den Abfall vom Glauben darstellt. Der rasierte Jude trägt nicht mehr das Kennzeichen seines Volkes. Er versucht, auch wenn er es nicht will, so auszusehen, wie einer der glücklichen Christen, die man nicht verfolgt und nicht verspottet. Auch er entgeht dem Antisemitismus nicht. Aber es ist eben die Pflicht der Juden, nicht von den Menschen, sondern von Gott eine Milderung ihres Schicksals zu erwarten. Jede, noch so äußerliche Assimilation ist eine Flucht, oder der Versuch einer Flucht aus der traurigen Gemeinschaft der Verfolgten; ist ein Versuch, Gegensätze auszugleichen, die trotzdem vorhanden sind.

Man hat keine Grenzen mehr, um sich vor Vermischung zu schützen. Deshalb trägt jeder Jude Grenzen um sich. Es wäre schade, sie aufzugeben. Denn so groß die Not ist, die Zukunft bringt die herrlichste Erlösung. Die scheinbare Feigheit des Juden, der auf den Steinwurf des spielenden Knaben nicht reagiert und den schmähenden Zuruf nicht hören will, ist in Wahrheit der Stolz eines, der weiß, daß er einmal siegen wird und daß ihm nichts geschehen kann, wenn Gott es nicht will und daß eine Abwehr nicht so wunderbar schützt, wie Gottes Wille es tut. Hat er sich nicht schon freudig verbrennen lassen? Was tut ihm ein Kieselstein und was der Speichel eines wütigen Hundes? Die Verachtung, die ein Ostjude gegen den Ungläubigen empfindet, ist tausendmal größer, als jene, die ihn selbst treffen könnte. Was ist der reiche Herr, was der Polizeioberst, was ein General, was ein Statthalter gegen ein Wort Gottes, gegen eines jener Worte, die der Jude immer im Herzen hat? Während er den Herrn grüßt, verlacht er ihn. Was weiß dieser Herr von dem wahren Sinn des Lebens? Selbst, wenn er weise wäre, seine Weisheit schwämme an der Oberfläche der Dinge. Er mag die Gesetze des Landes kennen, Eisenbahnen bauen und merkwürdige Gegenstände erfinden, Bücher schreiben und mit Königen auf die Jagd gehn. Was ist das alles gegen ein kleines Zeichen in der Heiligen Schrift und gegen die dümmste Frage des jüngsten Talmudschülers?

Dem Juden, der so denkt, ist jedes Gesetz, das ihm persönliche und nationale Freiheit verbürgt, höchst gleichgültig. Von den Menschen kann ihm nichts wirklich Gutes kommen. Ja, es ist fast eine Sünde, bei den Menschen um etwas zu kämpfen. Dieser Jude ist kein „nationaler" Jude im westeuropäischen Sinne. Er ist Gottes Jude. Um Palästina kämpft er nicht. Er haßt den Zionisten, der mit den lächerlichen europäischen Mitteln ein Judentum aufrichten will, das keines mehr wäre, weil es nicht den Messias erwartet hat und nicht Gottes Sinnesänderung, die ja bestimmt kommen wird. Es liegt in diesem großen Wahn so viel Opfermut, wie in der Tapferkeit der jungen Chaluzim, die Palästina aufbauen – mag diese auch zu einem Ziele führen und jene zur Vernichtung. Zwischen dieser Orthodoxie und einem Zionismus, der am Sabbat Wege baut, kann es keine Versöhnung geben. Einem ostjüdischen Chassid und Orthodoxen ist ein Christ näher als ein Zionist. Denn dieser will das Judentum von Grund aus verändern. Er will eine jüdische Nation, die ungefähr so aussehen soll, wie die europäischen Nationen. Man wird dann vielleicht ein eigenes Land haben, aber keine Juden. Diese Juden merken nicht, daß der Fortschritt der Welt die jüdische Religion vernichtet und daß immer weniger Gläubige ausharren und daß die Zahl der Frommen zusammenschmilzt. Sie sehen die jüdische Entwicklung nicht im Zusammenhang mit der Entwicklung der Welt. Sie denken erhaben und falsch.

Viele Orthodoxe haben sich überzeugen lassen. Sie sehen nicht mehr im rasierten Bart das Abzeichen des Abtrünnigen. Ihre Kinder und Enkel gehen als Arbeiter nach Palästina. Ihre Kinder werden jüdisch-nationale Abgeordnete. Sie haben sich abgefunden und versöhnt und sie haben trotzdem nicht aufgehört, an das Wunder des Messias zu glauben. Sie haben Kompromisse geschlossen.

Unversöhnlich und erbittert bleibt noch eine große Masse der Chassidim, die innerhalb des Judentums eine sehr merkwürdige Stellung einnehmen. Sie sind für den Westeuropäer ebenso ferne und rätselhaft, wie etwa die Bewohner des Himalaja, die jetzt in Mode gekommen sind. Ja, sie sind schwerer zu erforschen, denn sie haben, vernünftiger, als die wehrlosen Objekte europäischen Forschungseifers, bereits die zivilisatorische Oberflächlichkeit Europas kennengelernt und man kann ihnen weder mit einem Kinoapparat, noch mit einem Fernglas, noch mit einem Aeroplan imponieren. Aber selbst, wenn ihre Naivität und ihre Gastfreundschaft so groß wären, wie die der andern fremden Völker, die von unserem Wissensdrang mißbraucht werden – selbst dann fände sich schwerlich ein europäischer Gelehrter, der eine Forschungsreise zu den Chassidim unternehmen würde. Man betrachtet die Juden, weil sie überall in unserer Mitte leben, als bereits „erforscht". Am Hof eines Wunderrabbis ereignet sich aber ebensoviel Interessantes, wie bei den indischen Fakiren.

Viele Wunderrabbis leben im Osten und jeder gilt bei seinen Anhängern als der größte. Die Würde des Wunderrabbis vererbt sich seit Generationen vom Vater auf den Sohn. Jeder hält einen eigenen Hof, jeder hat seine Leibgarde, Chassidim, die in seinem Haus aus- und eingehn, die mit ihm beten, mit ihm fasten, mit ihm essen. Er kann segnen und sein Segen geht in Erfüllung. Er kann verfluchen und sein Fluch erfüllt sich und trifft ein ganzes Geschlecht. Wehe dem Spötter, der ihn leugnet. Wohl dem Gläubigen, der ihm Geschenke bringt. Der Rabbi verwendet sie nicht für sich. Er lebt bescheidener, als der letzte Bettler. Seine Nahrung dient nur dazu, sein Leben knapp zu erhalten. Er lebt nur, weil er Gott dienen will. Er nährt sich von kleinen Bissen der Speisen und von kleinen Tropfen der Getränke. Wenn er im Kreis der Seinen am Tisch sitzt, nimmt er von seinem reichlich gefüllten Teller nur einen Bissen und einen Schluck und läßt den Teller rings um den Tisch wandern. Jeder Gast wird von des Rabbis Speise satt. Er selbst hat keine leiblichen Bedürfnisse. Der Genuß des Weibes ist ihm eine heilige Pflicht und nur deshalb ein Genuß, weil er eine Pflicht ist. Er muß Kinder zeugen, damit das Volk Israels sich vermehre, wie der Sand am Meer und wie die

Sterne am Himmel. Immer sind Frauen aus seiner nächsten Umgebung verbannt. Auch das Essen ist weniger Nahrung, als ein Dank an den Schöpfer für das Wunder der Speisen und eine Erfüllung des Gebotes, sich von Früchten und Tieren zu nähren – denn alles hat *Er* für den Menschen geschaffen. Tag und Nacht liest der Rabbi in heiligen Büchern. Er kann viele schon auswendig, so oft hat er sie gelesen. Aber jedes Wort, ja, jeder Buchstabe hat Millionen Seiten und jede Seite kündet von der Größe Gottes, an der man niemals genug lernen kann. Tag für Tag kommen die Menschen, denen ein teurer Freund erkrankt ist, eine Mutter stirbt, denen Gefängnis droht, die von der Behörde verfolgt werden, denen der Sohn assentiert wird, damit er für Fremde exerziere und für Fremde in einem törichten Krieg falle. Oder solche, deren Frauen unfruchtbar sind und die einen Sohn haben wollen. Oder Menschen, die vor einer großen Entscheidung stehen und nicht wissen, was sie zu tun haben. Der Rabbi hilft und vermittelt nicht nur zwischen Mensch und Gott, sondern, was noch schwieriger ist, zwischen Mensch und Mensch. Aus weiten Gegenden kommen sie zu ihm. Er hört in einem Jahr die merkwürdigsten Schicksale und kein Fall ist so verwickelt, daß er nicht einen noch komplizierteren schon gehört hätte. Der Rabbi hat ebensoviel Weisheit wie Erfahrung und ebensoviel praktische Klugheit wie Glauben an sich selbst und sein Auserwähltsein. Er hilft mit einem Rat ebenso wie mit einem Gebet. Er hat gelernt, die Sprüche der Schriften und die Gebote Gottes so auszulegen, daß sie den Gesetzen des Lebens nicht widersprechen und daß nirgends eine Lücke bleibt, durch die der Leugner schlüpfen könnte. Seit dem ersten Tag der Schöpfung hat sich vieles geändert, nicht aber Gottes Wille, der sich in den Grundgesetzen der Welt ausdrückt. Man bedarf keiner Kompromisse, um das zu beweisen. Alles ist nur Sache des Begreifens. Wer soviel erlebt hat, wie der Rabbi, kommt bereits über den Zweifel hinaus. Das Stadium des Wissens hat er schon hinter sich. Der Kreis ist geschlossen. Der Mensch ist wieder gläubig. Die hochmütige Wissenschaft des Chirurgen bringt dem Patienten den Tod und die schale Weisheit des Physikers dem Jünger den Irrtum. Man glaubt nicht mehr dem Wissenden. Man glaubt dem Glaubenden.

Viele glauben ihm. Er selbst, der Rabbi, macht keinen Unterschied zwischen den treuesten Erfüllern der geschriebenen Gebote und den weniger treuen, ja, nicht einmal zwischen Jude und Nichtjude, nicht zwischen Mensch und Tier. Wer zu ihm kommt, ist seiner Hilfe gewiß. Er weiß mehr, als er sagen darf. Er weiß, daß über dieser Welt noch eine andere ist, mit anderen Gesetzen, und vielleicht ahnt er sogar, daß Verbote und Gebote in dieser Welt von Sinn, in einer anderen ohne Bedeutung sind. Es kommt ihm auf die Befolgung des ungeschriebenen, aber desto gültigeren Gesetzes an.

Sie belagern sein Haus. Es ist gewöhnlich größer, heller, breiter als die kleinen Judenhäuser. Manche Wunderrabbis können einen wirklichen Hof halten. Ihre Frauen tragen kostbare Kleider und befehlen Dienerinnen, besitzen Pferde und Ställe: nicht, um es zu genießen, sondern um zu repräsentieren.

Es war ein Tag im Spätherbst, an dem ich mich aufmachte, den Rabbi zu besuchen. Der Tag eines östlichen Spätherbstes, der noch warm ist, von einer großen Demut und einer goldenen Entsagung. Ich stand um fünf Uhr früh auf, die Nebel hoben sich feucht und kalt und über die Rücken der wartenden Pferde strichen sichtbare Schauer. Fünf jüdische Frauen saßen mit mir im Bauernwagen. Sie trugen schwarze wollene Tücher, sahen älter aus, als sie waren, der Kummer hatte ihre Leiber und ihre Gesichter gezeichnet, sie waren Händlerinnen, sie brachten Geflügel in die Häuser der Wohlhabenden und lebten von geringen Verdiensten. Alle führten ihre kleinen Kinder mit. Wo hätte man die Kinder lassen können, an einem Tage, an dem die ganze Nachbarschaft zum Rabbi fuhr?

Wir kamen, als die Sonne aufging, in die kleine Stadt des Rabbi und sahen, daß schon viele Menschen vor uns gekommen waren. Diese Menschen waren schon einige Tage da, sie schliefen in den Hausfluren, in Scheunen, in Heuschobern, und die bodenständigen Juden machten gute Geschäfte und vermieteten Schlafstellen für gutes Geld. Das große Wirtshaus war überfüllt. Die Straße war holprig, verfaulte Zaunlatten ersetzten ein Pflaster und auf den Zaunlatten hockten die Menschen.

Ich trug einen kurzen Pelz und hohe Reitstiefel und sah

aus, wie einer der gefürchteten Beamten des Landes, auf deren Wink man eingesperrt werden kann. Deshalb ließen mich die Leute vorgehen, sie machten mir Platz und wunderten sich über meine Höflichkeit. Vor dem Hause des Rabbi stand ein rothaariger Jude, der Zeremonienmeister, den alle mit Bitten, Flüchen, Geldscheinen und Stößen bedrängten, ein Mann von Macht, der keine Gnade kannte, und mit einer Art gemessener Roheit die Flehenden ebenso zurückstieß, wie die Scheltenden. Ja, es kam vor, daß er von manchen Geld nahm und sie dennoch nicht einließ, daß er vergaß, von wem er Geld bekommen hatte, oder so tat, als hätte er es vergessen. Sein Angesicht war von wachsbleicher Farbe und von einem schwarzen, runden Samthut beschattet. Der kupferrote Bart sprang in dichten Haarknäueln vom Kinn aus den Menschen entgegen, war an den Wangen hier und dort ausgegangen wie altes Futter und wuchs ganz nach seinem Belieben und ohne eine gewisse Ordnung zu beachten, welche die Natur auch für Bärte bestimmt hat. Der Jude hatte kleine gelbe Augen uner sehr spärlichen, kaum sichtbaren Brauen, breite harte Kinnbacken, die slawische Mischung verrieten, und blasse, bläuliche Lippen. Wenn er schrie, sah man sein starkes gelbes Gebiß und wenn er jemanden zurückstieß, seine starke Hand, an der die roten Borsten starrten.

Diesem Mann gab ich einen Wink, den er verstehen mußte. Es bedeutete: hier ist etwas Außerordentliches und wir können nur unter vier Augen miteinander reden. Er verschwand. Er schlug die Tür zu, sperrte sie ab und kam, die Menschenmenge zerteilend, auf mich zu.

„Ich bin von weit her gekommen, ich bin nicht von hier und möchte den Rabbi sprechen. Aber ich kann Ihnen nicht viel Geld geben."

„Haben Sie einen Kranken, oder wollen Sie ein Gebet für seine Gesundheit, oder geht es Ihnen schlecht, dann schreiben Sie auf einen Zettel alles, was sie wollen und der Rabbi wird es lesen und für Sie beten!"

„Nein, ich will ihn sehen!"

„Dann kommen Sie vielleicht nach den Feiertagen?"

„Das kann ich nicht. Ich muß ihn heute sehen!"

„Da kann ich Ihnen nicht helfen, oder Sie gehen durch die Küche!"

„Wo ist die Küche?"

„Auf der andern Seite."

„Auf der andern Seite" wartete ein Herr, der offenbar viel gezahlt hatte. Es war ein Herr, in jeder Beziehung ein Herr. Man merkte es an seiner Fülle, an seinem Pelz und an seinem Blick, der weder ein Ziel suchte, noch eines gefunden hatte. Er wußte genau, daß die Küchentür aufgehen werde, in fünf, spätestens in zehn Minuten.

Aber als sie wirklich aufging, wurde der reiche Herr ein wenig blaß. Wir gingen durch einen dunklen Korridor, dessen Boden holprig war, und der Herr entzündete Streichhölzer und schritt trotzdem unsicher.

Er verweilte lange beim Rabbi und kam in bester Laune wieder heraus. Später hörte ich, daß dieser Herr die praktische Gewohnheit hatte, zum Rabbi jedes Jahr einmal durch die Küche zu kommen, daß er ein reicher Naphtahändler war und Gruben besaß und so viel Geld unter Armen verstreute, daß er viele Pflichten umgehen durfte, ohne eine Strafe fürchten zu müssen.

Der Rabbi saß in einem schmucklosen Zimmer an einem kleinen Tisch vor dem Fenster, das auf einen Hof hinausging, und stützte die Linke auf den Tisch. Er hatte schwarzes Haar, einen kurzen schwarzen Bart und graue Augen. Seine Nase sprang kräftig, wie mit einem plötzlichen Entschluß, aus dem Gesicht und wurde am Ende etwas flach und breit. Die Hände des Rabbi waren dünn und knöchern und die Nägel weiß und spitz.

Er fragte mit starker Stimme nach meinen Wünschen und sah mich nur einen Augenblick flüchtig an, um dann in den Hof hinauszusehen.

Ich sagte, ich hätte ihn sehen wollen und von seiner Klugheit viel gehört.

„Gott ist klug!" sagte er und sah mich wieder an.

Er winkte mich an den Tisch, gab mir die Hand und sagte mit dem herzlichen Ton eines alten Freundes: „Alles Gute!"

Ich ging denselben Weg zurück. In der Küche aß der Rothaarige hastig eine Bohnensuppe mit einem Holzlöffel. Ich gab ihm einen Geldschein. Er nahm ihn mit der Linken und führte dabei mit der Rechten den Löffel zum Munde.

Draußen kam er mir nach. Er wollte Neuigkeiten hören

und wissen, ob man in Japan noch einmal zum Kriege rüste.

Wir sprachen von den Kriegen und von Europa. Er sagte: „Ich habe gehört, daß die Japaner keine Gojim sind wie die Europäer. Warum führen sie dann Krieg?"

Ich glaube, daß jeder Japaner verlegen geworden wäre und keine Antwort gefunden hätte.

Ich sah, daß in dieser kleinen Stadt lauter rothaarige Juden wohnten. Einige Wochen später feierten sie das Fest der Thora und ich sah, wie sie tanzten. Das war nicht der Tanz eines degenerierten Geschlechts. Es war nicht nur die Kraft eines fanatischen Glaubens. Es war gewiß eine Gesundheit, die den Anlaß zu ihrem Ausbruch im Religiösen fand.

Die Chassidim faßten sich bei den Händen, tanzten in der Runde, lösten den Ring und klatschten in die Hände, warfen die Köpfe im Takt nach links und rechts, ergriffen die Thorarollen und schwenkten sie im Kreis, wie Mädchen und drückten sie an die Brust, küßten sie und weinten vor Freude. Es war im Tanz eine erotische Lust. Es rührte mich tief, daß ein ganzes Volk seine Sinnenfreude seinem Gott opferte und das Buch der strengsten Gesetze zu seiner Geliebten machte und nicht mehr trennen konnte zwischen körperlichem Verlangen und geistigem Genuß, sondern beides vereinte. Es war Brunst und Inbrunst, der Tanz ein Gottesdienst und das Gebet ein sinnlicher Exzeß.

Die Menschen tranken Met aus großen Kannen. Woher stammt die Lüge, daß Juden nicht trinken können? Es ist halb eine Bewunderung, aber auch halb ein Vorwurf, ein Mißtrauen gegen eine Rasse, der man die Stete der Besinnung vorwirft. Ich aber sah, wie Juden die Besinnung verloren, allerdings nicht nach drei Krügen Bier, sondern nach fünf Kannen schweren Mets und nicht aus Anlaß einer Siegesfeier, sondern aus Freude darüber, daß Gott ihnen Gesetz und Wissen gegeben hatte.

Ich hatte schon gesehen, wie sie die Besinnung verloren, weil sie beteten. Das war am Jom Kippur. In Westeuropa heißt er „Versöhnungstag" – die ganze Kompromißbereitschaft des westlichen Juden liegt in diesem Namen. Der Jom Kippur aber ist kein Versöhnungs-, sondern ein Sühne-

232

Tag, ein schwerer Tag, dessen 24 Stunden eine Buße von 24 Jahren enthalten. Er beginnt am Vorabend, um vier Uhr nachmittags. In einer Stadt, deren Einwohner in der überwiegenden Mehrzahl Juden sind, fühlt man das größte aller jüdischen Feste, wie ein schweres Gewitter in der Luft, wenn man sich auf hoher See auf einem schwachen Schiff befindet. Die Gassen sind plötzlich dunkel, weil aus allen Fenstern der Kerzenglanz bricht, die Läden eilig und in furchtsamer Hast geschlossen werden – und gleich so unbeschreiblich dicht, daß man glaubt, sie würden erst am Jüngsten Tag wieder geöffnet. Es ist ein allgemeiner Abschied von allem Weltlichen: vom Geschäft, von der Freude, von der Natur und vom Essen, von der Straße und von der Familie, von den Freunden, von den Bekannten. Menschen, die vor zwei Stunden noch im alltäglichen Gewand, mit gewöhnlichen Gesichtern herumgingen, eilen verwandelt durch die Gassen, dem Bethaus entgegen, in schwerer schwarzer Seide und im furchtbaren Weiß ihrer Sterbekleider, in weißen Socken und lockeren Pantoffeln, die Köpfe gesenkt, den Gebetmantel unter dem Arm, und die große Stille, die in einer sonst fast orientalisch lauten Stadt hundertfach stark wird, lastet selbst auf den lebhaften Kindern, deren Geschrei in der Musik des Alltagslebens der stärkste Akzent ist. Alle Väter segnen jetzt ihre Kinder. Alle Frauen weinen jetzt vor den silbernen Leuchtern. Alle Freunde umarmen einander. Alle Feinde bitten einander um Vergebung. Der Chor der Engel bläst zum Gerichtstag. Bald schlägt Jehova das große Buch auf, in dem Sünden, Strafen und Schicksale dieses Jahres verzeichnet sind. Für alle Toten brennen jetzt Lichter. Für alle Lebenden brennen andere. Die Toten sind von dieser Welt, die Lebenden vom Jenseits nur je einen Schritt entfernt. Das große Beten beginnt. Das große Fasten hat schon vor einer Stunde begonnen. Hunderte, Tausende, Zehntausende Kerzen brennen neben- und hintereinander, beugen sich zueinander, verschmelzen zu großen Flammen. Aus tausend Fenstern bricht das schreiende Gebet, unterbrochen von stillen, weichen, jenseitigen Melodien, dem Gesang der Himmel abgelauscht. Kopf an Kopf stehen in allen Bethäusern die Menschen. Manche werfen sich zu Boden, bleiben lange unten, erheben sich, setzen sich auf Steinfliesen und Fußschemel, hocken und springen plötzlich auf, wackeln mit den Oberkörpern, rennen auf kleinem Raum unaufhörlich hin und zurück, wie ekstatische Wachtposten des Gebets, ganze Häuser sind erfüllt von weißen Sterbehemden, von Lebenden, die nicht hier sind, von Toten, die lebendig werden, kein Tropfen netzt die trockenen Lippen und erfrischt die Kehlen, die so viel des Jammers hinausschreien – nicht in die Welt, in die Überwelt. Sie werden heute nicht essen und morgen auch nicht. Es ist furchtbar, zu wissen, daß in dieser Stadt heute und morgen niemand essen und trinken wird. Alle sind plötzlich Geister geworden, mit den Eigenschaften von Geistern. Jeder kleine Krämer ist ein Übermensch, denn heute will er Gott erreichen. Alle strecken die Hände aus, um Ihn am Zipfel seiner Gewänder zu erfassen. Alle, ohne Unterschied: die Reichen sind so arm, wie die Armen, denn keiner hat etwas zu essen. Alle sind sündig und alle beten. Es kommt ein Taumel über sie, sie schwanken, sie rasen, sie flüstern, sie tun sich weh, sie singen, rufen, weinen, schwere Tränen rinnen über die alten Bärte und der Hunger ist verschwunden vor dem Schmerz der Seele und der Ewigkeit der Melodien, die das entrückte Ohr vernimmt.

Eine ähnliche Verwandlung der Menschen sah ich nur bei jüdischen Begräbnissen.
Die Leiche des frommen Juden liegt in einer einfachen Holzkiste, von einem schwarzen Tuch bedeckt. Sie wird nicht geführt, sondern von vier Juden getragen, im Eilschritt – auf dem kürzesten Wege, ich weiß nicht, ob es Vorschrift ist, oder ob es geschieht, weil den Trägern ein langsamer Schritt die Last verdoppeln würde. Man rennt fast mit der Leiche durch die Straße. Die Vorbereitungen haben einen Tag gedauert. Länger als 24 Stunden darf kein Toter auf der Erde bleiben. Das Wehklagen der Hinterbliebenen ist in der ganzen Stadt zu hören. Die Frauen laufen durch die Gassen und schreien ihren Schmerz hinaus, jedem Fremden entgegen. Sie reden zum Toten, geben ihm Kosenamen, bitten ihn um Vergebung und Gnade, überhäufen sich mit Vorwürfen, fragen ratlos, was sie jetzt tun würden, versichern, daß sie nicht mehr leben wollen – und alles in der Straßenmitte, auf dem Fahrdamm, im eiligen

Lauf – während aus den Häusern teilnahmslose Gesichter sehen und Fremde ihren Geschäften nachgehen, Wagen vorbeifahren und die Ladenbesitzer Kunden heranlocken.

Auf dem Friedhof spielen sich die erschütterndsten Szenen ab. Frauen wollen die Gräber nicht verlassen, man muß sie bändigen, der Trost sieht wie eine Zähmung aus. Die Melodie des Totengebetes ist von einer grandiosen Einfachheit, die Zeremonie des Begrabens kurz und fast heftig, die Schar der Bettler, die um Almosen ringt, ist groß.

Sieben Tage sitzen die nächsten Hinterbliebenen im Hause des Toten auf dem Boden, auf kleinen Schemeln, sie gehen in Strümpfen und sind selbst wie halbe Tote. In den Fenstern brennt ein kleines, trübes Totenlicht vor einem Stückchen weißer Leinwand und die Nachbarn bringen den Trauernden ein hartes Ei, die Nahrung desjenigen, dessen Schmerz rund ist, ohne Anfang und ohne Ende.

Aber die Freude kann ebenso heftig wie der Schmerz sein.

Ein Wunderrabbi verheiratete seinen 14jährigen Sohn mit der 16jährigen Tochter eines Kollegen und die Chassidim beider Rabbis kamen zum Fest, das acht Tage dauerte und an dem etwa 600 Gäste teilnahmen.

Die Behörde hatte ihnen eine alte, unbenutzte Kaserne überlassen. Drei Tage dauerte die Wanderung der Gäste. Sie kamen mit Wagen, Pferden, Strohsäcken, Pölstern, Kindern, Schmuck und großen Koffern und quartierten sich in den Räumen der Kaserne ein.

Es war große Bewegung in der kleinen Stadt. Etwa 200 Chassidim verkleideten sich, zogen alte russische Gewänder an, umgürteten sich mit alten Schwertern und ritten auf Pferden ohne Sattel durch die Stadt. Es waren gute Reiter unter ihnen und sie desavouierten alle schlechten Witze, die von jüdischen Militärärzten handeln und zu berichten wissen, daß Juden sich vor Pferden fürchten.

Acht Tage dauerte der Lärm, das Drängen, das Singen, das Tanzen und das Trinken. Zum Fest wurde ich nicht zugelassen. Es war nur für die Beteiligten und ihre Anhänger arrangiert. Die Fremden drängten sich draußen, sahen durch die Fenster und lauschten der Tanzmusik, die übrigens gut war.

Es gibt nämlich gute jüdische Musiker im Osten. Dieser Beruf ist erblich. Einzelne Musiker bringen es zu hohem Ansehen und zu einem Ruhm, der ein paar Meilen über ihre Heimatstadt hinausreicht. Einen größeren Ehrgeiz haben die echten Musiker nicht. Sie komponieren Melodien, die sie, ohne von Noten eine Ahnung zu haben, ihren Söhnen vererben und manchmal großen Teilen des ostjüdischen Volkes. Sie sind die Komponisten der Volkslieder. Wenn sie gestorben sind, erzählt man noch fünfzig Jahre lang Anekdoten aus ihrem Leben. Bald ist ihr Name verschollen und ihre Melodien werden gesungen und wandern allmählich durch die Welt.

Die Musiker sind sehr arm, denn sie leben von fremden Freuden. Man bezahlt sie miserabel und sie sind froh, wenn sie gute Speisen und Lebkuchen für ihre Familie mitnehmen dürfen. Sie bekommen von den reichen Gästen, denen sie „aufspielen", Trinkgelder. Nach dem unerbittlichen Gesetz des Ostens, hat jeder arme Mann, also auch der Musiker, viele Kinder. Das ist schlimm, aber auch gut. Denn die Söhne werden Musiker und bilden eine „Kapelle", die um so mehr verdient, als sie größer ist und der Ruhm ihres Namens um so weiter verbreitet wird, als es mehr Träger dieses Namens gibt. Manchmal geht ein später Nachkomme dieser Familie in die Welt und wird ein berühmter Virtuose. Es leben einige solcher Musiker im Westen, deren Namen zu nennen keinen Sinn hat. Nicht, weil es ihnen etwa peinlich sein könnte, sondern weil es ungerecht wäre gegenüber den unbekannten Ahnen, die es nicht nötig haben, sich ihre Größe durch das Talent ihrer Enkel bestätigen zu lassen.

Zu einem künstlerischen Ruhm bringen es auch die Sänger, die Vorbeter, die man im Westen *Kantoren* nennt und deren Berufsname *Chasen* lautet. Diesen Sängern geht es meist besser, als den Musikern, weil ihre Aufgabe eine religiöse, ihre Kunst eine andächtige und weihevolle ist. Ihre Tätigkeit stellt sie in die Nähe der Priester. Manche, deren Ruf bis nach Amerika dringt, erhalten Einladungen in die reichen amerikanischen Judenviertel. In Paris, wo es einige reiche ostjüdische Gemeinden gibt, lassen die Repräsentanten der Synagogen jedes Jahr zu den Feiertagen einen der berühmten Sänger und Vorbeter aus dem Osten kommen. Die Juden gehen dann zum Gebet, wie man zu einem Konzert geht, und sowohl ihr religiöses, als auch ihr künstlerisches Bedürfnis wird befriedigt. Es ist möglich, daß der Inhalt der gesungenen Gebete, der Raum, in dem sie vorgetragen werden, den künstlerischen Wert des Sängers steigern. Ich habe nie nachprüfen können, ob die Juden recht hatten, die mir mit Überzeugung sagten, der und jener *Chasen* hätte besser gesungen, als Caruso.

Den seltsamsten Beruf hat der ostjüdische *Batlen*, ein Spaßmacher, ein Narr, ein Philosoph, ein Geschichtenerzähler. In jeder kleinen Stadt lebt mindestens *ein* Batlen. Er erheitert die Gäste bei Hochzeiten und Kindstaufen, er schläft im Bethaus, ersinnt Geschichten, hört zu, wenn die Männer disputieren und zerbricht sich den Kopf über unnütze Dinge. Man nimmt ihn nicht ernst. Er aber ist der ernsteste aller Menschen. Er hätte ebenso mit Federn und mit Korallen handeln können, wie jener Wohlhabende, der ihn zur Hochzeit lädt, damit er sich über sich selbst lustig mache. Aber er handelt nicht. Es fällt ihm schwer, ein Gewerbe zu betreiben, zu heiraten, Kinder zu zeugen und ein angesehenes Mitglied der Gesellschaft zu sein. Manchmal wandert er von Dorf zu Dorf, von Stadt zu Stadt. Er verhungert nicht, er ist immer am Rande des Hungers. Er stirbt nicht, er entbehrt nur, aber er will entbehren. Seine Geschichten würden wahrscheinlich in Europa Aufsehen erregen, wenn sie gedruckt würden. Viele behandeln Themen, die man aus der jiddischen und aus der russischen Literatur kennt. Der berühmte Scholem Alejchem war der Typus eines Batlen – nur bewußter, ehrgeiziger und von seiner Kulturaufgabe überzeugt.

Die epischen Begabungen sind überhaupt häufig im Osten. In jeder Familie gibt es einen Onkel, der Geschichten zu erzählen weiß. Es sind meist stille Dichter, die ihre Geschichten vorbereiten, oder während sie erzählen, erfinden und verändern.

Die Winternächte sind kalt und lang und die Geschichtenerzähler, die gewöhnlich nicht genug Holz zum Heizen haben, erzählen gerne für ein paar Glas Tee und ein bißchen Ofenwärme. Sie werden anders, besser behandelt, als die Spaßmacher von Beruf. Denn jene versuchen wenigstens, einen praktischen Beruf auszuüben und sind schlau genug, vor dem durchaus praktisch gesinnten Durchschnittsjuden den schönen Wahn zu verbergen, den die Narren weithin verkünden. Diese sind Revolutionäre. Die Geschichtenerzähler aus Liebhaberei aber haben Kompromisse mit der bürgerlichen Welt geschlossen und sind Dilettanten geblieben. Der Durchschnittsjude schätzt Kunst und Philosophie, sofern sie nicht religiös sind, nur als „Unterhaltung". Aber er ist ehrlich genug, es zuzugeben und er hat nicht den Ehrgeiz, von Musik und Kunst zu sprechen.

Das jiddische Theater ist seit einigen Jahren im Westen so bekannt geworden, daß an dieser Stelle eine Würdigung überflüssig wäre. Es ist fast mehr eine Institution des westlichen Gettos als der östlichen. Der fromme Jude besucht es nicht, weil er glaubt, es verstoße gegen die religiösen Vorschriften. Die Besucher des Theaters im Osten sind „aufgeklärte" Juden, die meist heute schon national fühlen. Sie sind Europäer, wenn auch noch weit entfernt vom Typus des westeuropäischen Theaterbesuchers, der den „Abend totschlägt".

Man kennt im Westen den Typus des ostjüdischen Landmenschen überhaupt nicht. Er kommt nie nach dem Westen. Er ist mit seiner „Scholle" so verwachsen, wie der Bauer. Er ist selbst ein halber Bauer. Er ist Pächter oder Müller, oder Schankwirt im Dorf. Er hat nie etwas gelernt. Er kann oft kaum lesen und schreiben. Er kann gerade noch kleine Geschäfte machen. Er ist gerade noch klüger, als der Bauer. Er ist stark und groß und von einer unwahrscheinlichen Gesundheit. Er besitzt körperlichen Mut, liebt eine Schlägerei und scheut keine Gefahr. Viele nützen ihre Überlegenheit gegenüber den Bauern aus und gaben im alten Rußland Anlaß zu örtlichen Pogromen, in Galizien zu antisemitischen Hetzen. Aber viele sind von einer bäuerlichen Naturfrömmigkeit und einer großen Redlichkeit des Herzens. Viele haben den gesunden Menschenverstand, den man in allen Ländern findet der sich dort entwickelt, wo eine vernünftige Rasse unmittelbar den Gesetzen der Natur ergeben ist.

Es fällt mir schwer, vom ostjüdischen Proletariat zu sprechen. Ich kann einem großen Teil dieses Proletariats nicht den schweren Vorwurf ersparen, daß es seiner eigenen Klasse feindlich gegenübersteht; und wenn nicht feindlich, so doch gleichgültig. Keiner der vielen ungerechten und sinnlosen Vorwürfe, die man im Westen gegen die Ostjuden erhebt, ist so ungerecht, so sinnlos wie der, daß sie Zerstörer der Ordnung sind, also das, was der Spießer Bolschewik nennt. Der arme Jude ist der konservativste Mensch unter allen Armen der Welt. Er ist geradezu eine Garantie für die Erhaltung der alten Gesellschaftsordnung. Die Juden in ihrer großen geschlossenen Mehrheit sind eine bürgerliche Klasse mit eigenen nationalen, religiösen und Rassenmerkmalen. Der Antisemitismus im Osten (wie übrigens auch im Westen) ist oft revolutionärer, nach dem bekannten Wort wirklich ein „Sozialismus der Trottel" – aber immerhin ein Sozialismus. Der slawische arme Teufel, der kleine Bauer, der Arbeiter, der Handwerker, sie leben in der Überzeugung, daß der Jude Geld hat. Er hat ebensowenig Geld, wie seine antisemitischen Feinde. Aber er lebt bürgerlich. Er hungert und darbt mehr geregelt, als der christliche Proletarier. Man kann sagen: er nimmt täglich zu bestimmten Stunden seine Mahlzeiten nicht ein. Nur einmal in der Woche – am Freitagabend ißt er, wie der wohlhabende Glaubensgenosse. Seine Kinder schickt er in die Schule, er kleidet sie besser, er kann sparen und er besitzt, weil er einer alten Rasse angehört, immer etwas: einen Schmuck, den er von den Urvätern ererbt hat, Betten, Möbel. Immer findet er noch eine wertvolle Kleinigkeit in seinem Hause. Er ist klug genug, nichts zu verkaufen. Er betrinkt sich nicht und hat nicht den traurigen, aber gesunden Leichtsinn des christlichen Proleten. Er kann seiner Tochter fast immer eine kleine Mitgift, immer eine Aussteuer geben. Er kann sogar seinen Schwiegersohn erhalten. Mag der Jude ein Handwerker oder ein kleiner Händler sein, ein armer Gelehrter oder ein Tempeldiener, ein Bettler oder ein Wasserträger – er *will* kein Proletarier sein, er *will* sich von der armen Bevölkerung des Landes unterscheiden, er *spielt* einen Wohlsituierten. Er wird, wenn er ein Bettler ist, es vorziehen, in den Häusern der Reichen zu betteln, nicht auf der Straße. Er bettelt auch in den Straßen, aber seine

Haupteinnahme bezieht er bei einer Art Stammkundschaft, die er sehr pünktlich aufsucht. Er wird beim reichen Bauern nicht betteln; aber beim weniger bemittelten Juden. Er hat immer einen bürgerlichen Stolz. Das bourgeoise Talent der Juden, wohltätig zu sein, hat seinen Grund im Konservatismus des Judentums und es verhindert eine Revolutionierung der proletarischen Masse. Religion und Sitte verbieten jede Gewaltsamkeit, verbieten Aufruhr, Empörung und sogar offenen Neid. Der arme gläubige Jude hat sich mit seinem Schicksal abgefunden, wie der arme Gläubige jeder Religion. Gott macht den einen reich, den andern arm. Empörung gegen den Reichen wäre Empörung gegen Gott.

Bewußte Proletarier sind nur die jüdischen Arbeiter. Da gibt es einen Sozialismus verschiedener Schattierungen. Der ostjüdische Sozialist und Proletarier ist naturgemäß weniger Jude, als sein bürgerlicher oder halbproletarischer Stammesgenosse. Auch dann weniger Jude, wenn er sich zum nationalen Judentum bekennt und zum Zionismus. Der nationalste jüdische Sozialist ist der *Poale*-Zionist, der ein sozialistisches, mindestens ein Arbeiter-Palästina ersehnt. Zwischen jüdischen Sozialisten und Kommunisten sind die Grenzen weniger scharf und von einer Feindschaft unter Proletariern, wie bei uns, kann keine Rede sein. Viele jüdische Arbeiter gehören den sozialistischen und kommunistischen Parteien ihrer Länder an, sind also polnische, russische, rumänische Sozialisten. Bei fast allen steht die nationale Frage hinter der sozialen. Die Arbeiter aller Nationen denken so. „Nationale Freiheit" ist der Luxusbegriff eines Geschlechts, das keine anderen Sorgen hat. Wenn von allen Nationen eine berechtigt ist, in der „nationalen Frage" einen lebenswichtigen Inhalt zu erkennen, so sind es die Juden, die der Nationalismus der andern zwingt, eine „Nation" zu werden. Dennoch empfinden sogar die Arbeiter *dieser* Nation die größere Wichtigkeit des sozialen Problems. Sie sind stärker in ihrem proletarischen Empfinden, ehrlicher und konsequenter: sie sind also „radikaler", was ja in Westeuropa durch den modernen Jargon der Parteiführer bereits eine schimpfliche Eigenschaft ist. Es ist nur ein Irrtum der Antisemiten, zu glauben, die Juden wären radikale Revolutionäre. Den bürgerlichen und halbproletarischen

Juden ist ein jüdischer Revolutionär ein Greuel.

Ich bin in der großen Verlegenheit, Menschen gegen ihren Willen Proletarier nennen zu müssen. Einigen kann ich die mildernde, in Westeuropa erfundene unsinnige Bezeichnung: geistige Proletarier konzedieren. Es sind dies die Thoraschreiber, die jüdischen Lehrer, die Gebetmäntelhersteller und die Wachslichterzeuger, die rituellen Schlächter und die kleinen Kultusbeamten. Es sind, sagen wir: konfessionelle Proletarier. Dann aber gibt es noch eine ganze große Schar von Leidenden, Getretenen, Mißachteten, die weder im Glauben, noch in einem Klassenbewußtsein, noch in einer revolutionären Gesinnung Trost finden. Zu ihnen gehören zum Beispiel die Wasserträger in den kleinen Städten, die von morgens früh bis zum späten Abend die Fässer in den Häusern der Wohlhabenden mit Wasser füllen – gegen einen kargen Wochenlohn. Es sind rührende, naive Menschen, von einer fast unjüdischen körperlichen Kraft. Ihnen sozial gleichgestellt sind die Möbelpacker, die Kofferträger und eine ganze Reihe anderer, die von Gelegenheitsarbeiten leben – aber von *Arbeiten*. Es ist ein gesundes Geschlecht, tapfer und gutherzig. Nirgends ist Güte so nahe bei körperlicher Kraft, nirgends Roheit so fern von einer groben Tätigkeit, wie beim jüdischen Gelegenheitsarbeiter.

Manche zum Judentum übergetretene slawische Bauern leben von solchen Gelegenheitsarbeiten. Derlei Übertritte sind im Osten verhältnismäßig häufig, obwohl das offizielle Judentum sich dagegen wehrt und die jüdische Religion unter allen Religionen der Welt die einzige ist, die nicht bekehren will. Ohne Zweifel ist in den Ostjuden viel mehr slawisches Blut, als etwa in den deutschen Juden germanisches. Wenn die westeuropäischen Antisemiten und deutschnationalen Juden also glauben, die Ostjuden wären „semitischer" und also „gefährlicher", so ist das ebenso ein Irrtum, wie der Glaube eines westjüdischen Bankiers, der sich „arischer" fühlt, weil in seiner Verwandtschaft schon Mischehen vorgekommen sind.

# Die westlichen Gettos

*Wien*

## 1

Die Ostjuden, die nach Wien kommen, siedeln sich in der Leopoldstadt an, dem zweiten der zwanzig Bezirke. Sie sind dort in der Nähe des Praters und des Nordbahnhofs. Im Prater können Hausierer leben – von Ansichtskarten für die Fremden und vom Mitleid, das den Frohsinn überall zu begleiten pflegt. Am Nordbahnhof sind sie alle angekommen, durch seine Hallen weht noch das Aroma der Heimat und es ist das offene Tor zum Rückweg.

Die Leopoldstadt ist ein freiwilliges Getto. Viele Brücken verbinden sie mit den anderen Bezirken der Stadt. Über diese Brücken gehen tagsüber die Händler, Hausierer, Börsenmakler, Geschäftemacher, also alle unproduktiven Elemente des eingewanderten Ostjudentums. Aber über dieselben Brücken gehen in den Morgenstunden auch die Nachkommen derselben unproduktiven Elemente, die Söhne und Töchter der Händler, die in den Fabriken, Büros, Banken, Redaktionen und Werkstätten arbeiten.

Die Söhne und Töchter der Ostjuden sind produktiv. Mögen die Eltern schachern und hausieren. Die Jungen sind die begabtesten Anwälte, Mediziner, Bankbeamten, Journalisten, Schauspieler.

Die Leopoldstadt ist ein armer Bezirk. Es gibt kleine Wohnungen, in denen sechsköpfige Familien wohnen. Es gibt kleine Herbergen, in denen fünfzig, sechzig Leute auf dem Fußboden übernachten.

Im Prater schlafen die Obdachlosen. In der Nähe der Bahnhöfe wohnen die Ärmsten aller Arbeiter. Die Ostjuden leben nicht besser, als die christlichen Bewohner dieses Stadtteils.

Sie haben viele Kinder, sie sind an Hygiene und Sauberkeit nicht gewöhnt und sie sind gehaßt.

Niemand nimmt sich ihrer an. Ihre Vettern und Glaubensgenossen, die im ersten Bezirk in den Redaktionen sitzen, sind „schon" Wiener, und wollen nicht mit Ostjuden verwandt sein oder gar verwechselt werden. Die Christlichsozialen und Deutschnationalen haben den Antisemitismus als wichtigen Programmpunkt. Die Sozialdemokraten fürchten den Ruf einer „jüdischen Partei". Die Jüdischnationalen sind ziemlich machtlos. Außerdem ist die jüdisch-nationale Partei eine bürgerliche. Die große Masse der Ostjuden aber ist Proletariat.

Die Ostjuden sind auf die Unterstützung durch die bürgerlichen Wohlfahrtsorganisationen angewiesen. Man ist geneigt, die jüdische Barmherzigkeit höher einzuschätzen, als sie verdient. Die jüdische Wohltätigkeit ist ebenso eine unvollkommene Einrichtung wie jede andere. Die Wohltätigkeit befriedigt in erster Linie die Wohltäter. In einem jüdischen Wohlfahrtsbüro wird der Ostjude von seinen Glaubensgenossen und sogar von seinen Landsleuten oft nicht besser behandelt als von Christen. Es ist furchtbar schwer, ein Ostjude zu sein; es gibt kein schwereres Los, als das eines fremden Ostjuden in Wien.

2

Wenn er den zweiten Bezirk betritt, grüßen ihnen vertraute Gesichter. Grüßen sie ihn? Ach, er sieht sie nur. Die schon vor zehn Jahren hierhergekommen sind, lieben die Nachkommenden gar nicht. Noch einer ist angekommen. Noch einer will verdienen. Noch einer will leben.

Das Schlimmste: daß man ihn nicht umkommen lassen kann. Er ist kein Fremder. Er ist ein Jude und ein Landsmann.

Irgend jemand wird ihn aufnehmen. Ein anderer wird ihm ein kleines Kapital vorstrecken oder Kredit verschaffen. Ein dritter wird ihm eine „Tour" abtreten oder zusammenstellen. Der Neue wird ein Ratenhändler.

Der erste schwerste Weg führt ihn ins Polizeibüro.

Hinter dem Schalter sitzt ein Mann, der die Juden im allgemeinen und die Ostjuden im besonderen nicht leiden mag.

Dieser Mann wird Dokumente verlangen. Unwahrscheinliche Dokumente. Niemals verlangt man von christlichen Einwanderern derlei Dokumente. Außerdem sind christliche Dokumente in Ordnung. Alle Christen haben verständliche europäische Namen. Juden haben unverständliche und jüdische. Nicht genug daran: sie haben zwei und drei durch eine *false* oder eine *recte* verbundene Familiennamen.

Man weiß niemals, wie sie heißen. Ihre Eltern sind nur vom Rabbiner getraut worden. Diese Ehe hat keine gesetzliche Gültigkeit. Hieß der Mann: Weinstock und die Frau: Abramofsky, so hießen die Kinder dieser Ehe: Weinstock recte Abramofsky oder auch Abramofsky false Weinstock. Der Sohn wurde auf den jüdischen Vornamen: Leib Nachman getauft. Weil dieser Name aber schwierig ist und einen aufreizenden Klang haben könnte, nennt sich der Sohn: Leo. Er heißt also: Leib Nachman genannt Leo Abramofsky false Weinstock.

Solche Namen bereiten der Polizei Schwierigkeiten. Die Polizei liebt keine Schwierigkeiten. Wären es nur die Namen. Aber auch die Geburtsdaten stimmen nicht. Gewöhnlich sind die Papiere verbrannt. (In kleinen galizischen, litauischen und ukrainischen Orten hat es in den Standesämtern immer gebrannt.) Alle Papiere sind verloren. Die Staatsbürgerschaft ist nicht geklärt. Sie ist nach dem Krieg und der Ordnung von Versailles noch verwickelter geworden. Wie kam jener über die Grenze? Ohne Paß? Oder gar mit einem falschen? Dann heißt er also nicht so, wie er heißt und obwohl er so viele Namen angibt, die selbst gestehen, daß sie falsch sind, sind sie auch wahrscheinlich noch objektiv falsch. Der Mann auf den Papieren, auf dem Meldezettel ist nicht identisch mit dem Mann, der soeben angekommen ist. Was kann man tun? Soll man ihn einsperren? Dann ist nicht der Richtige eingesperrt. Soll man ihn ausweisen? Dann ist ein Falscher ausgewiesen. Aber, wenn man ihn zurückschickt, damit er neue Dokumente, anständige, mit zweifellosen Namen bringe, so ist jedenfalls nicht nur der Richtige zurückgeschickt, sondern eventuell aus einem Unrichtigen ein Richtiger gemacht worden.

Man schickt ihn also zurück, einmal, zweimal, dreimal. Bis der Jude gemerkt hat, daß ihm nichts anderes übrigbleibt, als falsche Daten anzugeben, damit sie wie ehrliche aussehen. Bei einem Namen zu bleiben, der vielleicht nicht sein eigener, aber doch ein zweifelloser, glaubwürdiger Namen ist. Die Polizei hat den Ostjuden auf die gute Idee gebracht, seine echten wahren aber verworrenen Verhältnisse durch erlogene aber ordentliche zu kaschieren.

Und jeder wundert sich über die Fähigkeit der Juden, falsche Angaben zu machen. Niemand wundert sich über die naiven Forderungen der Polizei.

Man kann ein Hausierer oder ein Ratenhändler sein.

Ein Hausierer trägt Seife, Hosenträger, Gummiartikel, Hosenknöpfe, Bleistifte in einem Korb, den er um den Rücken umgeschnallt hat. Mit diesem kleinen Laden besucht man verschiedene Cafés und Gasthäuser. Aber es ist ratsam, sich vorher zu überlegen, ob man gut daran tut, hier und dort einzukehren.

Auch zu einem einigermaßen erfolgreichen Hausieren gehört eine jahrelange Erfahrung. Man geht am sichersten zu Piowati, um die Abendstunden, wenn die vermögenden Leute koschere Würste mit Kren essen. Schon der Inhaber ist es dem jüdischen Ruf seiner Firma schuldig, einen armen Hausierer mit einer Suppe zu bewirten. Das ist nun auf jeden Fall ein Verdienst. Was die Gäste betrifft, so sind sie, wenn bereits gesättigt, sehr wohltätiger Stimmung. Bei niemandem hängt die Güte so innig mit der körperlichen Befriedigung zusammen, wie beim jüdischen Kaufmann. Wenn er gegessen hat und wenn er gut gegessen hat, ist er sogar imstande, Hosenträger zu kaufen, obwohl er sie selbst in seinem Laden führt. Meist wird er gar nichts kaufen und ein Almosen geben.

Man darf natürlich nicht etwa als der sechste Hausierer zu Piowati kommen. Beim dritten hört die Güte auf. Ich kannte einen jüdischen Hausierer, der alle drei Stunden in denselben Piowati-Laden eintrat. Die Generationen der Esser wechseln alle drei Stunden. Saß noch ein Gast von der alten Generation, so mied der Hausierer dessen Tisch. Er wußte genau, wo das Herz aufhört und wo die Nerven beginnen.

In einem ganz bestimmten Stadium der Trunkenheit sind auch die Christen gutherzig. Man kann also am Sonntag in die kleinen Schenken und in die Cafés der Vororte eintreten, ohne Schlimmes zu befürchten. Man wird ein wenig gehänselt und beschimpft werden, aber so äußert sich eben die Gutmütigkeit. Besonders Witzige werden den Korb wegnehmen, verstecken und den Hausierer ein wenig zur Verzweiflung bringen. Er lasse sich nicht erschrecken! Es sind lauter Äußerungen des goldenen Wiener Herzens. Ein paar Ansichtskarten wird er schließlich verkaufen.

Alle seine Einnahmen reichen nicht aus, ihn selbst zu ernähren. Dennoch wird der Hausierer Frau, Töchter und

Söhne zu erhalten wissen. Er wird seine Kinder in die Mittelschule schicken, wenn sie begabt sind, und Gott will, daß sie begabt sind. Der Sohn wird einmal ein berühmter Rechtsanwalt sein, aber der Vater, der so lange hausieren mußte, wird weiter hausieren wollen. Manchmal fügt es sich, daß die Urenkel des Hausierers christlich-soziale Antisemiten sind. Es hat sich schon oft so gefügt.

Welch ein Unterschied zwischen einem Hausierer und einem Ratenhändler? Jener verkauft für bares Geld und dieser auf Ratenzahlung. Jener braucht eine kleine „Tour" und dieser eine große. Jener fährt nur mit der Vorortbahn und dieser auch mit der großen Eisenbahn. Aus jenem wird niemals ein Kaufmann, aus diesem vielleicht.

Der Ratenhändler ist nur in einer Zeit der festen Valuta möglich. Die große Inflation hat allen Ratenhändlern die traurige Existenz genommen. Sie sind Valutenhändler geworden.

Auch einem Valutenhändler ging es nicht gut. Kaufte er rumänische Lei, so fielen sie an der Börse. Verkaufte er sie, fingen sie an zu steigen. Wenn der Dollar in Berlin hoch stand, die Mark in Wien ebenfalls, so fuhr der Valutenhändler nach Berlin, Mark einkaufen. Er kam nach Wien zurück, um für die hohen Mark Dollar einzukaufen. Dann fuhr er mit den Dollars nach Berlin, um noch mehr Mark einzukaufen. Aber so schnell fährt keine Eisenbahn, wie eine Mark fällt. Ehe er nach Wien kam, hatte er schon die Hälfte.

Der Valutenhändler hätte mit allen Börsen der Welt in telephonischer Verbindung stehen müssen, um wirklich zu verdienen. Er aber stand nur mit einer schwarzen Börse seines Aufenthaltsortes in Verbindung. Man hat die Schädlichkeit, aber auch die Informiertheit der schwarzen Börse gewaltig überschätzt. Noch schwärzer, als die schwarze Börse, war die offizielle, schneeweiße, in Unschuld prangende und von der Polizei geschützte. Die schwarze Börse war die schmutzige Konkurrenz einer schmutzigen Institution. Die Valutenhändler waren die gescholtenen Konkurrenten der ehrenhaft genannten Banken.

Nur die wenigsten kleinen Valutenhändler sind wirklich reich geworden.

Die meisten sind heute wieder, was sie gewesen sind: arme Ratenhändler.

Die Kunden des Ratenhändlers sind Leute, die kein Geld besitzen, aber ein Einkommen. Studenten, kleine Beamte, Arbeiter. Jede Woche kommt der Ratenhändler zu den Kunden, einkassieren und neue Ware verkaufen. Da der Bedarf der kleinen Leute groß ist, kaufen sie verhältnismäßig viel. Da ihr Einkommen sehr gering ist, zahlen sie verhältnismäßig wenig. Der Ratenhändler weiß nicht, worüber er sich freuen soll: über den steigenden Absatz oder über den fallenden. Je mehr er verkauft, desto langsamer bekommt er sein Geld. Soll er die Preise erhöhen? Dann gehen die Leute in das nächste Warenhaus, deren es jetzt in allen kleinen Städten einige gibt. Der Ratenhändler ist für sie billiger, weil er die Eisenbahn bezahlt, die sie sonst bezahlen müssen. Mit ihm kommt das Warenhaus zu den Kunden. Er ist bequemer.
Infolgedessen ist sein Leben unbequem. Wenn er die Eisenbahn ersparen will, muß er, schwer bepackt, zu Fuß gehen. Also geht er langsam. Dabei kommt er nicht überall zurecht. Er muß Sonntag bei allen sein, die ihm Geld schuldig sind. Der Lohn ist Sonnabend bezahlt worden, er ist also Montag nicht mehr vorhanden. Fährt der Ratenhändler aber Eisenbahn, so zahlt er auf jeden Fall, er kommt auch überall zurecht, aber sehr oft ist der Wochenlohn schon am Sonntag nicht mehr vorhanden.
So sind die jüdischen Schicksale.

Was kann ein Ostjude sonst werden? Ist er Arbeiter, so nimmt ihn keine Fabrik. Es gibt viele heimische Arbeitslose. Aber selbst, wenn es sie nicht gäbe – man nimmt nicht einmal christliche Ausländer, geschweige denn jüdische.
Es gibt auch ostjüdische Handwerker. In der Leopoldstadt und in der Brigittenau leben viele ostjüdische Herrenschneider. Die Juden sind begabte Schneider. Aber es ist ein Unterschied, ob man ein Lokal, einen „Modesalon" im ersten Bezirk, in der Herrengasse hat, oder eine Werkstatt in der Küche eines Hauses in der Kleinen Schiffgasse.
Wer kommt in die Kleine Schiffgasse? Wer nicht gezwungen ist, hinzugehen, der geht lieber an ihr vorbei. In der Kleinen Schiffgasse riecht es nach Zwiebeln und Petroleum,

nach Hering und Seife, nach Spülwasser und Hausrat, nach Benzin und Kochtöpfen, nach Schimmel und Delikatessen. Schmutzige Kinder spielen in der Kleinen Schiffgasse. Man staubt Teppiche an offenen Fenstern und lüftet Betten. Flaumfedern schwimmen in der Luft.

In so einer Gasse wohnt der jüdische kleine Schneider. Aber wäre es nur die Gasse! Seine Wohnung besteht aus einem Zimmer und einer Küche. Und nach den rätselhaften Gesetzen, nach denen Gott die Juden regiert, hat ein armer ostjüdischer Schneider sechs und mehr Kinder, aber nur selten einen Gehilfen. Die Nähmaschine rasselt, das Bügeleisen steht auf dem Nudelbrett, auf dem Ehebett nimmt er Maß. Wer sucht einen solchen Schneider auf?

Er „zehrt" nicht „am Mark der Eingeborenen", der ostjüdische Schneider. Er lockt keinen Kunden dem christlichen Schneider weg. Er kann zuschneiden, seine Arbeit ist vorzüglich. Vielleicht wird er nach zwanzig Jahren einen wirklichen Modesalon im ersten Bezirk, in der Herrengasse haben. Aber dann wird er ihn auch redlich verdient haben. Auch Ostjuden sind keine Zauberer. Was sie erreichen, kostet Mühsal, Schweiß und Not.

7

Wenn ein Ostjude viel Glück und Geld hat, kann er unter Umständen eine „Konzession" erhalten und einen Laden aufmachen. Seine Kunden sind die kleinen armen Leute des Viertels. Zum Beispiel: der oben geschilderte Herrenschneider. Der zahlt nicht bar, er hat Kredit. Das sind die „Geschäfte" der Ostjuden.

Es gibt ostjüdische Intellektuelle. Lehrer, Schreiber und so weiter. Es gibt auch Almosenempfänger. Verschämte Bettler. Straßenbettler. Musikanten. Zeitungsverkäufer. Sogar Stiefelputzer.

Und sogenannte „Lufthändler". Händler mit „Luftware". Die Ware liegt noch irgendwo in Ungarn auf einem Bahnhof. Sie liegt aber gar nicht auf dem ungarischen Bahnhof. Sie wird am Franz-Josephs-Kai gehandelt.

Es gibt ostjüdische Betrüger. Freilich: Betrüger! Aber es gibt auch westeuropäische Betrüger.

Die zwei großen Straßen der Leopoldstadt sind: die Taborstraße und die Praterstraße. Die Praterstraße ist beinahe
herrschaftlich. Sie führt direkt ins Vergnügen. Juden und
Christen bevölkern sie. Sie ist glatt, weit und hell. Sie hat
viele Cafés.
Viele Cafés sind auch in der Taborstraße. Es sind jüdische
Cafés. Ihre Besitzer sind meist jüdisch, ihre Gäste fast
durchweg. Die Juden gehen gerne ins Kaffeehaus, um Zeitung zu lesen, Tarock und Schach zu spielen und Geschäfte
zu machen.
Juden sind gute Schachspieler. Sie haben auch christliche
Partner. Ein guter christlicher Schachspieler kann kein An-
tisemit sein.
In den jüdischen Cafés gibt es stehende Gäste. Sie bilden
im wahren Sinne des Wortes: die „Laufkundschaft". Sie sind
Stammgäste, ohne Speise oder Trank einzunehmen. Sie
kommen achtzehnmal im Lauf eines Vormittags ins Lokal:
Das Geschäft erfordert es.
Sie verursachen viel Geräusch. Sie sprechen eindringlich,
laut und ungezwungen. Weil alle Besucher Menschen von
Welt und guten Manieren sind, fällt niemand auf, obwohl
er auffällig ist.
In einem echten jüdischen Kaffeehaus kann man den Kopf
unter den Arm nehmen. Niemand kümmert sich darum.

Der Krieg hat viele ostjüdische Flüchtlinge nach Wien gebracht. Solange ihre Heimat besetzt war, gab man ihnen
„Unterstützungen". Man schickte ihnen nicht etwa das Geld
nach Haus. Sie mußten in den kältesten Wintertagen, in
den frühesten Nachtstunden anstehen. Alle: Greise,
Kranke, Frauen, Kinder.
Sie schmuggelten. Sie brachten Mehl, Fleisch, Eier aus Ungarn. Man sperrte sie in Ungarn ein, weil sie die Nahrungsmittel aufkauften. Man sperrte sie in Österreich ein, weil
sie nichtrationierte Lebensmittel ins Land brachten. Sie er-
leichterten den Wienern das Leben. Man sperrte sie ein.
Nach dem Krieg wurden sie, zum Teil gewaltsam, repatri-
iert. Ein sozialdemokratischer Landeshauptmann ließ sie

ausweisen. Für Christlichsoziale sind's Juden. Für Deutschnationale sind sie Semiten. Für Sozialdemokraten sind sie unproduktive Elemente.

Sie aber sind arbeitsloses Proletariat. Ein Hausierer ist ein Proletarier.

Wenn er nicht mit den Händen arbeitet, so schafft er mit den Füßen. Wenn er keine bessere Arbeit findet, so ist es nicht seine Schuld. Wozu diese Selbstverständlichkeiten? Wer glaubt das Selbstverständliche?

*Berlin*

1

Kein Ostjude geht freiwillig nach Berlin. Wer in aller Welt kommt freiwillig nach Berlin?

Berlin ist eine Durchgangsstation, in der man aus zwingenden Gründen länger verweilt. Berlin hat kein Getto. Es hat ein jüdisches Viertel. Hierher kommen die Emigranten, die über Hamburg und Amsterdam nach Amerika wollen. Hier bleiben sie oft stecken. Sie haben nicht genug Geld. Oder ihre Papiere sind nicht in Ordnung. (Freilich: Die Papiere! Ein halbes jüdisches Leben verstreicht in zwecklosem Kampf gegen „Papiere".)

Die Ostjuden, die nach Berlin kommen, haben oft ein Durchreisevisum, das sie berechtigt, zwei bis drei Tage in Deutschland zu bleiben. Es sind schon manche, die nur ein Durchreisevisum hatten, zwei bis drei Jahre in Berlin geblieben.

Von den alteingesessenen Berliner Ostjuden sind die meisten noch vor dem Kriege gekommen. Verwandte sind ihnen nachgereist. Flüchtlinge aus den okkupierten Gebieten kamen nach Berlin. Juden, die in Rußland, in der Ukraine, in Polen, in Litauen der deutschen Okkupationsarmee Dienste geleistet hatten, mußten mit der deutschen Armee nach Deutschland.

Es gibt auch ostjüdische Verbrecher in Berlin. Taschendiebe, Heiratsschwindler, Betrüger, Banknotenfälscher, Inflationsschieber. Fast keine Einbrecher. Keine Mörder, keine Raubmörder.

Vom Kampf um die Papiere, gegen die Papiere ist ein Ostjude nur dann befreit, wenn er den Kampf gegen die Ge-

250

sellschaft mit verbrecherischen Mitteln führt. Der ostjüdische Verbrecher ist meist schon in seiner Heimat Verbrecher gewesen. Er kommt nach Deutschland ohne Papiere oder mit falschen. Er meldet sich nicht bei der Polizei.

Nur der ehrliche Ostjude – er ist nicht nur ehrlich, sondern auch furchtsam – meldet sich bei der Polizei. Das ist in Preußen weit schwieriger als in Österreich. Die Berliner Kriminalpolizei hat die Eigenschaft, in den Häusern nachzukontrollieren. Sie prüft auch auf der Straße Papiere. In der Inflation geschah es häufig.

Der Handel mit alten Kleidern ist nicht verboten, aber er ist auch nicht geduldet. Wer keinen Gewerbeschein besitzt, darf meine alte Hose nicht kaufen. Er darf sie auch nicht verkaufen.

Dennoch kauft er sie. Er verkauft sie auch. Er steht in der Joachimsthaler Straße oder Ecke Joachimsthaler Straße und Kurfürstendamm und tut so, als täte er gar nichts. Er muß den Passanten ansehen, ob sie erstens alte Kleider zu verkaufen haben und zweitens, ob sie Geld gebrauchen.

Die gekauften Kleider verkauft man am nächsten Morgen an der Kleiderbörse.

Auch unter den Hausierern gibt es Rangunterschiede. Es gibt reiche, mächtige Hausierer, zu denen die kleinen sehr demütig aufblicken. Je reicher ein Hausierer ist, desto mehr verdient er. Er geht nicht auf die Straße. Er hat es nicht nötig. Ja, ich weiß nicht einmal, ob ich ihn wirklich „Hausierer" nennen darf. Eigentlich hat er einen Laden mit alten Kleidern und einen Gewerbeschein. Und wenn es nicht sein eigener Gewerbeschein ist, so ist es der eines Eingesessenen, eines Berliner Bürgers, der nichts vom Kleiderhandel versteht, aber prozentual am Geschäft beteiligt ist.

In der Kleiderbörse versammeln sich am Vormittag die Ladeninhaber und die Hausierer. Diese bringen den Ertrag des vergangenen Tages, alle alten Röcke und Kleider. Im Frühling ist Hausse in Sommer- und Sportanzügen. Im Herbst ist Hausse in Cutaways, Smokings und gestreiften Hosen. Wer im Herbst mit Sommer- und Leinenanzügen kommt, versteht das Geschäft nicht.

Die Kleider, die der Hausierer den Passanten für ein lächerliches Geld abgekauft hat, verkauft er mit einem lächerlich geringen Aufschlag an den Ladeninhaber. Dieser läßt die

Kleider bügeln, „auffrischen", richten. Dann hängt er sie vor sein Ladenschild und läßt sie flattern im Wind.

Wer alte Kleider gut zu verkaufen versteht, wird bald neue Kleider verkaufen können. Er wird ein Magazin eröffnen, statt eines Ladens. Er wird einmal Warenhausbesitzer werden.

In Berlin kann auch ein Hausierer Karriere machen. Er wird sich schneller assimilieren, als seine Standesgenossen in Wien. Berlin gleicht die Verschiedenen aus und ertötet Eigenheiten. Deshalb gibt es kein großes Berliner Getto.

Es gibt nur ein paar kleine Judenstraßen, in der Nähe der Warschauer Brücke und im Scheunenviertel. Die jüdischste aller Berliner Straßen ist die traurige Hirtenstraße.

## 2

So traurig ist keine Straße der Welt. Die Hirtenstraße hat nicht einmal die hoffnungslose Freudigkeit eines vegetativen Schmutzes.

Die Hirtenstraße ist eine Berliner Straße, gemildert durch ostjüdische Einwohner, aber nicht verändert. Keine Straßenbahn durchfährt sie. Kein Autobus. Selten ein Automobil. Immer Lastwagen, Karren, die Plebejer unter den Fahrzeugen. Kleine Gasthäuser stecken in den Mauern. Man geht auf Stufen zu ihnen empor. Auf schmalen, unsauberen, ausgetretenen Stufen. Sie gleichen dem Negativ ausgetretener Absätze. In offenen Hausfluren liegt Unrat. Auch gesammelter, eingekaufter Unrat. Unrat als Handelsobjekt. Altes Zeitungspapier. Zerrissene Strümpfe. Alleinstehende Sohlen. Schnürsenkel. Schürzenbänder. Die Hirtenstraße ist langweilig vororthaft. Sie hat nicht den Charakter einer Kleinstadtstraße. Sie ist neu, billig, schon verbraucht, Schundware. Eine Gasse aus einem Warenhaus. Aus einem billigen Warenhaus. Sie hat einige blinde Schaufenster. Jüdisches Gebäck, Mohnbeugel, Semmeln, schwarze Brote liegen in den Schaufenstern. Ein Ölkännchen, Fliegenpapier, schwitzendes.

Außerdem gibt es da jüdische Talmudschulen und Bethäuser. Man sieht hebräische Buchstaben. Sie stehen fremd an diesen Mauern. Man sieht hinter halbblinden Fenstern Bücherrücken.

Man sieht Juden mit dem Talles unterm Arm. Sie gehen aus

dem Bethaus Geschäften entgegen. Man sieht kranke Kinder, alte Frauen.

Der Versuch, diese Berliner langweilige, so gut wie möglich saubergehaltene Straße in ein Getto umzuwandeln, ist immer wieder stark. Immer wieder ist Berlin stärker. Die Einwohner kämpfen einen vergeblichen Kampf. Sie wollen sich breitmachen? Berlin drückt sie zusammen.

### 3

Ich trete in eine der kleinen Schankwirtschaften. Im Hinterzimmer sitzen ein paar Gäste und warten auf das Mittagessen. Sie tragen die Hüte auf dem Kopf. Die Wirtin steht zwischen Küche und Gaststube. Hinter dem Ladentisch steht der Mann. Er hat einen Bart aus rotem Zwirn. Er ist furchtsam.

Wie sollte er nicht furchtsam sein? Kommt nicht die Polizei in diesen Laden? War sie nicht schon einige Male da? Der Schankwirt reicht mir auf jeden Fall die Hand. Und auf jeden Fall sagt er: „Oh, das ist ein Gast! Sie sind schon so lange nicht dagewesen?" Niemals schadet eine herzliche Begrüßung.

Man trinkt das Nationalgetränk der Juden: Met. Das ist der Alkohol, an dem sie sich berauschen können. Sie lieben den schweren, dunkelbraunen Met, er ist süß, herb und kräftig.

### 4

Manchmal kommt nach Berlin der „Tempel Salomonis". Diesen Tempel hat ein Herr Frohmann aus Drohobycz getreu nach den genauen Angaben der Bibel hergestellt, aus Fichtenholz und Pappmaché und Goldfarbe. Keineswegs aus Zedernholz und echtem Gold wie der große König Salomo.

Frohmann behauptet, er hätte sieben Jahre an diesem Miniaturtempelchen gebaut. Ich glaube es. Einen Tempel wiederaufzubauen, genau nach den Angaben der Bibel, erfordert ebensoviel Zeit wie Liebe.

Man sieht jeden Vorhang, jeden Vorhof, jede kleinste Turmzacke, jedes heilige Gerät. Der Tempel steht auf einem Tisch im Hinterzimmer einer Schenke. Es riecht nach jüdischen zwiebelgefüllten Fischen. Sehr wenige Besucher kommen. Die Alten kennen den Tempel schon und die Jungen wollen nach Palästina, nicht um Tempel, sondern um Landstraßen zu bauen.

Und Frohmann fährt von einem Getto zum andern, von Juden zu Juden und zeigt ihnen sein Kunstwerk, Frohmann, der Hüter der Tradition und des einzigen großen architektonischen Werkes, das die Juden jemals geschaffen haben und das sie infolgedessen niemals vergessen werden. Ich glaube, daß Frohmann der Ausdruck dieser Sehnsucht ist, der Sehnsucht eines ganzen Volkes. Ich habe einen alten Juden vor dem Miniaturtempel stehen gesehen. Er glich seinen Brüdern, die an der einzig übriggebliebenen, heiligen Mauer des zerstörten Tempels in Jerusalem stehen, weinen und beten.

5

Das Kabarett fand ich zufällig, während ich an einem hellen Abend durch die dunklen Straßen wanderte, durch die Fensterscheiben kleiner Bethäuser blickte, die nichts anderes waren, als simple Verkaufsläden bei Tag und Gotteshäuser des Morgens und des Abends. So nahe sind den Juden des Ostens Erwerb und Himmel; sie brauchen für ihren Gottesdienst nichts als zehn erwachsene, das heißt über dreizehn Jahre alte Glaubensgenossen, einen Vorbeter und die Kenntnis der geographischen Lage, um zu wissen, wo Osten ist, der *Misrach*, die Gegend des Heiligen Landes, der Orient, aus dem das Licht kommen soll.

In dieser Gegend wird alles improvisiert: der Tempel durch die Zusammenkunft, der Handel durch das Stehenbleiben in der Straßenmitte. Es ist immer noch der Auszug aus Ägypten, der schon Jahrtausende anhält. Man muß immer auf dem Sprung sein, alles mit sich führen, das Brot und eine Zwiebel in der Tasche, in der anderen die Gebetriemen. Wer weiß, ob man in der nächsten Stunde nicht schon wieder wandern muß. Auch das Theater entsteht plötzlich.

Jenes, das ich sah, war im Hof eines schmutzigen und alten Gasthofes etabliert. Es war ein viereckiger Lichthof, Gänge und Korridore mit Glasfenstern klebten an seinen Wänden, und enthüllten verschiedene Intimitäten der Häuslichkeit, Betten, Hemden und Eimer. Eine alte, verirrte Linde stand

254

in der Mitte und repräsentierte die Natur. Durch ein paar erleuchtete Fenster sah man das Innere einer rituellen Gasthofküche. Der Dampf stieg aus den kochenden Töpfen, eine dicke Frau schwang einen Löffel, ihre fetten Arme waren halb entblößt. Unmittelbar vor den Fenstern und so, daß sie es zur Hälfte verdeckte, stand ein Podium, von dem aus man direkt in den Flur des Restaurants gelangen konnte. Vor dem Podium saß die Musik, eine Kapelle aus sechs Männern, von denen die Sage ging, daß sie Brüder sind und Söhne des großen Musikers Mendel aus Berdyczew, an den sich noch die ältesten Juden aus dem Osten erinnern können und dessen Geigenspiel so herrlich war, daß man es nicht vergessen kann, weder in Litauen, noch in Wolhynien, noch in Galizien.

Die Schauspielertruppe, die hier bald auftreten sollte, nannte sich *Truppe Surokin.* Surokin hieß ihr Direktor, Regisseur und Kassierer, ein dicker, glattrasierter Herr aus Kowno, der schon in Amerika gesungen hatte, Vorbeter und Tenor, Synagogen- und Opernheld, verwöhnt, stolz und herablassend, Unternehmer und Kamerad zu gleichen Teilen. Das Publikum saß an kleinen Tischen, aß Brot und Wurst und trank Bier, holte sich Speise und Trank selbst aus dem Restaurant, unterhielt sich, schrie, lachte. Es bestand aus kleinen Kaufleuten und deren Familien, nicht mehr orthodox, sondern „aufgeklärt", wie man im Osten Juden nennt, die sich rasieren lassen (wenn auch nur einmal wöchentlich) und europäische Kleidung tragen. Diese Juden befolgen die religiösen Bräuche mehr aus Pietät als aus religiösem Bedürfnis: sie denken an Gott nur, wenn sie ihn brauchen, und es ist ihr Glück, daß sie ihn ziemlich oft brauchen. Unter ihnen finden sich Zyniker und Abergläubische, aber alle werden in bestimmten Situationen sentimental und in ihrer Gerührtheit rührend. Sie sind in Dingen des Geschäfts rücksichtslos gegeneinander und gegen Fremde – und doch braucht man nur an eine bestimmte verborgene Saite zu rühren, um sie opferwillig, gütig und human zu machen. Ja, sie können weinen, besonders in einem solchen Freilufttheater, wie es dieses war.

Die Truppe bestand aus zwei Frauen und drei Männern – und bei dem Versuch zu schildern, wie und was sie auf dem Podium aufgeführt haben, stocke ich. Das ganze Programm war improvisiert. Zuerst trat ein dünner kleiner Mann auf, in seinem Gesicht saß die Nase, wie ein Fremdes, sehr Verwundertes; es war eine impertinente, zudringlich fragende und dennoch rührende, lächerliche Nase, eher slawisch als jüdisch, breite Flügel mit einem unvermutet spitzen Ende. Der Mann mit dieser Nase spielte einen *Batlen*, einen närrisch-weisen Spaßmacher, er sang alte Lieder und verulkte sie, indem er ihnen überraschende komische widersinnige Pointen anhängte. Dann sangen beide Frauen ein altes Lied, ein Schauspieler erzählte eine humoristische Geschichte von Scholem Alejchem, und zum Schluß rezitierte der Herr Direktor Surokin moderne hebräische und jiddische Gedichte lebender und jüngst verstorbener jüdischer Autoren; er sprach die hebräischen Verse und gleich darauf ihre jüdische Übersetzung, und manchmal begann er zwei, drei Strophen leise zu singen, als sänge er so für sich, in seinem Zimmer, und es wurde totenstill, und die kleinen Kaufleute hatten große Augen und stützten das Kinn auf die Faust und man hörte das Rauschen der Linde.

Ich weiß nicht, ob Sie alle die jüdischen Melodien des Ostens kennen und ich will versuchen Ihnen eine Vorstellung von dieser Musik zu geben. Ich glaube sie am deutlichsten gekennzeichnet zu haben, wenn ich sie bezeichne als eine Mischung von Rußland und Jerusalem, von Volkslied und Psalm. Diese Musik ist synagogal-pathetisch und volkstümlich naiv. Der Text scheint, wenn er nur gelesen wird, eine heitere flotte Musik zu erfordern. Hört man ihn aber gesungen, so ist es ein schmerzliches Lied, das „unter Tränen lächelt". Hat man es einmal gehört, so klingt es wochenlang nach, der Gegensatz war ein scheinbarer, in Wirklichkeit *kann* dieser Text in keiner anderen Melodie gesungen werden. Er lautet:

> *Ynter die griene Beimelach*
> *sizzen die Mojschelach, Schlojmelach,*
> *Eugen wie gliehende Keulalach …*
>
> (Augen wie glühende Kohlen)

Sie sitzen! Sie tummeln sich nicht etwa unter den grünen Bäumen. Tummelten sie sich – dann wäre der Rhythmus dieser Zeilen so flott, wie er es auf den ersten Blick zu sein scheint. Aber sie tummeln sich nicht, die kleinen Judenknaben.

Ich hörte das alte Lied, das Jerusalem, die Stadt singt, so wehmütig, daß ihr Schmerz über ganz Europa weit hinein nach dem Osten weht, über Spanien, Deutschland, Frankreich, Holland, den ganzen bitteren Weg der Juden entlang. Jerusalem singt:

> *Kim, kim, Jisruleki l aheim* (nach Hause)
> *in dein teures Land arain ...*

Diesen Sang verstanden alle Kaufleute. Die kleinen Menschen tranken kein Bier und aßen keine Würste mehr. So wurden sie präpariert für die schöne ernste, sogar schwierige und manchmal abstrakte Poesie des großen hebräischen Dichters *Bialik*, dessen Lieder in fast alle Kultursprachen übersetzt sind und von dem eine Wiederbelebung der hebräischen Schriftsprache ausgegangen sein soll, die sie endgültig zu einer lebendigen macht. Dieser Dichter hat den Zorn alter Propheten und die süße Stimme eines jubelnden Kindes.

## Paris

### 1

Die Ostjuden haben nicht leicht den Weg nach Paris gefunden. Sie kamen viel leichter nach Brüssel und Amsterdam. Der direkte Weg des jüdischen Juwelenhandels führt nach Amsterdam. Einige arm gewordene und einige reich werdende jüdische Juwelenhändler bleiben aus Zwang im französischen Sprachgebiet.

Der kleine Ostjude hat eine übertriebene Furcht vor einer *ganz* fremden Sprache. Deutsch ist beinahe seine Muttersprache. Er wandert viel lieber nach Deutschland, als nach Frankreich. Der Ostjude lernt leicht fremde Sprachen verstehen, aber seine Aussprache wird niemals rein. Er wird immer erkannt. Es ist sein gesunder Instinkt, der ihn vor den romanischen Ländern warnt.

Auch gesunde Instinkte irren. Die Ostjuden leben in Paris fast wie Gott in Frankreich. Niemand hindert sie hier Geschäfte und sogar Gettos aufzumachen. Es gibt einige jüdische Viertel in Paris, in der Nähe des Montmartre und in der Nähe der Bastille. Es sind die ältesten Pariser Stadtteile.

Es sind die ältesten Pariser Häuser mit der billigsten Miete. Juden geben nicht gerne Geld für „unnützen" Komfort aus, solange sie nicht sehr reich sind.

Sie haben es schon aus äußeren Gründen in Paris leicht. Ihre Physiognomie verrät sie nicht. Ihre Lebhaftigkeit fällt nicht auf. Ihr Witz begegnet dem französischen auf halbem Weg. Paris ist eine wirkliche Weltstadt. Wien ist einmal eine gewesen. Berlin wird erst einmal eine sein. Die wirkliche Weltstadt ist objektiv. Sie hat Vorurteile, wie die andern, aber keine Zeit, sie anzuwenden. Im Wiener Prater gibt es beinah keine antisemitische Äußerung, obwohl nicht alle Besucher Judenfreunde sind und obwohl neben ihnen, zwischen ihnen die östlichsten der Ostjuden wandeln. Weshalb? Weil man sich im Prater freut. In der Taborstraße, die zum Prater führt, fängt der Antisemit an, antisemitisch zu sein. In der Taborstraße freut man sich nicht mehr.

In Berlin freut man sich nicht. Aber in Paris herrscht die Freude. In Paris beschränkt sich der grobe Antisemitismus auf die freudlosen Franzosen. Das sind die Royalisten, die Gruppe um die *Action française*. Es wundert mich nicht, daß sie in Frankreich ohnmächtig sind und immer bleiben werden. Sie sind zu wenig französisch. Sie sind zu pathetisch und zu wenig ironisch.

Paris ist sachlich, obwohl Sachlichkeit eine deutsche Tugend sein mag. Paris ist demokratisch. Der Deutsche ist menschlich. Aber in Paris hat die praktische Humanität eine große starke Tradition. In Paris erst fangen die Ostjuden an, Westeuropäer zu werden. Sie werden Franzosen. Sie werden sogar Patrioten.

## 2

Der bittere Lebenskampf der Ostjuden, der gegen „die Papiere", wird in Paris gemildert. Die Polizei ist von einer humanen Nachlässigkeit. Sie ist zugänglicher der Inividualität und dem Persönlichen. Die deutsche Polizei hat Kategorien. Die Pariser Polizei läßt sich leicht überreden. In Paris kann man sich anmelden, ohne viermal zurückgeschickt zu werden.

Die Pariser Ostjuden dürfen leben, wie sie wollen. Sie können ihre Kinder in rein jüdische Schulen schicken oder in französische. Die in Paris geborenen Kinder der Ostjuden können französische Staatsbürger werden. Frankreich braucht Menschen. Ja, es ist geradezu seine Aufgabe, schwach bevölkert zu sein und immer wieder Menschen zu brauchen, Fremde französisch zu machen. Es ist seine Stärke und seine Schwäche.

Freilich lebt ein französischer Antisemitismus auch in den Nicht-Royalisten. Aber kein hundertgrädiger. Die an einen viel stärkeren, rüderen, brutaleren Antisemitismus gewohnten Ostjuden geben sich mit dem französischen zufrieden.

Sie dürfen sich zufriedengeben. Sie haben religiöse, kulturelle, nationale Freiheiten. Sie dürfen Jiddisch reden, so viel und so laut sie wollen. Sie dürfen sogar schlecht Französisch sprechen, ohne daß man sie verdächtigt. Die Folge dieses Entgegenkommens ist, daß sie Französisch lernen, daß ihre Kinder kein Jiddisch mehr sprechen. Sie verstehen es gerade noch. Es hat mich belustigt, in den Straßen des Pariser Judenviertels die Eltern Jiddisch, die Kinder Französisch sprechen zu hören. Auf jiddische Fragen erfolgen französische Antworten. Diese Kinder sind begabt. Sie werden es in Frankreich zu etwas bringen, wenn Gott will. Und Gott will es, wie mir scheint.

Die Berliner jüdischen Schenken in der Hirtenstraße sind traurig, kühl und still. Die Pariser jüdischen Gasthäuser sind lustig, warm und laut. Sie machen alle gute Geschäfte. Ich habe manchmal bei Herrn Weingrod gegessen. Er führt ausgezeichnete Bratgänse. Er braut einen guten starken Schnaps. Er amüsiert die Gäste. Er sagt zu seiner Frau: „Gib mir das Soll und Haben, s'il vous plaît." Und die Frau sagt: „Nehmen Sie sich vom Büfett si vous voulez!" Sie sprechen ein wirklich heiteres Kauderwelsch.

Ich habe Herrn Weingrod gefragt: „Wie sind Sie nach Paris gekommen?" Da sagt Herr Weingrod: „Excusez, monsieur, pourquoi nicht nach Paris? Aus Rußland schmeißt man mich hinaus, in Polen sperrt man mich ein, nach Deutschland gibt man mir kein Visum. Pourquoi soll ich nicht kommen nach Paris?"

Herr Weingrod ist ein tapferer Mann, er hat ein Bein verloren, er hat eine Prothese und ist immer guter Laune. Er hat sich in Frankreich freiwillig zum Kriegsdienst gemeldet. Viele Ostjuden haben freiwillig und aus Dankbarkeit im französischen Heer gedient. Aber das Bein hat Weingrod nicht im Krieg verloren. Er kam gesund zurück, mit heilen Knochen. Da sieht man, wie das Schicksal lauert, wenn es will. Weingrod verläßt den Laden, will über die Straßenmitte. Niemals, einmal in der Woche vielleicht, fährt ein Auto durch diese Gasse. Gerade jetzt kommt es, da Weingrod hinüber will. Fährt ihn nieder. So verlor er ein Bein.

### 3

Ich habe ein jiddisches Theater in Paris besucht. In der Garderobe wurden Kinderwagen abgegeben. Regenschirme nahm man in den Saal. Im Parkett saßen Mütter mit Säuglingen. Die Stuhlreihen waren lose, man konnte die Sessel herausnehmen. An den Seitenwänden lustwandelten Zuschauer. Der eine verließ seinen Platz, der andere setzte sich. Man aß Orangen. Es spritzte und roch. Man sprach laut, sang mit, klatschte den Darstellern auf offener Szene. Die jungen jüdischen Frauen sprachen nur Französisch. Sie waren pariserisch elegant. Sie waren schön. Sie sahen aus, wie Frauen aus Marseille. Sie sind pariserisch begabt. Sie sind kokett und kühl. Sie sind leicht und sachlich. Sie sind treu, wie die Pariserinnen. Die Assimilation eines Volkes beginnt immer bei den Frauen. Man gab einen Schwank in drei Akten. Im ersten Akt will die jüdische Familie eines kleinen russischen Dorfes auswandern. Im zweiten kriegt sie die Pässe. Im dritten ist die Familie in Amerika, reich geworden und protzig, und im Begriff, ihre alte Heimat zu vergessen und die alten Freunde aus der Heimat, die nach Amerika kommen. Dieses Stück gibt reichlich Gelegenheit, amerikanische Schlager zu singen und alte russisch-jiddische Lieder. Als die russischen Lieder und Tänze kamen, weinten die Darsteller und die Zuschauer. Hätten nur jene geweint, es wäre kitschig gewesen. Aber als diese weinten, wurde es schmerzlich. Juden sind leicht gerührt – das wußte ich. Aber ich wußte nicht, daß ein Heimweh sie rühren könnte.

Es war eine so innige, beinahe private Beziehung von der Bühne zum Zuschauer. Für dieses Volk Schauspieler sein, ist schön. Der Regisseur trat vor und kündigte die nächsten Programmwechsel an. Nicht durch die Zeitung, nicht durch Plakate. Mündlich. Von Mensch zu Mensch. Er sprach: „Ihr werdet Mittwoch den Herrn X. aus Amerika sehen." Er sprach wie ein Führer zu seinen Getreuen. Er sprach unmittelbar und witzig. Seinen Witz verstand man. Ähnte beinahe voraus. Er witterte die Pointe.

### 4

Ich sprach in Frankreich mit einem jüdischen Artisten aus Radziwillow, dem alten russisch-österreichischen Grenzort. Er war ein musikalischer Clown und verdiente viel. Er war ein Clown aus Überzeugung und nicht von Geburt. Er entstammte einer Musikantenfamilie. Sein Urgroßvater, sein Großvater, sein Vater, seine Brüder waren jüdische Hochzeitsmusikanten. Er, der einzige konnte seine Heimat verlassen und im Westen Musik studieren. Ein reicher Jude unterstützte ihn. Er kam in eine Musikhochschule in Wien. Er komponierte. Er gab Konzerte. Aber, sagte er, was soll ein Jude der Welt ernste Musik machen? Ich bin immer ein Clown in dieser Welt, auch wenn man ernste Referate über mich bringt und Herren von den Zeitungen mit Brillen in den ersten Reihen sitzen. Soll ich Beethoven spielen? Soll ich Kol-Nidre spielen? Eines Abends, als ich auf der Bühne stand, begann ich mich vor Lachen zu schütteln. Was machte ich der Welt vor, ich, ein Musikant aus Radziwillow? Soll ich nach Radziwillow zurückkehren und bei jüdischen Hochzeiten aufspielen? Werde ich dort nicht noch lächerlicher sein?

An jenem Abend sah ich ein, daß mir nichts anderes übrigblieb, als in den Circus zu gehen, nicht, um ein Herrenreiter zu sein oder ein Seiltänzer! Das ist nichts für Juden. Ich bin ein Clown. Und seit meinem ersten Auftreten im Circus ist es mir ganz klar, daß ich die Tradition meiner Väter gar nicht verleugnet habe und daß ich bin, was sie hätten sein sollen. Zwar würden sie erschrecken, wenn sie mich sehen würden. Ich spiele Zieh- und Mundharmonika und Saxophon, und es freut mich, daß die Leute gar nicht wissen, daß ich Beethoven spielen kann.

Ich bin ein Jud aus Radziwillow.

Ich habe Frankreich gern. Für alle Artisten ist die Welt vielleicht überall gleich. Aber für mich nicht. Ich gehe in jeder großen Stadt Juden aus Radziwillow suchen. In jeder großen Stadt treff' ich zwei oder drei. Wir reden miteinander.

In Paris leben auch einige. Sind sie nicht aus Radziwillow, so sind sie aus Dubno. Und sind sie nicht aus Dubno, so sind sie aus Kischinew. Und in Paris geht es ihnen gut. Es geht ihnen gut. Es können doch nicht alle Juden beim Circus sein? Wenn sie nicht beim Circus sind, müssen sie mit allen fremden und gleichgültigen Menschen gut sein und mit niemandem dürfen sie es sich verderben. Ich brauche nur in der Artistenliga eingeschrieben zu sein. Das ist ein großer Vorteil. In Paris leben die Juden frei. Ich bin ein Patriot, ich hab' ein jüdisches Herz. –

## 5

In dem großen Hafen Marseille kommen jährlich ein paar Juden aus dem Osten an. Sie wollen ein Schiff besteigen. Oder sie kommen gerade von Bord. Sie haben irgendwo hinfahren wollen. Das Geld ist ihnen ausgegangen. Sie mußten an Land gehen. Sie schleppen alles Gepäck zum Postamt, geben ein Telegramm auf und warten auf Antwort. Aber Telegramme werden nicht schnell beantwortet und solche überhaupt nicht, in denen um Geld gebeten wird. Ganze Familien nächtigen unter freiem Himmel.
Manche, einzelne bleiben in Marseille. Sie werden Dolmetscher. Dolmetscher sein ist ein jüdischer Beruf. Es handelt sich nicht darum, zu übersetzen, ins Französische aus dem Englischen, ins Französische aus dem Russischen, ins Französische aus dem Deutschen. Es handelt sich darum, den Fremden zu übersetzen, auch, wenn er nichts gesprochen hat. Er braucht den Mund nicht aufzumachen. Christliche Dolmetscher übersetzen vielleicht. Jüdische erraten.
Sie verdienen Geld. Sie führen die Fremden in gute Wirtsstuben, aber auch auf die Dörfer. Die Dolmetscher beteiligen sich am Geschäft. Sie verdienen Geld. Sie gehen zum Hafen, besteigen ein Schiff und fahren nach Südamerika. Nach den Vereinigten Staaten kommen die Ostjuden schwer. Die erlaubte Zahl ist längst und oft überschritten.

## 6

Einige ostjüdische Studenten sind nach Italien gefahren. Die italienische Regierung – sie hat manches gutzumachen – verleiht Stipendien jüdischen Studenten.
Viele Ostjuden haben sich nach dem Zerfall der Monarchie

in das neuerstandene Südslawien begeben.

Aus Ungarn werden Ostjuden prinzipiell ausgewiesen. Kein ungarischer Jude wird sich ihrer annehmen. Die Mehrzahl der ungarischen Juden sind – trotz Horthy – nationalmagyarisch. Es gibt ungarische nationalistische Rabbiner.

### 7

Wohin können die Ostjuden sonst fahren?

Nach Spanien kommen sie nicht. Es ruht ein Bannfluch der Rabbis auf Spanien, seitdem die Juden dieses Land hatten verlassen müssen. Auch die Nichtfrommen, die „Aufgeklärten", hüten sich, nach Spanien zu fahren. Erst in diesem Jahr erlischt der Bannfluch.

Von einigen ostjüdischen Studenten hörte ich, daß sie nach Spanien fahren wollten. Sie werden gut daran tun, die polnischen Universitäten, auf denen der *numerus clausus* herrscht, die Wiener Universität, auf der außer dem *numerus clausus* auch noch die Borniertheit herrscht und die deutschen Universitäten, an denen der Bierkrug herrscht, zu verlassen.

### 8

Es wird noch einige Jahre dauern. Dann werden Ostjuden nach Spanien kommen. Alte Legenden, die man sich im Osten erzählt, knüpfen an den langen Aufenthalt der Juden in Spanien an. Es ist manchmal wie eine stille Sehnsucht, ein verdrängtes Heimweh nach diesem Lande, das so stark an die Urheimat, an Palästina erinnert.

Man kann sich freilich keinen stärkeren Gegensatz denken, als den zwischen Ostjuden und spaniolischen. Die spaniolischen Juden verachten die *Aschkenasim* im allgemeinen, die Ostjuden im besonderen. Die spaniolischen Juden sind stolz auf ihre alte adelige Rasse. Mischehen zwischen Spaniolen und Aschkenasim kommen selten, zwischen Spaniolen und Ostjuden fast niemals vor.

### 9

Nach einer alten Legende sind einmal zwei Ostjuden durch die Welt gezogen, um Geld zum Bau einer Synagoge zu sammeln. Sie kamen zu Fuß durch Deutschland, sie kamen an den Rhein, gingen nach Frankreich und begaben sich in die alte jüdische Gemeinde Frankreichs, nach Montpellier. Von hier zogen sie ostwärts, ohne Karte, ohne die Wege zu kennen und verirrten sich. Sie gelangten in einer finstern Nacht in das lebensgefährliche Spanien, wo sie getötet worden wären, wenn sich nicht ihrer die frommen Mönche eines spanischen Klosters angenommen hätten. Die Mönche luden die jüdischen Wanderer zu einem Disput ein, waren über die Gelehrtheit der Juden sehr erfreut, brachten sie sicher über die Grenze zurück und gaben ihnen noch einen Klumpen Gold, zum Bau der Synagoge. Beim Abschied mußten die Juden schwören, das Gold wirklich zum Bau der Synagoge zu verwenden.

Die Juden schworen. Aber die Sitte (wenn auch nicht das Gesetz) verbot ihnen, das Gold, das aus dem Besitz eines Klosters, wenn auch eines freundlichen kam, für das Heiligtum zu benutzen. Sie überlegten lange und kamen endlich auf die Idee, aus dem Goldklumpen eine Kugel zu formen und sie auf dem Dach der Synagoge als eine Art Wahrzeichen anzubringen.

Diese goldene Kugel leuchtet noch auf dem Dach der Synagoge. Und sie ist das einzige, das die Juden des Ostens noch mit ihrer alten spanischen Heimat verbindet.

Diese Geschichte erzählte mir ein alter Jude. Er war Thoraschreiber von Beruf, ein *Sophar*, ein frommer und ein weiser und ein armer Mann. Er war ein Gegner der Zionisten.

Jetzt, sagte er, wird der *Cherim* (der Bannfluch) gegen Spanien erlöschen. Ich habe nichts dagegen, daß meine Enkel nach Spanien gehen. Es ist den Juden nicht immer dort schlecht gegangen. Es gab fromme Menschen in Spanien und wo fromme Christen sind, können auch Juden leben. Denn die Gottesfurcht ist immer noch sicherer als die sogenannte moderne Humanität.

Er wußte nicht, der Alte, daß die Humanität nicht mehr modern ist. Er war nur ein armer Thoraschreiber.

# Ein Jude geht nach Amerika

## 1

Immer noch und obwohl die erlaubte Zahl für die östlichen Einwanderer schon einigemal überschritten war, und obwohl die amerikanischen Konsulate so viele Papiere verlangten, wie kein Konsulat der Welt, immer noch wandern viele Ostjuden nach Amerika aus.

Amerika ist die Ferne. Amerika heißt die Freiheit. In Amerika lebt immer irgendein Verwandter.

Es ist schwer, eine jüdische Familie im Osten zu finden, die nicht irgendeinen Vetter, irgendeinen Onkel in Amerika besitzen würde. Vor zwanzig Jahren ist einmal einer ausgewandert. Er floh vor dem Militär. Oder er desertierte, nachdem er assentiert worden war.

Wenn die Ostjuden nicht soviel Angst hätten, sie könnten sich mit Recht rühmen, das militärfeindlichste Volk der Welt zu sein. Sie waren lange Zeit von ihren Vaterländern, Rußland und Österreich, nicht würdig befunden worden, Militärdienst zu leisten. Erst als die staatsbürgerliche Gleichberechtigung der Juden kam, mußten sie einrücken. Es war eigentlich eine Gleichverpflichtung, keine Gleichberechtigung. Denn hatten bis dahin nur die Zivilbehörden die Juden schikaniert, so waren sie nun auch den Schikanen der Militärbehörden ausgeliefert. Die Juden trugen den Schimpf, nicht dienen zu müssen, mit großer Freude. Als man ihnen die große Ehre, kämpfen, exerzieren und fallen zu dürfen, verkündete, herrschte unter ihnen Trauer. Wer sich dem 20. Lebensjahr näherte und so gesund war, daß er annehmen mußte, man würde ihn assentieren, floh nach Amerika. Wer kein Geld hatte, verstümmelte sich. Die Selbstverstümmelung grassierte ein paar Jahrzehnte vor dem Krieg unter den Juden des Ostens. Die so große Furcht vor dem Soldatenleben hatten, ließen sich einen Finger abhacken, die Sehnen an den Füßen durchschneiden und Gifte in die Augen schütten. Sie wurden heldenhafte Krüppel, blind, lahm, krumm, sie unterwarfen sich dem langwierigsten, häßlichsten Leid. Sie wollten nicht dienen. Sie wollten nicht in den Krieg ziehen und fallen. Ihre Vernunft war immer wach und rechnete. Ihre helle Vernunft berechnete, daß es immer noch nützlicher ist, lahm zu leben als gesund zu sterben. Ihre Frömmigkeit unterstützte die Überlegung. Es war nicht nur dumm, für einen Kaiser, für einen Zaren zu sterben, es war auch eine Sünde, fern von der Thora und entgegen ihren Geboten zu leben. Eine Sünde, Schweinefleisch zu essen. Am Sabbat eine Waffe zu tragen. Zu exerzieren. Gegen einen unschuldigen, fremden Menschen die Hand, geschweige denn das Schwert zu erheben. Die Ostjuden waren die heldenmütigsten Pazifisten. Sie litten für den Pazifismus. Sie machten sich freiwillig zu Krüppeln. Noch hat niemand das Heldenlied von diesen Juden gedichtet.

„Die Kommission kommt!" Es war ein Schreckensruf. Gemeint war die militärärztliche Musterungskommission, die alle kleinen Städte bereiste, um Soldaten auszuheben. Wochen vorher begann das „Plagen". Die jungen Juden plagten sich, um schwach zu werden, um Herzfehler zu bekommen. Sie schliefen nicht, sie rauchten, sie wanderten, sie liefen, sie wurden ausschweifend zu frommen Zwecken.

Auf jeden Fall aber bestach man noch die Militärärzte. Die Vermittler waren höhere Beamte und ehemalige Militärärzte, die wegen dunkler Affären den Dienst hatten quittieren müssen. Ganze Scharen von Militärärzten wurden reich, verließen das Heer und eröffneten eine Privatpraxis, die zum Teil darin bestand, Bestechungen zu vermitteln.

Wer Geld besaß, überlegte sich, ob er es mit einer Bestechung oder einer Flucht nach Amerika versuchen sollte. Die Mutigsten gingen nach Amerika. Nie mehr durften sie zurück. Sie verzichteten. Sie verzichteten schweren Herzens auf die Familie und leichten Herzens auf das Vaterland.

Sie gingen nach Amerika.

## 2

Das sind heute die sagenhaften Vettern der Ostjuden. Die früheren Deserteure sind drüben reiche, zumindest wohlhabende Kaufleute. Der alte jüdische Gott war mit ihnen. Er belohnte ihre Militärfeindschaft.

Dieser Vetter in Amerika ist die letzte Hoffnung jeder ostjüdischen Familie. Er hat schon lange nicht geschrieben, dieser Vetter. Man weiß nur, daß er sich verheiratet und Kinder gezeugt hat. Irgendein altes vergilbtes Bild hängt an der Wand. Vor zwanzig Jahren kam es an. Zehn Dollar lagen dabei. Man hat lange nichts mehr von ihm gehört. Dennoch zweifelt die Familie in Dubno nicht, daß man ihn in New-York oder Chikago finden wird. Freilich heißt er nicht mehr so jüdisch, wie er zu Hause genannt worden war. Er spricht Englisch, er ist amerikanischer Staatsbürger, seine Anzüge sind bequem, seine Hosen sind weit, seine Röcke haben breite Schultern. Man wird ihn doch erkennen. Der Besuch wird ihm vielleicht nicht angenehm sein. Hinauswerfen wird er seine Verwandten sicherlich nicht. Und während man so seiner gedenkt, kommt eines Tages der Briefträger mit einem dicken Einschreibebrief. Dieser Brief enthält Dollars, Anfragen, Wünsche und Grüße und verspricht „bald eine Schiffskarte".

Von diesem Augenblick an „fährt man nach Amerika". Die Jahreszeiten wechseln, die Monate reihen sich aneinander, das Jahr verrollt, man hört nichts von einer Schiffskarte, aber „man fährt nach Amerika". Die ganze Stadt weiß es, die umliegenden Dörfer wissen es und die benachbarten kleinen Städte.

Ein Fremder kommt und fragt: „Was macht Jizchok Meier?" „Er fährt nach Amerika", erwidern die Einheimischen; indessen Jizchok Meier noch heute und morgen, wie gestern und vorgestern, seinen Geschäften nachgeht und scheinbar sich nichts in seinem Hause verändert.

In Wirklichkeit verändert sich viel. Er stellt sich nämlich um. Er rüstet innerlich für Amerika. Er weiß schon genau, was er mitnehmen und was er behalten wird, was er zurücklassen und was er verkaufen wird. Er weiß schon, was mit dem Viertelhaus, das auf seinen Namen intabuliert ist, geschieht. Er hat einmal ein Viertelhaus geerbt. Die anderen drei Viertel besaßen drei Verwandte. Die sind gestorben oder ausgewandert. Die drei Viertel gehören jetzt einem Fremden. Diesem könnte man noch das letzte Viertel abtreten. Allein er zahlt nicht viel. Wer also sonst in aller Welt kauft ein Viertel von einem Haus? Man wird also, wenn es „hypothekenfrei" ist, noch möglichst viel Schulden aufzunehmen trachten. Das gelingt nach einiger Zeit. Man hat Bargeld oder Wechsel, die so gut sind, wie Bargeld.

Der Jude, der nach Amerika will, lernt nicht etwa Englisch. Wie er im fremden Land zurechtkommen wird, weiß er schon. Er spricht Jiddisch, die am weitesten verbreitete, geographisch, nicht zahlenmäßig verbreitete Sprache. Er wird sich verständigen. Er braucht nicht Englisch zu verstehen. Die seit 30 Jahren im Judenviertel von New York ansässigen Juden sprechen auch noch Jiddisch und können ihre eigenen Enkel nicht mehr verstehen.

Die Sprache des fremden Landes also kann er schon. Es ist seine Muttersprache. Auch Geld hat er. Ihm fehlt nur noch der Mut.

Er fürchtet nicht Amerika, er fürchtet den Ozean. Er ist gewohnt, durch weite Länder zu wandern, aber nicht über Meere. Einmal, als seine Vorfahren ein Meer zu überqueren hatten, geschah ein Wunder und die Wasser teilten sich. Wenn er durch den Ozean von seiner Heimat getrennt ist, so trennt ihn eine Ewigkeit von ihr. Vor Schiffen hat der Ostjude Angst. Dem Schiff traut er auch nicht. Seit Jahrhunderten lebt der Ostjude im Binnenland. Er fürchtet die Steppe nicht, nicht die Grenzenlosigkeit des Flachlandes. Er fürchtet die Desorientierung. Er ist gewohnt, dreimal im Tag sich gegen *Misrach*, den Osten, zu wenden. Das ist mehr als eine religiöse Vorschrift. Das ist die tiefgefühlte Notwendigkeit, zu wissen, wo man sich befindet. Seinen Standpunkt zu kennen. Von der Sicherheit des geographischen Standpunkts aus kann man seinen Weg am besten finden und Gottes Wege am besten erkennen. Man weiß ungefähr, wo Palästina liegt.

Auf dem Meer aber weiß man nicht, wo Gott wohnt. Man erkennt nicht, wo der *Misrach* liegt. Man kennt seine Stellung zur Welt nicht. Man ist nicht frei. Man ist abhängig vom Kurs, den das Schiff genommen hat. Wer so tief das Bewußtsein im Blut hat wie der Ostjude, daß es jeden Augenblick gelten kann zu fliehen, fühlt sich auf dem Schiff nicht frei. Wohin kann er sich retten, wenn etwas geschieht? Seit Jahrtausenden rettet er sich. Seit Jahrtausenden geschieht immer etwas Drohendes. Seit Jahrtausenden flieht er immer. Was geschehen kann? – Wer weiß es? Können nicht auch auf einem Schiff Pogrome ausbrechen? Wohin dann?

Wenn einen Passagier auf dem Schiff der Tod überrascht, wo begräbt man den Toten? Man versenkt die Leiche ins Wasser. Die alte Legende aber von der Ankunft des Messias beschreibt genau die Wiederauferstehung der Toten. Alle Juden, die in fremder Erde begraben sind, werden unterirdisch rollen müssen, bis sie in Palästina angelangt sind. Glücklich diejenigen, die schon in Palästina begraben werden. Sie ersparen sich die weite und mühevolle Reise. Die unaufhörliche, meilenlange Drehung. Werden aber auch die Toten erwachen, die ins Wasser versenkt worden sind? Gibt es Land unter dem Wasser? Welch seltsame Geschöpfe wohnen dort unten? Eine jüdische Leiche darf nicht seziert werden, ganz, unversehrt muß der Mensch dem Staub wieder übergeben werden. Fressen die Haifische nicht die Wasserleichen?

Außerdem ist die versprochene Schiffskarte noch nicht da. Sie muß freilich kommen. Aber sie allein genügt ja auch noch nicht. Man muß die Einreisebewilligung haben. Die bekommt man ohne Papiere nicht. Wo sind die Papiere?

Und nun beginnt der letzte erschütterndste Kampf gegen die Papiere, um die Papiere. Ist dieser Kampf siegreich, dann braucht man nichts mehr. Drüben, in Amerika, kriegt jeder sofort einen neuen Namen und ein neues Papier. Man wundere sich nicht über die Pietätlosigkeit der Juden gegen ihre Namen. Mit einer Leichtfertigkeit, die überraschend wirkt, wechseln sie ihre Namen, die Namen ihrer Väter, deren Klang doch immerhin für europäische Gemüter irgendeinen Gefühlswert hat.

Für die Juden hat der Name deshalb keinen Wert, weil er gar nicht ihr Name ist. Juden, Ostjuden, haben keine Namen. Sie tragen aufgezwungene Pseudonyme. Ihr wirklicher Name ist der, mit dem sie am Sabbat und an Feiertagen zur Thora aufgerufen werden: ihr jüdischer Vorname und der jüdische Vorname ihres Vaters. Die Familiennamen aber von Goldenberg bis zu Hescheles sind aufoktroyierte Namen. Die Regierungen haben den Juden befohlen, Namen anzunehmen. Sind es ihre eigenen? Wenn einer Nachman heißt und seinen Vornamen in ein europäisches Norbert verändert, ist nicht „Norbert" die Verkleidung, das Pseudonym? Ist es etwa mehr als Mimikry? Empfindet das Chamäleon Pietät gegenüber den Farben, die es fortwährend wechseln muß? Der Jude schreibt in Amerika Greenboom statt Grünbaum. Er trauert nicht um die veränderten Vokale.

Leider ist er noch immer nicht soweit, sich nennen zu können wie er will. Noch ist er in Polen, in Litauen. Noch muß er „Papiere" haben, die seine Geburt, seine Existenz, seine Identität beweisen.

Und er fängt an, die Wege zu wandern, die genauso unübersichtlich, verworren, ziellos und tragisch, lächerlich im kleinen sind, wie einst die Wege seiner Väter im großen waren. Man schickt ihn nicht von Pontius zu Pilatus, man schickt ihn vom Vorzimmer des Pontius zum geschlossenen Tor des Pilatus. Überhaupt sind alle Staatstüren verschlossen. Nur mit Kanzleisekretären sperrt man sie auf. Wenn aber überhaupt jemand am Zurückschicken seine Freude haben kann, so sind es die Kanzleisekretäre.

Man kann sie bestechen? Als ob eine Bestechung leicht wäre! Weiß man, ob eine Bestechung nicht einen großartigen Prozeß einträgt und mit Gefängnis endet? Man weiß nur, daß alle Beamten bestechlich sind. Ja, alle Menschen sind bestechlich. Die Bestechlichkeit ist eine Tugend der menschlichen Natur. Aber wann und ob einer seine Bestechlichkeit eingesteht, kann man nie wissen. Man kann nicht wissen, ob der Beamte, der schon zehnmal Geld genommen hat, beim elften Mal die Anzeige erstattet, einfach, um zu beweisen, daß er zehnmal nichts genommen hat und um noch weitere hundertmal nehmen zu können. Glücklicherweise gibt es fast überall Leute, die ganz genau um die Seele des Beamten Bescheid wissen und die davon leben. Auch diese Kenner sind Juden. Aber weil sie so selten vorkommen und vereinzelt in jeder Stadt und weil sie die Fähigkeit haben, mit den Beamten in der Landessprache zu trinken, sind diese Juden beinahe selbst schon Beamte und sie selbst muß man zuerst bestechen, um überhaupt erst einmal bestechen zu können.

Aber auch die vollendete Bestechung erspart keine Demütigungen und keine unnützen Wege. Man erträgt Demütigungen und wandert nutzlose Wege.

Dann hat man die Papiere.

Wenn also alles klappt, macht Amerika die Grenze wieder zu, sagt, für dieses Jahr hätte es schon der Ostjuden genug und nun sitzt man da und wartet auf das nächste Jahr.

Dann, endlich, fährt man vierter Klasse Personenzug sechs Tage nach Hamburg. Man wartet weitere zwei Wochen auf das Schiff. Schließlich besteigt man es. Und während alle Passagiere mit Schnupftüchern winken und dem Weinen nahe sind, ist der jüdische Emigrant zum ersten Mal in seinem Leben froh. Er hat Angst, aber auch Gottvertrauen. Er fährt in ein Land, das alle Ankommenden mit einer riesengroßen Freiheitsstatue grüßt. Diesem riesigen Monument muß die Wirklichkeit einigermaßen entsprechen.

Einigermaßen entspricht die Wirklichkeit dem Symbol. Aber nicht etwa deshalb, weil man es drüben mit der Freiheit aller Menschen so ernst nimmt, sondern weil es drüben noch jüdischere Juden gibt, nämlich: Neger. Dort ist ein Jude zwar ein Jude. Aber er ist in der Hauptsache ein Weißer. Zum erstenmal bietet ihm seine Rasse einen Vorteil.

Der Ostjude fährt dritter Klasse, beziehungsweise Zwischendeck. Die Überfahrt ist besser, als er es sich vorgestellt hat, aber die Landung ist schwieriger.

Schon die ärztliche Untersuchung im europäischen Hafen war übel genug. Nun kommt auch noch eine strengere Untersuchung. Und irgendwo stimmen die Papiere nicht ganz.

Es sind zwar richtige, mit großer Mühe erhaltene Papiere. Aber sie sehen dennoch so aus, als ob sie nicht stimmten.

Möglich auch, daß auf dem Schiff ein Ungeziefer sich ins Hemd des Juden geschlichen hat.

Alles ist möglich.

Und der Jude kommt in eine Art Gefangenschaft, die man Quarantäne nennt, oder ähnlich.

Ein hoher Zaun schützt Amerika vor ihm.

Durch die Gitter seines Kerkers sieht er die Freiheitsstatue und er weiß nicht, ob er, oder die Freiheit eingesperrt ist.

Er darf nachdenken, wie es in New York sein wird. Er kann sich's kaum vorstellen.

So aber wird es sein: er wird zwischen zwölfstöckigen Häusern, zwischen Chinesen, Ungarn und anderen Juden wohnen, wieder ein Hausierer sein, wieder die Polizei fürchten, wieder schikaniert werden.

Seine Kinder werden vielleicht Amerikaner werden. Vielleicht berühmte Amerikaner, reiche Amerikaner. Könige irgendeines Materials.

Davon träumt der Jude hinter den Gittern seiner Quarantäne.

## Die Lage der Juden in Sowjetrußland

Auch im alten Rußland waren die Juden eine „nationale Minderheit"; aber eine mißhandelte. Durch Verachtung, Unterdrückung und Pogrom kennzeichnete man die Juden als eine eigene Nation. Man war nicht etwa bestrebt, sie durch Vergewaltigung zu assimilieren. Man war bestrebt, sie abzugrenzen. Die Mittel, die man gegen sie anwandte, sahen so aus, als wollte man sie vertilgen.

In den westlichen Ländern war der Antisemitismus vielleicht ein primitiver Abwehrinstinkt. Im christlichen Mittelalter ein religiöser Fanatismus. In Rußland war der Antisemitismus ein Mittel, zu regieren. Der einfache *Mushik* war kein Antisemit. Der Jude war ihm kein Freund, sondern ein Fremder. Rußland, das für so viele Fremde Raum hatte, war auch frei für diesen. Der Halbgebildete und der Bürger waren Antisemiten – weil der Adel es war. Der Adel war es, weil der Hof es war. Der Hof war es, weil der Zar, für den es sich nicht schickte, seine eigenen rechtgläubigen „Landeskinder" zu fürchten, vorgab, nur die Juden zu fürchten. Man schrieb ihnen infolgedessen Eigenschaften zu, die sie allen Ständen gefährlich erscheinen ließen: für den einfachen „Mann aus dem Volke" wurden sie Ritualmörder; für den kleinen Besitzer Zerstörer des Eigentums; für den höheren Beamten plebejische Schwindler, für den Adel gefährliche, weil kluge Sklaven; für den kleinen Beamten endlich, den Funktionär aller Stände, waren die Juden alles: Ritualmörder, Krämer, Revolutionäre und Pöbel.

In den westlichen Ländern brachte das 18. Jahrhundert die Emanzipation der Juden. In Rußland begann der offizielle, legitime Antisemitismus in den 80er Jahren des neunzehnten Jahrhunderts. In den Jahren 1881–82 organisierte

Plehwe, der spätere Minister, die ersten Pogrome in Süd-
rußland. Sie sollten die revolutionären jungen Juden ab-
schrecken. Aber der gedungene Pöbel, der sich nicht für At-
tentate rächen, sondern nur plündern wollte, überfiel die
Häuser der reichen konservativen Juden, auf die man es gar
nicht abgesehen hatte. Man ging deshalb zu den sogenannten „stillen Pogromen" über, schuf die bekannten „Ansied-
lungsbereiche", vertrieb die jüdischen Handwerker aus den
großen Städten, bestimmte einen *numerus clausus* für die jüdischen Schulen (3:100) und unterdrückte die jüdische In-
telligenz an den Hochschulen. Da aber gleichzeitig der jüdische Millionär und Eisenbahn-Unternehmer Poljakow ein
intimer Freund des Zarenhofes war und man seinen Angestellten den Aufenthalt in den großen Städten gestatten
mußte, wurden Tausende russischer Juden Poljakows „An-
gestellte". Derlei Auswege gab es viele. Der Schlauheit der
Juden entsprach die Bestechlichkeit der Beamten. Deshalb
ging man in den ersten Jahren des zwanzigsten Jahrhunderts wieder zu den offenen Pogromen über und zu den
kleinen und großen Ritualmordprozessen ...
*Heute* ist Sowjetrußland das einzige Land in Europa, in dem
der Antisemitismus verpönt ist, wenn er auch nicht aufgehört hat. Die Juden sind vollkommen freie Bürger – mag
ihre Freiheit auch noch nicht die Lösung der jüdischen
Frage bedeuten. Als Individuen sind sie frei von Haß und
Verfolgung. Als Volk haben sie *alle* Rechte einer „nationalen Minderheit". Die Geschichte der Juden kennt kein Beispiel einer so plötzlichen und einer so vollkommenen Befreiung.
Von den zwei Millionen siebenhundertfünfzigtausend Juden in Rußland sind: 300000 organisierte Arbeiter und An-
gestellte; 130000 Bauern; 700000 Handwerker und freie Berufe. Der Rest besteht: a) aus Kapitalisten und „Deklassierten", die als „unproduktive Elemente" gelten; b) aus
kleinen Händlern, Vermittlern, Agenten, Hausierern, die
als nicht produzierende, aber proletarische Elemente angesehen werden. *Die Kolonisation* der Juden wird eifrig betrie-
ben – zum Teil mit amerikanischem Geld, das vor der Revolution fast ausschließlich der Palästina-Kolonisation
zugute kam. Es gibt jüdische Kolonien in der Ukraine, bei
Odessa, bei Cherson, in der Krim. Seit der Revolution sind

6000 jüdische Familien zur Landarbeit herangezogen worden. Im ganzen wurden 102000 Desjatinen Acker den jüdischen Bauern zugeteilt. Gleichzeitig „industrialisiert" man die Juden, das heißt: man versucht, die „unproduktiven Elemente" als Arbeiter in den Fabriken unterzubringen und die Jugend in den (etwa 30) jüdisch „professionell-technischen" Schulen zu Facharbeitern heranzubilden.

In allen Orten mit starker jüdischer Bevölkerung gibt es Schulen mit jüdischer Unterrichtssprache; in der Ukraine allein 350000 Frequentanten jüdischer Schulen, in Weißrußland ungefähr 90000. Es gibt in der Ukraine 33 Gerichtskammern mit jüdischer Verhandlungssprache, jüdische Vorsteher in Kreisgerichten, jüdische Miliz- (Polizei-) Verbände. Es erscheinen drei große Zeitungen in jüdischer Sprache, drei Wochenschriften, fünf Monatshefte, es gibt einige jüdische Staatstheater, an den Hochschulen bilden die nationalen Juden einen starken Prozentsatz, in der Kommunistischen Partei ebenfalls. Es gibt 600000 jüdische Jungkommunisten.

Man sieht aus diesen paar Zahlen und Fakten, wie man in Sowjetrußland an die Lösung der jüdischen Frage herangeht: mit dem unbeirrbaren Glauben an die Unfehlbarkeit der Theorie, mit einem etwas unbekümmerten, undifferenzierten, aber edlen und reinen Idealismus. Was verordnet die Theorie? – Nationale Autonomie! – Aber, um dieses Rezept vollständig anwenden zu können, muß man aus den Juden erst eine „richtige" nationale Minderheit machen, wie es zum Beispiel die Grusinier, die Deutschen, die Weißrussen sind. Man muß die unnatürliche soziale Struktur der jüdischen Masse verändern, aus einem Volk, das von allen Völkern der Welt am meisten Bettler, amerikanische „Pensionen-Empfänger", Schnorrer und Deklassierte hat, ein Volk mit einer landesüblichen Physiognomie machen. Und weil dieses Volk in einem sozialistischen Staat leben soll, muß man seine kleinbürgerlichen Elemente und die „unproduktiven" verbauern lassen und proletarisieren. Schließlich wird man ihnen ein geschlossenes Gebiet anweisen müssen.

Es ist selbstverständlich, daß ein so kühner Versuch nicht in einigen Jahren gelingen kann. Das Elend der armen Juden ist vorläufig nur gemildert durch die Freizügigkeit. Aber so viele auch in die neuerschlossenen Gebiete abwandern – die alten Gettos sind immer noch überfüllt. Ich glaube, daß der jüdische Proletarier schlechter lebt, als jeder andere. Meine traurigsten Erlebnisse verdanke ich meinen Wanderungen durch die *Moldowanka*, das Judenviertel in Odessa. Da geht ein schwerer Nebel herum, wie ein Schicksal, da ist der Abend ein Unheil, der aufsteigende Mond ein Hohn. Die Bettler sind hier nicht nur die übliche Fassade der Straße, hier sind sie dreifache Bettler, denn hier sind sie zu Hause. Jedes Haus hat fünf, sechs, sieben winzige Läden. Jeder Laden ist eine Wohnung. Vor dem Fenster, das zugleich die Tür ist, steht die Werkstatt, hinter ihr das Bett, über dem Bett hängen die Kinder in Körben – und das Unglück wiegt sie hin und her. Große, vierschrötige Männer kehren heim: es sind die jüdischen Lastträger vom Hafen. Inmitten ihrer kleinen, schwachen, hysterischen, blassen Stammesgenossen sehen sie fremd aus, eine wilde barbarische Rasse, unter alte Semiten verirrt. Alle Handwerker arbeiten bis in die späten Nachtstunden. Aus allen Fenstern weint ein trübes gelbes Licht. Das sind merkwürdige Lichter, die keine Helligkeit verbreiten, sondern eine Art Finsternis mit hellem Kern. Sie sind nicht verwandt mit dem segensreichen Feuer. Sie sind nur Seelen von Dunkelheiten ...

Die alte, die wichtigste Frage stellt die Revolution überhaupt nicht: ob die Juden eine Nation sind, wie jede andere; ob sie nicht weniger, oder mehr sind; ob sie eine Religionsgemeinschaft, eine Stammesgemeinschaft oder nur eine geistige Einheit sind; ob es möglich ist, ein Volk, das sich durch die Jahrtausende nur durch seine Religion und die Ausnahmestellung in Europa erhalten hat, unabhängig von seiner Religion als „Volk" zu betrachten; ob in diesem besondern Fall eine Trennung von Kirche und Nationalität möglich ist; ob es möglich ist, aus Menschen mit ererbten geistigen Interessen Bauern zu machen; aus stark geprägten Individualitäten Individuen mit Massenpsychologie.
Ich habe jüdische Bauern gesehn: sie haben freilich keinen Getto-Typus mehr, sie sind Landmenschen, aber sie unterscheiden sich sehr deutlich von anderen Bauern. Der russische Bauer ist zuerst Bauer und dann Russe; der jüdische zuerst Jude und dann Bauer. Ich weiß, daß diese Formulie-

rung jeden „konkret eingestellten" Menschen sofort zu der höhnischen Frage reizt: Woher wissen Sie das! – Ich sehe das. Ich sehe, daß man nicht umsonst 4000 Jahre Jude gewesen ist, nichts als Jude. Man hat ein altes Schicksal, ein altes, gleichsam erfahrenes Blut. Man ist ein geistiger Mensch. Man gehört einem Volk an, das seit zweitausend Jahren keinen einzigen Analphabeten gehabt hat, einem Volk mit mehr Zeitschriften als Zeitungen, einem Volk, wahrscheinlich dem einzigen der Welt, dessen Zeitschriften eine weit höhere Auflage haben, als seine Zeitungen. Während ringsum die andern Bauern erst mühselig zu schreiben und zu lesen anfangen, wälzt der Jude hinter dem Pflug die Probleme der Relativitätstheorie in seinem Hirn. Für Bauern mit so komplizierten Gehirnen sind noch keine Ackergeräte erfunden worden. Ein primitives Gerät erfordert einen primitiven Kopf. Ein Traktor selbst ist, verglichen mit dem dialektischen Verstand des Juden, ein einfaches Werkzeug. Die Kolonien der Juden mögen gut erhalten, sauber, ertragreich sein. (Bis jetzt sind es nur sehr wenige.) Aber sie sind eben „Kolonien". Sie werden keine Dörfer.

Ich kenne den billigsten aller Einwände: daß die Ahle, der Hobel, der Hammer der jüdischen Handwerker gewiß nicht komplizierter sind als der Pflug. Aber dafür ist die Arbeit eine unmittelbar schöpferische. Den schöpferischen Prozeß bei der Entstehung des Brotes besorgt die Natur. Aber die Erschaffung eines Stiefels besorgt der Mensch ganz allein.

Ich kenne auch den andern Einwand: daß so viele Juden Fabriksarbeiter sind. Aber erstens sind die meisten gelernte Facharbeiter; zweitens halten sie ihr hungriges Gehirn schadlos für die mechanische Handarbeit durch geistige Nebenbeschäftigung, durch künstlerischen Dilettantismus, durch eine verstärkte politische Tätigkeit, durch eifrige Lektüre, durch Mitarbeit an Zeitungen; drittens kann man gerade in Rußland eine zwar nicht zahlenmäßig starke, aber ständige Abwanderung jüdischer Arbeiter aus Fabriken beobachten. Sie werden Handwerker, also selbständig – wenn auch nicht Unternehmer.

Ein kleiner jüdischer „Heirats-Vermittler" – kann er ein Bauer werden? Seine Beschäftigung ist nicht nur unproduktiv, sie ist in einem gewissen Sinn auch unmoralisch. Er hat schlecht gelebt, wenig verdient, mehr „geschnorrt", als gearbeitet. Aber welch eine verwickelte, schwierige, wenn auch verwerfliche Arbeit hat sein Gehirn geleistet, um „eine Partie" zu vermitteln, einen geizigen reichen Volksgenossen zu einem beträchtlichen Almosen zu veranlassen? Was soll dieses Gehirn in der tödlichen Ruhe?

Die „Produktivität" der Juden ist ja niemals eine grob sichtbare. Wenn zwanzig Generationen unproduktiver Grübler nur dazu gelebt haben, um einen einzigen Spinoza hervorzubringen; wenn zehn Generationen Rabbiner und Händler nötig sind, um *einen* Mendelssohn zu zeugen; wenn dreißig Generationen bettelnder Hochzeitsmusikanten nur dazu geigen, damit *ein* berühmter Virtuose entstehe, so nehme ich diese „Unproduktivität" in Kauf. Vielleicht wären auch Marx und Lassalle ausgeblieben, wenn man aus ihren Vorfahren Bauern gemacht hätte.

Wenn man also in Sowjetrußland Synagogen in Arbeiterklubs verwandelt und die Talmudschulen verbietet, weil sie angeblich religiöse sind, so müßte man sich zuerst ganz klar darüber sein, was bei den Ostjuden Wissenschaft, was Religion, was Nationalität ist. Aber Wissenschaft ist ja bei ihnen Religion, und Religion – Nationalität. Ihren Klerus bilden ihre Gelehrten, ihr Gebet ist eine nationale Äußerung. Was aber jetzt in Rußland als „nationale Minderheit" Rechte und Freiheit genießen wird, Land bekommt und Arbeit – das ist eine ganz andere jüdische Nation. Das ist ein Volk mit alten Köpfen und neuen Händen; mit altem Blut und verhältnismäßig neuer Schriftsprache; mit alten Gütern und neuer Lebensform; mit alten Talenten und neuer Nationalkultur. Der Zionismus wollte Tradition *und* neuzeitliches Kompromiß. Die nationalen Juden Rußlands blicken nicht zurück, sie wollen nicht die *Erben* der alten Hebräer sein, sondern nur ihre Nachkommen.

Selbstverständlich weckt ihre plötzliche Freiheit hier und dort einen heftigen, wenn auch stillen Antisemitismus. Wenn ein arbeitsloser Russe sieht, daß ein Jude in einer Fabrik Aufnahme findet, um „industrialisiert" zu werden, wenn ein Bauer, den man enteignet hat, von der jüdischen Kolonisation hört, so regt sich gewiß in beiden der alte, häßliche, künstlich gezüchtete Instinkt. Aber während er im

Westen eine „Wissenschaft" geworden ist, der Blutdurst bei uns eine politische „Gesinnung" ist, bleibt im neuen Rußland der Antisemitismus eine Schande. Die öffentliche Scham wird ihn umbringen.

Wird in Rußland die Judenfrage gelöst, so ist sie in allen Ländern zur Hälfte gelöst. (Jüdische Emigranten aus Rußland gibt es noch kaum, eher jüdische Einwanderer.) Die Gläubigkeit der Massen nimmt in einem rapiden Tempo ab, die stärkeren Schranken der Religion fallen, die schwächeren nationalen ersetzen sie schlecht. Wenn diese Entwicklung dauert, ist die Zeit des Zionismus vorbei, die Zeit des Antisemitismus – und vielleicht auch die des Judentums. Man wird es hier begrüßen und dort bedauern. Aber jeder muß achtungsvoll zusehn, wie ein Volk befreit wird von der Schmach, zu leiden, um ein anderes von der Schmach, zu mißhandeln; wie der Geschlagene von der Qual erlöst wird und der Schlagende vom Fluch, der schlimmer ist, als eine Qual. Das ist ein großes Werk der russischen Revolution.

# Die Eiche Goethes in Buchenwald

Der Wahrheit die Ehre! Man verbreitet falsche Nachrichten über das Konzentrationslager Buchenwald; man möchte sagen: Greuelmärchen. Es ist, scheint mir, an der Zeit, diese auf das rechte Maß zu reduzieren ...

Erstens hat Buchenwald nicht immer so geheißen, sondern: *Ettersburg.* Unter diesem Namen war es unter den Kennern der Literaturgeschichte dereinst berühmt: Goethe pflegte sich dort oft mit der Frau von Stein zu treffen; unter einer schönen, alten Eiche. Diese steht unter dem sogenannten „Naturschutzgesetz". Als man in Buchenwald, will sagen: in Ettersburg, den Wald zu roden begann, um dort für die Bewohner des Konzentrationslagers eine Küche südlich, eine Wäscherei nördlich einzurichten, ließ man allein die Eiche stehn; die Eiche Goethes; die Eiche der Frau von Stein.

Die Symbolik ist niemals so billig gewesen wie heutzutage. Es ist beinahe ein Kinderspiel, heutzutage sg. „Glossen" zu schreiben. Sie werden einem von der Weltgeschichte gratis u. franko ins Haus, in die Feder, in die Schreibmaschine geliefert. Es ist geradezu für einen Schriftsteller eine Angelegenheit zur Schamhaftigkeit, eine Glosse zu schreiben, die das Dritte Reich betrifft. Die deutschen Eichen, unter denen Goethe mit Fr. v. Stein gesessen ist, bleiben lediglich dank einem Naturschutzgesetz zwischen der Küche des Konzentrationslagers und seiner Wäscherei bestehen. Zwischen dem „Naturschutzgesetz", das längst vor den Jahren entstanden war, und dem Unnaturgesetz, das nach diesen Jahren ausgebrochen ist, also s. z. B.: um im neudeutschen Tone zu reden, zwischen Wäscherei u. Küche steht die Naturschutzeiche der Fr. v. Stein u. Goethes.

An dieser Eiche gehen jeden Tag die Insassen des Konzentrationslagers vorbei; d. heißt: sie werden dort vorbeigegangen. Fürwahr! man verbreitet falsche Nachrichten über das Konzentrationslager Buchenwald; man möchte sagen: Greuelmärchen. Es ist, scheint mir, an der Zeit, diese auf das rechte Maß zu reduzieren: an der Eiche, unter der Goethe mit Fr. v. Stein gesessen ist und die dank dem Naturschutzgesetz noch wächst, ist bis jetzt, meines Wissens, noch kein einziger der Insassen des Konzentrationslagers „angebunden" worden; vielmehr an den andern Eichen, an denen es in diesem Wald nicht mangelt.

*Manuskript – mit dem Zusatz von fremder Hand: „Letzter Artikel vor seinem Tode Montag 22. V. 1939" – im Leo Baeck Institute, New York*

# Nachbemerkung

> Achtung haben vor Schmerz, mensch-
> licher Größe und vor dem Schmutz,
> der überall das Leben begleitet.
>
> *Joseph Roth*

Joseph Roth, dem heutigen Leser vor allem durch seinen
„Abgesang auf die k.u.k. Monarchie" (Ilja Ehrenburg), den
Roman *Radetzkymarsch*, bekannt, hinterließ auch ein beacht-
liches publizistisches Werk. In der Einleitung zu seinem
Reisebericht *Die weißen Städte* bekennt er: „Ich wurde eines
Tags Journalist aus Verzweiflung über die vollkommene
Unfähigkeit aller Berufe, mich auszufüllen. Ich gehörte
nicht der Generation der Leute an, die ihre Pubertät mit
Versen eröffnen und abschließen. Ich gehörte noch nicht
der allerneuesten Generation an, die durch Fußball, Skilauf
und Boxen geschlechtsreif wird. Ich konnte nur auf einem
bescheidenen Rad ohne Freilauf fahren, und mein dichterisches Talent beschränkte sich auf präzise Formulierungen
in einem Tagebuch." Mit seinen für linksbürgerliche Tages-
zeitungen geschriebenen Beiträgen, die vor allem von 1923
bis 1926 in der „Frankfurter Zeitung" erschienen, bereitete
er sich darauf vor, als Erzähler und Romancier zu wirken.
Tatsächlich war Roth kein Realist in dem Sinne, daß er auch
in seinen journalistischen Arbeiten der mehr oder minder
direkten Abschilderung von Erlebnissen und Tatsachen
Vertrauen schenkte. Er, der als Feuilletonist im „Prager Ta-
geblatt" debütiert hatte, blieb in den zur Sachlichkeit ten-
dierenden Gelegenheitsarbeiten seinem Credo treu: „Ich
kenne, glaube ich, die Welt nur, wenn ich schreibe, wenn
ich die Feder weglege, bin ich verloren." Dieses in allen seinen Arbeiten wiederkehrende Moment, das den Journalisten Roth zum Dichter erhob, prägte seinen Stil, den Stil eines Mannes, der vom Schreiben besessen war, der lebte,
indem er schrieb, und der nur schreibend existieren
konnte.
Um den Dingen wie der „wirkliche Dichter" auf den Grund
zu kommen, durchschaute er die Oberfläche der Erscheinungen und brachte so die menschlichen Verhältnisse und
politischen Ereignisse seiner Zeit auf jenen Punkt, der dem
gewöhnlichen Auge immer verborgen bleibt. Der Roth oft

nachgesagte Mystizismus, der die wirklichen Dinge eher verschleiert, als daß er sie enthüllt, gehört in den Bereich jener Legenden, für die Roth im Umgang mit seinen Freunden und Bekannten selbst im reichlichen Maß verantwortlich zu machen ist. Tatsächlich aber widerspiegeln die hier ausgewählten publizistischen Arbeiten, seine Reisefeuilletons und der Essay *Juden auf Wanderschaft* die „Realität" in einem derartigen Maße, daß auch wir uns noch ein Bild von jener Zeit zu machen vermögen, in der sie entstanden. Roth vermochte es, auch scheinbar triviale Gegenstände und Gelegenheiten mit der Aura seines persönlichen Blicks zu umgeben, so daß vor allem der poetische Rang dieser Texte sie noch heute zu lesenswerten Dokumenten einer Persönlichkeit macht, die unser literarisches Interesse beansprucht.

In unserer Zeit, in welcher der Computer mitunter die menschliche Aktivität wie auch die kreativen Fähigkeiten des einzelnen durch eine anonyme Kollektivität zu verdrängen droht, sind Zeugnisse wie Roths Reisefeuilletons nicht nur Dokumente, sondern vor allem poetische Landnahmen, die Vergangenes aus dem Vergessen heben und es in Beziehung zur Gegenwart setzen. Indem sie in ihrer Einmaligkeit und als Äußerungen eines Individuums den Leser erreichen, vervielfacht sich ihr Wert und erlöst ihre Zurückgewiesenheit auf sich selbst aus dem Dornröschenschlaf, in den sie das Vergessen versenkt hat.

Darüber hinaus bezeugen Roths Feuilletons die Möglichkeiten einer in Verruf geratenen Gattung, die allzuoft in den Bereich des Gefälligen abzurutschen drohte; ja Roths Stil, die Genauigkeit seiner Wortwahl markieren geradezu einen Wendepunkt, der in seinem Fall zwangsläufig in die tieferen Schichten seiner Erzählungen und Romane führt. Obwohl diese Arbeiten innerhalb seines Werkes Vorarbeiten sind, die sozusagen vor Ort entstanden, sind sie durch seine späteren Werke nicht ersetzt oder gar aufgehoben worden. Denn der Dichter des *Radetzkymarsches*, des *Leviathan* oder der *Legende vom heiligen Trinker* legte in diesen frühen Beiträgen den Grundstein für eine poetische Konfession, die durch jeden von ihm geschriebenen Satz die tragische Biographie eines Schriftstellers verrät, der schon durch seine Herkunft als Jude aus dem galizischen

Brody zu einer literarischen Existenz verurteilt war.

Kein Geringerer als Thomas Mann, ein ebenfalls durch Herkunft und frühe Biographie „Berufener", war es freilich, der dem Emigranten Roth, der in Paris Buch um Buch schreibend dahinvegetierte, in einer Tagebuchnotiz von 1934 das Zeugnis des „alkoholischen Emigrantentums" ausstellte. Roth, der sich auch als Feuilletonist noch nicht jenen Sprachregelungen unterwerfen mußte – und das niemals gekonnt hätte – wie sie bald nach Beendigung seiner journalistischen Laufbahn an die Tagesordnung kamen und noch heute sind, war freilich in seinem literarischen Wesen ein dem Lübecker Patriziersohn vollkommen entgegengesetzter Typ. Die Endzeit des bürgerlichen Zeitalters, dem Thomas Manns große Romane geschuldet sind, war für ihn, den Juden und Wahlösterreicher, nicht das beherrschende Thema. Statt dessen gelang es ihm, die Spuren seiner eigenen Vergangenheit als Jude und ehemaliger Angehöriger des k.u.k. Vielvölkerstaates zu ergründen. Er glaubte auch in seinen letzten Jahren noch, das Wiedererstehen der Donaumonarchie sei eine Alternative zum „Antichrist" Adolf Hitler und seinem Deutschland beherrschenden Gewaltregime. Er erhob die einfachen Leute des längst untergegangenen k.u.k.-Staates zu den Helden seiner Bücher, jene abseitigen und deklassierten Juden, die als Tagelöhner und kleine Handwerker zu überleben versuchten, wie auch jene Bürger, die in den Schlachten des ersten Weltkrieges zugrunde gegangen waren oder als Ausgesonderte und Ausgestoßene durch die Nachkriegsjahre irrten.

Es käme freilich einer groben Vereinfachung gleich, zöge man von den in diesem Band versammelten Feuilletons eine direkte Linie zum Schaffen ihres Autors als Erzähler und Romancier. Dennoch erscheinen viele seiner Gestalten, Orte und das Milieu seiner späteren Arbeiten hier gleichsam wie mit Bleistift vorgezeichnet. Das „linksbürgerliche Feuilleton", wie es von der Frankfurter Zeitung gepflegt wurde, konnte dem Ausdruckswillen und dem Engagement eines Dichters vom Format Roths allerdings auf die Dauer nicht genügen, geschweige denn, ihm eine literarische Heimat bieten. Aber es war für den angehenden Erzähler eine der Möglichkeiten, ein Bewußtsein zu artikulieren, das bis zuletzt dem Geist der Aufklärung verpflichtet blieb, in dem sich Joseph Roth Lessing verwandt wußte. Realitätssinn und Beschreibung – oder anders und im Sinn von Georg Lukács ausgedrückt: Beschreiben oder Erzählen – diese Scheinalternative stellte sich dem jungen Joseph Roth in seiner Rolle als Publizist nicht. Nüchterne Bestandsaufnahme und wortbesessene poetische Verarbeitung des Gesehenen und Erlebten waren das Gegenstück und in der Form eines Essays wie *Juden auf Wanderschaft* auch der Gegenentwurf zur Verklärung bürgerlicher Wirklichkeit, zu der sich allzuviele Zeitgenossen Roths nur allzu bereitwillig hergaben, ehe sie ernüchtert erkennen mußten, daß sich zu einer Kulturpolitik à la Goebbels und Stalin keine Brücken schlagen ließen.

Roth, von jeher unstet und heimatlos, ergriff die Gelegenheiten, die sich ihm während seiner Reisen boten, um sich auch über seine eigenen inneren und äußeren Nöte auszusprechen. Das Gelegenheitsmoment, zu dem sich Goethe in Hinsicht auf seine Lyrik bekannt hatte, war auch für den Feuilletonisten Joseph Roth ein fruchtbares Agens, durch das er ausdrücken konnte, was ihn beunruhigte. So ist das, was wir heute in unserer Welt vermissen und was wir mitunter noch in den Romanen eines Thomas Mann zu finden hoffen, nämlich die Ordnung einer noch intakten geistigen „Mitte", schon in Roths Reisefeuilletons nicht mehr auffindbar. Bestenfalls im Hotel, dem Ort, der Roth mehr und mehr zu einer wenn auch flüchtigen Heimat, zum Bezugspunkt seines Lebens und Schreibens wurde, konnte er jene immer wieder vorübergehende Ruhe finden, um sich auf seine Herkunft, auf sich selbst, auf die Vergangenheit und auf seine eigene Biographie zu besinnen.

Die Sammlung dieser Prosastücke gibt aber auch schon zu erkennen, was Roth nicht war: ein Literat, der einer gesicherten Herkunft bedurfte, um sich selbst und den Ort seines Hierseins zu bestimmen. Die Herkunft, die er legendär verklärte, indem er sie mit einem mythischen Schleier umgab, der ungewiß ließ, ob der Autor des *Radetzkymarsches* in äußerster Armut oder in immerhin gesicherten, wenn auch kleinbürgerlichen Verhältnissen aufgewachsen war, ließ den Joseph-Roth-Biographen David Bronsen auf den Dichter den Begriff des „Mythomanen" prägen. Von diesem Begriff her wird verständlich, warum sich Roth auch in seinen Feuilletons vor einer Konkretisierung des Banalen hütete. Die eigene soziale Irritation stilisierte er so zum Prinzip einer Hoffnung, die freilich nicht bis zuletzt den äußeren und äußersten Ereignissen standhielt. In der *Legende vom heiligen Trinker* schließlich gestaltete Roth sein eigenes Schicksal als konkreten Mythos. Ein Schicksal übrigens, das uns heute so vorbestimmt scheint wie keines derer, die das Emigrantenlos mit ihm teilen mußten. Roth hat den bitteren Weg eines Heimatlosen bis zuletzt als *Schriftsteller* ausgeschritten. Viele seiner Freunde und Zeitgenossen bezeugen dies. So wird verständlich, daß uns an Roth nicht nur sein Werk an sich fasziniert, sondern darüber hinaus auch die Identität von Werk und Person des Autors, eine Identität, in der das Besondere der Übereinstimmung von Text und Individualität noch heute beunruhigt.

Roths publizistische Arbeiten erscheinen besonders geeignet, den Schleier, der sich über seine Biographie gelegt hat, wegzuziehen. Sein soziales Engagement, sein Wissen um die Realität der Obdachlosenasyle, deren Gast er in seinen frühen Wiener Jahren gewesen war, und nicht zuletzt seine Vertrautheit mit dem Milieu der kleinen Leute, bekunden sein Herkommen und seine Unfähigkeit zur literarischen Attitüde. Gewiß, Roth steht damit nicht allein, erinnert man sich nur an die Reportagen Egon Erwin Kischs. Tendenzen der neuen Sachlichkeit, mit denen Roth in Berührung kam, machen sich auch bei ihm bemerkbar. Gleichzeitig spürt man eine Nachwirkung jener nachnaturalistischen Aufarbeitung sozialer Erfahrungen, die nach der Jahrhundertwende besonders im Berliner und Wiener literarischen Milieu einsetzte.

Die unnachgiebige Härte des Kapitals, das ausstieß, was es nicht brauchen konnte: die Arbeitslosen zuvörderst, aber auch jene Intellektuellen, die wie Roth als Emigranten nach der Machtergreifung Hitlers die westeuropäischen und amerikanischen Großstädte bevölkerten, ungeliebt und oft zum Untergang verurteilt, thematisiert sich bereits in der Publizistik. In unterschiedlicher Gestalt hat sie Erfahrungen im Ruhrgebiet oder in Mitteldeutschland zum Gegenstand. Die Orte, die Roth aufsucht, ob in Deutschland, Österreich oder Frankreich, sind von sozialen Gegensätzen geprägt und atmen Melancholie und Trauer wie bereits die ersten Sätze von *Panoptikum*: „Am Nachmittag bekamen die

sonntäglich gekleideten Menschen den Ausdruck abgekämpfter, feierlicher und vergeblich auferstandener Schatten. Es war, als ob der Sonntag, zu dem sie ausgezogen waren, ausgefallen sei. An seiner Stelle befand sich eine Art
verregneter und trüber Lücke, die den verflossenen Samstag
vom künftigen Montag trennte und in der die verlorenen
Spaziergänger umherschwankten, geisterhaft und körperlich zugleich und alle wie aus Wachs." –

Übersetzt man das Wort Interesse als „Dazwischensein", so
verraten Roths Feuilletons, die wir für diese Ausgabe aus-
wählten, immer die Einmischung des Autors in jene
Sphäre, die ihm mehr bedeutete als die, welche lediglich für
einen broterwerbenden Journalisten Aufmerksamkeit er-
regte. Roth suchte und fand sein journalistisches Brot in
dem Bereich von Wirklichkeit und Literatur, das den Übergang des Journalisten zum Schriftsteller kennzeichnet und
das die im Text zu verhandelnde Angelegenheit zu einer
Angelegenheit des Dichters selbst werden läßt. So finden
sich in einer essayistisch angelegten Arbeit wie *Juden auf
Wanderschaft* Passagen von historischer Dichte und darstelle-
rischer Eindringlichkeit: „Den Begriff ‚Nation' haben westeuropäische Gelehrte erfunden und zu erklären versucht.
Die alte österreichisch-ungarische Monarchie lieferte den
scheinbar praktischen Beweis für die Nationalitätentheorie.
Das heißt, sie hätten den Beweis für das Gegenteil dieser
Theorie liefern können, wenn sie gut regiert worden wäre.
Die Unfähigkeit ihrer Regierungen lieferte den praktischen
Beweis für eine Theorie, die also durch einen Irrtum erhärtet wurde und sich durchgesetzt hat, dank den Irrtümern.
Der moderne Zionismus entstand in Österreich, in Wien.
Ein österreichischer Journalist hat ihn begründet. Kein anderer hätte ihn begründen können. Im österreichischen Parlament saßen die Vertreter verschiedener Nationen und waren damit beschäftigt, um nationale Rechte und Freiheiten
zu kämpfen, die ganz selbstverständlich gewesen wären,
wenn man sie gewährt hätte. Das österreichische Parlament
war ein Ersatz für nationale Schlachtfelder. Versprach man
den Tschechen eine neue Schule, so fühlten sich die Deutschen in Böhmen gekränkt. Und gab man den Polen in Ostgalizien einen Statthalter polnischer Zunge, so hatte man
die Ruthenen beleidigt. Jede Österreichische Nation berief

sich auf die ‚Erde‘, die ihr gehörte. Nur die Juden konnten sich auf keinen eigenen Boden (‚Scholle‘ sagt man in diesem Fall) berufen. Sie waren in Galizien in ihrer Mehrheit weder Polen noch Ruthenen. Der Antisemitismus aber lebte sowohl bei Deutschen als auch bei Tschechen, sowohl bei den Polen als auch bei den Ruthenen, sowohl bei den Magyaren als auch bei den Rumänen in Siebenbürgen. Die Juden widerlegten das Sprichwort, das da sagt, der dritte gewänne, wenn sich zwei stritten. Die Juden waren der dritte, der immer verlor. Da rafften sie sich auf und bekannten sich zu einer, zu ihrer Nationalität: zur jüdischen. Den Mangel an einer eigenen ‚Scholle‘ in Europa ersetzten sie durch ein Streben nach der palästinensischen Heimat. Sie waren immer Menschen im Exil gewesen. Jetzt wurden sie eine Nation im Exil.“

Auch in dieser Hinsicht offenbart sich Roths Schreiben als Passion im ursprünglichen Sinn dieses Wortes und seine Publizistik als eine wesentliche Seite der Literatur, die unserer Zeit verlorengegangen ist. Es ist kein Zufall, daß sich innerhalb des Werkes der Roth, Kraus oder Canetti Berührungspunkte finden lassen, die nicht nur in einem annähernd gemeinsamen Verständnis von der Funktion und Sinnhaftigkeit der Sprache liegen, sondern darin, daß erst die genaue Plazierung des einzelnen Wortes und seine Treffsicherheit den Text konstituieren. Von hier aus wären auch jene Botschaften entgegenzunehmen, die uns Roth noch heute vermittelt: daß Literatur und Sprache mehr sind, als nur die Verfügbarkeit über den Stoff, von dem ja bekanntlich schon Goethe wußte, daß er für jeden bereitliegt, daß aber die Form den meisten ein Geheimnis bleibt. Die Lektüre von Roths „kleiner Prosa“ könnte uns wieder ins Bewußtsein bringen, was verlorengegangen ist: daß nämlich nur jenes Ensemble der *Wörter*, in dem jedes seinen unbeliebigen und unaustauschbaren Platz hat, die Form schafft, die nicht durch eine Inflation von *Worten* zu ersetzen ist, mit der uns heute die Ideologen jeder Observanz mit Hilfe der Massenmedien überschütten. Joseph Roth gehört zu denen, die sprachbesessen darauf insistieren, auch den gering erscheinenden historischen Augenblick – so vergänglich er mitunter erscheinen mag – zu einem literarischen Ereignis werden zu lassen, um uns selbst und die hi-

storische Situation, in der wir uns befinden, zu erkennen.
Das bezeugen auch jene Sätze aus der 1930 geschriebenen
Skizze *Der Merseburger Zauberspruch,* die uns heute angesichts der globalen Umweltverschmutzung wie ein Menete-
kel anmuten: „Erde ist Erde, überall meine Heimat, denn
die Technik ist immer meine Fremde. Ich sah die riesenhaften Schlote im Halbkreis heranrücken, gegen Tote und Lebende, gegen Friedhöfe und Höfe, immer näher rückten
sie, den Rauch, der alles zuerst verpesten sollte, schickten
sie voraus. Es war ein Generalangriff der Schlote, immer enger wird ihr Halbkreis, immer dichter schließt sich ihr
fürchterlicher Bogen."

Leipzig, November 1988                              *Heinz Czechowski*

## Editorische Notiz

Diese schmale Auswahl aus dem umfangreichen publizistischen Werk Joseph Roths ist nach den von Friedemann Berger herausgegebenen Fragmenten und Feuilletons aus dem Berliner Nachlaß (Perlefter, Gustav Kiepenheuer Verlag Leipzig und Weimar 1978) ein weiterer, noch den Stempel der Vorläufigkeit tragender Versuch, auch den Leser in der DDR mit diesen Arbeiten bekannt zu machen. Er stützt sich vorwiegend auf Texte, die bereits in der von Hermann Kesten herausgegebenen Ausgabe der „Werke" Joseph Roths (Kiepenheuer & Witsch, Köln 1956 bzw. 1975/76) veröffentlicht sind. Es bleibt zu hoffen, daß diesen Proben in absehbarer Zeit eine umfassendere oder vollständige Ausgabe der Feuilletons und essayistischen Arbeiten Roths folgen kann. Auf Anmerkungen zu den einzelnen Beiträgen wurde verzichtet; der Herausgeber hofft, daß die Arbeiten, die in diese Auswahl aufgenommen wurden, dem Allgemeinverständnis des Lesers entsprechen.

H. C.

## Quellennachweis

Joseph Roth, Werke in drei Bänden, Band 3, Kiepenheuer & Witsch Köln – Berlin 1956. Daraus entnahmen wir die Texte auf Seite 7–71

Joseph Roth, Perlefter, Gustav Kiepenheuer Verlag Leipzig 1978. Daraus entnahmen wir den Text auf Seite 5 f.

Joseph Roth, Juden auf Wanderschaft, Berlin, Verlag Die Schmiede, 1927.

Joseph Roth, Werke, Band 3 und 4, Kiepenheuer & Witsch 1975/76. Daraus entnahmen wir alle übrigen Texte.

# Inhalt

# Die skeptische Landschaft

Deutschsprachige Lyrik aus der Schweiz seit 1900

Herausgegeben und mit einem Vorwort von K.-D. Schult.
Band 1243. Broschur 2,50 M

Diese nicht nur von ästhetischen Maßstäben geprägte, vielmehr Eigenarten und Spannweiten verdeutlichende Antho-
logie gibt dem Leser der DDR erstmals einen Überblick
über eine Gattung der deutschsprachigen Schweizer Literatur des 20. Jh., die gegenüber dem epischen Schaffen bisher
im Hintergrund blieb. Chronologisch nach Geburtsdaten
geordnet, sind über 60 Lyriker mit jeweils mehreren Texten
vertreten. Wenngleich diese Lyrik gelegentlich in der Idylle
verharrte, harmonisierender Zurückgezogenheit hold war –
im Zentrum steht der zögernde skeptische Zugriff auf die
widersprüchliche, so gar nicht harmonische Wirklichkeit
der Schweiz. Ein umfangreicher biobibliographischer An-
hang macht die Ausgabe zugleich zu einem kleinen Nach-
schlagewerk.

Reclam
Bibliothek

**BELLETRISTIK**

# PETER HILLE
## Ich bin, also ist Schönheit

Lyrik · Prosa · Aphorismen · Essays

Herausgegeben von R. Bernhardt unter Mitarbeit von H. Ruddigkeit.
Mit sechs Abbildungen.
Band 248 (Sonderreihe) · Broschur 2,– M

P. Hille (1854–1904), „König der Aphorisme" (W. Arent), Freund von Else Lasker-Schüler, Liliencron, der Gebrüder Hart u. a. lernen wir als Meister des Gedichts, als Prosaschreiber, geistreichen Aphoristiker und Essayisten kennen. „Vagabund" und „Genie" – ein Außenseiter der Gründerzeitgesellschaft, „der zigeunerhafteste der Dichter aus naturalistischer Zeit" (O. Walzel), in dessen Werk sich kindliche Naivität und sozialer Protest vereinigen. Erfüllt vom Glauben an eine elementare Schöpferkraft wollte sich der Dichter dieser als Sinnbild der Schönheit nähern.